尼采

教育薪火书系·第一辑

# 尼采的生命教育观

程从柱◎著

山西出版传媒集团
山西人民出版社

**图书在版编目（CIP）数据**

尼采的生命教育观 / 程从柱著. — 太原：山西人民出版社，2018.6（2021.5 重印）
（教育薪火书系 / 张斌贤主编）
ISBN 978-7-203-10434-6

Ⅰ. ①尼… Ⅱ. ①程… Ⅲ. ①尼采（Nietzsche，Friedrich Wilhelm 1844–1900）— 教育思想 — 研究 Ⅳ. ①G40-095.16

中国版本图书馆 CIP 数据核字（2018）第 116320 号

**尼采的生命教育观**
NICAI DE SHENGMING JIAOYUGUAN

---

**著　　者**：程从柱
**责任编辑**：魏美荣
**复　　审**：贾　娟
**终　　审**：阎卫斌
**装帧设计**：李尚斌　张国仁

---

**出 版 者**：山西出版传媒集团·山西人民出版社
**地　　址**：太原市建设南路 21 号
**邮　　编**：030012
**发行营销**：0351-4922220　4955996　4956039　4922127（传真）
**天猫官网**：https://sxrmcbs.tmall.com　电话：0351-4922159
E - mail：sxskcb@163.com　发行部
sxskcb@126.com　总编室
**网　　址**：www.sxskcb.com

---

**经 销 者**：山西出版传媒集团·山西人民出版社
**承 印 厂**：山西出版传媒集团·山西人民印刷有限责任公司

---

**开　　本**：787mm × 1092mm　1/16
**印　　张**：14
**字　　数**：280 千字
**印　　数**：3001—13000 册
**版　　次**：2018 年 6 月　第 1 版
**印　　次**：2021 年 5 月　第 2 次印刷
**书　　号**：ISBN 978-7-203-10434-6
**定　　价**：65.00 元

---

# 教育薪火　传承不息(总序)

钟秉林

在人类的历史长河中,教育一直伴随人类的文明进程在不断发展进步,那些弥足珍贵的教育著作、教育思想、教育人物和事迹,无时无刻不在拨动着教育工作者的心弦。我们永远无法忘记那些给我们留下宝贵思想财富的教育家,他们的思想、言论和实践,依然是激励我们教育工作者前进的动力。时至今日,教育的发展与变革更成为世界各国应对日趋激烈的国际竞争的重要战略。在科教兴国战略的指导下,党和国家对教育工作给予了高度的重视,深刻认识到教育家对教育事业的重要性。《国家中长期教育改革和发展规划纲要(2010—2020年)》就明确提出:"创造有利条件,鼓励教师和校长在实践中大胆探索,创新教育模式和教育方法,形成教学特色和办学风格,造就一批教育家,倡导教育家办学。"

要想成长为教育家或者在教育实践中能够起到扛鼎作用并非易事,需要我们教育工作者吸收过往教育家留下来的丰富教育营养,清晰地认识什么是真正的教育家,教育家应该具备什么样的素质和条件,做到融会贯通,大胆实践,自成一家。与此同时,在教育改革的大背景下,普通教师同样迫切需要能够在教书育人过程中得到启迪和突破的催化剂,教育家的思想和实践是经过检验的真理,是教学启迪催化剂的最佳选择。

然而,在浩瀚的书海中,以教育家为主线、囊括中外、跨越古今、自成体系的书系并没有面世。策划团队在教育的广袤园地上深耕多年,熟知一线教师的需求,希望为普通教师策划一套教育理论普及读物,以使广大中小学教师能够"近距离”地接触中外历代教育家的教育思想、实践经验和办学理念，促进教育理论水平的提高，从而更好地开展教育教学实践。书系的策划人与张斌贤教授为理事长的中国教育学会教育史分会的夙愿不谋而合，合作编写一套大规模的、以教育家为主线的书系的想法随之形成。

策划团队把书系命名为“教育薪火”，是希望教育家的教育思想能够薪火相传，不断推动人类文明的发展。“教育薪火”书系拟分为三辑出版，按照中国古代、中国近现代、外国古代和外国近现代分类。第一辑共选择了一百余位中外教育家，一位教育家一本书，规模宏大，应该说能够在中国教育出版史上留下浓墨重彩的一笔。所选教育家都是经过书系编委会认真研究、充分论证而定的，他们在教育史上有较大的影响，能够启迪或者感染教育工作者，推进教育和教学的发展。当然，其中有的教育家更为名声在外的不是在教育上，但是他们在教育上的贡献毫不逊色于其他方面的贡献，比如我们熟知的一些革命家；另外，还包括了一些具有地方特色的教育家以及还没有被人们真正认识的教育家。

必须提及的是，中国教育学会教育史分会非常荣幸地邀请到我国著名的教育学者顾明远教授、叶澜教授、史宁中教授、宋乃庆教授、田正平教授、裴娣娜教授和朱小蔓教授等担任书系的顾问，成立了由40多位教育学界具有重要影响的学者组成的编委会，为书系的质量保驾护航。

还需提及的是，策划团队为物色学有专长的作者付出了巨大的辛劳。书系的作者地域和院校分布广泛，既有北京师范大学、华东师范大学、东北师范大学、华中师范大学、陕西师范大学、南京师范大学、首都师范大学等师范院校的学者，也包括武汉大学、四川大学、南京大学、南开大学、天津大学、河北大学、河南大学等综合大学的学者。作者以教育史专业的中青年教师为主力军，他们朝气蓬勃、时代感强，研究范围涉猎较广，能大胆地探索和怀疑，一些新的教育研究成果不断涌现，为书系注入了难得的新鲜气息；他们与一线中青年教师同处一个频道，其思维模式很容易被接受。

客观而言，现在每年出版的教育类图书很多很多。一类为实践性强和操作性强的教学类图书，教师拿来就可以在课堂上使用；另一类为理论性强和学术性强的图书，印数少，流通范围小，普通教师往往望而却步。然而，教育理论只有指导教育实践才有存在的价值。在我看来，书系最具特色的价值就是秉承了教育理论通俗化这一理念，在教育理论研究者和普通教师之间架起了一道桥梁。书系以教育家为主线，坚持学术性与普及性并重，用通俗化的语言，或阐述教育家的教育思想精华，或叙写教育家的精彩教育事迹和教育实践，力图“润物细无声”，让教师喜欢读，在读中提高素养，深刻理解教育家，形成自己的理论，推进“教育家办学”。

当然，书系在真实性上也颇下功夫。以史料为依据，实事求是叙述，客观全面评价，不有意拔高教育家的贡献，注重教育家闪光点的挖掘和传播，是教育家历史画卷现代版的呈现。书系成规模、系统化，学术性和可读性强，具有较强的收藏价值，非常适合各中小学图书室和大学图书馆选择配置。

中国教育学会教育史分会为教育事业做了一件好事，张斌贤理事长请我作序，我觉得理应支持，欣然应允。

希望广大教育工作者能够认真阅读这套图书，为自己的教育职业生涯发展打下坚实基础，为成长为新时期的教育家而不懈努力。

丁酉年正月于北京

（作者系中国教育学会会长、北京师范大学原校长）

# 前言

如何阅读哲学家尼采的教育思想？尼采的教育思想在今天能给我们带来怎样的启示？这是一个值得深入考察的教育思想史问题。《尼采的生命教育观》一书，较为系统地阐释了尼采的教育哲学观。本书从尼采的哲学观出发，全面分析、概括了其教育观。尼采的教育观即是尼采的“‘超人’教育观”，是尼采在两个不同层次上对教育问题的思考和表达：一是对现实教育存在问题的批判性思考，涉及道德教育、科学教育、历史教育和文化教育等多方面教育思想；二是与其哲学观融为一体的作为哲学观的教育思想。

本书较为全面、妥当地解读了尼采的教育思想，以“走进尼采的教育思想世界”开篇，对尼采的教育思想给予总体性阐述，并提出我们理解尼采教育思想的基本原则。“尼采的教育和早年生活”一章，着重阐述了尼采哲学及其教育思想发轫与发展的生活基础。“尼采的教育批判”“超人教育目的——培育超人”“超人教育的性质”“酒神精神——超人教育生命意义的哲学肯定”“权力意志与超人教育”“超人教育的教师”六章内容是对尼采的“作为哲学观的教育观”所作出的结构化阐释。最后一章“尼采超人教育观的当代启示”是作者在前述内容基础上的延伸思考，意在考察尼采教育思想的现实意义。

本书将尼采的超人教育观概括为：教育的意义是在对生命意义的关怀中生成的，生命应该成为教育的根据、出发点。生命的最高目的在于诞生超人，教育的最高目的是培育超人。培育超人的教育不只是我们通常理解的一种制度化的发展人的一种活动，教育成为整个的人生、生命、生活。教育过程是人“成为你自己”的过程，是人生境界向骆驼—狮子—孩子的精神境界不断攀升或自我超越的过程，是生命在永不停歇的自我否定、创造与肯定、超越过程中追求自由、解放、幸福的求强力的意志过程，是生命活动实现艺术化的审美教育过程。培育超人的教师也不只是我们通常理解的专门从事教育活动的专业化教师，而是尼采用自己全部的激情和智慧精心设计的、具有酒神精神和权力意志，集艺术家和哲学家的一切素质于一身的思想家教师——查拉图斯特拉（Zarathustra）。教师成了人类社会一切存在及其活动的思想者、发言者、辩护者和创造者；成为不断克服自我平庸，实现自我肯定与创造超越的人生楷模；成为创造超人教育价值并引领人类不断超越传统而创造理想新价值的精神导师。因此，从此种意义上来说，尼采的教育思想就是"'超人'教育"思想，尼采的哲学就是尼采要教导人类的教育哲学。

总体来看，本书对哲学家尼采的教育思想作出这种结构化的阐释，无论是阐释视角还是阐释内容都有一定的新意，符合尼采生命哲学的整体精神，进一步丰富了我们对尼采教育思想的认识。

尼采的思想是深远的，穿透了一个多世纪，依然熠熠生辉；尼采的精神是特别的，他要培育人类的豪迈气质，依然激动人心；尼采的语言是灵动的，诗意的思想表达，依然鲜活而富有魅力。尼采承受了太重的精神负累，但人类因此而有了更多的警醒。由于尼采思想所特有的现代意义和诗化风格，对尼采哲学所蕴涵的教育思想的理解是重要而复杂的，每一位针对尼采著作的阅读者，都可以有自己的特别理解与感悟，但有一点是必须指出的，就是绝不能借独立理解的名义而模糊甚至是让渡了真正的"自我"精神。尼采"成为你自己"的教导可以说是对任何尼采思想追随者的一番提醒，"成为你自己"的生命价值立场是每个个体必须坚守的。

需要特别指出的是，解读尼采的教育思想，其主旨在于发掘其教育思想的当代意义。尼采哲学所蕴涵的教育思想是历久而弥新的，表达了对人类命运的深沉关怀，为我们提供了一个广阔而深邃的历史视野，时时地激荡着人们的心灵。在这一点上，尼采的教育思想值得我们每一位置身于教育中的人去不断地追问与沉思。

石中英

2018 年 3 月

# 目　录

# 第一章

# 走进尼采的教育思想世界

## 一、问题的提出

对尼采的教育思想和教育论述，大致有两种认识态度及研究取向：一种认为尼采关于教育的论述是多姿多彩的，其思想意蕴是博大深厚的，应予以专门深入的研究，以发掘尼采丰富的教育思想遗产；另一种认为尼采直接对教育的思考和论述在其丰厚的著述中所占分量是无足轻重的，且是非系统的，不易作独立的研究。比较这两种认识态度及研究取向，在我国理论界，尤其是教育理论界，可以说，后一种在相当长的时间内一直居主流之势。究其原因是多方面的：致力于尼采哲学研究的人，似乎无意对尼采教育观作专门研究，即便有尼采教育观的些许论述，或不过是其尼采哲学研究的一部分，或只是对尼采教育话语的采集和罗列，很难以研究尼采哲学般的深情和执着去研究尼采的教育思想；而专门从事教育理论研究的人，难以生发对尼采教育思想研究的热情，一方面可能受制于主导性教育理论研究话语体系的长期影响；另一方面则可能是人们基于对尼采作为“哲学家”的认识深入人心，因而在教育理论界形成了一种集体性的淡然。当然，尼采思想的跳跃性、非体系化、语言表达风格的独特性，以及教育思想与其哲学思想的一体性等特征，让习惯于传统教育思想方式的研究者们很难做到以较为妥当、满意的视角和话语方式予以解读。

尼采的思想被介绍到我国已有一个世纪，众所周知，对尼采思想的研究一直主要集中在文学、哲学等方面，对其教育思想专门研究的文献很少。20 世纪早期，我国著名哲学家王国维曾写过《尼采氏之教育观》[①]的文章，对尼采早期教育观作了简单概括。在此之后的相当长时间里，在国内几乎未能见到人们对尼采教育观的专门系统研究，只是在一些教育词典中对其教育观作了很简洁的概括，如顾明远主编的《教育大辞典》和王焕勋主编的《实用教育大辞典》等。近年来，随着国外尼采教育思想研究的影响，国内学术界对尼采思想的进一步关注，以及尼采哲学思想的独特意蕴及其批判精神特质，使得教育理论界觉察到对尼采教育思

---

①郜元宝编：《尼采在中国》，上海：上海三联书店，2001 年版，第 5 页。

想作专门深入研究的必要性，越来越多的研究者对尼采教育观研究投入了很大热情，并不断地出现从尼采教育思想资源出发来审视我国当代教育的研究论文。不过，总体上看，还是缺少对尼采教育思想的深度与系统的阐释研究。

一般而言，尼采的教育观是在两个层次上的表达：其一是直接地对教育问题的思考；其二是在其哲学观的阐释过程中，与其哲学观浑然一体的、深蕴于哲学观中的教育观，这就是尼采的作为哲学观的教育观。两个层次统一构成了尼采的教育哲学观。作为第一层次的教育观，尼采的著述并不很多，也很难说对教育问题作过系统的论述。关于这一部分的内容在尼采的论著中比较容易检索和研究。而第二层次的教育观较之第一层次来说便深奥、丰富得多了，是尼采对广泛社会存在特别是教育存在以极富个性化的哲学思考的表达，因此，我们必须在深入理解其哲学观的过程中对其教育观作深层次的探究，否则我们便无法真正进入到尼采关于教育的思想世界中，无法真正地体味尼采教育观及其阐释的与众不同和深远意境。在此，我们首先对尼采教育观的总括性理解作如下陈述：

教育的意义是在对生命意义的关怀中生成的，生命应该成为教育的根据、出发点。生命的最高目的在于诞生超人，教育的最高目的是培育超人。培育超人的教育不只是我们通常理解的一种制度化的发展人的一种活动，教育成为整个的人生、生命、生活。教育过程是人“成为你自己”的过程；是人生境界向“骆驼—狮子—孩子”的精神境界不断攀升或自我超越的过程；是永不停歇地在生命自我的否定、创造与肯定、超越过程中追求自由、解放、幸福的求强力的意志过程；是生命活动实现艺术化的审美教育过程。培育超人的教师也不只是我们通常理解的专门从事教育活动的专业化教师，而是尼采用自己全部的激情和智慧精心设计的，具有酒神精神和权力意志，集艺术家和哲学家的一切素质于一身的思想家教师——查拉图斯特拉（Zarathustra）。教师成了人类社会一切存在及其活动的思想者、发言者、辩护者和创造者；成为不断克服自我平庸，实现自我肯定与创造超越的人生楷模；成为创造超人教育价值并引领人类不断超越传统而创造理想新价值的精神导师。因此，从此种意义上来说，尼采的教育就是“‘超人’教育”，尼采的哲学就是尼采要教导人类的教育哲学。

尼采并未直接提出“超人教育”概念，但正如上文所述，尼采关于培育超人的教育思想是深蕴于哲学观中的，是丰富且高远的。超人教育是我们对尼采超人哲学的一种教育意义的解读。确切妥当地理解尼采哲学中的“超人(übermensch)”以及尼采哲学的其他思想范畴包括“酒神精神”“权力意志(Der Wille Zur Macht)”和“重估一切价值(Versuch einer Umuertung aller Werte)”，是我们进一步解读其超人教育的哲学思想基础并把握其教育意义的关键。

尼采是一个从自己生命体验出发来展开对生命进行哲学思考的哲学家。因此，尼采的生命观成为其教育观的思想基石。在他的第一部哲学著作《悲剧的诞生》中，通过对古希腊悲剧音乐艺术中“酒神精神”高扬生命意志的创造性研究，来肯定生命在悲剧的审美中获得快乐与享受，并实现自我拯救和生命意义的创造。可以说，“酒神精神”是其超人教育生命意义的哲学肯定。尼采极其贬斥现实教育活动对人的创造力量和进取精神的扼杀所造成的生命力量的衰退，超人教育才是真正的关于人的生命的教育。

“权力意志”是尼采哲学的一个核心概念，是尼采为进一步肯定生命而创造的作为解释一切存在的根本动力和根本原因的一个哲学概念，具有哲学的本体论意义。“权力意志”作为尼采的世界观，通常地，人们将尼采的权力意志理解为一种征服、克服、支配的原始力量和欲望，是一种做主人的求取生命强力的意志力量，是生命价值生成与评价的哲学根据与原则。尼采把人的生命看作不断自我展示、自我创造、自我超越的过程，并把这一过程看作权力意志的体现，而超人教育所实现的正是生命的这样一个过程，权力意志成为超人教育展示教育力量的根本动因，是超人教育价值生成与评价的根本原则。

“重估一切价值”是尼采以权力意志为思想根据而提出的哲学的重要命题。尼采要“重估一切价值”，说到底，是要重估生命的价值。因为，价值在尼采那里是与生命相关联的一个概念。人的生命价值表现在人类道德、宗教、科学、哲学、教育等各个方面，因此，尼采重估生命价值，实际上是要对西方传统价值在宗教、道德、理性及科学、教育以及传统哲学包括从苏格拉底和柏拉图哲学以来一切形而上学等方面，也即人类全部传统文化方面的重估，进而言之，就是尼采要重估西方两千年来生命被否定、被贬抑的虚无的价值。就尼采的教育观而言，“重估一切价值”便是他对自苏格拉底以来的教育思想和教育制度包括在道德教育、宗教教育、科学教育、历史教育、艺术教育等多方面毁灭人性、贬抑生命活力在无情批判的呐喊声中的价值重估，成为其以超人哲学思想指导超人教育确立和生成生命价值的一个哲学原则。

作为哲学家的尼采，其哲学代表作《查拉图斯特拉如是说》是其全部思想的最高结晶。在这部著作里，尼采创造了他思想中的“超人”，他以诗意般灵动的语言赞颂他心目中的“超人”，以宏阔深远的教育思想智慧精心培育他的“超人”。“超人”是尼采对人类的理想信念，诞生“超人”是尼采教导人类的一个教育信念，也是其精心设计的思想家教师——“查拉图斯特拉”的智慧历险。在此种意义上，我们完全可以说，超人哲学正是超人教育目的确立的哲学根据。

从《悲剧的诞生》到《查拉图斯特拉如是说》再到《权力意志——重估一切价值的尝试》，尼采提出了自己全部的重要哲学命题，完成了他要教导人类的思想创造使命。概略地说，他的“酒神精神”对生命的肯定，他提出的生命价值生成与评价的“权力意志”根据及其“重估一切价值”的思想原则，以及教导人类的精神导师“查拉图斯特拉”的思想设计和“超人”的人类存在价值目标的设定，尼采为他的哲学赋予了教育人类的思想意义，在一定意义上可以说，尼采的哲学就是尼采“馈赠”给人类并教导人类在自我教育中不断创造人类新价值的教育哲学。①

## 二、尼采超人教育观的解读原则

尼采的哲学思想主要围绕 “酒神精神”“权力意志”“重估一切价值”“超人”几个相互关联的主题展开，其中，超人思想在其全部哲学思想中具有至高意义，是其集“酒神精神”“权力意志”“重估一切价值”等诸多哲学思想命题的智慧结晶。超人是尼采对人类未来的一种精神呼唤和最高追求。人类不断地超越自身，创造超人的世界，这正是尼采所冀望的人生哲学家的使命——一种不断创造人类

①深入阅读被称为是尼采自传的著作《看哪这人》，我们可以深切体会到尼采在对自己一生重要的著作所作的解读过程中所饱含的教导人类的思想激情和思想智慧。我们完全可以在他的思想旨趣上说——哲学家尼采也就是“作为教育家的人生哲学家尼采”。

新价值的教育使命。因此，哲学家的人生就是其教育的人生，一种以超人为最高教育目的的教育人生。对超人的哲学意义的理解决定了我们对超人教育意义的理解。由此，尼采的超人哲学思想成为我们解读其教育观的思想中心。

尼采的超人思想有从胚胎、萌发到成熟的发展过程。他在中学时代因对基督教的沉思和质疑以及个人体质的孱弱和家庭生活的诸多不幸与体验，深觉个人勇气和意志对现实批判及个人生活的意义，并对自己的坚强意志力深信不疑。人应该是超强意志力之人，这是尼采超人思想的胚胎。超人思想的萌芽是在1874年他的《作为教育家的叔本华》这篇著作中，他写道："大自然最终需要圣人——在圣人身上出现了生成游戏不曾想到的变化奇迹，也就是那最终的，最高的变成人的目标，为了拯救自身，整个大自然都努力向这一目标奋斗，挺进。""在动植物王国，人们无论观察哪一物种，都发现它们存在的目的仅在于产生高级个体，那种不同寻常的、强壮的、复杂的、生殖力极强的个体，人们是多么愿意把这一启示应用到社会和社会的目标……"[①]而超人思想的全面阐释是在其后来的《查拉图斯特拉如是说》这部哲学名著中。

《查拉图斯特拉如是说》是尼采的哲学代表作，该书写于1883年，完成于1885年，是尼采哲学思想的巅峰之作，也是人类哲学史上的光辉著作。该书从最初的冷遇到今天因众多哲学家异彩纷呈的解读使其越来越熠熠生辉。尼采本人十分珍视该书，认为"它是我给予人类的前所未有的最伟大馈赠。这部书发出的声音将响彻千年，因此它不仅是书中的至尊，真正散发高山空气的书——人的全部事实都处在它之下，离它无限遥远——而且也是最深刻的书，它来自真理核心财富的深处，是取之不尽用之不竭的温泉……"[②]在《查拉图斯特拉如是说》的开篇，尼采就用隐喻的表现手法，来极力讴歌他的超人，讴歌超人的教育者——查拉图斯特拉——这人类的导师解救人生的思想智慧、教育理想、教育意志和生命精神。查拉图斯特拉下山游历，在一定意义上，可以说实乃尼采表达超人学说的思想之旅，一个教导人类什么是超人并对人类诞生超人充满自信与期待的教育之旅。

①尼采：《悲剧的诞生》，赵登荣等译，桂林：漓江出版社，2000年版，第253页。

②尼采：《看哪这人》，张念东、凌素心译，北京：中央编译出版社，2001年版，第3页。

那么，遵循怎样的阐释原则才能较好地在总体上解读尼采超人哲学思想基础上的教育观？

我们认为，一方面，必须熟悉尼采哲学思想的语言表达特点；另一方面，正如前所述，尼采是一个从自己的生命体验出发来不断展开其哲学思考的哲学家，“人”的问题始终是其立论的中心和根据。因此，我们必须立足于尼采提出自己人学思想的生活历程、文化背景和哲学主题，并将其早期、中期和晚期思想以整体化，来解读其超人哲学思想及其深远的教育意蕴。

从其哲学思想的语言表达特点来看，他精湛的语言表达能力为其深邃的思想增添了无尽的魅力。他的诗化、散文化、格言化的语言风格，大量的想象、对比、隐喻等手法的运用，为自己的思想留下了深厚意蕴。在他充满激情，思想澎湃激荡的时候，简短、跳跃式的表达和主题的迅速转换为人们解读增加很多困难的同时，也让人们看到了他思想的深刻性和超越性。如果我们此时只是停留于表面化的、断章取义式的理解，毫无疑问，是很难把握其思想内在关联的。因此，把他的人物、概念、思想作整体把握就显得尤为重要。这样我们会发现，他所表达的思想脉络是有序的，分明是一种“形散”中的“神不散”，是在更深层次意义上的融合贯通。尼采并非刻意地去追求思想表达的绝对一致性和系统性。既然生命、生活以及现实的一切总是需要超越的，那么，思想在表达过程中，必然会因时空的转换、视角的位移而对同一问题的理解产生不同，这在尼采那里成为真正意义上的思考和表达的真实。

的确，从表面来看，尼采哲学著作不免给人以一种假象：没有哲学思想的体系化构造，很多的表述令人费解，甚至前后矛盾、自我否定，很难作一致性解读。然而尼采的哲学批判主题又是鲜明的，思想脉络是清晰的，并且气势磅礴，振聋发聩。“事实上，尼采的一些基本思想在任何时候都是相近的，即使有一些非同寻常的变化，也是早在尼采青年时代便已形成了……另有一些思想是经过思想发展历程上的一个飞跃才面目一新地出现的……所有这些都要纳入一个既是体系性的，又是生平时间性的宏大过程：它们同属一个人的现实情况，这个人不得不用时间性形态体现出自己最为深刻与真实的思想体系。”[①]一般地，尼采的思想发展被认为有三个阶段：从1869年至1876年为第一个阶段，包括《悲剧的诞生》《论我们教育机构之未来》的演讲论文以及由《施特劳斯：忏悔家与作家》《历史对人生的利与弊》《作为教育家的叔本华》《瓦格纳在拜洛伊特》四篇论文组成的《不合时宜的考察》；从1876年至1882年为第二个阶段，主要著作有《人性的，太人性的》《朝霞》《快乐的科学》；从1883年到1889年为第三阶段，主要著作有《查拉图斯特拉如是说》《善恶之彼岸》《道德的谱系》《权力意志》（由其妹妹伊丽莎白于1901年整理成书）《偶像的黄昏》《看哪这人》等。价值批判始终是尼采哲学的思想活动方式，我们完全可以从他全部的思想活动中寻求其思想的一致性和整体性，并以此为基础来进一步诠释尼采作为哲学观的教育观。

从尼采对人、超人的述说话语中我们完全可以看出他的思想不是僵化的、自闭的，而是极富有流动性、开放性，以一般的智性有时甚至是难以释疑的。例如：超人到底指什么？尼采从未以定义的方式给超人概念一个确切的解释，这就是尼采习惯的思想概念的表述方式。也正因如此，尼采给后人解读其著述留下了广阔的阐释空间。尼采始终不愿把自己的思想置于僵硬的限定中，并在一般的学术意义上予以严格的规范化和体系化，也不愿意把自己的理想落在当下现实的日常生活中予以实体化，对于超人思想表达的那种完全稳定的状态在他那里是不存在的，因此，其思想意蕴是高远的。

人的自我“超越性”的思想充分地表达了人的发展及其教育的可能意义，其中孕育着关联性、流动性和多元性。在他的一个个片段式的述说中，以他的激情、意志力和创造力完成了他的哲学巅峰之作——《查拉图斯特拉如是说》及超人哲学思想，从而将其对人性、道德、科学、艺术、历史、教育等等人类文化存在的诸多方面哲学思考融合在超人的人性构成和生命血液中，成为完美的整体性思想构造。

尼采作为人生哲学家，在自己人性观的阐释中达到了全部思想的内在统一性，其哲学代表作《查拉图斯特拉如是说》是融其“酒神精神”“权力意志”“超人”

①卡尔·雅斯贝尔斯：《尼采其人其说》，鲁路译，北京：社会科学文献出版社，2001年版，第10页。

“重估一切价值”“永恒轮回”等全部哲学智慧于一体的充满“高山之气”的思想表达，而超人因其为尼采全部人性思想的一个形象化、象征性的最集中最完美的设计而具有了人类性的教育意义。

尼采的超人思想又是极富个性色彩的，他的成长经历是他生命哲学思想产生的生活之源，家庭的多重不幸和个体体质的孱弱及病痛，让他那颗敏感的心灵和善思的精神气质对生命意志有了独特的哲学体悟。对尼采超人哲学思想及其深蕴于哲学观中的教育观的阐释，追求传统的普适意义的理解无疑是简单的、幼稚的，这也违背了尼采超人哲学思想的本性，正如雅斯贝尔斯所言：“谁没有耐心寻求尼采思想在逻辑上与内容上的多方联系，不能在反省自己的内心时发现一片广阔的可能性空间，谁就不适于去阅读尼采。”①因此说，在阐释尼采超人哲学思想和超人教育观的过程中，遵循个体性的阐释原则也是必要的。事实上，今天我们对尼采思想理解的多意性、不确定性和相对性，一方面正是尼采思想本身的个体独特性；另一方面也是由于阐释主体在认识、情感、动机和价值观及思维方式上的个体差异，所以，其建构的意义是鲜明的。这也正适合了尼采自己思想表达的本性。

综上所述，研究和阐释尼采的超人教育观，强调通过充分把握其思想方式、思想发展历程及语言表达特点，遵循其思想的内在关联性、整体性、个体性是必须坚持的基本解读原则。

尼采习惯以哲学的批判方式表达思想，但他的哲学批判方式是特别的。他的批判是一种本体性的，无法达到一种现实性，只能存在于某种可能性中。一旦成为现实性的构造，就又成为尼采批判的对象。所以，我们理解尼采的超人不是现实性的，他是对现实存在的人的精神在彻底的本体性批判和否定中来“追寻”一种全新的人性及其价值的形而上的肯定性、理想性的思想建构。超人永远存在于一种理想状态中，成为人的生命发展的价值导引，不具有当下现实的人实现的可能性和必然性。

---

①卡尔·雅斯贝尔斯：《尼采其人其说》，鲁路译，北京：社会科学文献出版社，2001年版，第11页。

尼采提出的超人是对未来人类的美好憧憬,尽管不具有现实的实现可能性,但具有重大的现实文化意义,对于疗治孱弱的人生、心理的自卑和个性的怯弱都具有重大意义。它不仅给人们提出了人生奋斗的前景,更为人们增添勇气、拼搏、奋进、抗争和充分挖掘个人潜能提供了思想之源。同时,超人哲学思想的超人理想被个人予以肯定性的接受并被广泛的认同之后,必然具有一种公共的文化意义。对群体、集体和社会的发展,无论是思想基础方面还是实践过程目标的确定都有重要的影响作用。尼采的超人是在对现代人普遍异化的批判、否定中为人的发展所设计的一幅生动图景,刻画了人的最高发展的生动形象,是一种纯粹的理性期盼。同时,他也对现实的人的发展在超人发展目标的导引下提出了可能性,提出了解决现实人的发展问题的基础、指导原则以及基本目标。

人的诞生是在对自然物或动物的否定、超越中成为现实,人的自我发展,生命力的不断生长又是在不断地超越自我的过程中完成。生命中一切反动的,导致生命力衰弱的存在都应该被超越,在自我的超越、冲撞过程中,不断创造新的自我,创造新的生命价值。人对未来的自我的创造是有目的的,人总是在个体的价值观导引下,有意识地、明确地对自我超越的可能性予以选择和确立,而这种选择和确立就内容而言正是现实的人最感需要而又最为贫乏的。这样,人的自我超越性获得了鲜明的自觉性、针对性、应然性;而这种自我超越就其过程和结果而言是个体性的,最终必然地融注于人性血液中,表现为独立性和独特性。人只有在独立甚至是孤独中,才能真正地成为自我,自主自觉地创造自我,才能生命力日益旺盛,走向超强。超人在思想中走向诞生,成为具有独特性的人性精神的最高代表,具有人的发展的至高意义。

人的自我超越和生命价值的新创造,其生命立场必然是在现实的边缘或对立面,这必须有一个新的价值思想支撑,于是"重估一切价值"成了尼采对人类关怀、改造的一句哲学口号。"尼采从不掩饰这样一个事实:意义和价值的哲学必须是一种批判。""由尼采设想、建立的价值哲学是批判的真正实现,是彻底的批判可能实现的唯一途径,是实现用'锤击'进行哲学思考的唯一途径。事实上,价值的观念暗含着批判性的颠覆。""批判的问题是关于价值的价值问题,是产生价值的评价的问题,因而也是价值的创造问题。”①所以说,重估一切价值,是尼采砸向人类传统价值的“铁锤”,是尼采对传统价值的虚无的评价和要创造人类新价值的惊天号角。而对于个体人而言,尼采深知,人的一切现实活动结果与价值理想之间始终存在距离,因此,个人只有在肯定生命力量而克服自身卑微、被动,以争做主人的精神和意志对待现实一切时,才能实现人的不断超越。自我肯定与否定是人的发展的普遍原则,人的自我肯定与否定精神对于人的发展和超人教育而言太富有意义了。从此种意义上说,人力量的强弱之分正源于人的肯定与否定精神的差异。人的生命力能够不断走向强盛,“成为你自己”,必然具有强烈的自我超越意志,一种争做主人的权力意志。超人教育正是在对现实的人的否定、超越中不断赋予人新的生命意义。

尼采关于人的自我超越说明了人的发展的自我建构性。建构是在价值引导下的可能性向现实性转化的过程,这种价值导引的最高意义在尼采那里便是超人。这就是尼采对人的发展的深情关怀和崇高信念,也是人生哲学家尼采超人教育的教育理想。尼采强调人的自我否定性并不仅仅是目的性的,而更深刻的意义是要指导人的自我发展过程,否定人生是要在更高层次上肯定人生,否定自我是对更高形式的自我的肯定。为了进一步的肯定而否定,这就是尼采的“酒神精神”。生命活动中没有否定精神就没有了人的进步,没有了生命的自我超越和强盛。所以说,把握并遵照尼采超人哲学观表达的批判性、否定性、肯定性、超越性的思想方式,是我们阐释尼采超人教育观的又一基本的方法论原则。

①吉尔·得勒兹:《尼采与哲学》,周颖、刘玉宇译,北京:社会科学文献出版社,2001年版,第1、2页。

# 第二章

# 尼采的教育和早年生活

研究和阐释尼采的教育观,对其成长过程所受教育影响以及哲学观、教育观发轫的生活基础作一简陈与分析,主要基于这样四点考虑:第一,尼采很清楚自己的家庭文化背景和家庭境遇对他幼小心灵产生的深刻影响。浓厚的基督教家庭文化氛围使他对宗教及其生活有了最初的真切体验;家庭的种种不幸让他对生命产生了一种特别的感悟。这些都与尼采后来把人生意义作为自己终身思考的哲学主题,以及强调直觉、本能、冲动、激情、意志等非理性的哲学追求具有一种潜在的关联。第二,作为人生哲学家,尼采的个性是独特的。他富有激情、批判精神和创造欲望,具有诗人的气质、艺术家的禀赋、语言学家的灵性和哲学家的深邃等特点。这种独特的个性成就了他别具一格的思想和与众不同的人生历程。这样的个性除在某些方面与他的天性和身体有关外,他的成长环境、家庭教育和学校的文化氛围对其个性形成有重要的熏陶作用,重视人文教育的学校教育传统使得尼采的天性得到充分的发展和展示,个性得到充分的培育和张扬。这些对他的哲学观和教育观形成有重要的影响。第三,因尼采思想文本的与众不同,故研究尼采的思想不能只关注其思想本身。我们深知,他的思想文本富有隐喻性、个人性、跳跃性、矛盾性、批判性和时间性等特点,导致人们易于把他的思想误读和曲解。尼采生前最反感于此,并对文本解读者提出了几近苛刻的要求,雅斯贝尔斯说尼采"生活、认识及患病的发展变化可作为他任何思想在其整体过程中与时间相关的位置的线索"①。很显然,阐释尼采的教育思想应从整体性来考察发觉其系统性或连贯性,进而再深层次系统化解读其教育观。第四,尼采哲学观和教育观是在其对当时人的生活、社会和教育等现实问题毫不留情的批判中逐步阐释的。他的教育成长历程让他能够直面人生、社会和教育等问题,并作出符合时代精神的思想建构。尼采的体质是孱弱的,但他的精神生命力是旺盛的,思想是活跃的,充满了战斗激情和对人生、生命、人类的深切关怀精神。学校教育的亲身经历,广泛的学习交往和阅读,使得他不受教育内容的种种束缚,能对西方整个社会精神生活作出自己的判断和甄别,对教育、文化能作出极富个性色彩的理解,其意蕴是深刻的。他在1879年因身体的原因离开大学校园,成了一个

①卡尔·雅斯贝尔斯:《尼采其人其说》,鲁路译,北京:社会科学文献出版社,2001年版,第11页。

漂泊、孤独、自由的思想家。在其后20年的前半程，他思想勃发，并日渐成熟和富有魅力，充满自信地要以他的思想教育人类；而这一切，事实上都是他早期在学校教育生活中对生命的感悟，对现实问题创造性思考的自然铺陈和展开。尼采的教育思想是融于他哲学思考中的，在某种意义上说，他的教育观也就是他的哲学观。他的教育人生就是哲学人生，哲学人生就是教育人生。

## 一、童年的学习生活

弗里德里希·威廉·尼采（Friedrich Wilhelm Nietzsche）1844年10月15日生于德国东部图林根（Thuringen）附近洛肯（Roecken）地区的一个牧师家庭。父亲因这一天正是国王威廉一世的生日而欢天喜地，便以国王的名字为他起名。

尼采先天体质孱弱，头大身小，眼睛斜视。幼小的尼采沉静、无语，学话很慢，直到两岁半才说第一句完整的话。在懵懵懂懂中，尼采一遍遍地听家人讲着迷人的宗教、英雄和历史故事，倾听祖母述说着家族辉煌的历史。崇拜英雄，高贵和自尊意识得到启蒙。①

尼采在四岁时已显示出与众不同的性格和过人的聪颖，他好学、自信、自制、热情而寡言，似乎有着天生的忧郁与沉思气质。对自己要求严格，做错事极易陷入深深的内疚和自责中。但是，幼小的尼采的身体却一直令家人忧心。尼采患有慢性头痛和视力衰弱等疾病，身体的先天性缺陷使得他更加孤僻与敏感。然而，家庭的生活确是快乐的。

可是，天有不测风云，尼采快乐的家庭生活不久因父亲的逝世而彻底失去，那时，他未满五岁。尼采的父亲是一位有音乐才能，在宫廷担任教师并深受大家喜爱的人。父亲的去世让尼采初尝人生的悲苦和生命的短暂，对他幼小的心灵打击很大，但也使其对生命本身有了真切深刻的体验。然而，祸不单行，几个月后，

①尼采后来对自己的家族背景深信不疑，为出身高贵而自豪，这影响到他哲学思想上对高贵、崇高、强力的偏执。

他的弟弟也随父而去。家庭的不幸，让本来就敏感、内向的尼采又一次深觉生命的沉重，失去了天真烂漫、无忧无虑，体验孤独成了他的心灵选择。随后不久，母亲举家迁居瑙姆堡（Naumburg）——一座高贵且美丽的城市。尼采和妹妹伊丽莎白在女人的包围中成长。母亲对孩子管教甚严，以她的忠贞、善良、坚强和慈爱哺育着孩子。

尼采六岁进入了瑙姆堡市立小学读书，开始接受学校教育。然而，他与那里的同伴们都难以相处，难以正常学习，倍感沮丧。受当地一些音乐家的影响，小尼采喜欢上了音乐。1851年春，他转入一家私立学校，学习状况有所改善。在富有教学经验的老师的指导下，尼采研读《圣经》，学习古希腊语和拉丁语等。这时候，尼采第一次有了自己两个亲近的朋友——古斯塔夫·克鲁格和威廉·宾德。这一阶段他感受到学校生活的美好，养成了良好的生活、读书习惯。随着不断的成长，尼采的个性也日渐鲜明。正如他此时学校的朋友威廉·宾德在他自己日后的传记中所记述的那样："他的基本特点是忧郁的，从童年时起他就喜欢独处和深思。他心地善良而深沉。虽然还是个孩子，他当时就已经在思考许多大多数与他同龄的孩子们从不去注意的问题了。作为一个男孩子，他醉心于各种自己发明的游戏。他从不做任何未经思考过的事情，而是不论他做什么事情都有明显的目标和充分的理由。谦虚和知恩也是他的两个主要特点。"①

此时的尼采已经表现出非凡的创造天分。创作歌曲、狂想曲、舞曲。他还写诗，十岁那一年，就写了55首诗歌。

1855年秋，尼采就读于多恩预科学校二年级，两位同窗挚友的父亲让尼采获益匪浅，分别使尼采领略了歌德的作品以及德文的诗韵之美，欣赏了贝多芬美妙的音乐。然而，孱弱的体质也使他吃苦不少。精神发育的丰盈与体质的不足形成极大的反差，铸就了尼采今后独特的思想和人生。

朋友古斯塔夫·克鲁格与他在音乐上有着共同爱好。这时的他对音乐更加迷恋，常即兴钢琴演奏，欣赏音乐、演奏音乐，即兴创作歌曲，音乐天赋得到体现。

---

①尼采：《尼采诗集》，周国平译，北京：中国文联出版社，1986年版，第215页。

音乐还常常使他陷入深深的思考，这种爱好伴随了尼采的一生。在朋友克鲁格父亲的帮助下，尼采受到当地许多有名的音乐家的影响，在音乐方面打下扎实的基本功，接触到诸如莫扎特、舒伯特、门德尔松、贝多芬、巴赫等的音乐。尼采的音乐兴趣，当然得到母亲的支持，为他买了钢琴，还请有名的钢琴手做家教。尼采在音乐方面的天赋和音乐素养深深地影响了他的精神生活，他对音乐的理解甚至影响了他的哲学思考。

威廉·宾德是他这时文学上有共同爱好的朋友，他们一起创作诗歌，交流写作体会。受宾德父亲的影响，尼采阅读了许多优秀的文学作品，包括歌德、海涅、拜伦的文学作品。尼采在后来的自传中写道："亨利希·海涅赋予了我抒情诗人这个崇高概念。""人们一定认为我同拜伦的《曼弗雷德》有着极深的亲缘关系。因为，我自己在内心世界中发现了这一切深渊。我 13 岁时就已成熟，能读这本书了。"①

1858 年，尼采结束了多恩预科学校的学习。因假期丰富充实的生活和对未来的憧憬、渴望，充满朝气、踌躇满志、天性富有激情的尼采用 12 天时间写出了自己的童年传记。《生活是一面镜子》是其中的一首小诗：生活是一面镜子/我们努力寻求的/第一件事/就是从中辨认自己。②

这首诗富有哲理，让我们体会到：人们必须在生活中并通过生活，发现自我的与众不同。同时，从这首诗中，尼采通过审视自己心灵的发展轨迹，让人们深觉：自我意识已在尼采的心中冉冉升起，而尼采却感受到这具有人生的普遍意义。尼采是善思的，也善于借助语言以自己喜爱的形式来表达个人的感悟，表现了敏锐的观察力和极强的语言表达能力。

1858 年 10 月，14 岁的尼采受人资助就读于距离家乡瑙姆堡五里路的著名中学——普福塔寄宿学校（Pforta）。这所学校是由修道院办的水平极高的学校，有许多优秀的、赋有人文主义精神的教师。学校历史久远，要求严格，师生同住校，不允许学生有任何随心所欲的行为。在这所学校，德意志民族所特有的严

①尼采：《看哪这人》，张念东、凌素心译，北京：中央编译出版社，2001 年版，第 28 页。
②尼采：《尼采诗集》，周国平译，北京：中国文联出版社，1986 年版，第 215 页。

谨、人文主义精神和新教伦理相互融合,形成了一种富有成效的学校生活方式和共同情操,成为学校的文化主流和传统。德国许多杰出人物包括德意志早期浪漫主义诗人及文艺理论家诺瓦利斯、古典哲学主要代表人物费希特都在此受到了良好陶冶。到这所学校读书是尼采渴盼已久的,为此他深感自豪。在经历了最初短暂的学校生活不适应后,尼采便融入了学校,沉浸在学校的各种课程学习、广泛的阅读思考和学生社团活动中。在此期间,尼采越来越对希腊语和希腊文化感兴趣,对音乐的兴趣也由古典转向现代。

这时,他结识了他的好朋友保尔·杜森(Paul Deussen)。[①]他们都对古希腊抒情诗人阿拉克里翁钟爱有加。阿拉克里翁作为古希腊亚洲部分的最后一位诗人,他的诗构思新颖而奇特,有关酒神的诗歌让尼采激动不已,《饮酒歌》《向酒神祈祷》等诗歌对尼采哲学酒神精神的思想影响很大。1860 年 6 月,他与热爱音乐、文学的几个挚友组建了"德意志社团",发表音乐作品。此时,他对学习各种知识的重要性有了自己的看法:"此时此刻,我觉得自己对知识、对世界文化充满了强烈的渴求。这种冲动是洪堡特[②]引起的,我刚刚读了他的作品。但愿它能像我对诗的热爱那样持久……知识的领域广阔无比,真理的探索永无止境。""在研究希腊和拉丁语诗人的时候,也应同时研究德意志的古典作品,并要把他们的思维方式加以比较。同样,学习历史要与学习地理相结合,对教学法的学习也要渗透到物理、音乐中去。"[③]

尼采对知识的渴求是发自内心的、旺盛的,涉足的领域符合其一定的兴致,是广泛的,对如何学习和掌握知识也有自己的看法。他强调知识学习的综合性、现实性和时代性,很有指导意义。

此时的尼采渴望精神的独立与思想的解放,正如他的诗作:"没有人敢/向我询问/我的家乡/我无拘无束/驰骋于苍穹与飞逝的时光/像雄鹰一般自由"[④]。正是

①保尔·杜森(1845—1919),德国著名的印度哲学研究者和翻译家。

②威廉·冯·洪堡特(Wilhelm von Humboldt 1767—1835),德国语言学家、哲学家、教育家,对 20 世纪语言科学发展有重大贡献,对教育的最重要贡献是对德国教育尤其是大学教育进行的一系列改革。

③丹尼尔·哈列维:《尼采传》,谈蓓芳译,南昌:百花洲文艺出版社,1995 年版,第 10 页。

④卡尔·雅斯贝尔斯:《尼采其人其说》,鲁路译,北京:社会科学文献出版社,2001 年版,第 57 页。

这种渴求，激发了尼采的阅读兴趣，他的阅读范围异常广泛，特别是对古希腊和当时德国的许多名著，包括席勒、拜伦、莎士比亚、赫尔德林、卢梭等作家的作品。

尼采特别喜爱赫尔德林的诗作并深入地进行了研究。赫尔德林是一位浪漫主义诗人，同时很多诗作又具有古典主义的风格，其歌颂古希腊文化并对完美表现形式的追求让人深感古典主义的气息；然而他的诗作中表现出的激扬的理想与冷峻的现实的激情冲突，梦境般柔美的悲愁和对人的主观意志的颂扬，充分体现了他的诗歌的浪漫主义格调，这深深地吸引了尼采，尼采不仅欣赏，而且进行了深入的研究，并提出了很多独到的思想。作为中学生的尼采，能够对赫尔德林的诗作进行欣赏和研究，可以看出其超出一般的诗性禀赋和与众不同的情怀；同时，对赫尔德林诗作思想的深刻体悟与研究，可以看出此时尼采敏锐的洞察力和思想的深刻性，不仅超越了同代人，而且超越了他的时代。从赫尔德林那里，尼采汲取了很多营养并将其融入自己的思想血液中，赫尔德林成了尼采思想形成的启示者和未曾谋面的老师。尼采欣赏和推崇赫尔德林，从其后来的思想发展和生活经历看，从某种意义上说，也是在欣赏和推崇自己。他们的人生经历、性格取向、思想兴趣和思想维方式等方面有着非常惊人的相似性，从赫尔德林身上，尼采分明是“看到了自己的影子”。“诗化的语言、浪漫主义理想、对德国人的批判和对精神错乱时期赫尔德林的辩护，这些都影响着尼采的创作风格和价值观。”①

尼采阅读莎士比亚的作品，深深地唤起了他对人与时代的思考，深感成为时代的强者应该是人生的追求目标。正如他给妹妹建议中说的那样：“莎士比亚向你展现了如此众多的强者，他们粗犷、刚强、有力，而且意志坚定。我们的时代正是缺少这样的人。”②

1862 年夏天，尼采读了卢梭的《爱弥尔》。卢梭是 18 世纪法国著名的启蒙运动思想家，自然主义教育思想家，他的教育体小说《爱弥尔》是其教育思想的集中表达。尼采读过后深有感触地说：“你可以俯拾自然流畅的文采，也可以学到

①刘自觉：《尼采传》，北京：中国广播电视出版社，2002 年版，第 25、26 页。
②陈鼓应：《悲剧哲学家尼采》，北京：生活·读书·新知三联书店，1994 年版，第 399 页。

你一定要信奉不渝的学识。”[①]毫无疑问，尼采在此所指的“信奉不渝的学识”就《爱弥尔》这本书而言便是指卢梭冲破神学的羁绊，强调遵循人的自然天性、顺应自然要求的自然主义教育思想。虽然尼采在教育观上强调人的先天的自然差异性以及后天发展的不平等性，与卢梭对“自然”的理解迥异。但卢梭思想尤其是自然主义教育思想对他的启示，尼采是深信不疑的。

尼采的阅读兴趣虽然广泛，但他的学习意向明确，能够自觉地、有计划地学习，并且专业性很强，能够“注意处理学习兴趣和专业研究方向之间的矛盾。当中学学业即将结束时，他曾在自己的自传简历中写道：‘为了未来的求学我给自己提出了一个明确的原则：抑制自己兴趣广泛但却一知半解的倾向，培养自己对某一专业的兴趣并且探讨它最深奥的秘密’。”[②]

在普福塔中学，尼采接受了严格的古典教育的训练，为以后的研究奠定了坚实的基础。在各门课程的学习上，尼采取得了优异的成绩，并通过广泛的阅读和思考，特别是读了当时青年黑格尔派成员大卫·施特劳斯的《耶稣传》，对基督教的权威教义产生了怀疑。尼采在他 1862 年 4 月发表的一篇哲学短论《命运与历史》中写道：“如果人们意识到，全部基督教都建立在假设之上，那么人们还会产生巨大的思想转变，上帝存在、灵魂不朽、人的灵感就始终是一些问题……”[③]他的整个精神生活在此时进入了一个危机的时代。毫无疑问，此时尼采的精神世界是痛苦的，正如他说的：“只有充实而深沉的人才能完整地承受可怕的痛楚，就如同他们几乎摆脱了一般的人性一样。”[④]探索的执着激发了他的勇气，引发了他对意志超强的人的向往和追求，他要摆脱人性的一般——平庸、软弱。尼采的超人思想似乎在这时已埋下了种子。

因对基督教的怀疑，尼采试图将虚幻的天国拉回到现实的人间。发现人类自身，发掘人类自身的能量来解决人类自身问题成为他思考的新取向。此时，对生

①陈鼓应：《悲剧哲学家尼采》，北京：生活·读书·新知三联书店，1994 年版，第 402 页。
②刘自觉：《尼采传》，北京：中国广播电视出版社，2002 年版，第 27 页。
③卡尔·雅斯贝尔斯：《尼采其人其说》，鲁路译，北京：社会科学文献出版社，2001 年版，第 57 页。
④卡尔·雅斯贝尔斯：《尼采其人其说》，鲁路译，北京：社会科学文献出版社，2001 年版，第 57 页。

命、人类的存在意义的关注和思考渐渐成为尼采思考的主题，现实的存在及其目标逐渐成为他怀疑和批判的对象，由此引发了他对人类自身的历史的怀疑。尼采质疑基督教，自然基督教统治下的人的生活变成了严肃的问题，尼采对他那个时代当下的人的精神生活状态是不满意的，直至发展到后来的彻底失望。从质疑基督教价值的合理性逐渐走到后来与基督教价值观的彻底断裂，他要为人的生活寻找生命的根据。他一直寻求和表达的超人，成为解决人类问题能量最集中、最完美的精神代表。

尼采在普福塔中学期间，先天性的头痛和眼疾不时地给他添些麻烦，但这些并未阻碍其学习的深入和思想的进步。1864 年是尼采在中学的最后一年，这时他已经热衷于一些学术问题了。由于兴趣广泛，在专业选择和定向上不免发生冲突。他很清楚必须要培养自己对某一专业的特别兴趣并且探索它最深奥的问题，此时，尼采已开始决定放弃从事艺术而立志钻研语言学。

普福塔中学学习时期，是尼采思想发展中的一个重要时期。他毕生对希腊文化充满激情、敬畏和崇尚，以及反对基督教教义的思想取向均在此时扎根。

1864 年 9 月，尼采终于以优良的成绩完成中学学业。他的宗教、德语、拉丁语成绩出众，希腊语成绩优秀，法语、历史、地理、自然科学成绩中等，数学较弱。他激情勃发，豪情万丈，期待未来。

## 二、大学生活

中学毕业月余，尼采离开瑙姆堡，进入波恩大学，开始了大学学习生涯。在德国，波恩大学崇尚学术自由，注重民族精神和维护祖国尊严，是许多青年热切期待的学校。尼采终于来到向往的学校，内心充满自豪："我到达了波恩，对展现在眼前的异常丰富多彩的前景怀着一种骄傲的感觉。"[①]在专业选择上，他选定了语言学和神学。选择语言学是因为他对希腊古典文学的兴趣，追求卓然的贵族

①刘自觉：《尼采传》，北京：中国广播电视出版社，2002 年版，第 37 页。

气质和波恩大学拥有弗里德里希·威廉·里奇尔等世界一流的语文学学者，而选择神学可能是考虑到家庭的因素。

大学比中学更为自由的氛围，使得尼采更游刃有余地从事学校的各种活动。他渴望与人交流，他的交往对象都是些志趣相投、表现出色的人物。我们知道，自我教育意识很强的人，大多很注重交往对象和交往关系，这对个人成长的教育意义是很重要的。尼采很重视这一点。他在中学时就有一些很优秀的朋友，到了大学，他想尽力拓展自己的活动空间，尤其是热衷于一些学术活动，他的学术报告因其独到的见解和精彩的演讲得到师生的好评，甚至是女生的青睐。在波恩大学，尼采曾加入一个叫“法兰克尼亚”的学生社团，但因社团过多的社交娱乐活动而缺少学术氛围，让他最终失去兴趣，其间虽然尼采对改造社团做过很多努力。

波恩大学里奇尔教授的学术造诣和艺术家气质让尼采激动异常，而尼采极高的天分和突出的学识更被里奇尔教授所赏识。他虚心接受老师的教导，研究语言学。然而神学课却激起了他对基督教的进一步怀疑，动摇了他对基督教的信仰。此时，真理和信仰在尼采那里成了一个严峻课题。他在给他妹妹的信中阐述了真理和信仰的矛盾关系：“任何真实的信仰同时也就是真实可靠的，它会引导出相应的信仰之人希望从中找到的东西，但是他并不提供一个论证客观真理的起码支点。……如果你要追求灵魂的安宁与幸福，那么你就信仰；如果你要想当一个真理的信徒，那你就去探索吧！”[①]信仰的危机催生了尼采对于真理的思考、探索真理的信念和勇气。神学的学习坚持了半年便不顾家庭的劝说而放弃，专攻语言学。尼采积极地探索和学习他的语言学真理，里奇尔教授给了他巨大的帮助和真诚的导引，让他完全走出精神上的危机；而这个时候，他却生发了对学校的不满，深觉学校环境对自己成长的不适合。恰在此时，里奇尔教授受聘于莱比锡大学，他决定与老师一同前往。1865 年 10 月，尼采成为莱比锡大学的学生。莱比锡大学有着悠久的历史，曾是欧洲重要的文化中心，洋溢着古典风格的建筑和优美的校园以及先后拥有大数学家莱布尼茨、文艺批评家戈特舍德、文学巨匠歌德、哲学家费希特、作曲家瓦格纳等众多文化名人，使得莱比锡大学名闻遐迩。在里奇尔教授的指导下，尼采继续他语言学的学习和研究，研究的内容不断向纵深拓

①H.F.彼得斯：《尼采兄妹：一个德国悲剧》，张念东、凌素心译，北京：中央编译出版社，2001 年版，第 29 页。

展，并以《泰奥格尼斯哀歌集史实考证》在德国最有影响的古典语言研究杂志之一——《莱茵博物馆》上发表而成为一位年轻的语言学者。在莱比锡大学，他接受里奇尔教授的建议，创建了由 17 位志趣相同的青年学者组成的语言学学会，并利用一个暑假的时间专门研究了泰奥格尼斯、第欧根尼和德谟克利特的哲学。从此，尼采内心涌起的对哲学沉思的兴趣日浓，继而开始了对康德著作的研读，语言学家尼采逐渐变成了哲学家尼采。

就在莱比锡大学，尼采在偶然中发现了被他后来称为真正的教育家——叔本华[①]的《作为意志和表象的世界》这部哲学著作。这在尼采的生命和哲学生涯中可是个大事件。他立刻被叔本华这位忧郁思想大师的思想迷住了，不分昼夜一口气读完。他说："我开始让那本有力但沉闷的天才之作占据了我的心。书里的每一行字都发生超脱、否定与超然的呼声。我看见了一面极为深刻地反映了整个世界、生活和我内心的镜子。"[②]叔本华的著作，撼动了尼采的思想，并因此而改变了尼采的哲学旨趣。"我在哲学上的严肃性已经深深地扎下了根，生活和思想的真实的基本问题，已经有伟大的秘教解释者叔本华极其清楚地给我指明了。"[③]

很显然，叔本华提出的生命意志学、人生痛苦论和悲观伦理学等思想正切合了尼采的人生经历对生命的体验，这时候尼采的精神世界俨然与叔本华是共通的。早年的生活经历与体验，忧郁的气质，善思的禀赋，加上被尼采后来称为"作为教育家的叔本华"的意志哲学的启示，使这个对人生充满怀疑的年轻人对生命意义的思考成为他的思想主题。叔本华对世界的理解，悲观主义思想，无疑是对尼采一次沁入心灵的精神沐浴，如同尼采在 1874 年写的《作为教育家的叔本华》所述："作为叔本华的读者，我属于那种看完第一页就明白自己会通读全书，并且仔细琢磨他说的每一个字的类型。我立刻对他产生了信任……我理解他，他

---

①叔本华（Arthur Schopenhauer，1788—1860），德国著名的唯意志主义哲学家，《作为意志和表象的世界》是其哲学代表作。

②H.F.彼得斯：《尼采兄妹：一个德国悲剧》，张念东、凌素心译，北京：中央编译出版社，2001 年版，第 406 页。

③郜元宝编：《尼采在中国》，上海：上海三联书店，2001 年版，第 576 页。

仿佛是为我写作……”“他的伟大在于它直面作为整体的生活，然后又将生命作为整体加以阐述。”[①]尼采充分肯定了叔本华面对生活对生命以整体性的阐述，叔本华被尼采当作“精神导师”，也成为尼采后来所信奉的一个“诚实”的教师。受叔本华悲观主义思想的影响，尼采对生命的哲学沉思成为他的思想主题。然而，尼采毕竟不愿成为叔本华的思想信徒，生命克服悲观主义，成了他生命哲学的精髓。

在莱比锡大学，尼采有幸聆听了许多著名学者的课程，而与老师里奇尔的友谊也日渐深厚。他们不仅是师生关系，更是朋友和学术知己。里奇尔一直关注、鼓励、指导着尼采的学术研究课题，并成就了他的学术地位；而尼采作为一名学生在语言学研究方面的突出成就，让里奇尔充分体验到一种成功的幸福。

之后，由于普鲁士“铁血首相”俾斯麦的武力统一德意志，尼采于 1867 年 9 月应征入伍从军。然而，尼采“从戎”却未“投笔”，他继续着自己的语言学和哲学研究，德谟克利特哲学依然是他研究的兴奋点。他在研究文章中写道：“我们用怀疑主义为传统思想掘下了坟墓，而由于怀疑主义带来的这些结果，我们寻找出被埋没了的真理，而且也许会再次发现传统的思想是正确的，尽管它凭着一双泥脚站立着。”这样的论述，似乎很矛盾，然而深刻地分析，的的确确让人们能够看到尼采后来的相对主义及重估一切价值的思想胚芽。兵役生活让尼采感受到另一种人生：战争的悲壮人生，英雄的人生。

1868 年 10 月，尼采因骑马受伤退役回到莱比锡大学继续他的学业。此后不久，尼采偶然结识了另一个他用全部的生命去感受、阅读的艺术家老师和偶像——瓦格纳。[②]尼采怀着热烈崇敬之情于 1868 年秋与瓦格纳偶然相识，因尼采对音乐的热爱，对叔本华的崇拜，而瓦格纳正是音乐大师并作为叔本华哲学的信徒用音乐表现其哲学精神，使得尼采在对瓦格纳的崇敬中保持密切关系达八年。年轻的尼采崇敬瓦格纳，把他看作自己的又一个精神导师，而发生这一切的

①尼采：《悲剧的诞生》，赵登荣等译，桂林：漓江出版社，2000 年第 1 版，第 221 页。

②瓦格纳（Richard.Wagner，1813—1883），德国著名的作曲家和音乐戏剧家，德国后期浪漫主义作曲家代表、现代戏剧的开创者之一。

主导因素是他们对叔本华及音乐理解上的共鸣。但 1878 年后，瓦格纳一直成为尼采的攻击对象，把其音乐说成一种浪漫主义的生命的麻醉剂，瓦格纳在尼采心中的精神形象彻底倒塌。

大学学业即将完成，尼采开始为自己的职业考虑。他的理想是成为一名真正的教师，以培养年轻人的深刻思维和判断能力。他深觉，作为一名名副其实的教师应该做到："首先要能够在青年人中激发起必不可少的深刻思维并培养他们自己的评判能力，这样在他们心中就能不断地提出为什么要学习研究，什么是他们的研究对象以及怎样去研究这样的问题。"[①]在这里，尼采对教师的教育能力提出了自己的看法，他认识到教师的能力应该体现在学生的思维力和研究创造力的培养上。

因里奇尔教授的极力举荐，1869 年 2 月，25 岁的尼采破例成为瑞士巴塞尔大学的古典语言学副教授，紧接着免试获得博士学位，一年后成为正式教授，这是当时文学界的一个奇迹。尼采在巴塞尔大学任教 10 年，在这 10 年中，他对教育有了更深入的思考，积累了深厚的思想资源。但现实的学校教育及其制度无论如何不能让其满意，他对时下大学学者的教育生活深恶痛绝，而自己作为学者也厌倦了。到 1879 年，因习惯性头痛和眼疾，他毅然辞去教职。

综略尼采的教育成长历程可以看出，尼采后来的酒神精神、权力意志、重估一切价值、超人等哲学思想在其早期就已孕育。一切思想家的思想都不是虚妄的，是源于思想者对自然、社会、人生或生命等现实的洞察思考后的深刻领悟，是思想者智慧的结晶，是思想者旺盛生命力的生动展示。尼采的哲学思想、教育思想及其人生活动也是如此。他在学生时代就表现出非凡的智慧，对自我、生命、历史和现实的独特感受、思考，通过他的哲学观给予系统阐释。在此基础上，尼采给我们创造了属于他的非同寻常的关于教育的思想世界。

尼采的教育思想正如他的哲学思想一样，是对现实的一切教育存在包括教育制度、教育内容、教育方式、教育者等以批判、否定的方式深入展开的，具有浓郁

①陈鼓应：《悲剧哲学家尼采》，北京：生活·读书·新知三联书店，1994 年版，第 406 页。

的“人文性”及其“个性化”特征。我们知道，尼采生活的时代恰逢欧洲在经济结构、社会秩序、思想文化发生急剧变革的时代。一方面，资本主义高举理性、科学、进步、自由的旗帜，创造了空前的物质富足和政治文明；另一方面，资本主义内部政治的动荡和工人阶级革命，经验主义、理性主义哲学的兴起等，使得基督教信仰和启蒙运动思想渐已失去昔日的尊严，在工具理性日益强势的统治下，人的价值和意义在社会生活领域日渐丧失，欧洲自文艺复兴以来建立起来的资本主义文化此时在社会生活领域出现了前所未有的危机。这样的时代背景，自然激起尼采敏感心灵的深沉感悟和理性沉思。就教育而言，他深刻认识到教育在工具理性的支配下极端“科学化”或“知识化”所造成的人性异化和人的社会生活的危机，把生命作为教育的基点，通过教育“提升人的境界”以“克服生命的异化状态和分裂状态”，达到最终培育超人，表现了尼采鲜明的人文关怀精神。教育的人文化成了他的强烈要求，而这些思想也正是他“特殊的个人经历和所处的社会背景”的反映，其教育思想无论是从思维方式上、语言表达特点上，还是思想内容上，个性化特点是突出的。所以，追寻他的教育和早年生活，对于更好地阐释理解他所“提出的观点，所创作的作品和所做出的人生选择”，进而“展开自己的内心思考”[1]是必须的。关于这一点，我们有必要再一次予以特别强调。

①石中英：《知识转型与教育改革》，北京：教育科学出版社，2001年版，第313页。

# 第三章

# 尼采的教育批判

尼采的教育批判主要表现为两方面内容:一方面是对现实教育活动的直接审视与批判,集中在《悲剧的诞生》创作完之后于 1872 年 2—3 月间在巴塞尔大学所作的题为"我国教育设施的未来"的五个演讲,以及其后的《不合时宜的考察》四篇论文中的第一篇《表白者和作家大卫·施特劳斯》、第三篇《作为教育家的叔本华》等文章中;[①]另一方面是融合于其哲学批判包括道德、理性、科学、历史、文化等批判中的教育批判。我们将尼采的教育观阐释为"超人"教育观,是其两方面教育批判内容的集中概括。在第一方面的教育批判中,他的《我国教育设施的未来》的五个演讲的教育批判主张,其思想旨趣是冀望通过德国教育改革来促进具有统一性的德国民族精神的形成,而在《不合时宜的考察》四篇论文中的第一篇《表白者和作家大卫·施特劳斯》的论文中,其批判的对象是大卫·施特劳斯,实际上"攻击的目标乃是德国的教育",是尼采对德国当时教育的"报以无情嘲弄的一瞥","因为他无意义、无实体、无目的:是一种纯粹的'公共舆论'"。他嘲笑大卫·施特劳斯等人是"温和的德国教育俗物的典型"。[②]这样的教育批判依然是站在确立民族文化精神形成的原则立场上。他认为德国人武功的胜利不是真正的胜利,真正的胜利应该是文化的胜利,德国需要统一的民族文化精神。在其后的关于瓦格纳和叔本华的两篇论文中,我们可以说,这是尼采为了培育德国形成统一的民族精神而对天才教育家的思想求索。

尼采的教育批判始终是以肯定生命的哲学思想为基础的,这在其第一部哲学著作《悲剧的诞生》中已基本确立,并基于文化精神的哲学高度以审视、批判德国教育。在更深刻的层次上,尼采的教育批判和教育思想是与其对道德、理性、科学、历史、文化等哲学批判思想融为一体的。为了更深入地探讨尼采的教育哲学思想,有必要对尼采的道德观、理性与科学观、历史观、文化观作基本概括,并在此基础上进一步审视其道德教育批判、理性与科学教育批判、历史教育批判、文化教育批判。

---

①尼采:《看哪这人》,张念东、凌素心译,北京:中央编译出版社,2001 年版,第 113 页。
②尼采:《看哪这人》,张念东、凌素心译,北京:中央编译出版社,2001 年版,第 56、57 页。

## 一、尼采的道德观与道德教育批判

尼采的道德观基于他的生命观立场，是关于道德与生命的哲学观。生命是尼采道德观的出发点，在生命的立场上，他批判传统的基督教道德和理性主义道德，重估道德价值，为生命赋予道德意义，建构以生命为基础的超越传统善恶标准的道德谱系的思想基础。

尼采的道德思想集中反映在其后期的《论道德的谱系》《偶像的黄昏》，以及《权力意志——重估一切价值的尝试》等著作中。尼采从酒神精神出发，以超人为目标来建构他的道德。

尼采的道德教育观与其道德观是融合一体的，是尼采在对基督教道德教化和理性主义道德教化的批判性考察中确立的，其道德教育观坚持以肯定生命的自然性、整体性和超越性为出发点，以“权力意志”为道德教育价值生成评价的哲学根据，以“成为你自己”为道德教育目的，认为道德教育家应该是人生哲学家。

### （一）尼采的自然主义道德观

#### 1.作为非道德论者对基督教道德批判

基督教道德批判是尼采道德批判的基点。尼采指出，基督教世界纯粹是虚构的世界，因为虚构，所以基督教道德是反自然的道德。基督教道德阻碍人性进步，是怜悯的道德，因为它叫人怜悯、仁慈，怜悯弱化生命力，使人消灭欲望、激情等生命本能，也使人颓废、痛苦。总之，基督教在本质上是一种生命颓废的类别，造就了唯命是从的人。①

尼采称自己为“第一位非道德论者，因此，我是地道的破坏者”，而“从根本上说，我说的非道德论者这个词有两个否定：一方面，我否定以往称之为最高尚的人，即好人、善人、慈悲人；另一方面，我否定那种作为自在的、流行的、普遍认可的道德——颓废的道德，更确切些说，基督教道德。”因为基督教道德是“对生命的犯罪”，“它使人类堕落”。②尼采批判基督教道德对弱者的过度保护是一个

①陈嘉明：《现代性与后现代性十五讲》，北京：北京大学出版社，2006年版，第153页。

②尼采：《权力意志——重估一切价值的尝试》，张念东、凌素心译，北京：商务印书馆，1986年版，第100页。

错误。他批判性指出生命自柏拉图以来，一直为道德所统治，而西方进入基督教文明，基督教的道德价值又成了西方人的生命根据。

尼采说："道德现象是不存在的，只存在对这种现象的道德解释，而解释的本身就成了非道德的起源。"所以，用基督教道德的眼光看世界，本身就是一种欺骗。基督教道德是一种人为的虚构，"迄今用来使人类变得道德的一切手段归根到底是不道德的"。[①]"正如世间的任何其他事物一样，道德本身就是某种形式的非道德。"[②]所以，道德起源于非道德，尼采用道德的解释论主张批判基督教道德，认为基督教道德不过是对世界和人生所作的一种解释与虚构。他进一步指出基督教道德价值取得统治地位是通过"非道德性"手段获得的，基督教"道德理想的胜利就像任何胜利一样，乃是通过非道德手段取得的：诸如暴力、谎言、诽谤和非正义性等等"。[③]其"非道德手段"主要表现在：

第一，"道德的伪造"。尼采说："道德佯称知道某些事情，即知道'善与恶'。这就是想知道，人生于世乃是为了认识自己的目的和使命。即想知道，人是有某种目的，某种使命的……"道德的这种虚妄与承诺，以一种非道德的方式把"民众"集合在"目的""使命"之下，使他们在这种伪造的"真实"面前不得不被这种道德所驱使。在这一伪造行为中，诸如"主体""灵魂""自由意志"等都被捏造出来而用于迷惑、欺骗众生。[④]

第二，"非道德的暴力"。尼采在《道德的谱系》中通过详细分析"惩罚"的效用，力图让人们明白，当道德用其"伪造"而不能达到目的时，便会借助暴力这种残酷的手段强行达到自己的目的。正因为有了暴力惩罚，人们才把那指向外部的本能掉转枪口对准自己，从而形成良心、负罪、义务等道德感。他说："为了通过行

---

①尼采：《偶像的黄昏》，周国平译，长沙：湖南人民出版社，1987年版，第69页。

②尼采：《权力意志——重估一切价值的尝试》，张念东、凌素心译，北京：商务印书馆，1986年版，第326页。

③尼采：《权力意志——重估一切价值的尝试》，张念东、凌素心译，北京：商务印书馆，1986年版，第664页。

④尼采：《权力意志——重估一切价值的尝试》，张念东、凌素心译，北京：商务印书馆，1986年版，第570页。

为制造道德,人们就应该十分非道德……道德家的手段是以往使用过的最吓人的手段;没有勇气去干非道德行为的人,干什么都行,就是不适合当道德家。"①如果说"道德的伪造"是精神麻醉,那么,"非道德的暴力"就是一种强制性的手段,但目的都是一样的,就是维护基督教存在的合理性和合法性。

第三,"诽谤和谎言"。尼采深刻剖析了基督教禁欲主义的产生根源,他强调指出,正是那些弱者以他们的"叹息"和对生命的自甘沉寂贩卖着道德的箴言。"在这里不停地编织着无比丑恶的阴谋之网——受难者在阴谋反对幸福者和成功者;在这里成功的观念遭到痛恨。为了不暴露这是仇恨而编织了何等的谎言!滥用了多少华丽辞章和漂亮姿态!……他们用这种技术竟仿造出了德性的印纹,甚至伪造出了德性的声响,德性的金子声响。无疑,他们这些弱者,这些病入膏肓的病人现在已经完全控制了德性。"②他们通过自身"哀叹"的谎言和对强者的诽谤而让"群畜道德"成为统治者。在这里,尼采对生命之弱者"诽谤与谎言"的道德批判,揭示了病态人性的非道德性。

尼采肯定"道德乃是非道德性的结果",作为非道德性结果的道德,"经过长期经验和考察的道德,被证明是有效的生活方式,最后作为规律进入意识,成了主导……这是道德成为主宰的标志"③。

由于道德本身的非道德性,它不可避免地成为各种谬误的公共准则,而且它本身只不过是一种错误,准确地说是一种有用处的必然的错误而已。尼采说:"道德是一种有用处的错误,更确切地说,就其最伟大和最无偏见的支持者而言,也是一种被认为是必然的谎话。"④道德的有用性就在于"道德对生命的功利性",它在实际生活中表现为一种"保存原则",它保护"工具",保护"平庸者",保护"受苦人",保护"低贱者"。在此种意义上,概略地说,道德不过是保护人苟且生

---

①尼采:《权力意志——重估一切价值的尝试》,张念东、凌素心译,北京:商务印书馆,1986年版,第570页。

②尼采:《论道德的谱系》,周红译,北京:生活·读书·新知三联书店,1992年版,第65页。

③尼采:《权力意志——重估一切价值的尝试》,张念东、凌素心译,北京:商务印书馆,1986年版,第518页。

④尼采:《权力意志——重估一切价值的尝试》,张念东、凌素心译,北京:商务印书馆,1986年版,第573页。

存的功利性工具。所以说，保护弱者成为传统基督教道德的基本原则，因为正是这些弱者，才有了基督教统治的合法性。

尼采对基督教道德腐蚀生命的非道德性批判可谓一针见血、发人深省。他反对用道德的眼光评判道德，强调生命的本能或自然性，指出了个体以及人类要想健康发展，就得摆脱一切非道德的道德禁锢。

2.对理性主义道德哲学的批判

尼采对理性主义道德哲学的批判是其对传统形而上学和理性主义哲学批判的重要内容之一。在尼采那里，就西方理性主义哲学传统而言，“理性的”是源于“逻辑的”，理性本质上是对逻辑的迷信，逻辑思维被理性主义提升到至高无上的地位，人成为逻辑与理性支配的机械生命，而“逻辑的”则必然是“虚构的”。形而上学家们借助于逻辑构造出“理性世界”，逻辑虚构出来的东西被确认为是唯一真实的、合理性的。“现象世界”反而被认为是它的“摹本”，是不真实的，靠不住的。尼采直截了当地指出，“逻辑对‘真实世界’的虚构是人类最大的谎言”，“‘理性世界’是编造出来的”。尼采认为，在逻辑虚构的道德体系里，一切都是逻辑的教条，人被看作符号。道德法则不是根据生命的原则而定，而是和生命原则相反的东西。它事先已被看作“既定”的，成了限制生命健康发展、禁锢本能、否定人生的东西。这正是“手段的类型被认为是目的，生命及其权力的上升被贬默为手段……否定生命，竟成了生命的目的，发展的目的！生命竟成了天大的蠢事。”尼采由此进一步得出结论，形而上学最大的虚构和最后的虚构便是对传统一切价值体系的虚构。价值体系是理性的，但却是僵死的理性法则。形而上学的虚构是对一切价值体系进行虚构的前提。形而上学所设置的最高存在，无论是“理念”“善”，还是“天国”“上帝”，都是一种价值设置。因而，尼采认为整个理性世界也都表现为一种价值设置。反过来，一切价值体系作为理性世界的标准，也都是逻辑的虚构。①

尼采认为，关于人类价值判断的最大的形而上学的虚构就是对于道德的虚构，道德实际上就是价值体系的主要内容。所以，包括理性主义道德观在内的传统一切道德观及其价值成了尼采要破坏的首要目标。

①陈嘉明：《现代性与后现代性十五讲》，北京：北京大学出版社，2006年版，第148页。

尼采把康德的道德哲学作为其对理性主义道德哲学批判的一个重点对象。康德道德哲学出发点是善的意志，即对来自理性的道德律令的绝对服从。按照理性的绝对命令行动，是无条件的、强制性的道德准则。康德认为，道德的根据在于自觉地牺牲幸福、生命、利益等，不屈从于自然的人性需要，而在于自我牺牲以博得敬佩、敬畏和仰慕。道德知识服从于应当执行的道德律令。尼采对康德的这种义务论道德以极力批判，他将康德的道德思想与基督教道德比较，得出二者在根本上具有一致性，即反自然人性，弱视生命存在的意义。他认为，任何美德都是人创造出来的，是人源于现实生活最需要的自我表现；而康德哲学所谓"善良意志"的普遍有效性否定了人的真实存在，否定了生活的意义，必然导致生命力的衰竭。

总体上说，在尼采看来，宗教神学的道德虚构和形而上学的理性道德虚构是一致的，前者是后者基于宗教生活形式的一种具体展开。

尼采要对西方自柏拉图以来的传统道德体系予以重估，试图建立一种以"超人"为道德目标的自然主义道德观。尼采并不是一个真正意义上的反道德论者，他是传统意义上的道德的审判者，他要反对的是弱者的道德，主张强者或超人的自然主义道德。

3.尼采道德观的出发点：生命

尼采对传统道德的批判，在于确立道德的新价值，"我们要批判道德的价值，首先必须对道德价值本身的价值提出疑问"[①]。

我们知道，尼采以"权力意志"作为哲学根据，生命的权力意志，直接表现为激情、冲动、直觉、欢愉。在生命内在激情的支持下，人的生活才真实自然而富有创造；在生命内在激情的支持下，道德在自由的生活舞蹈中超越善恶之彼岸。但是，个体生命可能因激情而"违背"道德规训，并受到惩罚，甚至毁灭自我。所以，尼采认识到，人们为了保存自己，不至于受激情支配而自我毁灭，总是"等同划

①尼采：《论道德的谱系》，周红译，北京：生活·读书·新知三联书店，1992年版，第6页。

一，试图使感觉一致，试图接受一种现存的感觉，这乃是一种宽慰”①。这样，道德使人自我宽慰，生活变得平淡，生命力变得平庸。道德通过把人变成“平庸者”并在保护“平庸者”中，让人免受生命激情可能带来的“危害”。

尼采肯定生命不仅有激情的欢愉，也是生存的痛苦。正是痛苦，才磨炼了生命的意志，激发了生命斗志。生命力强盛的人，正是在痛苦袭来之时让人振奋，而生命力弱小的人则在痛苦面前显得萎靡。勇于承担生命痛苦也就能体验生命的欢愉，而无力承担生命痛苦的人就会把生命本身当作负担。尼采认为，正是如此，人们发明了道德，试图用道德来医治人生的痛苦，让“受伤的灵魂”得以安慰。生命痛苦的萎靡者，幻想着用某种道德“换回某种幸福”，并由此导出“禁欲主义理想”；或者在自己的哀叹中对他人的痛苦报以怜悯与同情，于此也换回他人对自己痛苦的怜悯与同情，并由此消解或减轻各自承担的痛苦。道德就这样帮助“受苦人”摆脱了生命痛苦可能带给生命本身的毁灭而保存了“萎靡者”。

在尼采看来，道德对萎靡人性的保存是对人的自然生命的阉割，当这种道德成为人类占统治地位的价值时，也就达到了其对人性的非自然的理性控制，这是对生命自身的否定。

基督教道德以及理性主义道德等传统道德敌视生命，总是极力表明自身对人获得幸福的价值，通过克制欲望，在“良心”的驱使下达到幸福，获得人生的意义，并成为一种普遍意识和“群体本能”，成了一种“自觉”。道德的“自觉”进而变为一种人自己内在的声音，这声音似乎是来自“彼岸”的“绝对命令”，强迫人必须遵循那些公认的道德原则，而且坚信这些普遍原则就是一种“崇高”美德。尼采认为，正是如此，人的生命意志本身在这强大的道德准则面前萎缩了，实现了逐步敌视生命的“使命”。人否定自己的生命，否定生命的自然性，否定生命的真实性。生命受基督教道德与理性主义道德的统治，甘愿受永久的精神折磨、惩罚，建立一种宗教理想，“自我确证生命本身的毫无价值”②。

---

①尼采：《权力意志——重估一切价值的尝试》，张念东、凌素心译，商务印书馆，1986年版，第664页。
②尼采：《论道德的谱系》，周红译，北京：生活·读书·新知三联书店，1992年版，第71页。

尼采说:“道德会危害生命:危害对生命的享受,危害对生命的感激等等;危害对生命的美化和崇敬;危害生命的认识;危害生命的发展,因为生命试图使自身的最高现象同自身分裂。”[①]所以,道德对生命的危害是全面的,源于“崇高”美德脱离生活现实,与生命本身的分裂。

生命应该是自然的、超越苦难而欢愉的,但在传统道德的普遍统治下,追求生命的自然欢快经常被认为是罪恶。基督教道德要求人们逃避生命,为做一个“好人”,一个“善良的人”,将自己变为缺少生命活力的人,逃避生命的自然本性,尼采称这是人的“普遍化的零本能”。道德对生命的危害被美化。生命的自然性、完整性、人性生成可能性、自我否定性、创造肯定性和超越性等应该成为生活本身,其崇高性应该表现为永不停歇的昂扬斗志和创造活力,人们理当在享受、感激生命之时怀有内心真诚的崇敬。然而,在传统道德面前,生命却成为罪恶之源而变得丑陋不堪。传统道德戒律成为人们必须保持的操守,成为一切行动的最高准则,这一生命的去自然化标准使生命失去了活力,失去了自然性和自由性。轻蔑生命和对生命的麻木、遮蔽,让生命本身造成了生命力的衰退,尤其是创造力的衰退。道德同生命相分裂,道德造成了生命的本能无法释放其力量,生命力也就会慢慢钝化。人成了有病的人,这种病就是道德病,就是扼杀生命。

由于传统道德的危害,生命力萎缩了。尼采说“道德就是兽栏”,人在道德的牢笼里萎靡不振。“道德是一种反对自然,谋求达到更高的种类的反动。因为,它怀疑整个生命(因为生命的倾向被认为是非道德的)——敌视感性(因为最高等的价值被认为是与最高本能敌对的)——‘高等天性’的退化和自我毁灭,因为他们会意识到冲突。”“迄今为止,道德的发展是以牺牲下列人的利益为代价的:统治者及其特殊的本能,成功者和美丽的天性,放荡不羁者和特权者。”[②]

---

①尼采:《权力意志——重估一切价值的尝试》,张念东、凌素心译,北京:商务印书馆,1986年版,第638页。

②尼采:《权力意志——重估一切价值的尝试》,张念东、凌素心译,北京:商务印书馆,1986年版,第686页。

尼采认为传统道德是用来控制人的思想和行为精神的统治工具，是与生命意志相悖的异己力量的体现，其目的就是迷惑人，愚弄人、让人们服从统治。这样，人的本性倍受压抑，生命本能饱受摧残。

尼采反传统道德，并不是不要道德，他要肯定以自然生命为道德价值基础的自然道德。传统道德之所以应该被抛弃，是因为它否定生命、敌视生命、危害生命。相应地，新道德不把生命看作敌人，而是把生命作为新道德的第一原则。尼采把旧的基督教道德称为“反自然的道德”，而将新道德称为“自然的道德”。他说：“我制定一个原则：道德中的每一种自然主义，也就是每一种健康的道德，都是受生命本能支配的。”①

尼采是在怎样的意义上理解生命的？他说：“什么叫生命？这就必须给生命下一个新的、确切的定义了。我给它开列的公式如下：生命就是权力意志。”②

在尼采看来，作为权力意志的生命，是重估一切道德价值和新价值建构的根据和出发点。尼采对作为权力意志的生命的信仰而重构的道德，是一种颂扬自然生命的道德，即以肯定生命为基本内容的自然主义道德，也就是肯定生命的感性肉体和本能，以及对生活世界和个人强力之释放的“健康的自私”的道德肯定。所以，尼采生命道德观可概括为：

第一，尊重人的肉体（身体）。基督教道德推崇灵魂，蔑视肉体，要禁欲。尼采向往新道德对肉体的肯定。“肉体这个现象乃是更丰富、更明晰、更确切的现象。因为它按部就班，依次向前发展而不追究其最终的意义。”③美丽的肉体是美丽动人的，在自由的自我规定中坚守承诺与责任。

第二，肯定人的生命本能。尼采把基督教消灭“生命激情和欲望”的本能看

①尼采：《尼采文集·查拉斯图拉卷》，周国平等译，西宁：青海人民出版社，1995年版，第323页。

②尼采：《权力意志——重估一切价值的尝试》，张念东、凌素心译，北京：商务印书馆，1986年版，第181页。

③尼采：《权力意志——重估一切价值的尝试》，张念东、凌素心译，北京：商务印书馆，1986年版，第631页。

作是“愚蠢的一种极端行为”，造成了人的“精神的贫困”，所以，“教会的实践是敌视生命的……”基于生命的本性，尼采“概括地提出一个原则。道德中的每种自然主义，也就是说，每种健康的道德，都受生命的一种本能支配……相反，那反自然的道德，这意味着几乎每种至今为止被提倡，受崇拜和鼓吹的道德，恰恰反对生命本能——它时而是一种隐蔽的，时而是一种响亮和狂妄的、对于这种本能的谴责。”①

就传统道德的理性原则而言，传统理性主义道德把道德概念化、知识化、非自然化，或者说抽象化、理性化、理想化，脱离了人的生活实际，脱离了“人的意义”，企望以抽象而普遍的理性原则指导人的现实生活，个人的生命本能欲望被压抑。尼采强调新道德基于生命，认为本能是比理性更本真的东西，理性只不过是本能实现自己的一种工具，生命价值是本能的生动展示。尼采用他的智慧对逻辑的起源进行了详细阐释，认为逻辑起源于非逻辑，世界在根本意义上是非逻辑化的，所以，理性起源于非理性，生命本能是生命的根本。②

尼采在《偶像的黄昏》中《苏格拉底的问题》一节，批判从苏格拉底、柏拉图以来哲学家们理性主义的道德：“理性=德行=幸福”是“局限于病态”，因抵抗本能会导致生命“没落”。他说：“苏格拉底是个误解；那整个劝善的道德，基督教也一样，是个误解……最刺目的日光，绝对的理性，明亮、清醒、小心、自觉、拒绝本能、抵抗本能的生活，其自身只是一种疾病，另一种疾病——完全不是通向‘德行’‘健康’和幸福的回归之路……必须战胜本能——这是颓废的公式：只要生命在上升，幸福等于本能。”③尼采批判劝善的、理性主义的道德因对生命本能的压制而造成生命的颓废，这不是健康的、幸福的人生。健康、幸福的人生应该能够做到尊重、释放生命的本能。

第三，忠实于大地。基督教道德把美好寄望于天堂或彼岸世界，认定此岸世界的人在本原上是有罪的，所以必须保持对上帝的虔诚，从而做一个“善良的

①尼采：《偶像的黄昏》，卫茂平译，上海：华东师范大学出版社，2007年版，第72页。
②陈嘉明：《现代性与后现代性十五讲》，北京：北京大学出版社，2006年版，第148页。
③尼采：《偶像的黄昏》，卫茂平译，上海：华东师范大学出版社，2007年版，第53页。

人”为自己赎罪。尼采的新道德基于生命，人必须立足于此岸，立足于大地，立足于当下此时此刻的现实生活，在现实生活中忠实于自己，忠实于大地，解救自我，成为自己。

第四，从肯定个人生命的自然欲望出发，尼采主张“健康的自私”。“健康的自私”既反对病态的狭隘的自私，又反对“无私”的说教。“健康的自私”是源于生命的权力意志，是健康的肉体和精神的自我享乐，它强纳万物于自己，通过“消化”再作为爱而给予；而基督教等“无私”说教是病态的自私，导致灵魂的衰弱。“健康的自私”是一种自爱。正如尼采在《查拉图斯特拉如是说》的《重力之精灵》篇中所言，生命本身可能是沉重的，现实也可能是严峻的，但人要像鸟一样成为一个轻灵的人，必须自爱。人“必须学习以卫生而健康的爱爱自己：自己才会动心忍性，而不会神不守舍。”[①]自爱是一种自由，是自我保护的力量，在自爱中让生命力强大，并让他人学习自爱而强大。“健康的自私”体现的是“自私者”强大的生命力，是强大的自我的表现。“健康的自私”强调个人生命本能的正当性，鼓励个人由自爱而创造和强大。[②]

尼采在根本上颠覆了传统道德价值的基础，以虚无主义思想立场对传统道德价值以彻底否定，肯定现实的、活生生的生命，即肯定生命的自然性、整体性、自由性等。所以，尼采的道德观被解读为自然主义生命道德观。

4.道德价值的思想根据：“权力意志”

尼采将世界看作“权力意志”的永恒轮回所构成的生成过程，人的生命只是世界生成的一个片段，以权力意志透视世界，并以此为基础对世界作出解释，也就是权力意志的评价和生成意义。这样尼采为人形成一个“外观世界”的原则与根据，为人生找寻到某种意义的思想支点。正是在这个意义上，尼采把一切认识形式都当作价值形式，把形而上学当作价值体系。正如上文论述的那样，就道德而言，道德不过是为生命生成意义的一种行动解释。尼采说：“道德现象是不存

---

①尼采：《查拉图斯特拉如是说》，尹溟译，北京：文化艺术出版社，1987年版，第197页。
②周国平：《尼采：在世纪的转折点上》，上海：上海人民出版社，1986年版，第150—155页。

在的,只存在对这种现象的道德解释。"[1]人需要世界透视,道德解释也是如此,而传统道德作为一种"外观世界"是"一种误解",或者说是一种谎言。但是,人必须赖于此。也就是说,道德只不过是人对世界和人生所作的诸多"解释",形而上学对世界以客观化追问与确认,也不过是一种虚构。

由此,尼采把权力意志看作是世界和生命的本质,认为生命在根本意义上是权力意志,是以权力意志本身为超越善与恶的价值标准。它体现了生命道德主体的完全的自主性,实现生命力的强盛。尼采说:"什么是善?凡是增强我们人类力量感的东西、力量的意志、力量本身都是善。什么是恶?凡是来自柔弱的东西都是恶。什么是幸福?幸福是力量增强、阻力被克服时的感觉。"[2]

尼采极其颂扬生命的道德自主,自主的道德是一种权力意志的道德,因其自身生命力的强大和丰盈,它表征着生命的上升路线,强调个体生命创造道德价值,并以生命的丰盈向世界给予。因此,自主的道德的两个基本特征是:创造和给予。创造,也就是"重估一切价值",将一切已经被认定、被遵守的价值拿到生命的权力意志面前,为其存在的合理性进行辩护。自主的道德作为创造的道德,同时也是给予的道德。因为,创造在本质上就是一种给予,是立足于自己生命力丰盈的一种给予。这种给予既体现在给事物命名的权利,又体现在对善恶的界定。生命力丰盈的创造者创造价值也就是给予价值。道德价值的创造者与给予者具有高贵、骄傲和勇敢的品质,并因此而具有尊严、强健。所以,冲破各种虚伪道德教条,自主释放生命创造价值的本性,发挥与增进生命强力就是善的,真正的道德从根本上来说就是"权力意志"的创造与评价。尼采的"超人"就是具有权力意志的自我创造与超越道德新价值的代表。[3]

5.道德价值目标:成为你自己

以权力意志为生命根据,生命意义现实表现的基本目标就是:"成为你自己"。

---

①尼采:《权力意志——重估一切价值的尝试》,张念东、凌素心译,上海:商务印书馆,1986年版,第181页。

②尼采:《尼采文集·权力意志卷》,周国平等译,西宁:青海人民出版社,1995年版,第292页。

③叶启绩、林滨、程金生等编著:《20世纪西方人生哲学》,北京:人民出版社,2006年版,第14—15页。

"成为你自己"是尼采人性思想的核心，他在《作为教育家的叔本华》中说"坚守自我！你现在做的、说的、想的，都不是你自己。"[1]"坚守自我"是尼采针对西方传统文化和技术理性造成的人性日益衰弱的精神危机所发出的呐喊，"坚守自我"也就是要求自我必须"成为你自己"，寻回迷失的自我、真实的自我，做自己的主人，并创造自我人生价值。在《快乐的科学》中，尼采再次强调指出："你的良心在说什么？——'你要成为你自己'。"[2]尼采认为，要成为你自己，首先必须自我肯定，爱自己，忠实于自己，对自己负责，真诚地寻求人生的意义。每个个体生命肯定自我的唯一性和不可替代性，表现对自己生命的忠实，为自己的生命负责，并真诚地立足于自己的生命去寻求人生的意义。"我们必须为自身存在承担全部的责任，我们也想扮演掌握存在的舵手，不允许存在如同一种空洞的偶然。"[3]"成为你自己"，首先是要每一个人能够做生命的主人，赋予生命以意义。其次，"成为你自己"就是要求自我必须充分把握生命的可能性、自由的生成性，通过自我的否定、创造和肯定，实现生命不断往复的超越攀升，展示生命自我的真实性、独立性和独特性。"成为你自己"的人性自我生成过程，我们将在其后的第四章作更深入的专门讨论。

因此，在尼采的道德意义上，其"超越道德判断的错觉"站到"善恶的彼岸"[4]的"非道德"立场的道德主张是作为自然的道德、自主的道德，同时又是自我的道德。自我肯定意义上的"成为你自己"的根本价值在于个体是价值的创造者，而自我要成为真正的价值创造者，就要不断展示生命创造的意志力量。只有个体生命将自己的原始生命本能升华为创造的动力，并以此创造出新的价值，给自己的生存赋予独特的意义时，他才算完成了自我超越意义上的"成为你自己"，也才真正地成为了自己。因此，自由性是"成为你自己"的原则性基础或条件，而自我超越则成为"成为你自己"的生命行动原则，自由性原则和超越性原则成为"成为你自己"两个基本原则。"成为你自己"的过程，也就是人生意义不断地自由超越过程。这自由的超越过程就是尼采提出的"人生境界向骆驼—狮子—孩子

①尼采：《悲剧的诞生》，赵登荣等译，桂林：漓江出版社，2002年版，第214页。
②尼采：《快乐的科学》，黄明嘉译，桂林：漓江出版社，2000年版，第208页。
③尼采：《悲剧的诞生》，赵登荣等译，桂林：漓江出版社，2002年版，第215页。
④尼采：《偶像的黄昏》，卫茂平译，上海：华东师范大学出版社，2007年版，第89页。

的精神境界不断提升”的过程，即向变得“能够‘坚韧负重’”——“拒绝所有的‘你应该……’”——“一种真正可以创造新生命和新价值同时又代表着新价值和新生命的状态”。[①]个人在“成为你自己”的自由选择和自我确认的过程中，面对现实的苦痛和生命的无意义，必须具有超越精神。尼采一再强调，人是要超越自己的。在《查拉图斯特拉如是说》中，“超人”作为一种人类精神的象征，所强调的就是人的自我超越精神——“人是应该被超越的”“超人是大地的意义”。人正是以这样一种立足于大地的超越精神“成为你自己”的。超越生命的苦痛而体验生命的快乐，超越生命的自然确定性而实现生命意义的不断生成性，超越一切环境力量的强制性而实现个体力量的自主性。“成为你自己”的自我实现与超越过程是道德价值追求的内在目标。

（二）道德教育批判

从广义上来说，尼采对基督教传统道德和理性主义道德的批判，实际上也就是对西方两千多年以来的道德教育的批判，是尼采道德教育批判的最重要部分。因为，道德本身就具有教化、教育的本性，如果脱离生命本体，脱离生活实际，那么，它就是一种教育控制，甚至是一种教育暴力。尼采对此所作的批判是毫不留情的。我们完全可以说，他就是一个非道德论者的道德教育思想家。从狭义上来说，尼采的道德教育批判是其对有组织、有目的的道德教育活动的直接批判。

在《作为教育家的叔本华》这篇著作中，道德教育成为他批判的一部分。他问道：

> 对我们大家——学者和非学者，高贵者和卑贱者来说，同代人中的道德榜样和道德名人，我们时代的创造性道德之活生生典范，究竟在哪里？[②]

尼采慨叹，道德教育没有了典范，学校道德教育只是“停留于形式”，美德却成了空洞的符号，成为“一个老掉牙的令人发笑的概念”，道德的力量在节节败

①石中英：《教育哲学导论》，北京：北京师范大学出版社，2002年版，第43页。
②尼采：《悲剧的诞生》，赵登荣等译，桂林：漓江出版社，2000年版，第219页。

退。尼采是不能容忍道德教育的“五种现状”，于是他想象自己将找到一个真正的哲学家或教育家来加以改造，那就是人生哲学家——叔本华。

尼采在后期的著作《偶像的黄昏》的《人类的“改善者”》一节中，批判地指出道德首先是“改善”人的意思，称“不仅对人这个野兽的驯化，而且对人的某个种类的培育，都叫‘改善’”，“教会事实上首先是一所动物园”，“它败坏人、它使之虚弱……可它自称，它‘改善了’人……”尼采进一步地不无讽刺地说：“培育的道德和驯化的道德，它们在贯彻自身的手段上，彼此完全相称：我们完全可以确立这样的命题，为了创造道德，人们必须具有追求其对立面的绝对意志。”也就是说，基督教的道德教士们要求人们为了创造他们的道德，要求人们绝对地服从。紧接着尼采用极端化的语言彻底地否定性地宣称：“迄今被用来使人类变得道德的所有手段，究其根源，是非道德的。”[①]尼采对基督教道德驯化的非道德性——“虔诚的欺骗”深恶痛绝，并以极力鞭笞和揭露。

尽管尼采对道德教育的批判带有极端性，但他对驯化的道德教育造成的人的奴性化、动物化而致生命力的退化的批判，却是深刻的，具有积极的启示意义。尼采批判道德教育“在崇高化的外衣下被非自然化了”，认为历史的和现实的“一切道德教育中的伟大理性始终在于人的试图达到本能的安全感，以致善的意图和手段本身首先进入意识”。这样的道德教育是“制造一个古代哲学家的稻草人”[②]。道德是虚伪的，道德教育披着崇高的外衣，是虚伪的、骗人的、非自然的、侵蚀人性的教育，结果不过是培育出一些只会利用虚弱无力的古代哲学来唬人的干瘪人性的彻头彻尾的假人。

事实上，尼采并不是要彻底否定道德教育的“训育”过程，他所重视的是道德教育中的“训育什么”“谁掌握训育”和“如何训育”等问题。因此，尼采的“训育”有特殊的意义。他提出，道德教育应该“把人向高处训育，而不是向与人为善的平平庸庸的方向训育”。尼采要训育的是“未来的地球主人——的道德”。道德教

①尼采：《偶像的黄昏》，卫茂平译，上海：华东师范大学出版社，2007年版，第96页。

②尼采：《权力意志——重估一切价值的尝试》，张念东、凌素心译，北京：商务印书馆，1995年版，第513页。

育所训育的人的“生命意志应当强化”。尼采指出道德教育的“主要手段是立法者的道德，人们可以利用这种道德把人塑造为创造性的和深沉的意志所喜爱的东西；”而要实现这样的道德教育目标，道德教育者必须是“极富创造性的人”。这种人具有“最高等的艺术家意志”，能够从现实的一切道德教育的反面去追求“提高人”的“一种带有相反意图的道德”①。

为提高道德教育的实效，尼采批判指出道德教育没有针对性。“道德教育者所取得的成绩为什么相对来说不大”，乃是“道德教育者的贪心”，即道德教育者“一下子要求太多”，“野心太大”，急于为“每一个人颁布规则”。尼采提出“正确的做法是选择特定的一群，努力发掘和提高他们的道德”。但同时，尼采提出了道德教育过程中的“个别教育”思想，他说：“无论如何，最大的成就既不属于试图教育每一个人，也不属于试图教育特定的一帮人，而只属于那首先试图教育一个人并且绝不离开他的目标左顾右盼者。上个世纪之所以优于我们的世纪，正是因为它拥有如此之多受过个别教育的个人，以及同样多的教育者，这些教育者把教育一个人当作他们的毕生工作。”②

尼采赞赏针对学生的个性和特点“对症下药”的家庭教育方式，强调教育者要把教育一个人当作他们毕生工作，在这些受过“个别教育的人”身上，让道德教育取得明显的效果。尼采的“个别教育”是教育者针对某一个人的教育，道德教育中的全体性只是一种“贪心”，无法真正地实现。

道德教育就其基本的目标来说，尼采提出要让人们形成在生活中基本的美德：“——正直，对我们自己以及所有对我们友好的人；勇敢，当我们面对敌人；宽大，对于失败者；优雅，无论何时何地。这就是四美德寄望于我们的。”③

尼采基于自己的道德观对道德教育展开直接批判，并确立了自己的道德教育观。总体上来说，他批判传统道德教育的虚伪和欺骗性，造成对生命自然性的侵

①尼采：《权力意志——重估一切价值的尝试》，张念东、凌素心译，北京：商务印书馆，1995年版，第168页。

②尼采：《曙光》，田立年译，桂林：漓江出版社，2000年版，第154页。

③尼采：《曙光》，田立年译，桂林：漓江出版社，2000年版，第328页。

蚀、剥夺，生命也因此变得平庸；他批判理性主义的道德教育造成了对人的非理性的压制，道德教育成为“训育”，缺乏针对性，失去了精神创造，让道德家的道德统治的全体性“贪心”和“野心”得到满足，人们在这种教育中变得唯唯诺诺、碌碌无为。道德教育应以肯定生命的自然本能为基础，培育人创造新价值的道德力量。道德教育要按照个性化原则，实施以正直的、勇敢的、宽容的、优雅的为基本内容的教育，其目的是“成为你自己”，实现生命力量的不断超越。

## 二、尼采的科学观与科学教育批判

尼采以自己的生命哲学观来批判理性及其科学与科学教育，进而提出了自己的科学教育思想。仅仅建立在理性及其科学基础上的教育必然带来生命的迷误和生命价值的贬斥。科学教育应该以服务人生、生活为目的，科学教育不能没有生命哲学的指导。

### （一）尼采对理性及真理的批判

人是理性和非理性的统一，人类走到今天如果说是一种伟大进步的话，这“伟大”完全可以概括为这样两个方面：一方面是人对自然不断取得的辉煌胜利，即人在自然面前由克服被动适应性和依赖性而不断获得了日益强大的自主性和创造性；另一方面是人在社会活动领域通过不断深入的社会生活而实现了人不断增强的独立性与自由性。毫无疑问，在人类取得的这“伟大”进步的过程中，理性的力量功不可没。我们知道，在哲学领域，西方一直具有理性主义的哲学传统。传统的理性主义哲学家们始终在本体论意义上不断追寻世界的本质和普遍意义，并且许多哲学家都宣称在自己的哲学思想体系上找到了构成世界的基础、根据和原则，如巴门尼德的“存在”，柏拉图的“理念”，康德的“物自体”，黑格尔的“绝对精神”等。文艺复兴后的近代欧洲，理性主义高歌猛进，尤其是在科学领域获得了辉煌成就后，正是如此，理性主义的科学精神越来越趾高气昂，科学的乐观主义情绪弥漫，人们越来越相信理性以及科学的力量可以让人类成就一切。然而近现代资本主义世界内部矛盾的日趋尖锐和呈现的日趋深重的社会危机，理性及其逻辑秩序不可避免地受到质疑。人们越发感到在理性旗帜下的沾沾自喜不过是自欺和犯了幼稚病，于是非理性主义思潮兴起。作为非理性主义思想的先驱，尼采对理性及其科学批判的智慧光芒在今天依然熠熠生辉。

1.理性的迷误

尼采首先对传统哲学的理性主义立场以激烈批判，认为传统理性哲学家对世界的形而上追问及所谓本体的确立，乃是理性的迷误。存在主义哲学家卡尔·雅斯贝尔斯在其尼采哲学解读的著作《尼采其人其说》中，将尼采对理性的瓦解和突破概括为四种形式：[①]

第一，尼采的阐释理论及一切思想皆虚假的理论，是他的逻辑的真正所在，他反对思维可寻找到真理这一主张。尼采认定理性思维不是真理，无法把握真正之物即永恒的生成，只不过是一种假设，是深入思维的条件，并不起源于存在。理性思维的范畴是用来服务于生活的，是生活必需的错觉，但对生活是有用的，是增强人的力量的工具。因为生活要求理性思维提供稳定性范畴作为其条件，如果不相信这一点，人类社会就会走向毁灭。

第二，在人们的生活中，就事物存在的合理性而言，理性是不必要的、危险的、不可能的。说它不必要，是因为“一件事情不合理性，这并不是反对它存在的理由，而是它的某种意义之所在”。简言之，事物存在的合理性和不合理性归根结底是受事物的意义决定，或者说事物存在的理由在于意义而不在于真理。说它是危险的，因为如果理性当作为无所不包的知识出现时，它是毁灭性的，但是理性总是自以为无所不包。尼采断定人类如果完全按照理性知识为基础行事，人类早就毁灭了。说理性是不可能的，因为并没有一种建立在理性认识之上的、可以说明一切的普遍理性真理来作为人类生活的基础。

第三，尼采极力否认理性统治世界这一形而上学问题的哲学思想肯定。尼采认为在所有事物中，从根本上来说，合乎理性是不可能的。尼采反对对真理的信仰，将理性当作绝对的东西，让所谓普遍真理遮蔽存在自身，进而使生活受到欺骗。

①卡尔·雅斯贝尔斯：《尼采其人其说》，鲁路译，北京：社会科学文献出版社，2001 年版，第 226—229 页。

第四,尼采对自己作历史性回顾时概括了自己的攻击之词,并极力鞭笞传统哲学将理性当作逻辑上固定的形式的整体,以此来展望真理与存在本身。

尼采充满激情地运用理性来批判理性,并不是要舍弃理性,准确地说他是批判理性在人的生活中的绝对地位和绝对统治。正如雅斯贝尔斯所言:“尼采瓦解理性的哲学思想的真正意旨,总是在一时间里确定的。事实上,这是一种不局限于理性的充满激情的渴望。它本身是一种大理性。”

总体上来说,尼采解体理性,在哲学上是对传统形而上学的解构。他讽刺哲学家几千年来利用的都是概念木乃伊,总是蹲在概念的冰冷世界中,遵从逻辑规则和理智工具,给生活带来迷误、虚幻和错觉。理性的虚妄和偏见让生活充满虚假和欺骗,生命整体变得支离破碎。理性哲学家制造的最高概念或所谓“真正的世界”不过是一种假象。尼采要消解这“真正的世界”,向因理性统治生活而造成生命价值贬值的传统哲学宣战,给生命赋予新的意义。

2.科学的限度

尼采深刻地认识到,人们试图以可知的科学形态来把握一切真理是极其错误的,也是幼稚可笑的。科学有限度,在尼采看来,科学只不过是学者们“纯粹就事论事地处理彼此分离的、最小的科学领域”,根本无法触及真正的存在问题,只是对事实的局部认识,而不是存在整体。

尼采将科学的精神概括为“方法精神”,遵循科学方法的态度导致了令人惊讶的科学认识的明晰性,同时获得了对特定事物的局部性的可靠性认识。所以说,科学的精神在于探索真理的过程,而不是占有真理。然而,尼采进一步指出,科学的明晰性和可靠性是特定的、相对的,在总体上寻求安全或牢不可破的用心是错误的。科学更多的是需要勇气、冒险和乐观的态度。

就科学对人生的意义来说,尼采明确地指出了科学的限度,让我们在今天深深地领略到尼采的超越时代的睿智。他确信科学无法为生活设定目标,甚至无法借助其为人生带来真正的幸福。科学的目的何在?尼采认为科学本身无法给予答案,科学以自身为目的即追求科学本身是成为问题的。事实上,科学代替了人们的宗教信仰，科学不断满足人们对生活利益的追求；科学活动本身的求真意志让尼采深觉禁欲式的科学活动已失去生活的本来意义，脱离了服务于包括科学工作者在内的人们的生活价值；科学的存在，也让人们失去警惕，在深信不疑中把科学看作理所当然，进而失去了求知欲，失去了对人生价值的信仰。

尼采对科学以哲学的反思，关注科学的前提和价值基础。尼采认为，"所有科学都是建立在哲学的一般基础上。"科学的可靠性、明晰性需要哲学提供基础。现代科学只把认识本身当作目的，它根本不考虑人的意义，因而就没有了服务人生的自信，更没有价值理想。尼采认为，科学的伟大的价值基础自从苏格拉底所代表的理性乐观主义以来就失去了，在古希腊伟大的悲剧文化中，科学被一种伟大的哲学承载着，那时的伟大的哲学就是以生存为根据的文化。自从苏格拉底以后，这种伟大的哲学逐渐失去了它原来的意义和作用。人生的价值从此也就成了问题，对理性的信仰使人生受到怀疑。他强调："哲学必须对科学的必要发展问题加以考虑：它必须决定价值。"它关系到人的生存的意义。[①]

总之，科学是有限度的，科学是有条件的、有前提的，"科学也是以某种信念为基础的，根本不存在'没有假设'的科学"[②]。科学真理的普遍有效性也只不过是科学自身的虚妄。科学不能解决人生问题。科学的前提和价值基础只能由哲学提供。

3.科学的价值：服务人生

我们知道，在尼采的时代，以孔德为代表的实证主义哲学兴盛，强调用实证精神来统一指导自然科学研究，以发现现象世界中不变的一般性、实证性的知识，并断定只有在此基础上建立起来的知识才具有可靠性。科学的进步和对生活利益的不断满足，让越来越多的人坚信自然科学是人类知识的典范，可以解决人类需要解决的所有问题，所以人类的一切行为都应以科学为准绳，探求科学真理是人类最神圣的使命。尼采旗帜鲜明地反对这种观点。在尼采看来，科学只不过是一个自圆其说的解释系统，科学知识仅是人类为了生存而虚构的诸多符号系

①卡尔·雅斯贝尔斯：《尼采其人其说》，鲁路译，北京：社会科学文献出版社，2001年版，第188页。
②尼采：《快乐的科学》，黄明嘉译，桂林：漓江出版社，2000年版，第268页。

统中的一种。尼采坚持要用“艺术家的眼光考察科学,用人生的眼光考察艺术”,[1]批判“苏格拉底是理论乐观主义的原型”。他说:“在苏格拉底式的人看来,深入事物的本质,区别真正的认识与表象的错误,是最崇高的,乃至唯一的人生职业,如同概念、判断和推理的整套机制……”[2]

尼采把科学同健康的伦理生活结合在一起展开哲学思考,认定人的身体已成为科学理性的压抑对象。他批判将意识设定为标准的形而上学传统,倡导以身体为准绳。他认为意识仅是人类的发明,只有身体是实实在在的。尼采让身体而非意识成为行动的凭据和基础,让万事万物接受身体的检测,使真理和知识成为身体的解释产品。知识不再从意识中产生,它产生于身体的快感、欢乐或者痛苦。尼采将身体从理性统治中解救出来,赋予身体以真正的意义。

科学的伦理价值问题也是尼采关注的中心。在尼采的时代,科学知识和真理成为解读人自身的一切标准,成为规范人类行为的根据。尼采批判这种病态的思维方式,呼吁人们站在生活的层面上来重新审视科学。他批判自然科学通过实证的方式来解释生动活泼的人类价值世界,把人的世界变为一个无意义的世界。他说:“仅仅依靠计数、计算、秤重、观察和触摸,这种方式即使不叫他是思想病态和愚蠢,那也是太笨拙和天真了。”[3]在尼采看来,科学真理压制了自我创造的自由精神,阻止了以权力意志的形式进行的价值重估。这种科学文化使科学自身丧失了自我批判的能力,无法帮助我们肯定生活的价值。毫无疑问,在今天,自然科学成为人类对自然进行技术和实际掌握的统治工具,而在社会领域,科学成为对人类社会秩序进行控制和管理的工具。以真理姿态自居的科学及其逻辑体系成为人类思想活动的中心。然而,人们终于自觉地认识到,科学给人类带来幸福的神话已经被彻底地打破。科学对人的生活的功利目的野心越发膨胀,一切计量化的标准成为人的生活的统治依据,生活缺少了诗意,生命缺少了多姿多彩。

①尼采:《悲剧的诞生》,赵登荣等译,桂林:漓江出版社,2000年版,第6页。
②尼采:《悲剧的诞生》,赵登荣等译,桂林:漓江出版社,2000年版,第6页。
③尼采:《快乐的科学》,黄明嘉译,桂林:漓江出版社,2000年版,第311页。

尼采认为，人们应该把科学同人类自由和健康人生联系起来。科学本身就是个问题，诚如尼采所言："科学问题不能在科学的基础上被认识"，它不能解决自身的问题，即科学"为了什么"的问题，也即科学的价值问题。把无止境地追求"真理"作为科学的最高价值，为科学而科学，是一种虚无主义。科学的最终目的应是服务人生，对于完整的人而言，人不仅是理性的，也是非理性的，人需要诚实、勇敢、正直、宽容、优雅等品质，需要爱、激情、直觉、意志、痛苦、快乐等生命体验。科学的价值在于服务人生，增进生命活力，在充满激情的生命感悟、生命体验中实现生命的价值创造和自我超越。尼采的科学伦理观有助于我们更深刻地看到科学与人生的关系，科学的价值在于服务人生。

4.尼采的真理观

（1）本体论意义上的"权力意志"真理观

尼采哲学中的"权力意志"具有本体论的意义，权力意志被尼采强调为事物存在的根本力量，是评判价值真理的最高准则，一切真理就在人的权力意志中，真理不过是人的表达与制造。"唯有我才掌握着'真理'的准绳，我是唯一的仲裁者。"[①]尼采认为真理与谬误、真实和虚构、实在和想象之间没有本质上的差异，它们都是生命的工具。一切真理从其根本上来说都是源于非理性的，都是建立在权力意志基础上的，因此，"'真理'这个概念是没有道理的"，"真理是一种驳不倒的假说"。[②]

尼采的真理观是从否定符合论真理观入手，以权力意志为思想中心，断言真理是权力意志的工具，认为人类的真理是人类无可辩驳的错误，并把艺术看作为高于真理的一种形式。

尼采认为要明白什么是真理，必须首先回答什么是"要真理的意志"。"要真理的意志"的根源不是纯粹的认识冲动，而是人类的生命本能、种族保存的需要，是权力意志。真理说到底与人的信仰、价值相关联。对于什么是真理，尼采提出的答案是多重的，然而它们都围绕着一个中心，即：没有绝对意义的真理，只

①尼采：《瞧！这个人》，刘崎译，北京：中国和平出版社，1986年版，第120页。

②尼采：《权力意志——重估一切价值的尝试》，张念东、凌素心译，北京：商务印书馆，1991年版，第506、699页。

有以人类种族利益为转移的相对真理，真理是人类生存的有用的工具，是能增强权力意志的工具。

作为权力意志的工具，尼采强调这样三点：第一，真理在辅助真理中发挥作用。真理只有被人们理解、信服时才成为真理，否则也就不存在，而成为真理不可避免需要真理支持。第二，一旦真理被人意识到，真理就与生活联系在一起，受权力意志的驱动，成为创造生活的力量。第三，人们创造真理，是出于对真理的信念。[①]

尼采认为人之所以要有信念，完全是出于维系和增长生命的需要，为了在生命活动中取得成功，必须对行动的条件及可能的后果有所断定，并确信无疑。凡是有利于人的生命的判断都可以确信。尼采认为知识是否真实，取决于它是否对生命有用，是否能使我们成功地、有效地用于生活，而不在于它与实在是否相符。“并没有什么‘精神’，也没有什么理性，什么思维，什么意识，什么灵魂，什么意志，什么是真理：这一切全都是无用的虚构。问题并不在于‘主与客’，而在于某一类运动只有在它的知觉具有某种相对的准确性，首先是规则性，因此，它能够积累经验的条件之下，才能得到成功。”[②]

在尼采看来，权力意志是宇宙万物的本源，是世界和人的本体，是一切意志的根源。因此，认识是增强权力意志的工具，他说：“认识是被当作权力的工具使用的。所以很明显，认识是随着权力的增长而增长的。认识的意志达到什么程度，取决于一类生物的权力意志增长到什么程度：这类生物狠狠地抓住实在，为的是宰制实在，役使实在。”[③]尼采注重真理在社会生存竞争中对主体的价值性。他说：“对真理的信仰，即要依附在信以为真的实际需要上。”[④]他认为真理是意志的工具和奴仆，没有任何客观的标准，真理只是对权力意志有用的工具。“真

①卡尔·雅斯贝尔斯：《尼采其人其说》，鲁路译，北京：社会科学文献出版社，2001年版，第205—207页。

②洪谦主编：《西方现代资产阶级哲学论著选辑》，北京：商务印书馆，1964年版，第16页。

③洪谦主编：《西方现代资产阶级哲学论著选辑》，北京：商务印书馆，1964年版，第16页。

④尼采：《权力意志——重估一切价值的尝试》，北京：商务印书馆，1991年版，第272页。

理的标准"是对生物的生存"有利""无利",而非"实在"与"不实在。"[1]直接地说,尼采的真理观就是:有用就是真理,权力就是真理。

在尼采看来,不存在普遍的真理,而只有各式各样的相对真理。没有符合客观实在的真理,真理是一种主观评价,真理是用来增强权力的。尼采还消解了真理与谬误的界限,认为只要谬误对生命有用,它也是真理。真理之所以是谬误,是因为真理根据自己的思维方法,它不必表现为同谬误的对立,而是在原则问题上只表现为不同谬误间存在的相互关系。尼采认为真理作为较容易的思维方式,是有利于提高权力意志的,保持生命和增长生命的活动中取得成功,能使人在生命活动中取得成功才成为对人来说有用的真理,因此它们是功利性的,也是有用的工具。

(2)方法论意义上的视觉主义知识观

尼采提出视觉主义(perspectivism)认识论,一方面表明认识取决于认识者的生存条件、生存实践需要;另一方面在于强调认识的相对性,这种相对性既表现在认识的范围上是有界限的,也表现在认识的性质上乃是一种错觉,而不是对现实的镜子机械式的直接反映。

首先,尼采认为真理不是客观存在的事实反映,只是反映了人们需要的解释,一种视角。所以说,尼采的真理观是对符合论真理观的否认,表现在两个方面:第一,否认符合论的本体论前提,认为不存在实在本身;第二,从人的认识局限性出发,否认认识能真正达到与实在的符合。世界从根本上来说,是不断生成、流变的,是变化、混乱,无规则、形式、目的和意义可言。认识取决于人们对世界实用化的改造,没有这种人为的改造,认识便是不可能的。尼采反对空谈事实而无视解释和视角的知识。所谓的事实、客观只是从某个特定的视角出发对事物所作的解释。没有什么科学知识和绝对真理,有的只是对世界的知识解释。

其次,因为认识取决于视角,所以真理就是有条件的。因为,视角的主体并不是什么纯粹的、无意志的、无痛苦的、无时间的认识主体,而是由许多情绪冲动组成的多元体,有着自身条件的限制,这些条件包括生理的、心理的、社会的、历

①洪谦主编:《西方现代资产阶级哲学论著选辑》,北京:商务印书馆,1964年版,第19页。

史的等等要素。具体表现为：

第一，人们不可能纯客观地反映外部世界，如果说有知识存在的话，那一定是我们的身体与外界共同作用的产物，科学的客观性以及真理只是一种必要的虚构。因为，人的感觉的主观性和片面性，不可避免认识过程中的幻觉和错觉，使认识不能与实在完全相符。同时，人必须借助语言来进行思维，然而，语词对真实的遮蔽、歪曲和迷惑作用，尤其是对人的丰富内心世界的表达，语言便变得平庸，使得人们难以获得与实在相符合的知识。另外，服务于生活的目的，以人的功利性为出发点、目的和归宿的认识需要，使得认识符合客观实在成为不可能。

第二，知识是我们创造出来的，渗透着我们的价值判断，而世界的价值在于解释。人们根据某种需要，有些事物被突出强调，有些则被淡化忽略，这全依人的价值需要而定。尼采认为，科学必须回到人的生活世界。科学具有功利性，知识的基础是人类的利益，理性只是人类实现功利的一种手段，知识仅是权力的工具。为了控制世界以满足我们的欲望，人们通过科学逻辑体系来理解自然，其目的是掌控自然，实现人的自我保存。尼采把整个知识体系看作是一套抽象和简化的体系，它的目的不在于知识本身，而在于自我保存。既然知识和利益是一体的，价值中立的知识便是人们的虚构，知识不可能是无利害的。

第三，知识也是有历史局限的，受一定社会历史条件的限制，故每个人之间的看法可能不同，同某一特殊历史时期的特殊利益相联系。人类知识是具体的历史性的，只存在经过解释的历史文化知识。尼采用权力意志来表征和揭示人的生命冲动，批判理性知识的价值。他说，如果我们审查一下历史上各种理性形式，就会发现，它们都是权力意志的假面具。我们的解释受历史的影响，处于历史过程中的每个人，只能够对历史过程本身获得一个有限的视角知识。

所以，从尼采的视角主义真理观来说，没有绝对的真理。科学是我们从特定视角出发对混沌世界所作的解释，交织着我们的利益和价值，真理是非纯粹客观的，也非价值中立的，是相对的、有条件的。尼采把真理看作为“真实的幻觉”，是满足生存需要的幻觉，是生命需要的“迷误”。科学知识和真理仅是权力意志的工具，是人类认识世界、支配世界以达到自我保存的手段。

尼采由理性主义知识观的批判而提出了方法论意义上的视觉主义知识观，实际上是从其悲剧艺术精神中“酒神精神”的视角展开的。他从批判苏格拉底的理性精神开始，直至反对现代唯科学主义的认识论立场，成为当代解释学与后现代主义的思想源泉。①

(二)尼采的科学教育批判

尼采是如何看待科学对人性、人生以及教育的影响？在《作为教育家的叔本华》一文中，尼采把科学及其教育推到批判的台前，也让人们更进一步地懂得了后来的存在主义和今天的后现代主义为什么把尼采作为自己哲学的开创者。他说：“科学之于智慧，就如道貌岸然之于圣贤人格，它冷漠而乏味，它缺乏爱心，对于不满和渴望这类深刻的感觉嗤之以鼻。只要科学将自身品性传给它的仆人，就像要以此榨干其人性，那它就在滋养自身而损害其仆人。”②

这里的“道貌岸然”指什么？它是指科学之“真”的表面性和局限性。科学是有限的，人们容易被其理所当然性所蒙骗而不计较其前提性。这对人的生活和教育是危险的，将使人性和生命精神退化，科学因自身存在的准则和缺乏活力而使丰富多彩的人生受到限定。

尼采批判科学，指出了人们盲从科学而导致的人自由精神的丧失或人性的缺失，甚至是人性异化，教育没有了真正的教育家。尼采一针见血地指出：“十七年来我孜孜不倦地揭露我们时下科学活动的非精神化影响。今天，科学那巨大的势力，判处每位个人接受严酷的希洛人制（注：希腊早期的原始居民，成为斯巴达国最低等的社会阶层，是斯巴达人的奴隶，没有人身自由）。而具有完满、丰富、深沉之天性者，不再能找到适合于他们的教育和教育者的首要原因。”③

对理性以及科学的崇尚必然影响到人的教育与发展，人被限定在一种片面

---

①陈嘉明：《现代性与后现代性十五讲》，北京：北京大学出版社，2006年版，第150、151页。
②尼采：《悲剧的诞生》，赵登荣等译，桂林：漓江出版社，2000年版，第261页。
③尼采：《偶像的黄昏》，卫茂平译，上海：华东师范大学出版社，2007年版，第101页。

的理想类型中："具有最高度认知能力，为科学效劳的理论型的人其原型和始祖就是苏格拉底。我们的种种教育手段原本只追求一个理想：任何其他类型的人都只能艰苦斗争，偶露峥嵘，虽被允许，却并非房间培养。"①尼采批判苏格拉底教育的理想就是培育人的理性，与强大的理性目的的教育相背离的人性类型被拒绝。

尼采看到了科学及其教育对生命的剥离，认定苏格拉底乐观主义既缺乏艺术性，又摧残生命的本性，科学所造就的人是理智发达而缺乏生命活力的人性异化的人。能够培养主动性、富有生命力和创造力的教育家被科学理性所扼杀了，使人的教育成为科学理性统治下的奴性教育；而这种教育培养的学院式的、作为教育者的"学者"类型的人，尼采又给予细致的刻画。

现代教育在工业革命后，随着科学技术在工业文明中的贡献日益巨大，科学教育的地位也日渐昌盛，因而科学主义教育思想也甚嚣尘上，传授科学知识，科学方法和态度以及培养科学活动能力的人被视为教育的根本性追求。生命的意义、人之为人的精神在以"物质化""功利化"作为人的"社会化"的主要特征中异化，科学教育的局限性及其危害日渐明显，科学及其教育的这种极端的片面性追求引发了人的发展的一系列问题。科学教育并未使人类感受到真正的因物质需要的满足而带来的幸福，反而日益与人的生命精神相疏离，教育对象日益被具体化、模式化、工具化、机械化，成为科学的、经济的"动物"。这在尼采看来就是生命的退化，是科学理性的"原罪"所造成的人性的"冰冷和低贱"。

他深觉，大学教育从内容上来说，都是些"古怪的头脑和陈旧的科目"，学校研究的是科学而不是生命，培养学生们为科学的献身精神，其结果是知识学不了多少，生命力日渐衰竭，人被异化成了机器，失去了生活的激情和创造的冲动，人生因利欲熏心而失缺了生命的价值和真义。这种教育下造就的学者，尼采将其概括为十三种特征，简而言之就是：方正品行和简单的感觉；视域狭小；在好恶方面表现出的冷静和平庸的天性；感情贫乏且盛行沉闷；自我评价低；对教师和领路人的忠诚；因循守旧；躲避无聊；挣饭碗；害怕遭蔑视而尊敬其他学者；

①尼采：《悲剧的诞生》，赵登荣等译，桂林：漓江出版社，2000年版，第106页。

虚荣；游戏冲动和正义冲动。具体地说，尼采认为，科学代替不了智慧，在这种科学教育下，学者们只注重知识本身的游戏而不在意知识生活下的人生。他们的视野狭窄，在是非面前，失去了热血和豪情，只有“冷静和平庸”的天性；他们情感贫乏，内心世界平淡，体验不了生命的快乐和痛苦的多姿多彩；他们有的只是表面的谦虚，有时以虚假的刚强掩饰内在的平庸和自卑；他们对老师充满忠诚和感激之情，在盲目的崇拜和模仿中曲解着老师们深刻的思想；他们把作为“学者”当成自己的谋生手段，真理成了对谋生有用的知识，并为此疲于奔命，耗尽心力。由此，尼采指出了这些学者作为老师必然地扼杀天才，在他们控制下的教育，只能造就“学者、国家公务员、赚钱的人，或者文化市侩”，而不可能造就天才和伟人，更不可能使其文化满足人性的更高的要求。①

所以，在尼采的意义上，科学教育不是知识教育，应该是人性教育，满足人性需要。科学教育要立足生命、生活，科学教育只有服务于生活才是真实的、有意义的。就其内容来说，科学及其教育也是有限的，不是绝对的、统一的，不过是基于不同视角的内容选择与表达，科学教育家应该是人生哲学家。

## 三、尼采的历史观与历史教育批判

尼采的历史观内蕴了其深厚的历史教育观，他的历史哲学也就是他的历史教育哲学。

### （一）尼采的历史观

尼采的历史观是其哲学观在历史研究领域的一种表达，是其哲学观的一个重要组成部分。概略地说，主要从两个方面展开其批判性思考：一是针对当时在德国史学界流行的宗教历史观的批判。宗教历史观强调“历史就是宗教”，在历史本体论上坚持上帝安排历史的观点，坚持历史研究服务宗教的宗教目的论，并且毫不掩饰其附和政治、为政治辩护的历史研究取向，尼采对其极其愤慨。二是对黑格尔历史哲学的批判。黑格尔强调历史的理性原则和目的，把历史过程看作

①尼采：《悲剧的诞生》，赵登荣等译，桂林：漓江出版社，2000年版，第262—265页。

由低级向高级的理性运动过程，尼采对黑格尔历史观也相当反感。尼采的历史批判思想贯穿在他的全部重要著作中，《悲剧的诞生》《历史的用途与滥用》《查拉图斯特拉如是说》《道德的谱系》《反基督徒》《权力意志》等著作中均有其历史观的集中表达，并深深地影响了以后的许多历史研究学者和历史学家。

1.关于历史运动的开端与动力

尼采肯定历史的创造者是人，是人的自由精神和创造性创造了历史。“历史肇始于何时，是什么因素推动了历史的进程？尼采的回答是：历史肇始于个人具有创造性的自我解放欲之际。”[①]尼采特别肯定个人、天才和自由精神在历史创造中的作用，认为真正历史的开端和再度开端是个人的自由精神和创造力，但是他并不否认其他力量在创造历史中的作用，他态度很明确地反对天才崇拜，认为历史创造中的个人和整体是相互作用的。[②]

尼采肯定人的创造历史的力量在最初状态的野蛮性和自然性。“最为野蛮的力量在开辟道路，最初是毁灭性的，但尽管如此，它的活动却是必需的……这些令人恐怖的力量——人们称之为邪恶的，是巨人般的建筑师，是人文精神的创始人。”[③]

尼采作为一个对理性主义深感厌恶的哲学家，以其卓越的智慧和勇气振聋发聩地发出“上帝之死”的呐喊。他肯定历史的创造者是人，人的自由精神创造了历史，历史是人“自我解救”的生命创造力的自由尽情发挥。尼采将历史运动分为“前历史时代”和“历史的时期”。“前历史时代”作为历史运动的一部分，极其漫长，是受传统习俗约束和“为道德而讲求道德”的时间；“历史的时期”的历史运动与传统习俗相分离，“自由精神”塑造了历史。[④]可见，尼采将历史概念

①卡尔·雅斯贝尔斯：《尼采其人其说》，鲁路译，北京：社会科学文献出版社，2001年版，第248页。
②卡尔·雅斯贝尔斯：《尼采其人其说》，鲁路译，北京：社会科学文献出版社，2001年版，第248页。
③卡尔·雅斯贝尔斯：《尼采其人其说》，鲁路译，北京：社会科学文献出版社，2001年版，第250页。
④卡尔·雅斯贝尔斯：《尼采其人其说》，鲁路译，北京：社会科学文献出版社，2001年版，第248页。

不仅仅只作了时间性的理解，而且对历史的基本意义作了一个实质性解释。就历史的实质性而言，尼采所认同的真正历史开端于人的自由精神的发挥，自由精神光照人类，人类进入了“历史的时代”，所以说，真正的历史过程也就是人的自由精神或人的创造力不断实现和发挥的过程。在历史的创造开端，需要个人的勇气和被认为是“恐怖的、邪恶的”力量来对抗世人的普遍生活。生活中人们掩饰了可能随时随地发生的可怕事件，或者说，正是对生活秩序的维持，强调对形而上学、宗教、道德内容的忠诚、顺从和确信无疑，产生了所谓“反动、野蛮和邪恶”，由此推动了历史进程。所以说，尼采肯定的创造历史的赋有自由精神的人确是具有旺盛生命力的智慧者、勇敢者，是能够面临险恶、变幻莫测的社会局面创造新生活的具有刚强自由意志的人。因此，自由精神在尼采那里，是少数能够自由创造生命价值和创造历史的人的精神。尼采在《悲剧的诞生》中极力颂扬的“酒神精神”，在《历史的用途与滥用》中对历史之“用”所谓的“不合时宜”的批判，在《查拉图斯特拉如是说》中的教导人类不断自我超越的“超人”哲学以及在《权力意志》中的“重估一切价值”的呐喊等等，无不表达了他在对人类几千年历史文化进程的价值考察中，在对古希腊历史文化以独特的思考并发掘其自由精神内核而予以堪称人类文化典范的肯定中，强调人的自由精神在人类历史进程和创造真正历史的文化价值。认为历史的出发点是具体的个人，是个人生命在自由的“酒神精神”的激情冲动中，渴求于“权力意志”力量的永恒历史创造、永恒生命回归。

那么，创造历史的人应该是具有怎样精神的人？尼采无论是在他早期《悲剧的诞生》等著作还是后期的一系列著述，用了大量的或较为完整或片段式的语言，描述了不同历史时代及其民族的文化状态。很显然，古希腊人的文化精神始终是他个人的“精神家园”，诞生悲剧的古希腊民族的“酒神精神”令他激情四溢，并以此为楷模要求德意志人创造统一的德意志民族精神，所以从根本上来说，尼采是将其“酒神精神”看作历史创造的精神力量的根源。

我们说，尼采的历史观源于叔本华的悲观主义，但是他极力推崇的是斗志昂扬、勇敢向上的英雄主义史诗般的历史创造精神。

2.关于历史运动过程

尼采批判黑格尔式的那种盲目的“历史乐观主义”。在尼采看来，历史的价值没有终结，历史的进程不可能完成，如果那样，必将导致人类的堕落或停滞。同时，尼采指出，历史也并不完全是一个连续的合理运动过程，充满了盲目性、偶然性、疯狂甚至是野蛮的间断过程。也就是说，历史不存在所谓“进步”与“退步”的明确界限。进步伴随着退步，更美好的未来同时也可能是更糟糕的未来。那种认为人类历史始终是前行的、进步的，是逐步走向更高的历史新阶段，且包容了过去阶段的一切正义、价值的信念的历史认识是一个错觉和盲目的“历史乐观主义”。“相信人类的历史始终是进步的、积极上升的、有意义的运动”在尼采看来不过是人类一种浅薄盲目的乐观。“历史不是平铺直叙的，就仿佛各个时期的价值都是等同的一般，在世界历史现实的范围内，凡他的目光所及之处，他的价值判断都有一个核心。仅在一个段落上，尼采才同自己的对象始终具有一种生存上的联系，这就是古希腊。……他终生都在同古希腊息息相关……古希腊历史已然结束，在尼采毋庸置疑的评价中，古希腊是历史的轴心。”①

尼采极力地批判德国当时玄学哲学家哈德曼关于“世界进程”的进步的理想的历史观，认为是将人的“个性完全屈服于世界进程”，是“对麻木的平庸的智力培养，将会有怎样的一个厌恶幽灵在人类老年的尽头出现”。②

尼采把历史运动看作一种曲折迂回的复杂的相对运动过程，充满偶然性，那种服从某种绝对的所谓历史进步的因果必然性不过是一种神话。尼采认同历史运动的偶然性，有时甚至无法捉摸。他在《悲剧的诞生》中写道：“实况是没有的，一切都是流动的，抓不住的，躲闪的。”他以“美”为例说明历史的相对性和偶然性，“美依时代而转移”。偶然性在于个人、天才的创造性力量的作为，在于自由精神的生成和发挥。尼采认为，个人在创造历史中的力量发挥可能带来民族的混乱，但因循守旧、世代相袭的共同信念可能带来民族的愚蠢，这是历史运动的矛盾。但尼采也强调历史运动的必然性，用我们通常的话说，是偶然性和必然性的辩证。尼采认可历史运动在总体性上保持着必然性，即历史运动中的个人创造性力量是对普遍有效约束力量所确立的一致的法则而带来的使得整个民族变

①卡尔·雅斯贝尔斯：《尼采其人其说》，鲁路译，北京：社会科学文献出版社，2001年版，第250、251页。

②尼采：《历史的用途与滥用》，陈涛，周辉荣译，上海：上海人民出版社，2000年版，第75页。

得愚蠢的危险的否定。尼采认识到普遍有效约束力量对历史进程的影响。“通过形而上学、宗教、道德内容的有效迷误约束人”导致了人们看不清历史进程的出发点。①

3.关于历史运动及历史对人生的意义

尼采不是一个纯粹的历史学家，他对历史的研究，是出于对生命或人生意义的关注。事实上，尼采的哲学思想乃是对整个西方历史文明以批判性洞察，洋溢着尼采的激情，其思想智慧博大且深邃。从一定意义上来说，尼采的哲学就是对人类精神以历史性的考察，尼采的谱系学历史方法便是特别的体现。因为，尼采始终关注人，关注生命本体，其生命观是其历史观的基础，其“重估一切价值”的口号表达了他要重估人类历史价值的昂扬斗志。在尼采的著作中，既有对历史问题及历史本身的直接审视，如《历史对人生的利弊》等著作，但更多的是尼采将人类诸多问题的哲学思考置于历史的运动中来把握。或者说，尼采借助于整个西方的文明历史真诚全面地表达了他的哲学观。

尼采反对黑格尔将普遍理性作为世界历史的出发点的理性主义历史观，极力反对服从于国家意志的、委曲求全的历史科学所谓“进步”或“发展”的历史观。尼采认识到，历史运动的意义并不在于追寻最终幸福或某种最终目的。

尼采强调历史不是科学，“反对历史科学的基本迷误”，认为“真正的历史学一方面绝对不会成为科学，另一方面，没有精神的研究，他也不会是真实的”，因为“历史学不是有关某种不变与完成了的持久有效的知识，历史学作为知识是伴随着历史作为现实事件而变化着的”。②所以，在尼采看来，历史知识应该活起来，历史的意义取决于现在而不是过去。“历史，只要它服务于生活，就是服务于一个非历史的权力，因此它永远不会成为像数学一样的纯科学。”③追问历史的价值和无价值只有从生命的生成、存在及其动力等视角，只有已经懂得生活并为自己的行动做好充分准备的人才需要历史。概略地说，为了生活和行动是历史的价值所在。尼采竭力反对历史学对生活的摧残，历史科学的动机是知识欲而不是

①卡尔·雅斯贝尔斯：《尼采其人其说》，鲁路译，北京：社会科学文献出版社，2001年版，第249页。

②卡尔·雅斯贝尔斯：《尼采其人其说》，鲁路译，北京：社会科学文献出版社，2001年版，第253页。

③尼采：《历史的用途与滥用》，陈涛、周辉荣译，上海：上海人民出版社，2000年版，第10页。

为生命服务的愿望。如果"历史研究"过分尊重历史,以致使生命受到萎缩和退化,那么这种研究就是颠倒了生命与历史的关系。生命是目的,历史是手段;历史常成为生命的表现,但它决不是生命本身。尼采强调历史必须为时代服务,为时代的生活服务,服务于生活的历史才是"合时宜的",而脱离生活,不能推动生活中的"行动",仅仅服务于"知识花园中疲惫的闲人",这样的历史是危险的,必然"使生活受到残害和贬损"。[①]

但同时,尼采指出了黑格尔式的"过量的历史"所导致的一系列危害。"首先,强调了内与外的对照,而削弱了个性。第二,这个时代开始幻想它比其他任何时代都拥有更多最珍贵的美德和公正。第三,民族的本能遭到挫折,个体的成熟和整体的成熟都一样受到阻碍。第四,我们开始信仰人类的古老时代,认为我们是后来的幸存者,只是些追随者,这种信仰在任何时候都是有害的。最后,某个时代会达到对一个自身反讽的危险状态,并在狡猾的自我主义行动理论成熟起来、伤害并最终摧毁这种生命力时,这一时代达到一个更加危险的、犬儒主义的状态。"[②]

"过量的历史"扼杀生命和本能,迫使人们沉湎于过去,找不到生活安身立命的立足点。当然,尼采并非要求人们对历史莫衷一是,人不能没有历史,否则,人就不成其为人。而且,由于历史意识,人才能实现历史超越。因此,生活要求人做到适时遗忘,适时记忆。然而,时代的危机在于:由于"历史主义思想"的泛滥,导致了"历史的过剩","过量的历史"统治了生活,历史失去了生命意义。

4.历史的形式

历史的价值在于为生命、生活服务。根据历史服务于生活的不同方式,尼采把历史划分为三种形式:"纪念的、怀古的和批判的。"[③]

"纪念的历史""对于拥有行动和奋斗的人,尤为重要"。这些人需要"榜样、教师和安慰者",但又无法在其同时代人之中找到他们。于是,他们力图在过去

---

①尼采:《历史的用途与滥用》,陈涛、周辉荣译,上海:上海人民出版社,2000年版,第1页。

②尼采:《历史的用途与滥用》,陈涛、周辉荣译,上海:上海人民出版社,2000年版,第34页。

③尼采:《历史的用途与滥用》,陈涛、周辉荣译,上海:上海人民出版社,2000年版,第11页。

的历史中寻求这样的伟大人物。他们相信过去曾发生过的事情可能再度发生,他们遥想过去的伟人,观察其伟业,从中获取勇气和力量,借以开辟自己的道路。

“纪念的历史”通过追溯过去的伟大人物和事件,为当下人的行为提供伟大典范。但在尼采看来,这种历史形式极易招致弊害。因为这种形式往往以古鉴今,以为过去发生过的事情会在改变了的环境中再现。这种历史形式树立过去的伟大典范,将妨害当下伟大典范的产生。①

“怀古的历史”对于那些“保守和虔诚天性的人是必需的”。“这种人通过历史向生活致敬。”他们珍惜昔日的“房屋、家庭和城市的精神”。②他们有无限眷恋自己故土的朴素情感,对古老的虔诚的取代他们是不能容忍的。当然,这种心理使人们的行动疲乏无力,难以适应当下生活。换言之,“怀古的历史”矗立的对过去的景仰将使人的当下生活黯然失色。

这种历史形式的根本缺陷仅仅是自我保全,而不能产生生活。因此,“怀古的历史”若不是从当下新鲜空气中汲取灵魂、灵感,摧毁了现今更深更高的生活,那么导致的只能是历史的退化和枯萎。

在此,尼采认为需要另一种历史,即“批判的历史”。“为了生活,人们必须要有力量去打破过去,同时运用过去。他必须把过去带到裁判的法庭之上,无情地审问它,并最终给它定罪。”③

但是,这种“批判的历史”形式将会引起一种悲凉的感觉。人们奋力克服过去的错误,但又深信这些错误早已通过遗传融入他们的血液,并直接影响着他们的童年。就这样,人们不得不生活在新旧天性的持续紧张对峙中。不仅如此,由于这种历史形式为现在而利用过去,故将否定过去的一切,摧毁生存基础。

---

①尼采:《历史的用途与滥用》,陈涛、周辉荣译,上海:上海人民出版社,2000年版,第11—18页。
②尼采:《历史的用途与滥用》,陈涛、周辉荣译,上海:上海人民出版社,2000年版,第19页。
③尼采:《历史的用途与滥用》,陈涛、周辉荣译,上海:上海人民出版社,2000年版,第23页。

在尼采看来，任何人、任何民族都因其目标、力量和痛苦体验时而需要“纪念的历史”，时而需要“怀古的历史”，时而需要“批判的历史”。一切时代里，人们之所以需要历史并非为了削弱现在，隔绝未来，而是为了丰富现在，连接未来。只有现在的智者才谈得上解释过去，也只有未来的解释者们才谈得上理解过去。

5.谱系学历史研究方法

谱系学方法作为尼采著名的哲学方法，充分表明了尼采哲学思考的历史意识和历史的哲学观。他批判当时西方主流哲学家对历史文明永恒意义的执着和社会变革的恐惧，在其 1887 年出版的《人性的，太人性的》著作中，指出“缺乏历史感是所有哲学家的通病”。尼采善于从历史的角度，从变化运动的角度对各种哲学概念、社会主题以历史考察，强调社会运动及其意义的时间性、生成性。当然，尼采也深觉当时的另一种倾向，即对历史意识的过分强调和历史的滥用。为此，他运用谱系学方法，一方面强调社会历史运动的纵向联系；另一方面倡导对历史要素的横向联系和总体面貌的把握。尼采运用谱系学方法主要在两个方面，一是运用在分析“道德领域的善、良心、赎罪、禁欲、虔诚、义务等范畴之间的关系”，二是运用在由“智慧、知识、真理、理性、灵魂、主题、绝对等构成的谱系”。①尼采运用谱系学的历史方法，始终围绕历史运动的主题展开分析，在一定程度上克服了历史以及哲学研究的形而上学，为生命意义和人类精神以历史的时间性考察。

（二）尼采对历史教育的批判

尼采承认，人需要历史，人的生活是在历史中孕育并创造未来的生活。事实上，尼采的历史观尤其是其历史对人生意义的阐释，深刻地透视了他的教育观。我们认为，尼采的“权力意志”哲学观是其生命教育价值观确立与评价的思想原则；尼采的“超人哲学”主题是其生命教育目的观确立的哲学根据，反映在他对诸多社会文化领域及其意识形态的批判中。尼采的全部哲学命题就是一个关于人的历史命题，并不仅仅是作为哲学的原理性命题。但尼采的历史观是特别的，历史教育批判是其重要的批判内容。

①刘放桐：《马克思主义与西方哲学的现当代走向》，北京：人民出版社，2002 年版，第 62页。

尼采对于历史教育批判是基于他的历史观。他反对将历史变为科学，因此历史教育就不应该是科学教育，将历史教育等同于科学知识教育无疑是极其有害的。历史应该为人生服务，服务于人的生活，所以，历史教育就应该是服务于生活的教育。

就人生或生活对于历史的需要来看，他这样论述道："我们的确需要历史，但我们的需求完全不同于知识花园中的疲乏的闲人……我们为了生活和行动而需要它，而不是将它作为逃避生活和行动的一条便宜之计，或是为一种自私的生活和一种怯懦或卑鄙的行动开脱。只有在历史服务于生活的前提下，我们才服务于历史；但若超出某一定点去评价历史研究，就会使生活受到残害和贬损。"①

尼采在此明确告诉人们，人生需要历史，但不是为历史知识，而是为了人的生活，与人生的目的紧密相连。历史不能支配人生，反而历史是受人生支配的。

现代历史教育，太强调对历史知识的吸收而使得人的"本能的遗弃如何将人变成了一些阴影和抽象概念，没人敢于表现个性，而是戴上面具，将自己装扮成一个有教养的人，一个博学之士，一个诗人或是一个政治家。"②

尼采进一步形象地写道："现代人在自身体内装着一大堆无法消化的、不时撞到一起嘎嘎作响的知识石块，就好像童话故事中讲的那样。"他不无讽刺地说："知识若是在并不饥饿，甚至是在违背人的愿望的情况下被过量吸收，就会对改变外在的生活毫无影响，而只是隐藏在现代人混乱的内在世界之中，现代人以一种奇怪的自豪称这个世界为'真正的个性'。"③在此我们可以理解，现代人的历史教育已经造成他们内心世界的混乱，拥有一大堆历史文化知识而没有了生命的活力，并在这种错误的所谓"真正的个性"认识中自甘麻木，且越陷越深。

①尼采：《历史的用途与滥用》，陈涛、周辉荣译，上海：上海人民出版社，2000 年版，第 1 页。
②尼采：《历史的用途与滥用》，陈涛、周辉荣译，上海：上海人民出版社，2000 年版，第 36 页。
③尼采：《历史的用途与滥用》，陈涛、周辉荣译，上海：上海人民出版社，2000 年版，第 26—27 页。

尼采反对把历史作完全的客观化的知识理解。他发现，在历史观上所谓的“客观”和“主观”其实并不是历史事实本身的问题，而是历史研究者、评价者本人的认同或排斥，用我们今天的话说，就是历史学家在与历史的交往中对所谓事实的一种主观化解读。这种解读是受其历史价值观所导引，是被一定的预设的历史目的所框限，不可能做到“保持纯洁的观点，做到对他的主观毫无影响”。尼采把人的历史活动从根源上看作为非理性的，非道德的，只是人的原始的自然属性通过艺术形式的表象，[①]他否定历史的绝对客观性和历史理性，是要为活生生的个体的人的生命在历史教育和理解中开创历史空间。

由此可以看出，历史教育中的教育者不应只是历史知识的接受者和仲裁者，他应该关注历史教育中的人的现实生活，历史教育应该是人生教育，历史教育家应该是人生教育家。这样，教育和教育者就在历史教育中真正地生动起来，充满了生命的活力。他们不仅创造了历史教育，也创造了历史教育中的人生，进而创造了从历史中走出而奔向未来的自由人生。

但是，正如上文所述，尼采从没有否定历史所具有的应然意义，他强调“纪念的历史”对于拥有“行动和力量”的人的正当教育意义。它能够给人以行动的力量，特别是要进行一场伟大的战斗的人，需要在历史中寻找老师，通过提醒大家由别人所受过的苦来告诉人们如何坚定不移地去忍受逆运和走向强大。

不过，他对当时德国的历史教育在此种教育意义上的影响是不满的。尼采批判当时的德国历史教育对通过在历史中汲取伟大力量进而培养富有伟大战斗精神和创造历史新价值的乏力。他说：“对过去的‘纪念性’思索、对稀世之物和经典之物的沉思”，将会使历史的伟大事物再次成为可能，使得后人在前进的途中受到鼓舞。只有在历史给强大精神以伟大的推动之中才可以发现历史的精神所在。尼采深觉当时德国教育模式对人的创造精神和行动力量培育的乏力。“假设有人相信，只消不到一百个在新的精神之中成长起来的、办事效率高而有成效的人，就能给现存德国教育模式以致命一击。”[②]

①刘自觉：《尼采传》，北京：中国广播电视出版社，2002 年版，第 149 页。

②尼采：《历史的用途与滥用》，陈涛、周辉荣译，上海：上海人民出版社，2000 年版，第 14页。

关于尼采的“怀古的历史”，就其教育意义而言，要求人们必须培植一种“真正的历史感”，一方面要有保持对历史有限的愉快和满足的朴素情感，另一方面，必须有服务于当下生活的时代感，谨防对当代更深更高生活的摧毁而没有了现实意义。

尼采以希腊人为例，指出了“非历史感”的教育意义，以论述“过量的历史”教育对人生、对人类的现在和将来的危害。

“‘内在的生活’现在是唯一关系到教育的东西，认识到这一点的人都希望教育不会因太难消化而失败。试想一个希腊人遇见此事，他会发现对于现代人而言，教育和历史教育看起来是一码事，区别仅在于其中一个词长一点罢了。如果他说起他自己的理论，即一个人不学任何历史，也可以受很好的教育，人们就会摇头，以为他们听错了。”他断言希腊人“是完全‘没有受过教育的’”。[①]这里“没有受过教育”指的就是“非历史感教育”，因为古希腊的鼎盛历史完全是这个著名民族“内在的生活”的创造。

尼采重视“非历史感”的教育意义，因为他特别强调“非历史感”的重要性。“对于一个人、一个社会和一个文化体系的健康而言，非历史的感觉和历史的感觉都是同样必需的。”“在某种程度上，非历史地感受事物的能力是更为重要和基本的，因为它为每一健全和真实的成长、每一真正伟大和有人性的东西提供基础。”[②]

综上所述，尼采在其历史教育观上，教导人们要学会“什么时候该遗忘，什么时候该记忆，并本能地看到什么时候该历史地感觉，什么时候该非历史地感觉。”[③]

然而，尼采进一步指出，现代人的“过量的历史”对人生造成了危害。他把“过量的历史”看作我们时代的敌人。他对“过量的历史”造成人生的五个危害的

①尼采：《历史的用途与滥用》，陈涛、周辉荣译，上海：上海人民出版社，2000年版，第27页。
②尼采：《历史的用途与滥用》，陈涛、周辉荣译，上海：上海人民出版社，2000年版，第5页。
③尼采：《历史的用途与滥用》，陈涛、周辉荣译，上海：上海人民出版社，2000年版，第4页。

归纳，自然也指出了时代的“过量的历史”教育造成的对人生的损害。我们完全可以推演，尼采所要求的历史及历史教育的价值不应该是：造成个性的弱化；对时代优越感的幻想；对民族的本性的阻抑和挫折；对人类古老的历史的迷信；并最终导致对时代的正当性的否定，彻底地潜入历史的古老丛林中而失去了现实生命力。

“过量的历史”教育导致人的个性的弱化，在历史的教育中迷失了自我，只有一些无法面对生活的知识和教条，缺少特立独行的行动。历史教育如同统一的“公民长礼服”，阻碍了个性自由，甚至教会了人们戴着面具和说谎话。尼采以哲学作为话题，批判现存的“自由教育”在现实的环境中改变了哲学的生存方式，人们失去了哲学要求的应有的个性和生活准则，哲学仅仅因为受到强制和表面服从才没有被历史教育所遗弃，历史教育的秩序让人们失去了独立性和主观性，遵从历史客观让现代人变得既模糊不清又一模一样。

“过量的历史”教育导致人们对历史的误读和时代的遮蔽，尼采进一步就所谓历史的“美德和公正”给予了深刻的剖析，这种所谓的“美德和公正”只不过是一种解释，一种历史学家的幻想。由此，尼采向人们提出要求，如果要像创造历史的伟人那样生活，必须离开时代所提供的摧残性教育体系，因为这种教育体系让你不能看到“它自己的收益”私心，让你变得不成熟。他相信“一百个这样的人——受到与当今教育方式相反的教育、熟悉了英雄事迹，并变得成熟的人——就足以将这个时代喧嚣虚伪的教育永远埋葬”。①

“过量的历史”教育让人们相信历史的进步和发展的优越，后来的文化优于从前的文化。现代取决于过去，现代是历史逻辑的必然进程和合理性。在尼采看来，如果这成为一种普遍的信仰，那是可怕且毁灭性的。尼采推崇古希腊文化，相信是希腊人“非历史感”的创造，历史的运动需要战斗的精神而不能依靠盲

①尼采：《历史的用途与滥用》，陈涛、周辉荣译，上海：上海人民出版社，2000年版，第52页。

从、适应和改良。尼采否定对现实时代予以自夸的历史训练,反对仅仅对历史的继承和追随,历史教育需要创造新精神。

"过量的历史教育"让人的历史观过强,让现代人在骄傲的同时,难免有对自己的嘲讽。骄傲于历史进化的漫长道路中创造的奇迹,自我嘲讽世界进程不可违反的必然性。

"过量的历史教育"让人生长的过分骄傲,扼杀了人的天性,并嘲讽自己深觉只是活在历史中,一切大势所趋。因此历史的个人意义不见了,"个性完全屈服于世界进程",摧毁了自己积极向上、努力奋斗的决心、创造力,让生命失去了家园,生活也因此支离破碎。

尼采的历史观及历史教育批判,始终围绕历史与生活的主题展开,进而阐释历史教育的文化意义。这与尼采哲学思想是相通的。他一再指出,历史不是知识,历史是生活。他的历史教育批判是要让历史创造新生活、新文化。因此,他寄望于青年:"我信赖那种激发力,它代替天才来引导我的船;我信赖青年,他们强迫我反抗现代的历史教育,强迫人必须首先学会生活,并只将历史服务于他已学会的那种生活,从而将我引上正路。"①尼采信赖青年,更主要的是对青年的希望。青年必须坚强,生命力旺盛,必须诞生伟大和高贵,必须勤奋学习和刻苦训练,从旧的天性和生活方式中得到生活的新天性和新方式。今天的年轻人必须从因"过量的历史"而损害了自由的生命中得到解救,获得自由的新生命,凭借个性的伟大力量成为服务于生活的历史的创造者。

综上所述,尼采强调历史与历史教育目的在于培养人的自由精神与创造性,实现人类生命力量不断地整体性攀升,以此服务于生活和推动历史运动。历史学家和历史教育家都应该是人生哲学家,要充分把握"几年的、怀古的、批判的"三种历史形式在历史教育中的积极意义,看到"非历史感"对于创造文化的教育价值,并警惕"过量的历史"及其教育对个性与文化创造的危害。

---

①尼采:《历史的用途与滥用》,陈涛、周辉荣译,上海:上海人民出版社,2000年版,第85页。

## 四、尼采的文化观与文化教育批判

### (一)尼采的文化观

在尼采的时代,基督教传统文化以及理性主义文化居于文化的主导地位,导致人的存在淹没在宗教神学和理性主义的文化洪流中,造成了西方社会理性统治生活的文化危机。尼采以叔本华意志主义哲学为基础并加以改造,以对生命、现实生活以深沉的关怀为出发点,充满激情地对西方基督教文化传统和理性主义文化造成的对人的生命力的侵蚀以反思、批判和价值重估,同时以"权力意志""超人"等哲学思想为依据,为创造人类文化新价值以思想性建构,为解救日益严重的理性主义的文化危机,确立了以人的生命和现实生活为中心的非理性主义的文化思想主张,成为20世纪西方人文主义文化哲学的思想先驱。在尼采看来,基督教文化把人从属于神,理性主义文化把人完全理性化,他们漠视人的现实世界代之以彼岸世界和理性世界。随着这种文化对人的现实生活的统治力的扩张,带来了西方世界越来越严重的社会危机。因此,尼采以哲学家的敏感、锐气、洞察力和人类关怀精神,对西方传统文化以有力批判和价值重估,以教导人类,为实现西方文化的历史性转折、创造新文化提供价值指导。

"酒神精神""权力意志""超人"是尼采包括其文化哲学在内的全部哲学的三个中心命题。

#### 1.尼采文化观的出发点——生命

尼采否定基督教文明和理性主义文化,因为他深深地认识到正是西方自古希腊之后的传统文化造成了人的生命力日益深重的弱化。他批判基督教文明及理性主义文化的最大的危险在于反对生命、否定自我,与人的生命本能相冲突,阻碍人类的进步。它让人在精神上滋生一种盲目的可怜的"乐观主义",从而使生命缺乏勃发的生机和悲壮感。基督教从道德上压抑生命的本能冲动,因为他要求人们一味地服从,过循规蹈矩的生活,让人们毫无戒备、心甘情愿地在宗教教义中隐退。理性主义文化传统以普遍理性代替具有丰富内容的完整生命和个性,人越来越缺乏生命的激情、独特性、创造性。在尼采看来,基督教的上帝和理性主义的绝对理性概念在本质上是一致的。总之,一切传统文化导致了人越来越失去存在的价值。因此,尼采以激昂的思想斗志,以人的生命为基点,为人能够自我否定与肯定、创造新价值和善恶判定赋予个体的生命意义，开展了他的一系列的文化批判。所以说，尼采的整个文化思想，始终是建立在对人的现实深切关怀基础上，洋溢着浓浓的人文主义气息。

2.尼采文化观的哲学根据：权力意志

尼采认为，生命的完整性不仅包括理性因素，但更为根本的是包括本能、激情、冲动、直觉、灵性、意志等在内的非理性因素，这些并不是来自上帝或某种精神实体，而是来自生命本身。人的生命过程是一种冲动、激情、创造力等不断自我展现、释放的过程。尼采把这种能够表现、释放和增长的生命意志称为“权力意志”。以“权力意志”代替“理性”与“上帝”成为新价值观念的衡量和评判标准。基督教和理性主义支配的传统文化价值观被否定，成为西方思想史上的重大事件。尼采在思想上对旧价值的破坏成为他在最高意义上的自我肯定。“权力意志”成为尼采文化观的哲学根据，并发出了“重估一切价值”的口号，寄望通过个体生命的自我觉醒、自我解救来推翻旧价值，以挽救西方日益严重的虚无主义文化危机。尼采进一步指出，“权力意志”的理想化和人格化形象就是“超人”。尼采的超人是一种全新的道德和文化价值的代表。尼采在摧毁欧洲旧的思想文化和道德观念的基础之上，比较完整地构建了一种以“权力意志”为本体的新的文化思想体系。人的生命本能、创造力、自由性得以充分肯定，人的最高目标就是“超人”。

3.人文主义文化精神及其意义

我们知道，在价值取向上，尼采的文化观彰显了人文主义文化精神。文化精神是文化哲学中的一个重要范畴，社会历史演进实质上是人类文化精神演进，表现为人类的基本生存方式，反映了人类的生存状态。文化精神从根本意义上来说应合乎人性，无论是人的自然本性还是社会本性，根本宗旨在于促进人的自由发展，促进人的创造性、超越性等人性意义的不断生成。在人类历史上，人类文化精神主要经历了传统农业文明和现代工业文明两种文化精神形态。在尼采所处的时代以来，西方社会伴随着业已完成的传统农业文明向现代工业文明的文化转型，以理性主义的大张旗鼓和高歌猛进为特征的现代工业文化逐渐暴露出弊端。西方理性主义文化极端发展导致了对人的本能与生命力的否定与压制。尼采以他哲学家的独特气质，以敏锐的目光近乎直觉地洞察到西方文化以及德意志民族文化的危机。尼采的文化哲学所指向的目标就是被理性主义和基督教传统当作真理的传统思想文化、道德观念，其人文主义的文化价值精神独树一帜。

那么，尼采是如何看文化及其精神价值的呢？他强调文化对于人的自我解救的完美意义，“文化使我们担负起一种责任，即通过自己的活动，将我们自身与伟大的人类理想联系在一起。同时，文化的根本观念又在于，它为每一个愿意加入其中，并为之工作的人下达了这样一个任务：在自身之中，也在自身之外，努力创造出思想家和艺术家——真与美的爱恋者，纯真而又善良的人格，并从而追求自然的完善，走向完善的自然——这一人类最终的目标。”①

由此可以看出，尼采的文化观就是关于人的自我发展的文化观，其目标直接指向思想家和艺术家，实现生命力的不断强盛，具有超越一般的强大力量，而能够具有这样的精神的人是不多的。他认为多数人的文化贡献是为了少数伟大人物的出现，只有伟大人物，准确地说只有真正的思想家和艺术家才有可能创造生命的自然的完善，进入一种完善的文化状态。这就是文化对于人生的意义。文化失却这种意义，自然不能称作为文化。所以，我们可以概括地说，尼采的文化观又是一种自然主义的文化观。

在此种意义上，尼采极力反对把文化仅仅看作“只是一种关于文化的知识”，甚至是“肤浅而错误的知识”，这是十分愚蠢和难以置信的。他进一步解释到：“错误而肤浅，因为德国人忍受着生活与知识的矛盾，而看不到真正有教养的民族所有的特性——即文化只能从生活中生长、开放。”②尼采把文化与生活联系起来深入讨论文化的意义。文化为生活需要而服务于生活才有意义，它只能在生活中生长，而不“只是”一种关于文化的知识。

尼采不无讽刺地说，把文化作为知识“在违背人的意愿的情况下被过量吸收，就会对改变外在的生活毫无影响，而只是隐藏在现代人混乱的内在世界中，现代

①刘自觉：《尼采传》，北京：中国广播电视出版社，2002 年版，第 151 页。

②尼采：《历史的用途与滥用》，陈涛、周辉荣译，上海：上海人民出版社，2000 年版，第 86页。

人以一种奇怪的自豪称这个世界为‘真正的个性’”。尼采认为这样的现代文化是缺少生命活力的，“他不是一种真正的文化，而是一种关于文化的知识，一种关于文化的各种思想和情感的综合”，因此，对人的行动没有任何的积极意义，只是一味地继承、适应、模仿，如“东施效颦”。①

由此，尼采把一个有文化的民族看作“一个真正意义上的有生命的统一体”，具有内在的独立性和个性，具有勃勃的生机活力，具有真诚的民族情感。

尼采强调文化知识对于生活意义和个性的弱化。今天，我们深知，人的生活是根据、是目的，人的生活不能仅仅是知识的生活，否则因知识的限制，人生失缺了自由和创造力，成了没有意义的人生。没有意义的人生还谈什么人生，那只能是生命的毁灭。

（二）尼采关于文化与教育的批判

尼采反对文化的知识化，反对文化脱离生活。他把现代人关于文化的知识断定为“甚至是错误而肤浅的知识”。因此，就教育而言，文化的知识教育毫无疑问是错误而肤浅的。他说：“应该是生活统治知识呢，还是知识统治生活？这两者哪一个更重要，哪一个是决定性的力量呢？不容置疑，生活更高，生活是统治力量。因为毁灭了生活的知识最终也将自行毁灭，知识以生活为前提，因此，就像每个生物都要维持自己的生存一样，知识对于维持生活也有同样的兴趣。”②

所以，脱离生活，不从生活目标出发的教育，从目标上来说：“不是要培养出受过各种教育的人，而是要培养出教授、搞科学的人，他们希望能尽快利用历史，并站在一边清楚观察生活。……一种有着这样的目标和结果的教育是违背自然的。”③

尼采非常重视教育的生活目的，甚至认为教育就是生活，这与他的人性观是完全一致的，与其哲学观的生活教育旨趣是相通的。他强调教育的生活意义，也

①尼采：《历史的用途与滥用》，陈涛、周辉荣译，上海：上海人民出版社，2000年版，第27页。
②尼采：《历史的用途与滥用》，陈涛、周辉荣译，上海：上海人民出版社，2000年版，第92页。
③尼采：《历史的用途与滥用》，陈涛、周辉荣译，上海：上海人民出版社，2000年版，第87、92页。

就是强调生活的教育意义。他批判从知识教育目的出发的教育原则:“青年人的教育必须从关于文化的知识开始——它甚至都不是从关于生活的知识开始,也就更不会从生活及其生活方式开始了。”他强调指出,教育不应该是“将文化的知识灌输到年轻人的头脑中去”,如果这样的话,“就意味着他的大脑中会充满了一大堆观念,这些观念还都是从过去的时代和民族那里得来的二手货,而不是从接触生活中直接得来的”。尼采提出在接触生活中直接得到的教育更为重要,要求教育能够让人直接去体验生活,感受与生活紧密相连的活生生的体验来促进自己内心的成长。但是,现实的脱离生活的以知识为教育目的的文化教育却让年轻人眩晕并造成人性的被淹没。文化的知识缺少了生活的直接体验,那只是“匆匆地跑过历史”,在生活中出现的可能只是些“低能者和饶舌者”。尼采把教育的知识的获得和理解确立在“生活中”,而不是在生活外,“生活本身就是一种需要彻底勤奋学习和刻苦练习的手艺”,难道这样的学习不是更为有效?尼采看到了现代教育、文化与生活的脱离,重视文化和教育统一于生活过程中的积极意义,这对于我们今天的教育不乏深刻启示。①

尼采批判迂腐的文化知识教育对人生的侵蚀,批判现代教育体系对当下的人的生命的漠视。当然造成这种教育现状要直接归咎于那些无个性、无思想、十足的“文化市侩”的教育者。他们是庸俗化的、政治化的教育的代表。由他们来控制教育,教育便成为无实体、无目的,是一种纯粹的所谓“公共舆论”。依靠这样的人去创造德国文化,从事德国教育,尼采认为“就如同柏拉图的理想国一样会失败”。②

尼采批判现代文化及其教育以及这种教育的实践者,是为了建立一种全新的基于生命的自然性、整体性、自由性、生成性等生命性根据并不断赋予生命以意义的民族化的教育,为建立民族情感、精神和生活的统一体而实现教育的文化意义。那么,教育如何实现这一点?他写道:“一个能称作文化的民族必须是一个真正意义上的有生命的统一体,而不是被可怜地分割为物质和形式。如果有人想促进一个民族的文化,让他先试着促进这个较高级的统一体,并为了一

①尼采:《历史的用途与滥用》,陈涛、周辉荣译,上海:上海人民出版社,2000年版,第88页。
②尼采:《看哪这人》,张念东、凌素心译,北京:中央编译出版社,2001年版,第56页。

种正的教育而致力于摧毁现代教育体系吧！让他敢于去思考，一个民族如何才以恢复它被历史破坏了的健康，如何才能光荣地恢复它的本能。"他认为当时的德国教育体系造成了人们以一种草率的方式对传统文化或习俗形式的模仿，偏离了教育的正确轨道，让自称受过教育的人取得了对"国家艺术精神的控制"，他们虚假而伪善的感情，使得"伟大而多产的灵魂"无法生存。[①]

尼采教导人们为拥有真正的文化需要怎样的态度和行动方式。他强调，每个人必须通过反思自己真正的需要，来整理好自己内心的杂物，用真诚、坚定在反思中对付二手的知识、思想及行动，明白文化不是对生活的装饰就是对生活的掩饰和扭曲，并在自己的体验中明白，要凭着真诚伟大的道德个性力量走向文化的胜利，即便伤害现今的教育理想，以达到粉碎纯粹装饰性文化的整个体系。可以说，教育的文化意义正在于此。

尼采在其思想活动的不同时期，都对德国文化和教育予以深刻的抨击。他认为德国民族的胜利并不是文化的胜利。嘲笑德国的文化人（如大卫·施持劳斯等）是"温和的德国教育俗物的典型"。他一针见血地指出："一切教育问题，都从根本上弄错了，以致人们误将害群之马当成伟人。"[②]尼采批判当时的德国教育，认为这样的教育所培养的人并不是真正的有教养的人、文化人和社会伟人。"教育：它从本质上来说是为了规范的利益而摧毁特殊人的手段。教育：它从本质上来说是为平庸者着想而有害于特殊人的。""今日的社会，只代表教育；而缺乏教养者。因为，这样的人直接控制各种力为一个目的服务，缺乏伟大的、综合性的人。"[③]

在这里，尼采指出"综合性的人"不能理解为全面、综合发展的人。他把"综合性的人"看成能综合利用和控制各种力量来实现生命力丰盈的一种特殊人，是创造文化的特殊人。尼采是这样定义文化与教育的："许多本来不和谐的力量组成统一的音阶和音调，现在奏出了悠扬的乐曲。"[④]所以说："直接控制各种力

①尼采：《历史的用途与滥用》，陈涛、周辉荣译，上海：上海人民出版社，2000年版，第29、32页。

②尼采：《看哪这人》，张念东、凌素心译，北京：中央编译出版社，2001年版，第38、57页。

③尼采：《权力意志——重估一切价值的尝试》，张念东、凌素心译，北京：商务印书馆，1995年版，第242、249页。

④尼采：《哲学与真理》，田立年译，上海：上海社会科学院出版社，1993年版，第136页。

为一个目的服务”的特殊人，也就是“奏出了悠扬的乐曲”的文化创造者。尼采这种“特殊人”也就是他所希望的人生哲学家，人生哲学家的哲学才能称为真正的文化。他说：“如果我们真想获得一种文化，前所未有的艺术力量就是必不可少的，以便打破无限制的知识冲动和再造整体。哲学因为压制无限制的知识冲动和使它服从于整体而显示为它的最高价值。”[①]尼采在这里提出的知识是指理性控制下的“知识”。现代社会对这种知识的无限制强调，生命的本能、激情、自由意志被压制，导致人的生命力的普遍衰竭。只有哲学家才能通过艺术力量控制知识冲动，并使之服务于整体的文化目标，创造出完整和谐的文化意义，这文化意义就是生命意义。

尼采批判教育在本质上走错了方向，认为教育就是要培养能创造真正的文化、真正的教育的作为哲学家和教育家的“特殊人”。然而，他又鲜明地指出这样的教育在当时的德国是不可能的。尼采认为，德国这时虽然在战争中取得了对法国的胜利，但没有获得文化的胜利，并拥有自己民族的高级文化，他强调说：“凡德国势力所及，文化就会遭到摧残。”他说他“只相信法国的教养，并且认为欧洲通常自诩的一切所谓‘教养’统统都是误解，更不用说德国的教养了。”[②]

因此，需要建立一个文化国家以反对现在冒牌的假文化国家，这样的文化国家的目的“是一个更高贵的人类”[③]。很显然，尼采在这里所说的“更高贵的人类”，也就是他提出的“超人”。尼采批判性地指出“德国文化的衰落”，“德国精神变得更粗鄙、更浅薄了”，德国的“文化之苦于虚无，更甚于苦于自负的一孔之见者和片断人性的过剩；我们的大学与愿相违地是这种精神本能退化的地道工场”。[④]

尼采把造成德国文化精神衰退的直接原因归咎于两个方面，一方面是政治化的权力追求；另一方面就是当时的学校，尤其是大学及其教育。

---

①尼采：《哲学与真理》，田立年译，上海：上海社会科学院出版社，1993年版，第15页。
②尼采：《看哪这人》，张念东、凌素心译，北京：中央编译出版社，2001年版，第26、27页。
③尼采：《哲学与真理》，田立年译，上海：上海社会科学院出版社，1993年版，第151、152页。
④李瑜青主编：《尼采哲理美文集》，合肥：安徽文艺出版社，1997年版，第156页。

尼采认为德国人在“德国，德国高于一切”的口号声中而“厌倦精神”和“猜疑精神”。政治吞噬了对于真正精神事物的任何严肃态度，因此，他强调说：“文化的所有伟大时代是政治的没落时代：文化意义上的伟大是非政治的，甚至是反政治的。”①

由此，尼采进一步揭示德国精神没落在学校教育和青年中的种种现状。“在德国的智力中，有多少令人沮丧的沉重，疲塌，潮湿，睡衣和多少啤酒！”“在精神中造成的慢性的堕落。”“我们文化遭受的苦难，莫过于自负的游手好闲者和零碎不全的人性论的泛滥；我们的大学，违逆意愿地是这类让精神之本能变得枯萎的真正温室。”②

尼采深入地对德国教育从教育的方式、教育目的、内容、教师等多方面予以批判。他认为，“整个高等教育事业已经失去了最重要的东西：目的以及达到目的手段。”在教育的方式方面，他认为“德国‘高等教育’事实上做到的，是一种残忍的训练”。在教育目的上，尼采肯定“教育，教养是目的自身——而不是‘帝国’——”然而，事实上，教育目的成为“以最少量的时间支出，让大批青年男子能被使用，能被利用于服务国家。”而在教育课程方面，高等教育只是为将来从事职业作好准备，“没有了高贵的教育的自由：我们的‘高等的’学校，及其教师，教学计划和教学目标，全部以最暧昧的平庸作为准绳。”因为，职业性的教育所培养的人成了为“国家效劳”的工具，所以国家“死板地强求高等学校过高的入学率”。至于教师，尼采说，为了教育的“教养”目的，“需要教育家——不是文理中学教师和大学学者——可人们忘记了这点……急需那种自我培育而成的教育家，深思熟虑的，高贵的思想家，他们时刻表现出，通过言语和沉默，表现出成熟的，甜美的文化——不是文理中学和大学今天作为‘高级保姆’展示给青年人的博学的粗汉。”尼采从文化精神的高度，指出了经济社会中教育对个体人的生命的“摧残”和人的精神的“扼杀”，以及对文化精神造成的“没落”。③很显然，尼采把教育和文化看作统一的，教育与文化活动之外不应该存在任何外在目

①尼采：《偶像的黄昏》，卫茂平译，上海：华东师范大学出版社，2007 年版，第 98、102 页。
②尼采：《偶像的黄昏》，卫茂平译，上海：华东师范大学出版社，2007 年版，第 101 页。
③尼采：《偶像的黄昏》，卫茂平译，上海：华东师范大学出版社，2007 年版，第 104—106 页。

的。因此,他反对将教育工具化,教育本身就是目的,或者说就是文化目的。然而,事实上现实的教育被工具化了,成了国家和社会的工具,这是尼采所不能容忍的。因为,局限于学校教育,教育的对象必然被具体化、机械化、模式化,以强调服务国家或社会为目的。这必然地对教育的对象在知识、技能、年龄、身体、趣味、职业等方面作精细限定,造成了教育与人的生命、教育与文化的疏离。

在这里,我们可以进一步地看到尼采对教育功能的看法。他把人的生命作为根据和出发点,但是,在文化衰落的社会里,因社会的极端性要求,人被社会化、实用化、工具化。个人在社会面前,人之为人的生命活力,人之为人的自然禀性或精神被抑制,人的整体性被肢解,人性因此被异化。教育的社会服务功能,尤其是在现代工业文明社会中经济功能的极端化强调,以及教育在内容上的科学教育内容的扩张,教育的文化精神和文化功能严重缺失。现代教育因对生命、人生意义的漠视而潜在地造成了负面影响。尼采以哲学家的智慧,在全面审视和批判德国文化及其教育的过程中,似乎已经看到了整个 20 世纪以至今天我们教育的深刻危机,然而今天我们对文化和教育的认识却是在经历了 20 世纪人类的社会危机和人性危机后的普遍觉醒。

尼采还提出了具体的教育的文化目的和任务。他说:“一个人得学习看,一个人得学习思考,一个人得学习说话和写字:全部三者的目标是一种高贵的文化。”①

因此,为完成这样的任务,尼采强调一个人需要教育者,让学生“学会看、学会想、学会说和写”也就成为教育者的任务。尼采对“学会看、学会想、学会说和写”有自己的解释。他把“学会看”理解为学习者的一种非被动的顺从,是一种主动的精神性的选择和决定,所以,尼采批驳“著名的现代‘客观性’是一种恶劣的趣味、是典型的卑贱”。在人的“看”与“看的对象”之间,人不应该是卑贱和“无法抵抗”的。“看什么”“怎么看”,应该成为人本身的一种主动选择,而看的结果,便是人对于看的对象所作的判定,于是“看”才有了意义。在这里尼采似乎给今天

①尼采:《偶像的黄昏》,卫茂平译,上海:华东师范大学出版社,2007 年版,第 106 页。

的后现代主义对认识的“客观性”原则的质疑以生动的启示。至于教育者教会学生学会思考，当然，如何理解思考是一个前提性问题。尼采将思考比作为“一种舞蹈”，认为康德的纯粹的理性思考是“缺少优雅的、畸形的”[①]。学会思考必须全身心充满激情和冲动，必须具有“酒神精神”，在此基础上学会用优美的语言和文字学会说和写，表达自己如舞蹈般思考的生命感受。作为教育家要做到这些是不容易的，然而必须如此。

总之，尼采的文化与教育批判表达了他的文化与教育的主张，文化与教育的根据是人的生命，肯定生命就是肯定生活，所以，文化的教育目的应该服务生活，在生活中的文化教育才是真正的教育。它能够增强人的生命力，特别是文化创造力，并让人在生命活力的丰盈过程中让生活与文化充满审美与高贵。

①李瑜青主编:《尼采哲理美文集》，合肥：安徽文艺出版社，1997年版，第160页。

# 第四章

# 超人教育目的:培育超人

尼采“超人”哲学思想的教育学意义在于：教育要立足于现实生活世界，尊重生命的自然性、整体性，充分肯定人的生命本能的意义，教导人们热爱生命，肯定人的价值，充满创造热情，能够承受生命的轻重苦乐，在自我创造与超越过程中不断生成生命意义、超人之意义。

## 一、教育目的与“‘超人’教育”目的

在绪论部分，我们对尼采的“‘超人’教育”观作了一个总括性的阐释。作为一个哲学家，尼采在自己的思想体系中并未明确提出超人教育概念，并未就教育问题作学科化的专门研究。但是，我们说，尼采的哲学思想是广博的，涉及人类文化活动的方方面面。正如许多哲学家一样，对教育问题的关注是其展开哲学思考的重要部分，是其哲学观的重要内容。尼采的教育思想深蕴于其哲学思想中，教育思想的意蕴是深刻的。因此，需要我们通过其哲学观来阐释其教育观。以下用五个篇章对尼采作为哲学观的教育观作进一步探讨。首先让我们来探讨超人教育的教育目的。超人教育的最高目的我们将其概括为培育超人。

不可否认，人类活动是人保存和确认自我、发展自我的唯一可能方式。人作为自我的存在，不论活动对象如何，自觉性或有意性即合目的性是人的活动的根本性之一。教育活动作为人类活动的重要领域，教育目的是人在教育活动中的自觉自为。我们讨论教育，不论从何视角，立论根据何在，如何充满歧义，必涉及教育目的。教育目的的问题是教育思想中的根本性问题。教育目的指什么？用一个简单问句就是：为了什么而教育？在最一般意义上，教育目的就其范围而言不外乎是为了满足合乎人、自然、社会三方面的目的性需要。因人、自然、社会三者发展关系的相互制约性和内在统一性的必然要求，教育作为人的生命活动的特殊形式，在最直接层面上表现为对人本身的作用，在此过程之中或继之发生对自然、社会的影响。教育对自然、社会作用的发挥从根本上来说是以满足人的生存、发

展需要为价值参照的。但是，人的生存发展需要从其最基本的表现形式上来说，是发自个人的，其目的最终也是落实到个人，但人的生存发展需要的方向和内容并不能完全取决于个人，个人的需要满足与否在根本意义上则表现为社会性，这也是我们展开教育思考的基本立场。

我们很清楚，教育目的的确立受教育价值观制约，不同的教育价值观决定了不同的教育目的观，因而导致教育实践意义的不同生成。教育价值观实质乃是有关教育的哲学观，从哲学的意义上来说，因哲学观的异彩纷呈，教育价值观可谓多姿多彩。哲学以关注人类为主题，因此，哲学家思考教育，也就不仅仅是独立的教育问题了，实际上是寄望通过改造教育对人的影响而实现人类社会合目的性的改变。教育能够发挥独特的对人类与社会的改造功能，在一定的哲学观指导下，基于社会通过教育目的的确立推进教育活动的整体变革，进而引领社会发展。所以说，教育目的的确立受教育价值观制约，也就是受哲学观制约；同时，教育目的的确立必须基于一定社会的现实需要。事实上，某种哲学观的确立也是哲学家基于对社会与人生的审慎思考，脱离人类社会的人生问题的哲学思考是无法想象的，也是不可能的。所以我们通常说，哲学思想是时代精神的集中反映。当然，在具体面对人类社会问题，如人需要过怎样的社会生活、社会应该如何发展等问题上，每个哲学家的哲学宣言，因其利益立场和学术视角的不同而又具有极富个人化的特点，但这也是哲学家对人类社会和个体人生浓浓深情期待的独特反映。

今天，我们在《学会生存》里可以读到这样一句话："每一项教育行动都是指向某个目的的一个过程的一部分。这些目的是受普遍的和最终的目的所制约的，而这些普遍的和最终的目的基本上又是由社会确定下来的。"社会发展现实状况必然制约着每一民族和国家在其特殊社会背景中对教育目的的社会确认。纵观教育发展历程，教育目的总是因时代变化与社会发展需要和个人发展需求统一在一起的。教育目的应该是社会发展目的与个人发展目的的统一。但是，从教育思想史来看，教育目的的具体内容的确立在个人与社会之间往往是不对称的，历来都有个人本位论与社会本位论之争。事实上，教育与个人、社会的功能与价值是不能割裂的，只不过是教育目的确立的教育价值取向或理论旨趣在立足点和出发点上的不同强调而已。

现在，让我们从尼采的哲学观出发来解读其教育观，从教育目的的角度来说，我们把尼采的教育观概括为以培育“超人”为取向的“‘超人’教育”观。培育超人被视为尼采教育观的最高目的追求。这不仅具有个体意义，更深远的在于其人类意义。当然，我们可以肯定地说，尼采超人教育的目的就其出发点来说，是个体的，对个体生命的关注是尼采哲学与教育思想的基点。

“超人”是尼采创造的一个哲学概念，实际上是尼采创造的一个思想力量，一种精神力量，具有象征意义。尼采借此首先想在思想上彻底改变一个传统的旧世界，更准确地说，是要改变一个越来越深重地沉入虚无主义文化的传统时代。其表现为对生命力量的否定和人性的轻蔑，具体地说，一方面，轻蔑人的肉体；另一方面，轻蔑生命非理性精神力量。轻蔑肉体就是轻蔑自然。尼采在《查拉图斯特拉如是说》的《肉体的轻蔑者》篇中，肯定个体“我”的最伟大之处在于肉体和他的“大理智”。他认为，只有肉体才是“自己”，轻蔑肉体就是轻蔑自己，对肉体的尊重也就是尊重自我，尊重创造，生活才“活”起来：有痛苦、有快乐、有创造、有价值、有意志。然而，现实中的人，在尼采看来，因轻蔑肉体而毁灭了“自己”和逃避生命，但也正是因为在这种轻蔑中，自然地看到了和肯定了肉体的力量与肉体的价值的存在，因为，受轻蔑的“肉体”，不过是没有能够为自己服务，在这种轻蔑中，也在不断地改变着自己。所以，这种轻蔑实际上是宗教的歧视，理性的强权。而轻蔑生命的精神力量，表现为绝对地服从理性的普遍有效性原则，人因此缺少了丰富生动的个性，导致生命创造力的衰退，生活因而也缺少生机活力。

尼采从个人主义人性观出发，以非理性主义的本体论和认识论为基础，在全面审查传统文化价值体系并高喊“重估一切价值”的哲学口号中确立了以“权力意志”为新价值根据和动力的全新的超人的人学价值观。他把“拯救人类”[①]看作自己的使命。因此，他创造了“超人”，把“超人”作为拯救人类而精心设计的最高目标。这是人发展的一种价值取向，是一个艺术的酒神精神的最高代表，是人的自然生命力充盈和升华的完美形象。尼采为人的自身发展确立了完美的价值尺

①尼采：《看哪这人》，张念东、凌素心译，北京：中央编译出版社，2001年版，第20页。

度,他说:“没有什么是美的,只有人是美的:在这一简单的真理上建立了全部美学,它是美学的第一真理。我们应该补上美学的第二真理:没有什么比衰退的人更丑了。”①

因此,人要走向完美,超人教育在最现实的意义上,必须以人为目的,不断增进生命的力量。只有这样,人的发展才具有审美意义。对人类而言,最丑的事莫过于造成生命力的衰退了。超人教育必须遵从生命向超强、向健全、向完美的审美追求原则,为最终诞生超人而不断培育新人。

超人教育是为了诞生超人的教育,其教育的对象是人类。从现实性来说,是人类的一种自我教育。人类在自我创造中,正是远远未能达到“超人”的理想高度,因而要不断地培育,使人类的“营养”不断丰富。

超人作为尼采设计的最高远、理想的人格化形象,是超人教育永远追求的至高目的。超人教育以现实的人类为教育对象,是为了现实的人类不断走近超人而进行的教育,现实的人类不过是走向超人的桥梁。使现实的人日渐丰满、健全,达到“较高级的人”的培育目标,这是超人教育应该实现也是完全可以实现的。超人教育在不断地实现“较高级的人”的培育中,使超人在他们的后代中产生,培育超人的教育理想是对现实的人的一种具有终极意义的关怀,成为超人教育在行动中的一种价值引导。

不可否认的是,从表面上看,在尼采的著作中,似乎透出尼采对“理想”的鄙视。尼采反对“理想”,代之于使人奋进,走向超强的“权力意志”来否定“理想”,似乎是个“非理想主义者”,但是,事实上,尼采所反对的“理想”,是针对现实的人在传统文化烟雾的笼罩下所追求的“理想”的生活、“理想”的道德、“理想”的理性世界,而并不是说尼采不要“理想”。尼采要追寻他自己的“理想”:“超人”和“重估一切价值”就是尼采的“理想”,他的教育理想就是培育“超人”。

①尼采:《一个不合时宜者的漫游》,载《偶像的黄昏》,周国平译,长沙:湖南人民出版社,1987年版,第82页。

## 二、超人哲学与超人教育目的

尼采特别强调超人这一人类最高目标："迄今已存在一千个目标，因为已存在一千个民族。唯一还缺少套住千颈巨兽的锁链，缺少这一目标。人类还没有目标。弟兄们，请告诉我：假如人类还没有这个目标，那么是否也没有——人类自己呢？"①

查拉图斯特拉在这里所言的"套住千颈巨兽的锁链的目标"就是"超人"。在尼采的思想意义上，这种目标具有人类意义，不分民族。所以说，尼采的超人教育的最高目标具有普遍的人类学意义。如果人类没有这个目标，那么，人类也就没有存在的意义了。孤寂、潜心"爱智"的查拉图斯特拉出山明志："我给你们讲授超人……"②作为超人教育的最深刻、最杰出的哲学家老师，他给人类讲授超人，要做人类的导师，其意旨在于全人类，尤其是要给人类中"较高级的人"确立一个明确的最高目标，确立一个走向超人的价值目标体系，这是超人教育对生命的最高关怀，具有终极意义。尼采在《权力意志》中豪迈地说："人类不是目的，超人才是目的。"③由此，在尼采的教育思想世界中，教育获得了最高意义，那就是培育"超人"。

那么，概括而言，尼采的超人到底指什么？

我们深知，尼采坚持认为真正的哲学是关于人的哲学，在其人性观的基础上，他为人的目标和理想状态予以了精心设定，为人类未来精心绘制了一幅生动远景，这就是"超人"及"超人"的人类状态。因此，关于"超人"的哲学成了尼采哲学思想之长河最具广阔、浩远的"天际之流"。"超人"对于现实的人而言，无疑成为碧空下的"远影"，是人类走向自我澄明的崇高审美之境。

那么，我们对尼采超人哲学中的"超人"可以作何理解？概括地说：

---

①尼采：《查拉图斯特拉如是说》，黄明嘉译，桂林：漓江出版社，2000年版，第60页。

②尼采：《查拉图斯特拉如是说》，黄明嘉译，桂林：漓江出版社，2000年版，第6页。

③尼采：《权力意志——重估一切价值的尝试》，张念东、凌素心译，北京：商务印书馆，1991年版，第137页。

1.超人是现实的人不断自我超越的最高生成

对现实的人而言,超人具有最高意义。尼采在他的哲学名著《查拉图斯特拉如是说》中,开篇就借查拉图斯特拉之口教诲世人:

我给你们讲授超人。人是一种应该被超越的东西。你们都干了些什么以便超越呢?

迄今,一切生物都创造了某些超越自身的东西。难道你们愿做这壮潮中的落潮,宁愿退化为动物而不为超人吗?

对人而言,猿猴是什么?一种可笑的动物,或一种痛苦的羞耻。对于超人而言,人也是可笑之物,或痛苦的羞耻。

你们走过了由蠕虫变人的道路,可是你们中仍有许多人是蠕虫。你们曾是猿猴,可现在的人比任何一种猿猴更猿猴。

……

你们看呀,我给你们讲授超人!超人是尘世的精义。让你们的意志说吧:超人是尘世的精义!

我向你们发誓,弟兄们,你们要忠于尘世,别相信那些向你们侈谈超凡脱俗的希望的人!他们不管有意无意都在放毒。

……

真的,人是一条肮脏的河流。为了接纳这条脏河,人们必须是海,且本身并不变脏。

看呀,我给你们讲授超人——超人即是海洋,你们的伟大轻蔑会在海中沉没。

……

看呀，我给你们讲授超人：超人就是这闪电，就是这疯狂！

……

人是一根绳索，连接在动物和超人之间——绳索悬于深渊上方。

……

人之所以伟大，是因为他是一座桥梁，而非目的。

……

看呀，我是闪电的宣告者，是从乌云里降下的沉重雨滴：这闪电就叫超人。①

在此，尼采将自己的超人思想作了全面概略的表达。他把超人看作人的世界的最高意义，人必须成为超人。对尼采以上一段文字可以作这样几点阐释：

第一，超人是不断超越自我的人。现实的人应该不断被超越，人类需要不断地超越。每个个体需要充分发挥自身的潜能，不断地超越，在此基础上，人类不断实现超越，远离兽类，人的意义不断生成。人所做的一切之于人的意义就在于创造自我、超越自我，不断赋予生命新的意义，否则，人必然会退化为动物，犹如从潮起退为潮落。

尼采从人与动物的比较中来阐明他的超人的根本意义。超人与现实的人的不同就犹如现实的人与动物的不同，这种比较有深刻的哲学人类学的意蕴。几

①尼采：《查拉图斯特拉如是说》，黄明嘉译，桂林：漓江出版社，2000年版，第6—9页。

千年来，人们一直追问“人是什么”，人对自身的存在及其意义一直萦绕于人的心头而难以明了，也不知耗尽多少思想巨人的脑力而倾心于对人自身的问题的追问和沉思。近代人本主义哲学更是把人的问题作立论的基础和阐述的中心，对人性、人的地位、价值等问题作更为深沉的阐释。然而，人对自身的存在及其思想却始终不能满意，对人生存的困惑及其解释始终成为哲学的一个主题。理性主义的大行其道在很长时间并未给人的当下生活带来真正的幸福。“理性”对人生决定意义的前提性假定因人对现实生存境遇的不堪忍受而深陷其虚弱和有限。极富有批判精神的尼采在对道德理性和科学理性的轰击中，从现代工业文明造成的文明危机及其对人的异化等问题的批判中，对人性进行了非理性主义的洞察。

第二，超人是尘世、大地的意义。尘世是现实的世界，是自然和自然中的生活。尘世的生活是此岸的、鲜亮的、活生生的、实在的。尘世是一种隐喻，与基督教彼岸世界相对，是人丰富多彩的表象世界。尘世的意志指人的生命意志，也就是尼采的权力意志。超人具有权力意志，生活世界中最具生命活力。尼采告诫大家，忠实于尘世、大地。两千多年来人类毫无价值可言，然而人们竟然对此一无所知，依旧沉浸在“可怜的自满”中，生命活力在这种追求中衰退。尼采借尘世来隐喻告诫人们，要脚踏实地地生活在大自然的怀抱中，摆脱孱弱，逐步走向超人。

第三，超人是大海。尼采用大海隐喻洁净和自洁的强力。尼采认为传统思想文化使人的心灵阴暗，人成为一条不洁的河并失去自洁力，因而人不可避免地患病。因此，超人不仅有创造环境的能力，而且有自洁能力。荡涤人性中的种种不洁。“超人”作为“海洋”，是对现实的人不洁的灵魂的接纳并予以净化，是在注入、接纳、净化的过程中吐新，人因此走向了深远和博大。现实的人与超人比较正如清浊具有的河流与激浊扬清的海洋的区别。河流终归要投入大海的，而人终于超人也是人最高远的选择必然。

第四，超人是闪电般疯狂。超人有闪电般的威力，在天地间让传统战栗。“闪电”“疯狂”指超人对于旧世界摧枯拉朽的破坏力量。超人充满激情活力，内心也如闪电般涌动。把超人喻为“闪电”，这正告诉我们：让现实的人的一切丑恶被闪电照亮并击毁燃烧，成为惊天动地的疯狂的震撼。随闪电降下的沉重雨滴必将荡涤着现实的人的灵魂，人因此由贫弱、龌龊而变得超强和纯净。

进一步理解尼采的超人，有必要与尼采所说的“更高级的人”作一比较。

在《查拉图斯特拉如是说》第四卷《欢迎》一节中，查拉图斯特拉愕然地见到所谓尘世中的那些高贵者，然而他很快就绝望了，这些人，全然不是他极力所寻找的更高级的人。查拉图斯特拉说：

你们一心要成为更高级的人，但我以为，你们还不够高，不够强。

……

我以为你们天生不够美、不够健康。为了我的教导起见，我需要纯净而平滑的镜子；可我的形象一到你们的镜子里就扭曲变形。

……

尽管你们是高级和比较高级的一族，但你们有许多东西是扭曲的、畸形的。世上没有一个铁匠把你们锤炼得恰到好处，恰好锤直锤正。

你们只是桥梁罢了，但愿更高级的人从你们身上通过！你们代表着梯级，请别对那些超越你们并升入高处的人发怒！

……

——我期待更高级、更强大、更富于胜利、情绪更佳、身心结构更完美的人。欢笑的雄狮必将来临！①

①尼采：《查拉图斯特拉如是说》，黄明嘉译，桂林：漓江出版社，2000年版，第305、306页。

从以上引文我们可以看出，尼采对现代人是倍感失望的，哪怕是那些尘世中的最高贵者。在他看来，人必须学会超越自我。他渴望并坚信超越于现实的人即超人的诞生。他把现实的人与超人的区别比作为动物与人的区别。动物与人的区别不仅仅是生物学上的，即人只是从直立行走到身体一系列结构和机能变化以及部分器官的退化的统一体。人之为人且与动物的适应性完全对立的人性的依据，在尼采那里就是人在不断地争做强者的人生价值目标导引下的自我超越性。人只有超越，反之则退居为动物。而"超人"正是尼采对人类发展设定的超越于现实人类自身之外的最崇高的价值象征，是尼采在宣告基督教"上帝死了"之后为人自身设定的具有终极意义的、人自己成为自己的"上帝"。"超人"是尼采为人类绘制的最乐观、最绚丽多彩的未来剪影。为了追求"超人"的诞生，现实的人要不断地追寻和产生最伟大的人。他们的后代的不断孕育，永不止息的超越和寻求，最终会诞生"超人"。这是发生在人类发展过程中的"裂变"。现实的人在动物面前，不禁会为自己的高级所骄傲，视动物的低级和简单的适应性为可笑，为一种"痛苦的羞耻"，而超人在现实的人面前，也正如此。尼采以"海洋"和"闪电"隐喻"超人"。超人实现了，实现了对人生的最高意义的肯定，实现了对人生一切价值的重估超越后的最高攀升，人走向了最崇高的澄明之境。正是人的自我超越性，超人教育对于现实的人而言，具有了现实的教育意义。

2.超人是与"末人"相对立的个性独立的人

尼采在自己的著述中用一种否定方式赋予超人以确定的含义，把超人看作"现代人"，尤其是"末人"的对立面。

概括而言，尼采论述的"末人"有这样的主要特征：第一，"末人"是缺乏创造性、自主性的人，他们一味模仿别人或听从别人，走别人走过的路，说别人说过的话，按照别人的评价标准、评价方式作评价，自己永远生活在别人影子中，没有属于自己真正的开拓性的生活空间；第二，"末人"是谨小慎微，浑浑噩噩，庸庸碌碌的人，为自己的惬意生活铺平一切，胆怯、逃避风险、害怕过度劳累，他们的生活中没有两极，只有中度，在适度的温和的生活状态中求得长期稳定，安于现状；第三，“末人”的个性已经泯灭，没有独特的、独立的生命和本能，只知道按传统的思想方式和道德规范来思想和行动，是一种平面化、趋同性的人性。①

作为“末人”反面的超人，尼采说：

“超人”，是用来形容一种至高卓绝之人的用语。这种人同“现代”人、“善良”人、基督徒和其他虚无主义者完全相反——它出于查拉图斯特拉即道德破坏者之口，是个很值得深思的用语。②

在《看哪这人》的《为什么我是命运》一节中，他写道：

查拉图斯特拉有时称善良的人为“末人”，有时叫“完结之始”。他认为这是最有害的一种人，因为他们是以牺牲真理，也就是牺牲未来为代价而苟延于世的。③

尼采这段话是在对“现代人”和“末人”的否定方式的运用中明确了超人的含义。可见，超人是超越一切传统价值和道德规范、富有创造性、生命力旺盛的个性鲜明独立的人。人在不断自我超越之中赋予生命的全新意义，促使生命力不断地旺盛，这正是人独立的创造能力充分发挥以孕育超人的过程。

尼采的超人是针对现实存在的“末人”等反面而设计的一幅关于人的发展的未来图景，是一种纯粹的充满激情的关于人的价值期盼。同时，他也为现实的人在人的发展的最高价值目标导引下如何走向超人提出了现实的可能性和可能方式，提出了解决现实的人的发展问题的基础、指导原则和基本目标。

3.追求超人就是创造文化进而创造超人的人类社会形态

尼采的超人，简单而言就是超越现实特定类型的人。超人不是我们通常理解

①周国平：《尼采：在世纪的转折点上》，上海：上海人民出版社，1986年版，第260、261页。
②尼采：《看哪这人》，张念东、凌素心译，北京：中央编译出版社，2001年版，第42页。
③尼采：《看哪这人》，张念东、凌素心译，北京：中央编译出版社，2001年版，第106页。

的现实意义上的并加以维持的人,其意义在于人不是"怎样地保存自己",而是"怎样才能被超越"。超人从本性上与通常普遍意义上的现实人迥然有异。有着不同于我们现在所"称之为人的人"的存在价值和方式。但是,尼采把超人的诞生寄望于属人的"更高级的人",这种"更高级的人"为过去曾是或现在正是的现实的人。

更高级的人特征各异,是矛盾着的现实化了的人。他们否定既有的价值和文化存在秩序,在一种属于他们自己的价值预设或虚构中与现实的文化进行对抗,力求将自己表现得更伟岸和崇高,甚至可以将自己神化。尼采坚信更高级的人对现实的生命及其文化活动的否定代表着人的前进方向。这一过程就是创造新文化的过程,创造历史的过程。人在其本质上是要被反动或否定的。在《查拉图斯特拉如是说》第二卷《论伟大事件》一节中,尼采以查拉图斯特拉之口批判地称"大地有一张皮,这张皮患有多种疾病,其中一种病叫'人'"。在其后的第四卷《更高级的人》一节中,查拉图斯特拉说道:

> 你们这些人中将会有越来越多的、越来越优秀的人走向毁灭——因为你们的日子会愈益不幸和严酷。唯有这样——
>
> 唯有这样,人才能长入高处,长入闪电击毁他的高处:成长到接触闪电高度![1]

由此可知,尼采确认,现实的人普遍患病,人性不健全,这样的人性应该被贬抑。即使在更高级的人中,他们也会面临危机。为谋求超人的诞生,人类发展中更高级的人的牺牲和毁灭是必要的,它会激起新的价值倾向,创造一种新的文化世界,推动人类的进步。查拉图斯特拉颂扬这些人:

> 我爱那些人,他们活着为了求知,并通过求知让超人有朝一日活着。于是他情愿自己毁灭。

①尼采:《查拉图斯特拉如是说》,黄明嘉译,桂林:漓江出版社,2001年版,第313页。

我爱那些人，他工作和发明是为超人建造屋宇，为超人准备土地、动物和植物。于是他情愿自己毁灭。①

很显然，查拉图斯特拉所赞颂的自我毁灭的人是这样的人：他想被超越、征服，他已经走在通往超人的路上，他就是超人的先驱。为超人的诞生在献身中不断创造文化条件，这样的路是历史的漫漫征程，是人类的文化不断生成和走向高级的过程。做超越自我的人就是做创造历史文化的人，即便为此而牺牲自我也是值得的。

尼采把现实的人看作实现超人的一个过渡性阶段，把超人作为人的发展的目标、理想，一种全新的新人类，从而为人的存在和生命意义建构确立了一种目标。他深刻认识到现代工业文明和商业文化的负面影响，看到了作为伟大族类的人及其活动的堕落和退化，尤其是充分看到了传统道德造成的人的颓废和生命力的弱化，人性的异化。他说："今天的一切——堕落了、颓败了，谁愿保持它！而我——我要把它推倒。"②

由人走向超人，人类历史文化在此过程中创造和延伸，人由渺小到伟大，这不是生物意义上的进化。尼采很反感别人在进化论意义上理解他的超人学说。对于人来说，其发展不是被动的、无目的的简单适应，不是仅仅借助于自然力而进步的、机械的因果关系的过程。人发展自我的过程是创造生命意义的过程，是创造文化新价值的过程，这是一个自觉自为的积极建构生成的过程。人在通往超人之途中是奔腾不息的。尼采说"人是应该被超越的"，因而历史和现实也应该是不断被超越的，只有超越，人类才能由"历史""现在"走向"未来"。"归结地说，尼采所谓的超人，乃是敢于作一切价值转换的人，敢于打破旧的价值表，特别是基督教的价值表，并且以其丰富的生命力创造新价值的人。"③

①尼采：《查拉图斯特拉如是说》，黄明嘉译，桂林：漓江出版社，2001年版，第8页。对查拉图斯特拉所爱的人，尼采用了很长的篇幅予以描述。上述引文的省略部分一直到《查拉图斯特拉如是说》前言第4段的结尾。

②尼采：《查拉图斯特拉如是说》，黄明嘉译，桂林：漓江出版社，2001年版，第8页。

③陈鼓应：《悲剧哲学家尼采》，北京：生活·读书·新知三联书店，1994年版，第210页。

尼采的“超人”学说,是在针对传统文化鄙视肉体,轻视情感,禁锢人性以及否定现实世界的思想所确立的一种新型的人生价值观。在尼采看来,生命是一个不断生成流变的过程,生命并不是一个仅仅用于阐释的抽象概念,而是一个立足于现实生活的、活生生的、具体的、有血有肉的个体。他赋予生命的情感、本能以极高的价值,对进一步解放人性起了积极的推动作用。正是这一点,它极大地启发了后来的西方非理性主义哲学家,也引起了现代心灵的无尽共鸣。虽然,不可否认的是,尼采撇开社会因素来谈论人的自我超越、自我创造,忽视了个体意识、个体行为与群体意识、群体行为之间的关系,使其理论缺少实践意义。但是,无论是在他的那个时代还是在今天,尼采的“超人”学说在哲学上的进步意义是无与伦比的。

超人并不是尼采为人类设计的必然一定能够达到的一个最高阶段,从个体意义上来说,其意义在于要求个体通过努力对自身既有属性的不断超越,进而成为趋近于完善之人的人;从人类意义上来说,是要求人类不断超越现实社会状态而不断走向完善的过程。

尼采的超人在哲学意义上是为人的未来的一种设计,一种象征性的刻画,并为如何通向超人提出了哲学性的原则和方式。因此,由超人而建构的社会便是一种理想的社会形态。在超人社会里,绝对自由发展的人——超人成了自己行为和思想的立法者、辩护者、评判者,并成为社会的设计者。总之,在超人的理想社会中,超人成为一切文化的最高代表,因而他本身不需要约束和限制,他的意志是真正自由的,创造了真正自由的社会。这就是尼采为人类设计的壮丽前景和伟大目标。在此种意义上,以培育“超人”为目的的超人教育便具有了人类意义。然而,在近代西方教育思想史上,在高扬人的理性的旗帜下,非理性教育意义的研究被忽略,因此,教育忽略了人的非理性而失去了人的完整性,不可避免地对人性的异化推波助澜。

尼采“超人”哲学思想的教育学意义在于:教育要立足于现实生活世界,尊重生命的自然性、完整性,充分肯定人的生命本能的意义,教导人们热爱生命,肯定人的价值,充满创造热情,能够承受生命的轻重苦乐,在自我创造与超越过程中,不断生成生命意义,超人之意义。

超人教育的目的在于：教育要培育的人应该是自我的否定者、创造者、肯定者、超越者和享受者，是能够成为自我的具有独特个性的人；培育人具有健全的体格和生命本能、旺盛的强力意志、自强不息、坚忍不拔、无畏探索、努力创造和不断超越的精神；培育人蔑视传统的道德规范，超越传统的善恶道德标准，为自己确立道德和人生价值准则；培育人具有独特和完满的个性，能够充分激发潜能并展示自己的个性，不仅自我支配，而且能够引领弱者走向强盛；也培育人能够承受并超越自身生命痛苦，甚至能够为生命的痛苦而欢欣鼓舞。

在此需要说明的是，培育超人的超人教育目的是一种理想性的教育目的，具有象征意义，以此激励人们不懈追求、不断超越生成。这正如当代国际21世纪教育委员会主席雅克·德洛尔在《教育——财富蕴藏其中》以"教育：必要的乌托邦"作为序言的主题而表达的教育目的的基本意义。教育不能没有理想，理想不断激发斗志、激情，需要执着追求的意志，引领人类不断实现教育的自我超越和创造。在这种意义上，理想性的教育目的实际上成为人们教育价值行动的一种准则，一种努力实现教育价值的创造攀升过程，教育目的的方向引领意义表现在现实教育活动的全部过程中，以实现教育对人生和人类的改造。超人教育的教育目的的实践意义正在于此。

# 第五章

# 超人教育的性质

依据尼采的人生哲学思想，超人教育性质概括为超人教育的“自我”生成性、自由性、超越性和审美性。

超人教育的“自我”生成性即尼采所言的“成为你自己”人性生成过程，就是要求人在自我教育中肯定自我、爱护自己、忠实于自己、对自己负责，真诚地赋予人生以意义；要求个体通过自我教育，充分把握生命的可能性、生成性，通过自我否定、创造和肯定，实现生命力的超越攀升，展示生命自我的真实性、独立性和独特性。

超人教育的“自我”生成过程表现了超人教育的自由性，即生命通过自我否定、创造与肯定实现独立自主与不断超越的人性自由生成，是使受教育者不断获得自由、解放并体验幸福的过程。

超人教育的超越性就是实现人向骆驼—狮子—孩子的精神境界不断攀升的过程。在个体自我教育意义上，表现为实现个体生命精神向骆驼—狮子—孩子的人生境界不断攀升的自我教育过程；在人类精神培育生长意义上，表现为实现人类精神向骆驼—狮子—孩子的精神境界不断攀升的教育自觉自为过程。

超人教育的审美性是对尼采悲剧美学和审美的艺术人生观的教育概括。人生可能是荒诞的、艰辛的、悲剧的，但人生更是真实的、自强的、艺术的。凭借美和艺术，人能找到生命的意义。人生只能以审美和艺术来创造价值。人生之美在于肯定生命本能、健康的自然之美；在于通过悲剧艺术忘却生命痛苦之美；在于不断创造生命新价值之美；在于克服传统道德迷误走向真实人生的道德之美；在于科学与艺术融合走向完整人性之美。通过艺术化的审美教育将人带进神圣美好的审美境界。

## 一、超人教育的“自我”生成性

作为一名哲学家，尼采的思想确如他所言大大超出了他所生活的时代。在今天，当我们面对日益严峻的人类生存环境，慨叹人文精神严重失落，深感人文教育严重缺失的时候，进一步审视尼采对现实的一系列批判思想，不禁为他洋溢着对人积极昂扬、超越自身的生命意义和创造精神的智慧所激动。“认识你自己”，这句古希腊德尔斐神庙里铭刻的一句箴言，在不断地鞭笞着人类。人认识自我谈何容易，无法确定和把握真正的“自我”，似乎永远都是个难题。人的自我发展的不确定性、无限可能性着实让人费尽心力。我们对未来满怀希望，可是不免经常地对“自我”感到失望，在一次次的自我觉醒中又走向迷失。“认识自我”到底是人应该遵守的一条准则，还是人践行中的目的？如果是目的，为什么它总是离我们那么远？正如尼采所言：“到底有多少人善于观察呢？而在少数善于观察者中又有多少善于观察自己呢？每个人都是离自己最远的人。察人者明于此，感到很扫兴。”①

人们往往对身外之物怀有兴趣，对自然、社会等外物的观察似乎来得容易，但却疏于对自身的省察。在很多的时候，人可能最陌生于自我，人离自己很远，认识自我成为人始终面对的一个问题。对用心于观察外物的人来说，明白到对自己很迷惑，真实的我到底在哪，确实让人很失落与扫兴。

认识自我终究是为了成为真正的“自我”，人在一次次的迷失中需要一次一次地觉醒，在不断地“认识你自己”的自我觉醒中丰富着智慧，走向人性深处。

尼采对现实的人是极为不满的，在批判中揭露了现代人个性的泯灭和自我的迷失，因此，他以“成为你自己”为口号，以此呼唤人要创造真正的“自我”，实现人生的意义。

尼采认为，人人都有两面性。个性是本性，但在现实社会中，表现为用习俗

①尼采：《快乐的科学》，黄明嘉译，桂林：漓江出版社，2000年版，第253页。

和惯例对自己严严实实的包裹，以求得认同。于是他发自内心地向人们呐喊："坚守自我"。"坚守自我！你现在做的、说的、想的，都不是你自己。"[①]

"坚守自我"是尼采针对西方传统文化和技术理性造成的人性日益衰弱的精神危机所发出的呐喊，"坚守自我"也就是要求自我必须"成为你自己"，寻回迷失的自我、真实的自我，做自己的主人，并不断创造自我人生新价值。

在《快乐的科学》中，尼采再次强调指出："你的良心在说什么？——'你要成为你自己'"。[②]而在《查拉图斯特拉如是说》中，尼采的查拉图斯特拉这样说："成为你之所为你罢！"[③]

"成为你自己"具体地说：

第一，人要自我肯定、爱护自己、忠实于自己、对自己负责，真诚地赋予人生的意义。

自我肯定、爱护自己、忠实于自己，也就是肯定生命、爱生命、忠实于生命。"成为你自己"的超人教育过程就是要尊重生命的自然性、整体性和意义的生成性。从生命的自然性方面来看，尼采的人性观强调对人身体(肉体)的尊重，对人的激情、感性、直觉、意志等生命本能力量的至高推崇，其根本力量是权力意志。尼采从自然界万物生命现象出发，看人的生命本能，人的自然本性。人的生命本能、本性是值得敬畏的，是世界"权力意志"的一种表现。生命本能应该在求强力的意志作用下不断走向强盛。

从生命的完整性来看，尼采的人性观视生命始终为一个完整性范畴。他强调肉体、本能等生理性要素是人性完整性构成的基础。意识、理性等精神性要素是由肉体延伸并为肉体服务的。就生命的存在与行动而言，肉体的初始生理性力量比之精神性力量要更敏锐、有效、可靠，是更为根本性的力量。精神性力量受肉体决定，肉体支配着精神性力量。精神性力量内在于身体之中。

---

①尼采：《悲剧的诞生》，赵登荣等译，桂林：漓江出版社，2000年版，第214页。

②尼采：《快乐的科学》，黄明嘉译，桂林：漓江出版社，2000年版，第208页。

③尼采：《查拉图斯特拉如是说》，尹溟译，北京：文化艺术出版社，1987年版，第242页。

我们知道,尼采对理性的批判是其哲学批判的一个重点。尼采批判理性,并不是要彻底否定人的理性精神力量。从他的哲学意义上来说,他的批判也正是他的肯定。生命是非理性的本能与理性的自觉的统一。他所批判的是针对哲学和科学的理性统治人的生活所造成的对生命本能的压制进而造成了人的生命力的衰退。尼采的生命整体观强调生命是由肉体决定的,是本能的释放。虽然生命的非理性力量的发挥具有盲动性、自然性,但是生命活力展现的出发点,而意识、理性作为生命完整性的一部分,对生命行动发挥着服务和协调作用,但尼采认为,生命从根本上来说是源于非理性的。

肯定自我对教育而言,就是教育要始终坚守生命立场,生命应该成为教育的出发点,教育的中心和目的。因此,“成为你自己”的教育过程中,必须遵从生命的自然性和完整性便是教育的基本准则。进一步,就是人必须学会自爱,对自己忠实。没有对生命的肯定,做到自爱并忠实于自己,教育也就失去了基础。教育就是要充分利用并发挥生命本能的非理性力量,并以此为根本,实现人的生命力的完整性提升。

遵从生命的自然性和完整性原则的教育过程,在个人的行动上必须做到对自己负责,对生命负责。

尼采说:“我们必须为自身存在承担全部的责任,我们也想扮演掌握存在的舵手,不允许存在如同一种空洞的偶然。面对存在,人们必须拿出勇气,敢于冒险;特别是因为人们无论境遇好坏,都会失去存在。为什么要依附于乡土、行业?为什么要倾听邻人在说什么?坚持一些几百里外就行不通的观念,这纯粹是一种小地习性。”①

尼采在此明确地告诉人们,人活着必须要有自我责任感。人的生命历程就是一次冒险,面对险恶的环境,需要鼓足勇气,与命运抗争,成为自我在生命之激流航行中的舵手,以此不断寻求生命的意义。人生的意义在于要有勇敢精神、创造精神、自我负责精神。

---

①尼采:《悲剧的诞生》,赵登荣等译,桂林:漓江出版社,2000年版,第215页。

人成为自己的过程实乃是生命的长途历险。生命的未来不需要“同一的偶然”,那是生命的裹足不前,空洞而没有任何生命意义。因此,生命在把自己不断抛向未来陌生的、未知的领域过程,不免充满诡异、危险,生命的这种试验就是冒险。在尼采看来,“面对存在,人们必须拿出勇气,敢于冒险”,勇于成为“试验动物”。没有冒险就没有生命。

尼采教导人们,生命的自我不能因循于狭隘的地方习惯,人必须克服小地习性,视野开阔、胸怀天下,否则永远摆脱不了一个“小我”,无从成就真正的“自我”,一个“大我”。

第二,“成为你自己”就是要求个体通过自我教育,充分把握生命的可能性、自由的生成性,在自我否定、创造和肯定过程中,不断实现生命力的超越攀升,展示生命自我的真实性、独立性和独特性。

尼采认为,生命具有无限的可能性,具有自由的生成性。生命的动态生成过程具体表现为生命的否定性、创造性、肯定性和超越性,这也就是我们所说的生命的自觉自为性。

生命的可能性即生命的不确定性、未完成性。尼采认为,在人的诸多规定性中,具有头等重要意义的规定性是:人是“尚未定型的动物”,由此才有了人成为人的过程的开放性和自由的生成性。

自由的生成性,也就是说,人的生命过程是自由的生成流动过程。人性的生成需要自由,从一定意义上来说,人与动物的根本区别在于人克服了动物的简单适应性而获得了自由性。人有创造自己存在本质的自由,有确立人生目的的自由和求真、求善、求美的自由。尼采的自由观是在彻底批判传统的形而上学的基础上提出来的。形而上学虚构出一个所谓“真实的世界”作为人的来源和归宿、意义和价值以及否定现实世界,否定现实生活的自然依据。所以,形而上学的意志自由是空洞的、虚构的,人实际上是不自由的,也就是说没有自我生成、自我创造的自由。尼采指出,唯有人性的生成才是真实的。所以,人并没有固定不变的先验本质,生命的自由根基在于尘世、大地。

在尼采那里，自由的生命生成过程实质上是人在肉体、本能推动支配下创造价值的意志过程。生命生成也就是生命生长生命，具体地说就是生命通过否定现状、创造和肯定新生命，进而实现生命不断超越的生长往复以走向生命强盛的过程。“一切生命最清楚不过地说明，它们所做的一切都不是为了保存自身，而是为了增长。”①生命保存是生命的颓废，那么最终将毁灭自我。因而，生命欲成就生命，就必须强盛、丰盈。生成意味着生命力的不断趋强、壮大，因而“增长”或“生长”是生命的本性。因此，追求强盛、丰盈的生命类型，高扬生命力的充溢、强健、狂放；否定和排斥退化、颓废的生命类型，唾弃生命力的孱弱、拘谨，便成为尼采生命观的基本内容。

尼采的生命创造也就是价值“评价”，也就是创造“价值”。尼采说：“评价就是创造……评价本身就是被评价之物的财富和珍宝。评价然后才有价值；没有评价，生存之果是空的。”人与世界的关系是价值关系，事物本无所谓价值，价值是人赋予的，所以世界成为属于人的价值世界，人是评价者。尼采认为，从自然的角度来看，并不存在评价标准。他说：“目的的安排是一种幻觉。”一切价值都是相对的，一切目的都是人为的，因此人作为评价者有按照目的成为自己的充分自由。但从尼采生命观来看，评价是有根据和标准的，这就是生命的“权力意志”。生命成为自己的过程是责任、是试验、是价值生成。尼采认为创造的人生是痛苦的人生，但创造也是“痛苦的大解救和生命的慰藉”，是人的最大骄傲。②

尼采所说的超越是一种生命内在的自我超越，它是生命“增长”的具体规定。超越是扎根于生命的现实，是以个体形式展开，所以首先必须是对自我的深切关爱，但是这种关爱不是生命的自我保全、停滞和盲目的人生快乐享受，在根本的意义上是生命在承受并超越痛苦的过程中通过否定传统、否定现状而体验生命的快乐。尼采强调的生命超越性是基于西方传统文化的虚无主义考察，为振奋人类精神而提出的。每个生命个体必须从传统习俗、道德、文化造成的对个性扼

①尼采：《权力意志——重估一切价值的尝试》，张念东、凌素心译，北京：商务印书馆，1991年版，第171页。

②周国平：《尼采：在世纪的转折点上》，上海：上海人民出版社，1986年版，第126、128、125页。

杀及生命本能的退缩、平庸中实现自我解救，只有这样的否定，才能够让生命意志力不断攀升，努力走向“超人”。尼采提出“超人”的真正意义就在于人不断的自我超越，超人不是最终的目的，人始终走在自我超越的路上。“人类之伟大处正在他是一座桥而不是一个目的，正在他是一个过程与一个没落。”①

生命的超越包含了生命的否定和肯定的统一。作为生命的自我否定过程同时也是生命的自我创造的肯定过程，超越的实质就在于“创造出高于自己之物”。生命的冲动即创造的冲动，生命的根本精神在于创造精神。创造就是赋予生命以意义，由此，人成为自己。

以上是我们对尼采生命观关于生命的可能性、生成性及否定性、创造性与肯定性、超越性的简单概括。“成为你自己”正是自我以生命的可能性、自由的生成性为条件，通过自我的否定、创造和肯定，实现生命的不断往复、超越攀升的自我教育过程。

教育的生命意义就在于此。就生命个体而言，教育就是充分把握生命可能性，培育个体生命不断走向人性深处，富有创造精神和创造力，因此，教育就是促进个体不断实现自我超越的教育。就人类而言，教育是不断促使人类走向生命高处，不断超越人类既有文化的教育。

教育的自我生成过程是不断培育和展示生命自我的真实性、独立性和独特性的过程。生命中的自我应该是真实的，尼采特别强调真实的教育意义。

“真实的自我有两层含义。在较低的层次上，它是指隐藏在潜意识之中的个人的生命本能，种种无意识的欲望、情绪、情感和体验。在较高的层次上，便是精神性的自我，它是个人自我创造的产物。”真实的自我在哪里？我们知道，从现象上看，人人都有“自我”，但对真实自我的认识是很困难的事。尼采认为：“真实的自我往往隐藏在无意识之中的，借助于语言，求之于思维，不但不能达到‘自我’，反而歪曲了‘自我’。”“社会舆论和评价也干扰着我们的自我认识，使我们误解

①尼采：《查拉图斯特拉如是说》，尹溟译，北京：文化艺术出版社，1987年版，第8页。

了自己……在‘舆论的迷雾中’，人们把‘自我’的幻影与真实的‘自我’混为一谈，为这‘自我’的幻影劳碌了一生。”[①]认识真实的自我需要勇气，付出代价。真实对人生可能是一种折磨，因此，人往往宁愿让自己活在自我欺骗中，活在自我设定的影子中，用虚幻来掩饰真实。尼采明确指出，只有极少数伟人才能勇敢面对并能意识到真实的自我，能够承受真实自我的折磨，所以才能走向伟大。

生命应该是独立独特的，对自我负责就是对生命的自主。自主的人生才有意义，才能够不人云亦云、随波逐流，不盲目跟从、被动服从；才能够个性鲜明、特立独行、超越一般、成就自我。“成为你自己”就是做自己的主人，保持自己在思想和行动中的独立性、独特性和创造性。“我”是独一无二的，走出属于自己的人生之路。

所以说，教育是“成为你自己”的个性教育，是走向人性鲜明、人格独立的教育，是实现不断创造超越的人生教育。

作为个人主义者，尼采承认人性的自私，但他强调的是自我“健康的自私”，他反对那种个人精神上的无谓的自我牺牲和基督教的“无私”。这种无私只能是生命力的苍白和贫乏。而尼采的“自私”就是强调健康的生命本能和生命力的上升，就是让自己成为具有个性独特优异的个体。这种自私实际上就是自爱、自重、自信、自尊、自立、自强。

所以说，尼采的“自我”观也是独特的，对现代人本主义的教育思想以及教育实践具有重要的启示。

尼采借查拉图斯特拉之口说：

倘若你永远当学生，你对老师的报答就实在太差。你们为何不扯掉我的花冠呢？

你们尊敬我；可你们尊敬的人某天倒下了那又将如何呢？当心啊，别让一根雕像柱把你们砸死！

……

①周国平：《尼采：在世纪的转折点上》，上海：上海人民出版社，1986年版，第141、136页。

你们尚未找到自我，于是就找到了我。所有的信徒都是这种做法；以此观之，一切信仰皆微不足道。

现在我叫你们丢掉我，寻觅你们自己；当你们把我全盘否定之后，我才会重来你们处。①

查拉图斯特拉教导他的学生不要盲目追随他、崇拜他，否则，对于学生的成长是非常危险的，因为，当作为偶像的老师"在某天倒下了"，学生也不可避免地会被"砸死"。所以说，作为学生，必须取消对老师的依赖性，自我思考、自我确认，独立地学习和生活而不至于在教育过程中迷失自我。生命中的自我应该有自主性，做自己的主人，做一个思想和行为上不盲从、不依从于任何别人的属于自己的人，而不仅仅是依从、服从，听命于命运的安排和他人的摆布，受制于别人的观念。

"发现自我""成为自我"对于教育的意义是显然的。教育不是简单的复制、模仿和塑造，教育的意义在于创造，创造自我、超越自我、超越前人。老师是必须的，而根本上实现的是超越自我，这才是真正的人生、生命，是教育的真义。"成为自我"是教育生命意义的现实肯定和生长。

"成为你自己"根本意义在于创造自我。尼采说："我们要成为我们自己——新颖、独特、无可比拟、自我立法、创造自我的人。"②

个性的形成过程是自我创造的过程，在创造过程中人的个性不断生成，达到自我的真正实现，这样才不至于活在别人的阴影中，而活在自己的阳光中。正如他所说的那样："我要做的绝不止于此，我不是寻求者，我要为自己创造一个属于自己的太阳。"③

①尼采：《查拉图斯特拉如是说》，黄明嘉译，桂林：漓江出版社，2000年版，第81页。

②尼采：《快乐的科学》，黄明嘉译，桂林：漓江出版社，2000年版，第255页。

③尼采：《快乐的科学》，黄明嘉译，桂林：漓江出版社，2000年版，第243页。

那么，人怎样才能成为自我呢？教育成为尼采选择的最佳手段。当然尼采的"成为自我"的教育是他"为之荣耀的老师和严师——哲学家叔本华"所实施的教育。

"真正的教育者和塑造者会指出你本性的本真意义和基本材料，指出那种全然无法教育、无法塑造，但又难以接近的、自成一体的、陷入停顿的东西：你的教育者只能做你的解放者。这是一切教育的秘密：它绝不给人假肢、蜡制鼻子，或是戴眼镜的眼睛——这些礼物倒只是教育的丑陋外观。"①

人在"成为自我"的过程中，尼采强调了人自身的内在力量对人的发展的影响意义。他说："内在的力无比优越，许多貌似外来影响的事物不过是内在对这种力的适应而已。对同一个环境，却可以得出完全相反的解释，可以(对环境)有不同的利用方法——没有这样的事实。——天才产生是不能用环境的条件来解释的。"②

尼采以天才的产生为例来否定关于人成长过程中的环境决定论。他一方面看到了内因与外因的相互作用关系，肯定外因在人自我成长中的不可或缺的影响作用；另一方面他认为外因的作用只不过是对内因的一种"适应"，外因的作用如何只在于内因对它如何利用，不同的利用会产生不同的影响结果。所以内因作为根据在人"成为自我"的过程中，与外因相比较更具有前提性。"成为自我"是自我的内在力量在充分利用外在力量的过程中，不断丰盈、强盛、伟大，这内因就是人的主观因素和能动因素。

一般而言，从教育本义上来说，表现为教育的个体与自我的关系，进而拓展延伸生成个体与社会的关系。不断确立自我是人之为人的实践方式，或者说人成为人，正因为人能够不断自我确证与超越。我们理解教育的基本点应落在教育的个体意义上，进而确认教育的社会意义，也就是我们通常所言的教育对人的个性化发展和社会化发展的促进作用，这是教育认识的基本方法论。

---

①尼采：《悲剧的诞生》，赵登荣等译，桂林：漓江出版社，2000年版，第216页。

②尼采：《权力意志——重估一切价值的尝试》，张念东、凌素心译，北京：商务印书馆，1991年版，第184页。

个体身心在个体生活方式和行为方式的不断实践中发生变化并进而影响改变着生活方式和行为方式。个体不断改变的生活方式和行为方式影响改变其社会活动领域,教育因此产生了社会意义或人类意义。当然,这是从教育发生的角度对教育的理解。由此,我们可以这样概括一下,教育过程就是不断确认“自我”的过程。教育承受人生的痛苦,在生命求强力的意志作用下,把握生命的可能性,在不断否定自我进而创造肯定之中自我确证,赋予人生以积极意义,不断实现人生的自我超越,进而推进人类新价值的不断诞生。

## 二、超人教育的自由性

正如上文所言,生命的自由生成性即“自我”的生成过程,具体来说,就是生命通过自我否定、创造与肯定实现独立自主与不断超越的过程。超人教育在最直接意义上是指向个体人生的,是生动的人性教育,因此,就个体而言,超人教育也就是使受教育者不断获得自由、解放并体验幸福的过程。

依据尼采的自由观,我们可以对其超人教育思想的自由性作如下阐释:

尼采的自由是个人摆脱传统思想和集体意识束缚的自由,因为在尼采看来,个人的生命及其价值高于一切,因此人的自由过程就是自我从传统和集体统一意志中获得解放的过程,生命个体因此才有了扎根此岸的现实生活意义。自由的个性化要求自由的超人教育是一个基于生活、尊重生命而为个体人生服务的个性化教育。

尼采的自由是对自己勇于承担责任的自由,即在人生的战场上勇敢地争做自己的主人的自由。做自己的主人需要使自己成为一名战士,为了自由的事业,在痛苦中、在冒险中激发生命本能和斗志,增进生命活力而不断丰盈、强盛。自由不是施舍,要获得自由必须抗争。生命不息,战斗不止;战斗不止,生命不息。所以说,自由的超人教育过程是一个勇敢地担当个人责任,促进生命在激情绽放中生长强力的过程。

尼采的自由是生命不断超越自我获得新生的自由，自由对于生命的价值就在对自由的不懈追求过程中。一切拥有都是暂时的，自由也是如此。生命的超越性对于自由的超人教育过程而言，就是生命在不懈的拼搏战斗中不断超越自我的既有状态而自由地创造生命新价值的过程。

尼采的自由是生产伟大的自由，因此，在最高的意义上，是少数人的自由，即争做实现生命强力的超人的自由。所以，尼采的自由不是平等中的自由，是精英的自由。作为哲学家的尼采是真实的，在某种意义上，是对他所处的那个功利主义至上社会所谓“自由、平等”口号的虚伪性的揭露。所以，在这种意义上，超人教育就是超越普通人生求取辉煌人生的过程。

尼采的个人自由、责任的自由、超越的自由、争做超人的自由，在教育的人生意义上就是指生命不懈创造自我，实现人性、人生意义的自由生长，即人作为价值创造者，以创造者的意志永远向上，去获得自由、解放并体验创造的幸福。因此，超人教育的自由在基本点上必然意味着教育中的人的创造和获得新生。

在《查拉图斯特拉如是说》的《在幸福岛上》一节，尼采写道：

> 创造——这是摆脱痛苦的伟大解救，它使生活变得轻松。然而创造者本身必遭痛苦，必经变化。
>
> 你们的生必含许多苦涩的死，你们这些创造者啊！那么，你们当做一切变化无常的拥护者的辩护士。
>
> 创造者本身是新诞生的婴儿，但他必须又是分娩者，是分娩者的阵痛。
>
> ……
>
> 我的创造意志、我的命运正希望这样。我或许要更诚实地告诉你们：我的意志正需要这样的命运。

我的一切感觉万般痛苦，都在囚牢中；可是我的意志总是过来充当我的解救者，给我带来欢乐。

意志解救：此乃意志与自由的真正学说——查拉图斯特拉就是这样教导你们。[①]

这段引文对我们进一步理解尼采的自由观很重要。自由是在人生的不确定性中，在痛苦的创造中实现生命的伟大的自我解救。创造人生的自由是需要付出代价的，是从不自由中生长的自由。它需要人的意志的作用去承受苦难，冲破阻力，冲破传统一切价值体系的“囚牢”。这获得自由、解放的人生之路是坎坷的，必要时甚至需要牺牲生命。创造者在创造人生的过程中，在自我解救的过程中获得了新生，这是生命阵痛之后的自由的新生。人生的意义在于创造，因创造超越痛苦，生命因自我解救产生了的新的轻松、快乐的体验，实现人生自由目标，于是：“一个影子终于向我走来了——万物中最宁静、最轻盈者终于朝我走来了！向我走来的影子就是超人的美，啊，弟兄们！诸神现在与我何干！——”[②]

人的创造意志使人获得了彻底的自我解放，自由、解放的美丽的影子迈着轻盈的步伐“向我走来了”，一切传统腐朽价值被击得粉碎，人生因超人的诞生达到了至高的审美境界。

自由的创造性、生成性成为超人教育实现人性关怀的一个根据。超人教育以培育超人为目标追求，超人教育过程就是自由、解放与体验幸福的人性追求过程。同样，人的自由的争取，自我的解放和幸福的体验过程也就是人类不断创造出自我的超人教育过程。人是创造者，也是教育者，又是创造的对象和受教育者。教育和创造的意义全在于生命本身，在个体的人生意义的实现中，在人类的个性完善过程中。超人教育在“求强力”的意志推动下，不断地赋予人生新的意义，使生命获得新生。超人教育的价值在于人生追求过程。

“教育就是解放，就是清除杂草、瓦砾以及那些企图吞噬植物嫩芽的害虫，就

①尼采：《查拉图斯特拉如是说》，黄明嘉译，桂林：漓江出版社，2000 年版，第 89—90 页。
②尼采：《查拉图斯特拉如是说》，黄明嘉译，桂林：漓江出版社，2000 年版，第 90 页。

是释放光和热。”[①]所以，自我解放的教育过程也就是瓦解一切破坏力量并生长自身力量的过程。这样的教育必须在这样两个原则中选择：“第一，迅速认清自己的主要力量，然后不惜牺牲其他次要力量集中发展主要力量，教育因此就成了受主要力量的指导；第二，调动所有现存力量并使之处在一种和谐的互相关系之中：因此，次要力量也就是不足的力量应被加强，而那些强大的力量应被削弱。现在，我们根据什么标准在这两个原则之间选择呢？个人的幸福？还是他对团体的贡献？片面化的人更有用，和谐的人更幸福。”[②]仔细考察一下人类教育史，我们会发现，尼采对教育的两个原则概括恰如其分。这两个原则问题也就是教育应该发展怎样的人的问题。教育是要促进人重点发展呢？还是和谐发展呢？很显然，就个体而言，和谐意味着幸福。

作为人生哲学家的尼采，他的人性观强调人的幸福。尼采所言的幸福不是指人的一种静止的心理需求的满足，即所谓指向结果的“知足常乐”，而是一种动态的永不知足和永不厌倦的奋进、创造和生命力增长的心灵感受。这种幸福感存在于人不断地超越自身的现实状态向更高状态的发展过程中，存在于人不断地和谐发展过程中。因此，实现人的和谐发展是教育必须遵从的原则，“和谐的人更幸福”，然而，尼采说“片面化的人更有用”。

那么，使人有用与幸福的教育原则的关系究竟如何？在《作为教育家的叔本华》一文中，采尼解释这两个教育原则并不矛盾，必须同样地遵从，二者关系犹如“太阳与行星系统的关系”。[③]

尼采关于人的全面和谐发展与人的片面发展的思想同今天后现代主义教育目的论是一致的。后现代主义在教育目的上充分肯定对“片面发展”的人培养的意义，强调教育要符合学生自己的特质和生活中的特殊性，培养“特殊人”，这与我们今天所强调的人“既要全面发展，又要学有所长”的教育旨趣是相一致的。人不仅要有用，而且要幸福，有用的人生应该成为幸福的人生，幸福的人生也应该是有用的人生，二者应该统一，不可割裂。

①尼采：《悲剧的诞生》，赵登荣等译，桂林：漓江出版社，2000年版，第216页。
②尼采：《哲学与真理》，田立年译，上海：上海社会科学院出版社，1993年版，第150—151页。
③尼采：《悲剧的诞生》，赵登荣等译，桂林：漓江出版社，2000年版，第218页。

那么，尼采是如何解释幸福的呢？

> 幸福的标志——一切幸福感都有两个共同之处，充溢了情感和高涨的精神。一个在幸福之中的人就像是一条在水中的鱼，觉得自己无拘无束，可以尽情跳跃。①

从这里我们可以看出，幸福就是人性的丰富、生命力的增强，幸福的人生就是自由的人生。

幸福的人生应该也是实现人的解放的人生，这对于年轻人是多么地富有教育意义，尼采说年轻人：

> 一旦想到灵魂的真正解放，就会预感到那古已有之的幸福。只有他仍旧受到俗见和恐惧的束缚，就无法帮助他获得这种幸福。不解放灵魂，生活将是多么没有慰藉，没有意义。②

尼采说："倘若一个人拥有了他生命的为何？就几乎能容忍所有的如何？——人并不追求幸福；只有英国人这么做。"③当然，尼采并不是要否定一切幸福的追求，他所强调幸福的追求不应该是人生的享乐，他批判以英国哲学家边沁为代表的把幸福看作是人生最高、唯一财富的享乐主义幸福观。

"幸福所需要的东西多么微小！一只风笛的声音。——缺少音乐的生命也许是个谬误。"④所以说，尼采重视音乐对于人生幸福的意义，拥有音乐的人生才是健康的、正确的人生，这样的人生才有可能给人带来幸福感。生命的幸福需要音乐，音乐能够让人轻松，体验快乐。从尼采的著作《悲剧的诞生》中，我们可以深刻地感受到尼采所强调的音乐艺术——古希腊悲剧音乐艺术对于人生体验幸福的意义。音乐的人生是审美的人生，而审美的人生才是幸福的人生。

---

①尼采：《曙光》，田立年译，桂林：漓江出版社，2000年版，第268页。

②尼采：《悲剧的诞生》，赵登荣等译，桂林：漓江出版社，2000年版，第214页。

③尼采：《偶像的黄昏》，卫茂平译，上海：华东师范大学出版社，2007年版，第30页。

④尼采：《偶像的黄昏》，卫茂平译，上海：华东师范大学出版社，2007年版，第36页。

人应该是自由、解放、幸福的。没有自由就无所谓解放和幸福。而这一切，都在人的教育创造活动中完成统一。人在教育创造活动中发现自我，获得自由、解放并体验幸福。超人教育就是不断培育人的创造性并使之趋强，使人不断地超越自我，趋于完善，实现幸福人生。创造的自由才是真正的自由，创造的幸福才是真正的幸福，创造的人生才是审美的人生。这自由创造的人生，也正是诞生超人的教育的人生。

## 三、超人教育的超越性

既然生命的意义在于创造，那么创造什么？这意味着生命创造的可能性、选择性和必要性。尼采一再强调人性的未完成性、无限可能性和可塑性，这就为超人教育开辟了广阔的空间。超人教育成为引导人通过可能性的把握，正视现实，创造明天，进而向理想迈进的人类发展的必要活动。

超人教育以培育超人为最高理想，但在现实层面上，其意旨是要推动人不断实现自我创造、自我超越。人为什么要自我超越？尼采通过对现实的批判，认定现实对人的发展的不合理性，并以自己独树一帜的人性观为根据来阐释人自我超越的可能性、必要性。

正如第三章论及的那样，尼采在对传统道德、科学及其理性等的全面批判中，揭示了人的异化、人成为非人的社会现实。他把现代工业文明和传统文化看作人异化的社会根源。现代人在极端的科学及其技术的理性支配下，以乐观的对自然的征服者的姿态生活于商业化的社会现实中，大大地刺激了人的贪婪。技术变化及其社会精细分工，造成了人的片面化、非人性化，人的生命活动处于病态中。而传统道德造成了人的生命的颓废、弱化。总之，现代人在日益膨胀的追求物质财富满足感的过程中，在整日生活于紧张与疲劳之中，在恪守传统道德的价值体系中，麻醉着自己的精神。人全然没有了注意高尚的教养和情操的精神冲动，自我失落了，文化湮灭了。在对现实的批判、对人的异化的揭露方面，尼采与马克思的思想是颇为相似的。

为解决人的片面发展和人性的异化，历来都有很多思想家提出不同的设想，马克思提出了人的全面发展学说，而尼采则提出了“超人”哲学这一人的发展的未来构想。

人必须超越自我，否则人便退化为动物，人的生活世界就是人与现实（包括自我、他人、社会和自然的一切）在共融中创造出来的。这样创造的世界远远超越了人的历史的世界，人的超越性就是超越现实的特性，就是创造性。当然创造世界，也就是创造了人类、创造了自我、创造了人生。

那么，人如何才能实现超越？尼采说：“我贸然允诺的最后一件大事也许就是‘改良’人类。”[①]他的“改良人类”就是以他的人性观和文化价值观去培养全新的一代，最终达到人类的全新创造和创造超人。这就是属于生命的超人教育过程。

尼采一方面否定人类，认为人类需要“改良”；另一方面又肯定人类，即人类可以成为他实现“超人”的改良对象。人类可以“改良”，人类必须“改良”。这改良人类的过程在现实的意义上就是人类的教育及其超越的过程。

尼采的超人教育，从人的超越过程来说，就是实现人向骆驼—狮子—孩子的精神境界不断攀升的过程。

在《查拉图斯特拉如是说》的《第三种变形》一节，尼采借查拉图斯特拉之口说：“我给你们说出三种变形：精神怎样变为骆驼，骆驼怎样变为狮子，狮子怎样变为孩子。”[②]提出了人向骆驼—狮子—孩子的精神境界变化、攀升的“精神三重境界”思想。

### （一）对尼采“精神三重境界”思想的解读

我们说，骆驼、狮子和孩子是尼采对人生价值的三种不同境界的隐喻，或者

①尼采：《看哪这人》，张念东、凌素心译，北京：中央编译出版社，2001年版，第2页。

②尼采：《查拉图斯特拉如是说》，黄明嘉译，桂林：漓江出版社，2000年版，第18页。

说是对人生三种不同精神境界的价值认定，是人在自我教育过程中通过否定、创造与肯定实现生命力量的不断生成。在《查拉图斯特拉如是说》的《第三种变形》的整个一节中，尼采以他独特的表达方式向人类讲述“精神三重境界”。

1.精神向骆驼变形

精神的第一重境界是“骆驼”境界。首先，从个体的角度看，骆驼具有“能担载的精神”，负重在沙漠里前行，这承受的是真正生命之重和责任，它坚韧、忠心耿耿，但似乎缺乏智慧，被动地听命于命运的安排。骆驼的生命重负表现在哪些方面？尼采用“自卑以损伤高傲”“显露疯狂以讥讪智慧”“对我们的蔑视者的亲善”“病困中对安慰者的拒绝”“庆祝胜利时的放弃主张”“为着真理而使精神受饿”“不嫌恶冰冷的和发热的蛙”而“不顾污秽的投入真理之水”等隐喻骆驼的负重精神。骆驼的负重精神也就是：能够顽强忍耐生命重负、恪尽职守，通过自我压抑、克制而自愿保持卑微和愚笨的状态；对自己的冷眼者、轻蔑者表示认同、屈服与友善；不接受任何劝慰而甘愿承受生命病痛并让自己处在病弱之中；能保持对求取胜利的警觉、清醒和冷静；把只属于自己的知识和身体的营养作为“真理”，以此来满足自己而让精神自足和简单；不嫌弃和憎恶肮脏的代表传统的真理世界而自愿投入其中。①总之，骆驼的精神就是努力抑制自我，保持简单的精神现状，屈服顺从地做被要求做的事。

其次，从人类精神历史的角度看，因为是负重，不应是生命中承受之轻，所以负重的骆驼精神是在冲突中被动的顽强精神。骆驼的精神代表的是它所冲突的社会历史阶段需要的精神，他的冲突对象是传统文化中的“高傲”与“智慧”，是异化的社会，是恶劣的环境，是代表传统力量的“安慰者”，这些需要忍辱负重的骆驼精神与之并存。骆驼与它的负重之物的对立，表现了个体与理性和道德的传统文化之间的矛盾。面对外在异己力量的统治与重压，骆驼只有接受、服从，承受生命负重，体验着负载传统道德和理性准则的痛苦体验，它孤独、无奈、焦虑、忧郁、苦闷、无助，深切地感受到自我存在被忽视。

①尼采：《查拉图斯特拉如是说》，黄明嘉译，桂林：漓江出版社，2000年版，第18—19页。

毫无疑问,尼采把向具有骆驼般负重的个性精神和人类精神的过渡,看作是人生和人类必走的阶段,这是对人生和人类历史在骆驼精神阶段必然性的肯定。但人生及人类不能仅限于此,生命要超越人生的这一阶段也是必须的。所以,尼采要骆驼“在寂寥的荒漠中发生了第二次变形:精神变成了狮子,它要为自己夺得自由,做自己沙漠的主人”①。

2.精神向狮子变形

精神的第二重境界是“狮子”境界。从个体精神的角度看,骆驼向狮子的变形表明人生境界的提升。人要取得独立性、自主性,要从骆驼的盲目顺从变为狮子般积极主动地对命运抗争。为了个人的独立和自由,奋而大吼一声,让自己变得果敢,有无畏的英雄气概,表现自己的强力,成为勇敢的战士勇往直前。这就是人生的自强、自立精神。

从人类精神的角度看,我们知道,尼采极力批判传统基督教道德用虚伪安顿人的心灵;批判理性和科学带着盲目的乐观和自负,要求人们屈服于外在必然性的束缚;批判理性统治的社会强调普遍性的准则和对中心的服从,从而对个体进行社会化的规训和约束。尼采用横在狮子前进路上的一条巨龙来隐喻传统价值和精神。“‘你应该’躺在狮子的路上,它是带鳞甲的动物,金光灿灿,每一片鳞甲上闪耀着金灿灿的‘你应该’!千百年的种种价值在这些鳞甲上闪耀,龙中之最强者如是说:‘事物的一切价值——全在我身上闪光’。一切价值均已被创造出来,而一切被创造的价值——便是我。千真万确,不再存在‘我要’!”②巨龙代表“你应该”,代表传统道德准则和价值体系,它像金子一样持久、高贵、纯正、尊严。“你应该”显示了传统力量的傲慢与专横,排斥一切异己力量以维持自己统治的不变性。对于传统而言,只有宗教意志以及理性意志,人的自我意志隐匿到传统精神中,人只有服从于“你应该”而迷失自我。

然而,人类没有永久不变的价值准则,任何价值体系的有效性都是暂时的。骆驼忍辱顺从于强大传统意志的精神投降必然也要走向终结,要在狮子般“我要”

①尼采:《查拉图斯特拉如是说》,黄明嘉译,桂林:漓江出版社,2000年版,第19页。

②尼采:《查拉图斯特拉如是说》,黄明嘉译,桂林:漓江出版社,2000年版,第19页。

的渴望自由的意志怒吼声中觉醒，采取自我解救的行动，否定传统精神的普遍有效性，完成从骆驼向狮子的变形和精神超越。

狮子行动所代表的人类精神在于敢于向旧价值体系宣战、敢于否定、敢于说“不”。狮子的精神是一种破坏精神。人类精神要不断前行，必须要被否定。狮子要“创造自由和一个神圣的否定以对抗义务”，要“取得创造新价值的权利”。狮子为获得人类的自由精神而战，为创造新价值来争取自由性和可能性。虽然骆驼对传统价值体系的自愿担载和敬畏屈从代表的也是一个时代精神，一种人类必须要走过的历史精神，但骆驼只能负载，不能创造，只有敬畏顺从，没有拒绝抗争。人类要像狮子般卸掉一切传统价值强加的负荷，实现精神的自我解救，人类要创造新价值的精神战斗开始了，为自由而战的狮子精神终于走来了。

尼采的查拉图斯特拉以骆驼变狮子的宣言，号召人们要以无畏的勇气与旧的价值体系抗争，并摧毁之，试图获得建立以对自我的承认、关注和尊重为基础的新的价值观。尼采强调要通过人的内在力量确证人的价值，突出人的创造性和超越性，高举张扬生命力的大旗，通过求强力的意志力量表现超越者的内在价值与生命尊严。

狮子与巨龙的搏斗表现了新人类与旧体制的分裂和冲突，表现了人类内心自我意识的觉醒，表现了批判否定的人类新精神。这就是狮子与巨龙的搏斗：“这巨龙——精神再也不愿管它叫主子和神明——究竟是什么呢？这巨龙叫‘你应该’，可狮子的精神说‘我要’。”①

生命精神向“狮子”境界攀升，表达了尼采对毁灭旧价值、否定现实的赞美，并表达了对未来的渴望。然而，在破坏之后开始建设也是必需的，只有建设才能使之具有积极的意义，否则，破坏就是一种消极的狂热。狮子的勇气和力量对于毁灭一个旧世界的价值体系是必需的，然而“创造新价值——狮子尚无这种能力；可是，为着新创造，必须为自己创造自由——这，狮子的力量可以胜任”②。狮

①尼采：《查拉图斯特拉如是说》，黄明嘉译，桂林：漓江出版社，2000年版，第19页。
②尼采：《查拉图斯特拉如是说》，黄明嘉译，桂林：漓江出版社，2000年版，第19页。

子战胜了巨龙，赢得了胜利，它的使命就完成了。但是人的生成最重要的环节才刚刚开始。在旧的价值体系的废墟上，要建设一个新世界。狮子不具有创造新价值的能力，但具有为创造新价值创造自由的能力。于是，狮子要变成孩子。

3.精神向孩子变形

解除了重负，赢得了胜利的狮子翻开了崭新的一页历史，变成了轻松自由的孩子。精神的第三重境界——孩子——标志着真正意义上的独立自主的自我的创造与生成。我们知道，尼采否定外在世界对人性的异化和扭曲，以权力意志作为自我力量生成的根据和原则，给予自我充分的认可和尊重。而孩子纯真无邪、自由快乐，代表着人的新生，象征着希望和未来，是尼采对人生理想境界的阐释。

从狮子到孩子的精神变形，从个体精神的意义上，表现为个体人生境界实现了根本性超越，达到了完全的自由境界；标志着个体具有了自由自主、自立自信、自我肯定、自我创造、自我超越的能力。人获得了完全自由的自我创造，个体人生实现了内外的统一，创造成为生活的全部意义。

从人类精神来看，人获得了新生，人类的新价值诞生了。尼采以"孩子"来隐喻新生的人类精神，因为孩子是人生命的真正创造与回归。"孩子清白无辜、健忘，是一个新的开始、一种游戏、一个自转的轮子、一种初始运动、一种神圣的肯定。""为了创造的游戏，弟兄们，需要一种神圣的肯定：精神需要肯定的意志，失去世界的重获世界。"[①]孩子是纯真的新生，是对生命的再度肯定，是一种自由境界。人类的精神本来就是创造、游戏和愿望，孩子的精神再次肯定了人类本有的精神，标志着"超人"和自由理想的统一，在这一最高的价值理想中，人在自我肯定和自我超越的双重意义上实现了自我的生成。这既表现为个人的精神成长过程，也体现了人类思想的发展过程。

从"坚韧负重"的骆驼精神超越为争取自由自主、否定传统的狮子精神，由此，进一步超越为实现新价值创造的孩子精神，精神境界实现了第三重攀升。

---

①尼采：《查拉图斯特拉如是说》，黄明嘉译，桂林：漓江出版社，2000年版，第20页。

通过精神的三次变形，从依赖到反抗，到自由独立，再到自我生成，理性由异化的力量变成了自主的武器，未来因为希望的存在而充满无限发展的可能性。秉承了狮子的勇气和精神的创造力量，孩子自由地成长，无畏地前行，快乐地创造，每一个脚印都写着自主、自信与自我创造。

（二）"精神三重境界"的超人教育意蕴

人的精神向骆驼—狮子—孩子的境界不断攀升的过程，其超人教育意蕴概括地说，主要表现在两个方面的教育意义：一方面表现为对个体人生的自我教育意义，即实现个体生命精神向骆驼—狮子—孩子的人生境界不断攀升的自我教育过程；另一方面表现为对人类精神历史进程的教育意义，即实现人类精神向骆驼—狮子—孩子的精神境界不断攀升的教育自觉自为过程。

1.尼采哲学人生活动的"精神三重境界"的教育意义

向骆驼—狮子—孩子的精神境界不断超越的过程，可以说是尼采基于自己生命历程深切体悟的思想直观，是其哲学思想境界不断攀升超越的人生真实写照。纵观尼采一生，其思想活动大概可分为三个阶段：第一是"骆驼阶段"，主要是从事对前人思想的研究和吸收，对自己的导师以及思想家、艺术家、诗人等怀有崇敬之心。发表了《悲剧的诞生》《作为教育家的叔本华》等作品，开始寻找一条克服叔本华的悲观主义生命哲学之路。第二是"狮子阶段"，以非理性主义者的形象出现，通过对以前所崇拜的思想家的考察，像狮子般自我否定，发表了《人性的，太人性的》《曙光》《快乐的科学》等作品，开始从悲剧性感受进入理论方面的批判。第三是"孩子阶段"，犹如一个新生婴儿一样，尼采创造了全新的哲学体系:超人哲学。发表了《查拉图斯特拉如是说》《权力意志》等作品，完成了哲学思想体系的创造。尼采哲学思想境界攀升超越的过程作为自我的教育过程，尼采以坚忍不拔的意志力量，不断克服难以忍受的生理病痛，从事哲学思想活动，其思想不断走向深处，思想境界不断提升。所以说，作为哲学家的尼采的人生历程富有深厚的教育意义。

2.作为教育过程的"精神三重境界"的超人教育意义

第一，就个体教育意义而言，向骆驼—狮子—孩子的精神境界不断超越的过程，正是生命通过自我教育实现精神从依赖到反抗与自由独立，再到自我生成和创造新价值的过程,表现为自我教育的超越性。具体地说,教育过程就是不断促进个体人生从消极被动、敬畏服从的忍辱负重的意志磨炼的骆驼境界向自我觉醒、发现自我、争取自主的狮子境界再向充满希望、自由创造新价值的孩子境界不断攀升的过程。这样的教育过程总体上来说是一个沉重的人生过程,由沉重而获得新生命诞生的轻松——像孩子游戏般轻松——一种自由的、最真实的人生境界的体验。精神境界的不断攀升,教育力量与意义也在不断生成和提升。攀升到“孩子”的境界,因孩子代表未来,充满希望,充满无限生机与发展可能性,自由地成长,无畏地前行,快乐地创造,教育也因之具有了深远而广阔的未来意义。孩子的诞生,宣告了一个新的时代的到来。在这个新的时代,人们已经从传统教化中觉醒,传统宗教道德与理性等信仰被否定和摧毁,取而代之的是一个全新的人类价值体系。尼采充满激情地教导人类要肯定生命,激发潜能,要自主、自立,不断实现创造和超越自我生命存在的价值。教育对于人生而言,除此之外,没有任何别的目的和意义。教育的人生就是向骆驼—狮子—孩子的精神境界不断攀升超越的人生。①

我们知道,人的发展在最一般意义上表现为两个方面:即人的社会化和人的个性化,这是我们今天教育学的经典解释。然而,尼采“精神三重境界”所体现的教育的超越性意义启示我们,教育不能仅仅是按照既有的传统文化和社会价值准则来使人自身不断地社会化,比社会化更重要的是人在独立性、自主性的培育中所获得的独特性、自由性和创造性等精神。教育不是简单的知识继承和技术性机械训练,而是在宽广真实的生活前提下,实现自己的精神和智慧的增进与超越,即达到批判精神、创造精神、文化精神、个体精神的培育和智慧的增长。教育是在尊重生命自我的自然性前提下,面向个体人生、面向生命、面向生活,达到对生命自我的完整性、自由性和创造性的培育,促使自我不断实现生命力量的整体性提升,并进而实现人类精神境界的攀升与超越。

“精神三重境界”的教育人生历程也是教育实现人生,肯定生命,并超越生命痛苦,乐观积极面向未来的教育意义生成过程。

---

①石中英:《教育哲学导论》,北京:北京师范大学出版社,2002年版,第122—123页。

向骆驼—狮子—孩子不断超越的自我教育过程是一个冒险的漫漫人生历程,但人生的教育意义就存在于这漫漫征程中。骆驼在沙漠中前行充满艰辛与威胁,狮子的抗争是与巨龙的搏斗,而孩子代表新价值,代表未来,有很强的创造力,但还需要不断自我壮大,为实现生命力的强盛,不得不饱尝生命的苦难。人的精神的不断超越必然要付出生命代价,正如尼采所言:“迄今为止的人——有几分像未来人的胚胎——他已经孕育着一切以创造未来人为目的的创造力了。由于这些力无比巨大,所以现在的人就要受苦。他愈想决定未来,也就愈要受到苦难,这就是对苦难的最深的见解。”①

向骆驼—狮子—孩子不断超越的自我教育过程品尝苦难实在难免，尼采看到了苦难对人的精神成长的教育意义。个体的人为了人生将来,必须承受生命之苦。人的现实创造活动对未来越充满意义,承受的苦难相应地越沉重。人要取得成功,超越自我,创造未来,必须面对前途的不确定性,经受奋斗过程的艰苦、困难。这也正如马克思所言:“在科学上没有平坦的道路可走,只有不畏劳苦沿着陡峭山路攀登的人,才有希望达到光辉的顶点。”人正是以向超强攀升的意志拼搏精神奋进才有可能成就未来。教育对于生命精神境界的超越意义在人的磨难中得到实现。

当然,尼采虽然承认苦难对人的成长的教育意义,但并不是说人只能沉入痛苦中,他同时强调人在痛苦经历中的乐观人生态度。我们知道,尼采积极颂扬“酒神精神”,肯定生命痛苦并在精神上超越痛苦,忘却苦难,用积极乐观的人生态度面对生命中的一切,而不是逃避现实,生命沉沦。超越生命的痛苦,在生命的“欢欣鼓舞”中实现精神境界的不断提升。人要通过教育并且始终在教育生活中创造生命意义,提升精神境界,那么痛苦是不可避免的。痛苦是人生的底色,在教育中应该承受艰难困苦,体验生命的艰辛与痛苦,采取积极向上的态度,达到意志品质的磨炼,这是人生的真义,也是教育的真义。

第二,向骆驼—狮子—孩子不断超越的自我教育过程,不仅仅是个人意义上的，其更深远的意义在于全人类，是实现人类精神向骆驼—狮子—孩子的精神

①尼采:《权力意志——重估一切价值的尝试》,张念东、凌素心译,北京:商务印书馆,1995年版,第137页。

境界不断攀升的教育自觉自为过程。

向骆驼—狮子—孩子的精神境界不断攀升的过程，就是人类精神从其所生活的世界中被动适应与被迫服从——自我觉醒与主动抗争——能动创造与自由超越的自觉自为过程。人类精神的自觉自为的过程，也就是人类精神自我培育的教育过程。基督教等传统文化压抑人性，但到尼采的那个时代，作为工业社会化的人，虽然人获得了理性的力量，具有了主体的精神，但人也越来越工具化，科技理性逐步拥有对人的工具性统治地位，人的整体性被分割，人性不可避免地异化，这就是科技理性至上所导致的对人性的肢解。因此，代表新价值和创造新价值的力量——"孩子"的诞生就成为人类克服人性衰退与异化的伟大前景。

自觉自为的教育过程，也就是人类自主性、创造性不断强盛的过程。人不断地自主地创造属于人的世界。属于人的世界是一个意义世界，世界的意义生成过程也就是世界的人化过程。世界因人才具有不断生成的意义，而这人化的不断生成的世界的意义，也即人类精神的不断生长，在尼采的意义上，就是向骆驼—狮子—孩子的精神境界不断攀升超越的人类的自觉自为的教育过程。正如尼采所言："让世界'人化'，即这个世界日益使人感到自己是地球的主人。"①

因此，在此种意义上，教育不断实现对人类精神的改造，解救人类自我，培育与创造人类新价值，在人类精神自主中让人之为人的精神旗帜高扬。

总之，在宽泛的意义上，如果我们把教育理解为人之为人的自觉自为的自我创造与超越活动的话，那么，尼采"精神三重境界"的深厚思想意蕴所展示的精神境界，其超人教育意蕴无论对于个体人生还是人类无疑都是积极而深远的。

## 四、超人教育的审美性

尼采的超人教育观，是一种基于生命的教育观，又是一种审美的教育观。基

①尼采：《权力意志——重估一切价值的尝试》，张念东、凌素心译，北京：商务印书馆，1995年版，第121页。

于生命的教育过程是不断提升人生境界的审美过程，因此教育的人生也就是审美的人生。审美的教育人生是以尊重、敬畏生命本能为基础，在积极肯定人生、不断赋予人生以意义的过程中，成为自我，创造生命新价值，这也是教育价值不断生成的过程。在尼采那里，教育实现价值创造的根据就是“酒神精神”——一种悲剧艺术中的美学精神或审美精神。通过酒神精神，实现生命的自我否定而至新生命价值的肯定的循环往复之中。

我们说，尼采的审美人生观也就是他的悲剧美学观。尼采的悲剧美学观源于他自己对生活的真切体验，在此基础上对生命意义早已进一步的形而上的艰难求索是其哲学观的一个部分，或者说融入他自己的哲学思想体系中，在其早期的主要著作《悲剧的诞生》中就已经有了集中的表达。

尼采美学观作为其哲学观的一部分，他以审美的人生态度取代传统道德和理性的伦理人生态度。他提出人生必须审美化，人生在悲剧的醉境中，超越了自身成为万物之源，去体验生存之无限欢欣，所以悲剧能给我们一种超脱的慰藉。尼采认为，悲剧的审美快感：一方面是悲剧所表现的永远栩栩如生的个性世界给我们带来的审美快感，这是对美丽的梦境假象的静观所获得的快感，人们可以欣赏到现象界中悲剧英雄的史诗般的确定性和壮美；另一方面是悲剧通过现象的毁灭，让我们领略源于艺术之根源——存在深渊的最高快感，这是通过打破个性的隔阂，恢复万物原初给我们带来的超脱的慰藉。他通过悲剧英雄的毁灭超越现象，潜入沸腾的意志或存在的深处，使人们对作为现象的悲剧英雄的毁灭感到快慰。简单地说，审美快感来自美丽的梦境和醉境中的忘我，人们通过醉境和梦境，进入形象的和语言的意境，在想象中倾听从生命深处传来的信息。尼采吸收了叔本华的生命意志的学说，将其改造成为一种热爱生命的乐观主义的学说，强调克服个人的苦恼与痛苦，通过人生的审美化高扬一种乐观主义的超越痛苦的精神，让人们热爱生活，并以一种超越豪迈的乐观精神面对人生，具有积极的思想意义。

尼采美学把审美活动或艺术活动置于人生的首要地位，尼采说：“艺术是生命的最高使命，是生命本来的形而上活动。”“艺术作品的意义就是我们的最高尊严，艺术只有作为审美现象，生存和世界才是永远合理的。"[①]这是尼采全部美学思想的中心。人生是艺术的、审美的，艺术为人生服务，创造艺术以解救痛苦人生，人生走向审美化，审美化的艺术人生是人生的追求和境界。

尼采的艺术观或审美人生观是源于对古希腊悲剧艺术的洞察。希腊的神话创造艺术出自内心的痛苦和冲突，他们希望通过艺术拯救人生。在尼采眼里，希腊人是唯一健康、优美、坚强、乐生的民族。他认为正是希腊人生命本能的健全、丰盈，对生命的热爱，使他们比其他民族更深切地体会到人生的悲剧性质，使他们更早敏锐地认识到人生痛苦的真理和死亡的必然，使他们有更深沉的痛苦；为了活下去，为了不被痛苦压倒而陷入悲观主义，出于生命自卫的需要，他们产生了对于美、节庆、快乐、艺术的不断增长的渴望，创造了奥林匹斯山上的诸神，借众神的快乐秩序显示人生，美化人生，给人生罩上一层神的光辉，为人生辩护，以抵抗人生的悲剧性质。因此，艺术是人类生存的继续和完成，是形而上的补充，有了艺术，人生不再是一种永恒的缺陷。正是艺术和审美拯救了人生，给世界和人生带来了意义和价值。

所以，在尼采看来，艺术产生于人类至深的生存需要，艺术进入了生命，虽然艺术不是真理，是幻化，但没有艺术，人就难以生活，因此艺术和审美是人生的最高价值。面对冷酷痛苦的世界，人应当自觉地抱有一种审美的人生态度，通过审美的艺术活动，把人生艺术化，赋予生活以价值，创造出新的欢乐，以对抗现实的痛苦。[②]

审美人生是人生的最高境界。他认为，人性中的日神冲动和酒神冲动使人生成为一个美丽的梦和一种审美的陶醉，而理性及科学却让这个梦破灭，道德却要禁止这种醉。所以尼采提倡审美的人生态度实质上是要反对伦理的和功利的人生态度。审美的人生态度要求我们摆脱传统的善恶感，超然于善恶之外，享受心灵的自由和生命的欢乐。传统道德让人失去了诚实，成为传统道德的接受者和牺牲品，尼采认为这是用"神圣的谎言"虚构人生与世界的"迷途的道德"，人

---

①尼采：《悲剧的诞生》，赵登荣等译，桂林：漓江出版社，2000年版，第18、41页。

②张红娟：《尼采美学思想的人生启示》，《广东社会科学》2000年第1期，第59页。

失去了真实，遮蔽自我，这是最大的虚妄。尼采认为人生是非道德、非功利的，是审美的。因为生命本身是非道德、非功利的。生命是一种自足的、必然的、永恒的生成，无善恶可言。传统的基督教道德将善恶强加给人生，视生命本能为罪恶以压抑人的激情和欲望为善。它引导人去“寻求道德上的至高之处，寻求神圣、神灵或慈爱”，结果人们“发现他被大大的愚弄了一番，而十分感到失望地离去”。所以在尼采看来，基督教的伦理人生态度本质上是否定生命，把人的生命本能、激情和意志统统压抑在虚伪的道德之下。而审美的人生要求人们超越于基督教伦理道德的善恶之外，重估一切价值，尽情地体验、创造、享受生命的欢乐和精神的自由。尼采视自己为“第一个非道德论者”，实质是倡导最高的美德诚实，他断言诚实是“新的道德”，只有诚实才可“把迷途的道德带回到大地上”。尼采把查拉图斯特拉视为大地上诚实道德的典范，指出：“更重要的是，查拉图斯特拉比任何其他思想家更为诚实。他的教训，也唯有他的教训，把真实性视为与那些一见现实就逃避的‘理想主义者’的懦弱正好相反。”但要做一个真实的人谈何容易，“直到现在，荒谬与无意义还统治着人类”，功利的驱使，世俗的污染，狡诈的计谋，人性的衰竭，精神的颓废，这些现代的病态足以使人背叛自己，丧失个性，这无疑是人之存在的悲哀，也必是为真实之美必须销毁的“代价”。超越荒谬与无意义，返回人的本真真诚，这正是人的存在之美，人的心灵道德之美。所以，只有做真实、澄明的自我，才可在审美中真正透视和领悟人生的真谛，真正感悟万事的纯真之美。人的真实存在是真实的人格，真实的人格即是真实的思想。纵观尼采的全面思想作品，其真诚可使我们直观到他的心灵深处，他既不隐瞒什么，也不编造什么，坦诚炽热，直言不讳，真实的个性，独立的人格，崇高的意志，美好的话语，给后人留下了一个真实明确的自我，这是尼采思想作品中最有价值的精神财富。总之，尼采告诫我们，诚实的人生才是道德的人生，诚实之美才是人的存在之美，因为人是存在的建造者和美化者，当人学会美化自己的时候，他就成了存在的美化者，诚实的人生是审美化的人生。

进一步地，尼采认为理性及科学也不能成为判断人的生活是否真实以及人的行为善恶的标准，相反，理性只是为了功利的目的而安排秩序的手段，是实现本能、欲望、意志的工具，理性的科学精神实质上是功利主义，旨在人类物质利益的增值，是一种浅薄的乐观主义；理性无视人生的悲剧，回避了人生的根本问题；理性只是人之所以为人的必要条件。

尼采用艺术审美来说明人生存的最高意义，但并未反对和排斥理性及科学本身，只是认为仅靠科学不可能完全解决人的问题，他早已意识到艺术与科学的分裂对人之完整生存的不利，主张艺术、人生与科学的交融。尼采明确指出他的《悲剧的诞生》一书的任务就是"用艺术家的眼光考察科学,又用人生的眼光考察艺术……"[①]事实上，尼采也正是从艺术与科学内在相通的角度来审美人生的。尼采勾画出一幅艺术与科学完美交融于人生存之中的崇高画面，从广义上讲,科学本身也是一种艺术。

尼采认为，人生就如一场美丽的艺术梦幻，因而不能用科学和功利的眼光来看待，而应对人生持一种审美的态度。因为科学使人生的丰富性、可能性被抹杀了，人生视野被局限或束缚在"真"的必然性规范之内。科学对人生追根究底，结果把人生许多妙不可言之处视作虚假。科学是追求真理，而不是占有真理本身，在追求真理的过程中必然有美的价值，因为科学必须按美的规律来建造世界和生命，因此热爱自然热爱生命是艺术家、科学家的内在本性使然。尼采认为，人在生存过程中首先应该作为艺术家，把自然、生命视为珍贵的艺术品，然后才作为科学家对其进行精心雕琢，这一雕琢制作是在艺术家的审美意识指导之下按照美的规律和价值完成的。所以，科学只有在艺术审美的观照下，才能有意义的存在和发展。即使"人们可以放弃艺术，但不会因此而丧失从它学得的能力，正如同人们已经放弃了宗教，但并没有放弃因它而获得的崇高和升华的心境"。因为"在艺术一度消失之后，艺术所培育的生命欢乐的强度和多样性仍然不断要求满足。科学家乃是艺术家的进一步发展"。[②]只要人在生存着、生成着，他从艺术中获得的审美能力就不会消失。科学家应是艺术审美境界中的雕塑家，艺术是科学家的终极旨归。[③]

---

①尼采:《悲剧的诞生》,赵登荣等译,桂林:漓江出版社,2000 年版,第 6 页。

②尼采:《悲剧的诞生》,周国平译,北京:生活·读书·新知三联书店,1987 年版,第 211 页。

③马毅:《尼采的悲剧哲学与审美生存》,《大连大学学报》2003 年第 5 期,第 33 页。

概括地说，尼采的悲剧美学和审美的艺术人生观肯定人生的孤独、困难与痛苦。人生可能是荒诞的、艰辛的、悲剧的，但人生更是真实的、自强的、艺术的。凭借美和艺术，人是能找到生命的意义的。人生只能以审美和艺术来创造价值。所以，尼采倡导生命力积极向上的、富有创造性的人生。人生之美在于肯定生命本能、健康的自然之美；在于通过悲剧艺术忘却生命痛苦之美；在于不断创造生命新价值之美；在于克服传统道德迷误走向真实人生的道德之美；在于科学与艺术融合的走向完整人性之美。因此，超人教育的审美意义也正在于此。

基于尼采的审美人生观，其超人教育思想要求人们应该正视教育、学习中的孤独、沉寂、痛苦，通过艺术化的审美教育将人带进神圣美好的审美境界。在最艺术化的审美境界中，人感受体悟，静心致思，洞察天地万物，欣赏自然美丽的景观，并观照自己，达到内心的自由自在，提高精神境界。审美沉思的人生不拒绝痛苦，在痛苦中领略人生的悲壮之美，人因此在审美境界中实现人与自然的和谐一体，超越痛苦，人生具有了积极的生存方式。教育人生应该是一种艺术化的审美人生，艺术化的审美人生在尼采那里也就是教导人类诞生超人的教育人生。

# 第六章

# 酒神精神:超人教育生命意义的哲学肯定

尼采以酒神精神肯定人生、生命的同时自然也就肯定了超人教育的生命意义。酒神精神是尼采超人教育生命意义的哲学肯定。酒神精神是尼采哲学的基点，也是尼采作为哲学观的超人教育思想的根基。生命——具有酒神精神的生命成了超人教育的出发点以及超人教育意义生成的根本和最高追求。所以说，酒神精神作为超人教育的生命意义在哲学上的肯定，就其思想意义，可以概括为：酒神精神作为一种悲剧音乐艺术精神是对生命意志的肯定。生命的立场是尼采全部哲学的根基，因而就其教育思想而言，其自然主义的生命观也是其教育观的根据。进一步，尼采倡导的酒神精神作为非理性的教育本体精神的思想意义是革命性的和超时代性的。尼采在对盲目乐观主义和悲观主义这两种思想传统批判的基础上，提出了非理性主义的、以求强力的生命意志为根本原则的酒神精神。将道德、理性及科学等人类精神与非理性的人类精神统一并提高到酒神精神的艺术化审美境界，超人教育不管对个体发展还是人类进步，其意义是至高的，与其诗意的超人之歌的精神追求是一致的。超人教育是其酒神精神的教育咏唱与舞蹈。

酒神精神在尼采哲学中具有重要的地位，我们将其阐释为超人教育生命意义的哲学肯定。主要是基于以下考虑：

第一，酒神精神作为一种悲剧音乐艺术精神是对生命意志的肯定。生命的立场是尼采全部哲学的根基，因而，就其教育思想而言，其自然主义的生命观也是其教育观的根据。

第二，进一步地，尼采倡导的酒神精神，作为非理性的教育本体精神的思想意义是革命性的和超时代性的。

第三，将道德、理性及科学等人类精神与非理性的人类精神统一并提高到酒神精神的艺术化审美境界，超人教育不管对个体发展还是人类进步，其意义都是至高的，与其诗意的超人之歌的精神追求是一致的。超人教育是其酒神精神的教育咏唱与舞蹈。

## 一、悲剧精神：酒神精神与日神精神的统一

尼采在 1872 年初出版的《悲剧的诞生》是其第一部哲学著作。他一生对古希腊文化推崇备至，是其全部思想研究的基点。从古希腊人的艺术成就里，他对悲剧艺术中的酒神和日神所表现的精神以独特阐释，“酒神精神”以及“日神精神”成为他后期全部哲学思想的一个源泉。

同时，尼采对哲学家叔本华的意志哲学情有独钟，也曾对音乐家瓦格纳艺术成就推崇备至。特别是叔本华的表象和意志世界的二分思想与他的酒神精神世界和日神精神世界的思想，可以说在一定意义上具有共通的哲学旨趣。尼采敬重生命，他所处时代的文化危机和个人特殊的生命痛苦体验让他既能直面人生的苦难，又对人生充满希望。

日神——阿波罗神和酒神——狄奥尼索斯神是两种不同的艺术冲动或艺术力量。日神代表了梦幻之境中显现的造型艺术力量，酒神代表了醉境之中显现的非造型内在生命力量，表示生命“激情苏醒”，让人的心灵进入沉醉的境界，即从人自然天性中升起充满幸福的狂喜，“主体逐渐进入浑然忘我之境”。①

古希腊人所创造的这两位神灵代表了人类固有的两种艺术力量，艺术就在这两种力量之间的斗争和暂时的调和中产生。这两种力量都来自自然界本身，以直观的方式表现艺术冲动。在日神精神中，人的存在被梦幻的光辉所笼罩；在酒神精神中，主观消失在暂时的完全的自我沉醉与忘却中。两种精神使自我感觉成为浑然一体的存在，悲剧把酒神原始的苦难融入灿烂的日神光辉中。

---

①尼采：《悲剧的诞生》，赵登荣等译，桂林：漓江出版社，2000 年版，第 23 页。

他认为希腊文化发展自始至终贯穿着这两种力量的斗争，两种艺术力量彼此对立又协调一致，二者在更高层次上的统一产生了希腊悲剧。尼采认为悲剧起源于日神梦幻和酒神沉醉的和谐统一，而沉醉达到的忘我境界，是人的非理性的最高自我状态，体现了酒神狄奥尼索斯精神。人在沉醉中自我意识彻底忘却，而日神梦幻的自我状态体现的阿波罗精神，让人在梦幻里达到对现实世界暂时忘却，超越了现实的痛苦，忘却了人生的忧患，生命在悲壮中达到了审美享受，人实现了自我超越。悲剧就是在日神梦幻和酒神沉醉的高度和谐中诞生，是在酒神沉醉的境界中让激情释放，并具体化为日神梦幻之物。

在希腊悲剧艺术文化中，无论是酒神精神还是日神精神，它们都是在对人生悲剧深刻体会基础上对人生痛苦的超越。人们通过生命意志由超越痛苦人生体验而走向坚强并进而体验生命的欢悦。在前苏格拉底的希腊社会，希腊人的人格是健全的、强大的，生机勃勃，富有创造力，因为悲剧中的两个因素对社会和人发生着积极的影响。人生虽有苦难，但日神又能使人产生一种壮丽的幻觉让人生充满希望，克服个体的苦难和生命固有的苦恼，而酒神却能够让人与人、人与自然和解，达到融合，这样人超越了易逝的个体性，获得了完全的自由，从而获得了生命的再生与永恒。

然而，尼采进一步分析，自苏格拉底以来，希腊悲剧精神消失了。因为他的“清晰明了为美”和“唯知者有德”的知识与理性逻辑的乐观主义的认知原则“把音乐赶出了悲剧”。[①]其结果导致了文化与人性的衰退。

## 二、酒神精神：生命意义的哲学肯定

尼采作为人生哲学家，他对人生的思索深受叔本华悲观主义的影响，但尼采并没有完全接受其思想。他对叔本华悲观主义进行了改造，赋予属于自己的全新意义。在他的以艺术为中心论题的哲学著作《悲剧的诞生》中，提出了具有形

①尼采：《悲剧的诞生》，赵登荣等译，桂林：漓江出版社，2000年版，第88页。

而上学意义的“酒神精神”，赋予生命以积极、肯定的人生意义，倡扬人生应该是一种艺术化审美人生。

（一）酒神精神：作为悲剧艺术肯定人生的审美精神

酒神精神，是尼采借助悲剧音乐艺术形式来肯定人生的精神，是凭借生命力的蓬勃兴旺来战胜人生悲剧的审美精神。酒神精神最深刻地体现了人生悲剧美。人生也需要日神精神，它代表了一种渴望生命美好的理性精神，但尼采更强调的是人生所需要的酒神精神，因为酒神敢于面对人生的痛苦，在抗争中肯定人生，体尝人生的悲剧美。尼采高扬酒神精神，就是要求个体站在生命本体的角度看待自己的个体生命，以艺术化的审美境界欣赏生命。个体生命虽然注定有痛苦，必然要走向毁灭，但生命意志却能战胜这种痛苦而不断再生。肯定生命意志力量，勇敢面对人生的苦难，勇于抗争，在苦难的抗争中超越痛苦，展示生命的力量，这就是酒神精神。

尼采从叔本华悲观主义人生哲学出发，承认人生的悲剧性，但超越了叔本华的悲观主义人生哲学，主张要正视人生的苦难，倡导自强不息、勇敢斗争的精神。这样，在人们正视人生的痛苦甚至是处于绝境的同时，又把人们引向欢乐和希望，在昂扬奋进中寻找生命的积极意义，营造崭新的人类精神家园。这不是用功利与道德力量，而是通过艺术的形式，用审美的积极态度看待人生，宣扬生命意义，赞美人生、肯定人生的悲剧美，这就是尼采的酒神精神表征的肯定生命的乐观主义的人生哲学。

尼采认为，人生就是一种悲剧艺术，要以审美的态度看待人生。人生中充满了种种困苦和险恶、失败和不幸，然而，人正是在与这些困苦和不幸的抗争中倍感生命的珍贵，为生命而欢歌，激越生命激情，品尝生命的欢乐。这种与生命悲剧苦痛相抗争而产生的积极肯定生命的欢愉人生态度，就是人生的悲剧美。

（二）审美的酒神精神是对人生的自我解救和超越

人生应该是审美的，唯有此才能够获得生命意志的强力表达，人生才有价值，值得一过。尼采在《悲剧的诞生》中对理性以及科学进行了批判性考察，他确信科学并不能解决人生的意义问题，或者说担当赋予人生以意义的功能。因为它不能把握人的存在。然而，科学以乐观的求知，满足人的物欲追求，在对自然控制的一路凯歌声中抵御了人生实践上的悲观底色。尼采说：科学“认为思想依靠因果律的引导，可以深入到存在的至深底蕴，思想不仅能认识存在，甚至能修正存在”，这种“崇高的形而上妄想”“一再地引导科学走向自己的极限，到达这个极限，科学必定转化为艺术——这一过程原本要达到的目的就是艺术”。[①]科学要达到对人的存在的认识，是一种妄想。正是这种妄想让科学走向极限，伴随着科学的这种迷妄和自信的乐观情绪的消失，科学的艺术转化达到了“原本要达到的目的”。

科学需要艺术转化来克服盲目的乐观，为人生服务，让人生回复到本源的真实的状态，通过悲剧艺术中酒神精神的沉醉，并在日神精神的观照中完成对痛苦人生的征服和超越，实现对个人苦恼与痛苦的忘却，给人生带来生存的更高快乐。尼采提出审美化的艺术人生观来高扬生命应该具有的乐观豪迈精神。

如上所述，悲剧的艺术审美对人生的解救概括地说表现在这样两个方面：一方面是悲剧通过现象的毁灭，让我们领悟源于艺术之根源——存在深渊的最高快感。人们对作为现象的悲剧英雄的毁灭感到快慰，因为他通过悲剧英雄的毁灭与超越现象，潜入沸腾的意志或存在的深处。另一方面是悲剧所表现的永远栩栩如生的个性化世界给我们带来的审美快感。让人们感受到超脱于生命原初而带来的生命慰藉，欣赏到现象界中悲剧英雄的史诗般的确定性和壮美。这两个层次的快感贯穿在悲剧的审美过程中，人们通过悲剧审美在对英雄般的生命毁灭洞察中生发出对生命的创造的祈求，将生命有限与痛苦置于通往无限的创造境界，生命实现了自我解救与超越。

### （三）作为尼采哲学根基的酒神精神

酒神精神是尼采人生哲学的根基，倡导酒神精神是尼采哲学的主旨。酒神精神与尼采哲学的主要概念都有着内在一致的精神实质。其实，如果把酒神精神

①尼采：《悲剧的诞生》，赵登荣等译，桂林：漓江出版社，2000年版，第91页。

理解为对生命、生活的肯定，对自身力量扩张、提高的话，那么可以说，尼采哲学的全部内容都贯穿着酒神精神：尼采的查拉图斯特拉就是酒神精神的形象化；“权力意志”是酒神精神在哲学本体论意义上的进一步发展；“重估一切价值”则是用酒神精神的审美评价来取代传统文化精神的道德评价；“永恒轮回”最基本的思想意蕴是对生命意义永恒性的原则性肯定；“超人”是具有酒神精神的诗意象征和人类的至高类型。

我们知道，权力意志是尼采哲学的核心概念之一，是尼采在批判叔本华生命意志概念的基础上形成的。在叔本华的哲学中，意志是世界和事物的本质，意志的本性在于求生存，因此叫“生命意志”。尼采接受了叔本华把世界和事物的本质说成是意志的思想，但不同意他把意志的本性说成是求生存的观点。尼采认为，任何事物都是意志，有意志的东西已经存在了，它哪里还需要追求存在？意志的本性不是求存在。在尼采看来，意志即事物的生命力，生命力本身是丰富的、丰盈的，它总是要求不断扩张，这表现为事物要求自身力量的不断增长，要求对他物占据优势地位，要求不断超越自己。尼采把意志的这种作用叫作“求强力”，生命意志又称作“权力意志”。尼采在其《权力意志》中说：“权力意志即要求权力增长的意志。”权力意志是基于生命创造本能的自我提高和自我强化。

正如上文概括的那样，酒神精神是这样一种人生态度：相信自身是强大的、坚强的，并要求更加强大和坚强。要不怕困难和牺牲，勇于破坏和创造，不断超越自己。尼采在《查拉图斯特拉如是说》一书中借查拉图斯特拉之口把人类称为“丑陋的石块”。为了超越这般人类，他要求查拉图斯特拉用“坚硬的锤子”无情地敲击这“丑陋的石块”。在《看哪这人》中说：“就狄俄倪索斯式的使命来说，坚硬的锤子，即甚至以断然方式热衷于毁灭的欲望乃是先决条件的一部分。命令式：‘你们要坚强些！’一切创造主都是坚强的，这是起码的信念。”[1]

尼采把世界和生命归为权力意志，肯定了权力意志的生命形式之间的相互冲突所造成的生命的痛苦。生命不免悲剧色彩，但生命也因权力意志而焕发生机

①尼采：《看哪这人》，张念东、凌素心译，北京：中央编译出版社，2001年版，第87页。

活力。如果人能清醒地意识到生命的无意义,并能依然热爱生命,人生便呈现审美的、英雄般悲剧气概。以这种态度面对生活的人,他能够直面人生的悲剧性,怀着一颗强健勇敢的心,欢快而坚定地走在人生之路上,用审美的眼光看待一切,人生的苦痛成为生命的抚慰。

由此可见,权力意志与酒神精神实质上是完全一致的,可以说,权力意志是尼采酒神精神在哲学本体论意义上的进一步发展。

尼采哲学的重要命题——重估一切价值,就是用肯定人生的审美精神来取代浅薄的科学精神和虚假的道德精神。尼采用来批判以理性为特征的欧洲传统文明的武器正是酒神精神,正如他所宣称的那样:"现在我们称之为文化、教育、文明的一切,终有一人必将站在公正的审判官酒神面前。"

在他看来,世界是权力意志的生生不息,任何最高价值的宣称都是站不住脚的。上帝成了最高价值的发言者,成了人生的精神支柱,要求人把欢乐、幸福寄托在彼岸世界。所以尼采要将人类两千年的价值赶进虚无的废物堆中。人要成为自己的立法者,信赖自己,勇敢地站在大地之上,为自己创立新的价值。

永恒轮回是尼采的又一个重要也令人费解的概念。尼采认为,世界是流变不息的,人生也是如此。人生的痛苦、毁灭、虚空是不可避免的,但人不能就此沉沦,要积极面对人生,在艺术审美的彻悟中肯定生命的意义在于自我不断创造与生成。尼采用永恒轮回思想来为人生意义的确立建立思想基础。永恒回归的权力意志让生命世界生生不息、循环往复,生命的毁灭不过是永恒生命链条上的一个阶段。生命在权力意志的"否定—肯定—否定"的循环过程中不断创造与生成伟大和卓越,个体生命以及人类因此而获得了创造和超越的意义保证,生命便获得了永恒和无限。所以说,尼采把永恒轮回说成是"肯定生命的最高方式",这与尼采酒神精神的艺术审美获得的生命肯定在根本意义上是一致的。

超人在尼采哲学体系中代表一种至高形象。尼采将超人看做未来时代的主宰,尼采要用他的超人来否定一切平庸,生命的一切停滞不前在他看来都是要被否定的。尼采肯定强者，反对一切造成生命柔弱的文化形式，反对民族的衰退等。尼采的超人敢于直面人生，透过无尽的人生苦难把握住人生的欢歌。他是强者，有健全的生命本能和旺盛的权力意志，是生命的肯定者和审美人生的创造者。超人是从现代人类中高贵的人或出类拔萃的人中生长出来的一个更高级、更完美的生命类型。现在的人类，即使是“高人们”，也还是身心存在严重缺陷的、低级的，甚至是丑陋的人。尼采要求“高人们”抛弃使人羸弱的传统价值，努力创造，超越人类，成长为超人。显然，这里包含着提倡生命向着更强大发展，不断超越自身的思想，而这正是酒神精神的要义。尼采通过查拉图斯特拉教导人们“超人是大地的意义”，所以，超人的超强生命意志扎根于自然，扎根于生活，扎根于现实人生，其意义是要做现实生活中的强者。

所以说，尼采的超人与其酒神精神肯定现实生活、肯定自然生命的思想也是统一的。超人成为具有高度酒神精神的超越于现实的人，成为超人教育的至高追求和人生境界。

总体上说，尼采的酒神精神与权力意志、重估一切价值、永恒轮回、超人的一系列哲学思想是一体的，达到了在积极肯定人生的思想上的高度统一。

## 三、酒神精神与超人教育

酒神在沉醉中忘却个体，让自我融入群体，达到与自然的一体化，感受到自然永恒的生命力和个体超脱的快感；日神创造个体，是对人生痛苦的解脱，表现为一种节制、宁静、和谐和智慧。尼采认为，悲剧音乐最直接、最深入地表现了世界本质，以一种理性所无法把握的力量直接深入世界本体中，揭示了世界心灵深处的“原始冲突”和“原始痛苦”，成为本体世界的原始意志象征，是酒神精神的最好体现。酒神伴着音乐的旋律，才能够纵情狂舞。然而，从音乐精神中诞生并感受到永恒生命力的悲剧，也离不开音乐以外的其他因素，需要酒神和日神的融合，即用音乐激动情绪，进入酒神状态并与日神精神相融合，这样悲剧便在酒神和日神的对立中实现了在艺术的至高境界中对生命的肯定。

尼采所阐释的古希腊悲剧艺术所蕴涵的酒神精神，表达了他的自然主义生命观立场。超人教育正是基于酒神精神所确立的生命观立场，肯定教育的生命意义。具体地说，生命的酒神精神也就是通过肯定生命的自然本能，肯定生命面对现实的艰辛与困顿而不畏牺牲的意志，经教育把自然本性和社会生活现实统一起来。让教育为生命力的生长服务，为人类诞生新价值服务，为孕育超人服务。

正如尼采自己所言："肯定生命，哪怕是在它最异样最艰难的问题上；生命意志在其最高类型的牺牲中，为自身的不可穷竭而欢欣鼓舞——我称这为酒神精神。"①

超人教育肯定生命立场，可以简单地概括为这样几个方面：

第一，超人教育要肯定的生命是一种发自于生命内在本能的自然肯定倾向，也是一种理性的肯定生命态度。尼采并不反对和拒绝理性，他批判和反对对理性的极端强调与对上帝意志的虔诚一样所造成的对生活的绝对统治，而导致生命力的日渐衰弱和人类价值的虚无。

第二，超人教育要肯定现实的人生和现世生活。人的现实生活、现世生活是唯一真实的，要热爱现实生活，脚踏实地地去面对现实生活的一切。从现实生活中寻找人生的意义，在现实生活中创造、实现生命的价值。

第三，超人教育必须肯定现实人生的全部丰富的内容。人生中有困难、矛盾、斗争、痛苦、毁灭，对此不掩饰、不逃避，而是正视它们，以积极乐观的态度把它们承担起来。

第四，肯定生命的自然性为生命精神的根本。肉体、本能的欲望、需要是生命中更重要、更根本的东西，甚至是人的本质，要不惜采取一切手段满足它们，使人身心健全发展。尼采批判盲目的乐观主义和悲观主义贬低生命，倡导生命在

---

①尼采：《偶像的黄昏》，周国平译，北京：光明日报出版社，1996年版，第101页。

自由的音乐审美艺术活动中实现生命的伟大自我肯定。人生就是通过生命的自我毁灭或否定、自我创造和肯定，进而实现自我超越的生命意志活动的艰难而快乐的历程。肯定生命自然性，进一步说就是肯定生命的整体性，肯定生命在痛苦中借助音乐艺术的超越性，高扬生命的个体性与独特性，重视生命知觉感悟的真实性，反对理性和宗教神学对生命的冷漠和欺骗。酒神是一种象征，是一种极度非理性释放的原始冲动和激情，是个体借助艺术审美的自我否定而在生命苦难的自我解救中复归自然，领悟生命的欢欣鼓舞。尼采借用酒神表达他的悲剧世界观，这种世界观追求个体性的超越，充分肯定生命是永恒的自我创造和自我毁灭的统一。

第五，超人教育肯定生命是求强力的自然意志表现，代表着强者的意志，并坚持在充满激情的艺术审美的人生活动中沉醉、忘我超越的个体化教育原则，在生命的深层上与自然融为一体，达到生命本能在理性原则统治中的自我解救，生命由此焕发勃勃生机，同时生命又在自我毁灭的大喜悦中实现生命的再生、更新与力量的超越性生长。酒神精神崇尚强大、鄙弃弱小，要求不断增强自身力量，不断超越自己，力争做强者。它提倡勇敢战斗，不怕困难，不怕牺牲，以苦为乐。它要求敢于破坏、敢于创造。它坚决反对那种安于弱小和平庸、贪图安逸、不思进取、无所作为、消极悲观的人生态度。生命无止无境地绵延着，它不断生成构成生命力之强大，而自我的毁灭则是生命生成的结果，是生存的一个环节。酒神精神是肯定生命达到的极限，在尼采看来，毁灭是一种大喜悦，生命的生长与毁灭在永恒循环的法则面前具有同一的意义。因为毁灭意味着恢复、彻底更新、生命力超越性延拓与生长，而人生就是不断前进、不断提升的生成过程。“人之所以伟大，是因为他是一座桥梁，而非目的。人之所以可爱，是因为他是一种过渡，一种毁灭。”[①]

第六，超人教育是以成为自我为教育原则的精神，并且是一种贵族主义精神。肯定生命，是肯定“我”的生命。“成为你自己”是第一原则。自我的存在、自我的意志、自我对世界的解释等是为了表达自身的强大、健全。当然尼采并不是

①尼采：《查拉图斯特拉如是说》，黄明嘉译，桂林：漓江出版社，2000年版，第8页。

有意忽视在社会生活领域的关系性或“他者”的存在，他强调自我是为了对抗传统文化所造成的对自我人性的戕害。人的存在在最基本的形式上总是表现为个体的存在，个性第一性始终是人的存在的第一原则，不管今天我们站在怎样的思想立场上，这是不容否定的。通过解放自我，由个性自我解放进一步实现人类解放，进而促进个体的进一步全面解放。所以，从这一点上来说，尼采个人至上的思想原则是有时代意义的。尼采的酒神精神所强调的人自身的强健发展，在最初的意义上完全是针对个别的，用今天的话来说，是属于少数社会精英的，即高贵者、强者、上等人等。从尼采的思想出发点看，能够成为社会的强者毕竟是少数，但通过激发生命意识和潜能，在生命求强力的意志作用下追求“生命成为自我”的生存努力是普遍的，从这一意义上来说，其思想的人类意义也是明显的。

第七，从尼采酒神精神所确立的生命哲学内容上来说，尼采从阐释古希腊悲剧艺术去解读酒神狄奥尼索斯，提出酒神精神，借悲剧艺术讨论人性与人生意义，认为悲剧从根本上来说首先是酒神艺术通过个体生命的否定而给人以一种与自然浑然一体的陶醉，达到一种形而上的生命体验和精神慰藉。生命的自我否定正是要进一步去充分肯定生存的积极意义，这表明了生命意志力的强盛。个体生命否定的深刻意义在于进一步肯定生命，在肯定生命过程中，个体依靠自我的意志力而不断重新创造和获得新生。

尼采用悲剧艺术的酒神精神来诠释人生，不仅仅给了我们一个对艺术的审美态度，而且给了我们对人生的审美态度。艺术中的酒神精神因肯定生命中的一切而使人生在否定中不断创造，人生意义不断生成，实现了人的不断超越，这也应该成为我们对人生的一种审美追求。尼采肯定生命，当然不仅要肯定生命的快乐，也肯定生命的痛苦；不仅肯定了当下人生命力普遍衰竭的现实，也肯定了个体生命力不断强盛的自我创造和超越。这肯定的力量从根本上来说是源于生命意志，一种积极入世的生命创造力。人生越是面对险恶困境，越应具有酒神精神，这才是人生。因此，超人教育也就是生命克服痛苦，勇敢面对现实，通过自我否定、创造和肯定生命新价值的教育过程。

尼采的酒神精神告诉我们，在教育过程中，要热爱生命、敬重生命，为生命欢欣鼓舞。在教育的艺术人生中，体验到生命的伟大，在创造中走向生命的崇高。他以酒神精神赋予生命以意义，以此来贬抑现代社会人的生命本能和精神的普遍衰弱，并把艺术看作是抵抗人的颓废而走向超强的力量，他说："艺术是生命的最高使命，是生命本来的形而上活动。"①

艺术的人生得到完美的体现是什么？尼采用自己的生命冲动和激情为我们设计了一个现代社会不可能存在的超现实的理想类型的人，这就是他后来在《查拉图斯特拉如是说》里提出的"超人"。

综上所述，尼采着眼于现实，着眼于生命扎根的大地，他说："从自身要求健康、渴求生命的愿望出发，我创立了我的哲学。"②尼采以人的生命为思考对象和目的，对西方自柏拉图以来理性主义、道德理想主义和宗教所维持的文化价值传统以彻底翻转，将人的生命从理性、道德和上帝的囚笼中解放出来，使之成为人生意义和价值评价的基点，将人生的意义和价值目标从天上拉回到人的生活世界。生命是道德的源泉，道德的目的只能是人的生命，道德以人的生命至上性为原则，理性及其科学也是如此。理性原则不能成为唯一的统治原则，造成对人性或生命的异化，但理性对于人生也是必须的存在。尼采基于酒神精神对理性的解剖是相对的、有条件的，这也是尼采坚持的一贯的思想方法。尊重人的自然生命，对生命负责，就是让人的激情、欲望、本能和无意识的力量得到最大程度的释放和升华，使人"成为你自己"。生命也是价值的承受者和创造者，生命本身便是衡量价值的尺度。生命本身是在求强力的意志活动过程中评价、创造生命的价值。

尼采猛烈抨击对人生命的压抑、否定，崇尚人生命的激情和本能冲动；肯定生命，高呼回归生命本身，认为人生意义的起点和全部只因为人的生命。将人之自然生命力的充盈视为价值创造的源泉，价值评价的尺度，主张对自己的生命负

---

①尼采：《悲剧的诞生》，赵登荣等译，桂林：漓江出版社，2000年版，第18页。

②尼采：《权力意志——重估一切价值的尝试》，张念东、凌素心译，北京：商务印书馆，1991年版，第11页。

责，用生命创造激扬高迈的人生，“成为你自己”，人生的意义就在于生命的创造中。但尼采同时也反对任何本能泛滥的世俗功利主义、享乐主义，认为这会将人类沦为碌碌无为的寄生虫和“肉欲的贱众”，引向堕落的深渊。他认为人也必须节制生命本能，只有将自然的生命本能和激情升华为求强力的意志才能创造出新价值。可见，尼采主张回归生命本然世界，这生命本然世界并不仅仅是受自然本能支配的物性状态，也包括生命的理性状态。

尼采是对生命、对人类充满真挚而深沉情感的人，对生命、人类的未来有着崇高见地的人。他的思想是对文明的一次诊断、一剂药方。他深刻揭示传统道德及理性宣扬对生命本能的压抑，扼杀生命本能，否定人的自主性和创造性的种种虚伪说教；热情讴歌生命于人类的原初、根本意义，热情讴歌尘世生活，回归生命世界，倡导刚毅进取、奋发有为、乐观向上、自我超越的人生，力求让人们自己决定自己的命运，“成为你自己”，恢复生命的尊严、人的尊严。这些思想无疑是十分深刻的，不乏发人深省之处，具有积极意义。

从尼采的酒神精神的生命观，我们可以对其超人教育思想作如是阐释：教育说到底是一种人性教育或生命教育，生命是教育成为教育的基础或根据，也是教育的目的。人性的生成需要教育，尊重人的自然人性并在此基础上让人性之花健康地绚丽绽放，这是超人教育的使命。当然，除了人的自然属性外，人作为文化的存在，作为交往、实践中的人，为生活的目标拓展人性，让人性的生成具有人类意义，在自然人性的基础上，向更高级的文化形态健康健全生长便是超人教育意义的深层演进。

酒神精神肯定生命，肯定现实生活。生命对于人来说是最宝贵的东西。人的肉体值得尊重并使之健康发展。人的本能欲望理应得到满足，在理性的指导下，尽量满足人性的种种本能需要，有效地保存和发展生命的健康，这些正是超人教育的应有意义。

超人教育实现人性的健康生长，这样的人性的健康是一种“伟大的健康”，不仅是身体的，更是精神的。尼采所指的健康是诸如“艺术家、圣者、立法者……”等“为了实现理想之人的勇气”的健康，是发现“广袤无垠的新大陆、理想的彼岸，一个充满华美、奇异、可疑、恐惧和非凡的世界”，“比迄今的一切健康更强健、更坚韧、更精明、更大胆、更快乐”的健康。①

通过超人教育活动让生命更健康，既是健康的现实生活的基本内容，也是健康的现实生活的一个重要标志。任何贬抑生命、否定本能的学说都是虚伪的、荒谬的、病态的。西方的基督教、理性至上的哲学对生活的强迫等都是这样的学说。尼采提出酒神精神概念与这些学说对抗，在现代思想史上具有重大意义。酒神精神热忱主张肯定现实生活，褒扬自然生命，具有积极的理论和人生实践价值。

从西方思想史来看，尼采的酒神精神思想具有卓越的思想意义和文化价值。尼采一直对基督教在意识形态长期占据统治地位以致对人在生活领域中的精神制约与理性至上的精神原则对人的生命整体性的剥离视为同出一辙，鄙视现世生活抑制人的本能和生命本性，导致人在社会生活中人的灵魂被严重扭曲，身心发展受到严重阻抑，造成人性的畸形或异化，也即作为生命完整性的身体和精神的病态。所以，从尼采开始发轫的现代人本主义呼唤人类自然本性解放，颂扬人性的健康健全发展。他提出的酒神精神是西方自文艺复兴以来的又一次伟大的人性解放运动。

尼采以酒神精神肯定人生、生命的同时自然地也就肯定了超人教育的生命意义。酒神精神是尼采超人教育生命意义的哲学肯定。酒神精神是尼采哲学的基点，也是尼采作为哲学观的超人教育思想的根基。生命——具有酒神精神的生命成了超人教育的出发点和超人教育意义生成的根本和最高追求。所以说，酒神精神作为超人教育的生命意义在哲学上的肯定，就其思想意义，我们可以概括为：酒神精神作为一种悲剧音乐艺术精神是对生命意志的肯定。生命的立场是尼采全部哲学的根基，因而就教育思想而言，其自然主义的生命观也是其教育观的根据。进一步地，尼采倡导的酒神精神，作为非理性的教育本体精神的思想意义是革命性的和超时代性的。尼采在对盲目的乐观主义和悲观主义的两种传统思想批判的基础上，提出了非理性主义的、以求强力的生命意志为根本原则的酒

①尼采：《快乐的科学》，黄明嘉译，桂林：漓江出版社，2000年版，第320页。

神精神。将道德、理性及科学等人类精神与非理性的人类精神统一并提高到酒神精神的艺术化审美境界,超人教育不管于个体发展还是人类进步,其意义是至高的,与其诗意的超人之歌的精神追求是一致的。超人教育是其酒神精神的教育咏唱与舞蹈。

# 第七章
# 权力意志与超人教育

“权力意志”通常被理解为尼采哲学的核心概念。作为尼采世界观的权力意志,被尼采视为构成世界的基础,是一种内在的“求强力的意志”力量——一种人的自我创造力量的生成过程,是一切运动、现象、法则的内在根据。随着时间的推移,尼采又把权力意志从最初的生命的原则发展为所有存在的原则。

权力意志是尼采生命哲学的根据,成为生命价值生成的根本原则。尼采要以权力意志反抗生活的痛苦,创造出生命新的欢乐和价值。生命价值生成以个人第一为具体原则,以审美化生命创造为本性,对一切价值重新评定。“重估一切价值”是尼采对现代文明,尤其是对科学及其理性和对传统道德彻底的极富创造性的批判中高呼的响亮的哲学口号,是尼采哲学思想一个重要的实践主题。

就超人教育而言,权力意志乃是超人教育运动的世界观基础。“求强力的意志”过程也就是超人教育促进人的意志的强力不断生成的过程。诞生“超人”是超人教育强力生成过程的最高追求。权力意志的个性化原则和审美化生命创造本性,为超人教育的革命性和创造超越性提供了更为深刻的哲学根基。超人教育要求人们必须强大,在成为独立、独特的自我力量的上升中不断强大,在强大中超越自身,超越同伴。这超越的过程也就是超人教育实现人自身不断展示权力意志的审美化自我创造过程。权力意志的超人教育就是人的创造本性不断展开的教育。它超越传统善恶,将理性主体原则统治下造成的对生命整体性的分裂彻底扬弃,回归生命的整体性、自然性,激发生命本能,为生命的创造性本性重新砸开道路。超人教育的生命立场,在尼采的意义上,就是将内在于身体的一切精神要素,包括理性的和非理性的要素得到彻底解放,创造新价值,创造新生命。作为生命价值评价原则而超越历史虚无的权力意志,是超人教育价值评价的哲学原则,也是超人教育新价值确立的根本原则。

## 一、作为尼采世界观的权力意志:超人教育的世界观基础

权力意志作为尼采的世界观,被尼采视为构成世界的基础,通常被理解为尼

采哲学的核心概念。对于人而言，权力意志是人的生命构成的根本。不过，尼采把权力意志看作能动的生成过程，是一种内在的“求强力的意志”力量——一种人的自我创造力量的生成过程。

“权力意志”一般地被理解为是对物理学的“力”的概念的补充与哲学改造，成为尼采对世界的哲学解释即尼采的世界观。尼采说：“一定量的力相当于同等量的欲念、意志、作为，更确切些说，力不是别的，正是这种欲念、意志、作为本身。”[①]他赋予“力”的概念以“内在的意义”，把“一切运动、一切‘现象’、一切‘法则’统统理解为内在现象”。[②]他用描述性语言把“权力意志”表达为世界的存在形式，是一种“巨大无匹”力量的永恒的运动，这种力量无所不在，不可能再增加，也没有任何其他力量可以使之减损。世界便是这种力量自身的创造与毁灭的酒神狄奥尼索斯世界——以各种形态如潮汐起落相间表现出来的自身无目的的、超出善恶之外的生存与毁灭的永久循环。尼采所描绘的权力意志的永久循环，便是他对世界的存在及其运动的解释。

尼采将“权力意志”看作一切运动、现象、法则的内在根据，具有一种主动的、向外扩展的特点和要求。权力意志外在表现为在竞争过程中“克服障碍”，实现“征服”和“反抗”。与“向外扩展”同步的，是“权力意志”自身的增长和上升。“权力意志”即“要求权力增长的意志”；而任何权力的扩大都会“打开新远景”。因此，“内向化”便是“权力意志”的衰退，权力意志为“强大的欲望”实现的权力生长。[③]

尼采批判外因决定论或环境决定论。尼采说：“内在的力无限优越，许多貌似外来影响的事物不过是内在对这种力的适应而已。对同一个环境，却可以得出完全相反的解释，可以（对环境）有不同的利用方法……天才产生是不能用环境的条件来解释的。”尼采在人与环境的关系问题上，强调人自身内因的决定性作

①尼采：《论道德的谱系》，周红译，北京：生活·读书·新知三联书店，1992年版，第28页。

②尼采：《权力意志——重估一切价值的尝试》，张念东、凌素心译，北京：商务印书馆，1991年版，第154—155页。

③尼采：《权力意志——重估一切价值的尝试》，张念东、凌素心译，北京：商务印书馆，1991年版，第376页。

用，强调人的能动性。[①]在《权力意志·614》中，尼采提出了“让世界‘人化’”的口号，激励人类发挥自身的能动作用。尼采用他的内在的“权力意志”决定论反对柏拉图的目的论，认为世界不是按照某种先验的目的必然地运动，而是权力意志的向外的变形运动，是盲目的，充满着偶然性、可能性、生成性。

尼采将物理学“力”的概念改造为权力意志的概念，用内因论取代了外因论，因而具有一种辩证的、反机械论的性质。尼采把权力意志看作精神的物质化力量，把它推衍到整个世界，具有本体论的哲学意义，这就是他的权力意志的世界观。

权力意志思想是尼采哲学构思的核心，在其《查拉图斯特拉如是说》等后期著作中得到全面的阐释。尼采认为权力意志与营养、生育、适应、遗传、分工密切相关，真理意志、正义意志、美的意志、帮助的意志都是权力意志的表现形式。在道德的背后，潜伏着一种神秘的权力意志，与这种权力意志相比，理智和道德都是无用的，它们只不过是意志手中的武器，是受意志愚弄的玩偶。决定我们思想的正是这些隐秘的欲望，正是权力意志有节奏的跳动。我们绝大部分智力活动是无意识进行的，我们并没有感觉到，因为本能才是权力意志的直接体现。

这里所谓的权力并非指政治权力，也非指武力的物理强制力，而是指一种蕴涵一切可能、突破一切阻碍、积极向上的内在生命力。这种内在生命力完全由本能驱使，权力意志指的不仅是生命的原则，还是创造过程的原则。这权力意志并不出现，只是简单地以另一种方式来谈论生命。

随着时间的推移，尼采又把权力意志从最初的生命的原则发展为所有存在的原则。

尼采把权力意志当作是事物存在的最内在的本质。因此，准确地把握权力意志的基本规定性，对于理解尼采整个世界观具有关键意义。在对尼采思想众多误读中，最严重的和最多的还是权力意志。普遍认为，权力意志是与事物存在直

①尼采：《权力意志——重估一切价值的尝试》，张念东、凌素心译，北京：商务印书馆，1991 年版，第 184 页。

接同一的，并不仅仅是精神性的实在。对“权力意志”作精神性的解读，把它理解为仅是人的主观愿望、目的是错误的。在尼采看来，凡存在都有权力意志，“生命就是权力意志”，权力意志与存在物是直接同一的。不存在谁企盼强力，不是意识决定权力意志，而是权力意志决定意识，“一切‘目的’‘目标’‘意义’都不过是与一切现象同时发生的意志的表现方式和变态”，[①]是权力意志实现的工具。尼采认为，人的具体行动在根本上是受身体本能即权力意志支配的，尼采为了强调权力意志非观念性，曾说权力意志“是激情——是产生生成、结果的最基本的事实”。[②]权力意志进入生命的内部，深深地渗入驱动生命的全部力量中去，这是尼采终生坚信不移的思想。尼采的权力意志不是一个主观的愿望，即那种仅仅在个别人身上所具有的气质。

就超人教育而言，权力意志乃是超人教育运动的世界观基础。如果权力意志可以理解为“求强力的意志”，那么，这种求取的过程也就是超人教育促进人的意志的强力不断的生成过程。诞生“超人”是超人教育强力生成过程的最高追求。

## 二、作为尼采生命哲学根据的权力意志：超人教育生命性的哲学根基

哲学的问题从根本上来说是关于人的问题。近代主体性哲学向现代生存论哲学的世纪性转向，可以说，以权力意志为核心概念的尼采哲学对此产生了重大影响。尼采极力反对传统的以探究外在于人的物质对象和精神对象的本体论哲学，也极力批判近代以理性主体为原则的主体形而上学。近代主体性哲学虽然关注人，但是因为强调人作为理性主体与自然以及身体的对立，脱离了生命的整体性，是一种身心分离的二元论哲学，因而作为生命构成的重要部分的身体意义被严重忽略。身卑心尊的主体性哲学造成了对生命整体性的分裂，生命作为知识的对象被异化为机械因果关系的一种存在形式，成为传统道德规训的牺牲

①尼采：《权力意志——重估一切价值的尝试》，张念东、凌素心译，北京：商务印书馆，1991年版，第428页。

②尼采：《权力意志——重估一切价值的尝试》，张念东、凌素心译，北京：商务印书馆，1991年版，第536—537页。

品。尼采敏锐地把握到传统文化和理性主体哲学对生命存在造成的严重后果，因此他在对西方传统文化谱系批判的基础上，提出了旨在肯定生命的酒神精神，进一步地上升到作为存在的全部根据而提出了权力意志思想。尼采所作的努力是要把哲学关注的中心放在人的现实世界、生活世界，即哲学关注现实基础，关注生命整体，它不仅仅要终结基督教的绝对力量，而且要宣告主体性的终结，以克服或摆脱西方自苏格拉底以来的理性哲学的虚妄。尼采的权力意志不仅仅是精神性的，而且作为一种“力”，是一种本体性的；不仅是在人本身，而且是在普遍的世界中，所以我们完全可以说，尼采将权力意志物质化了，成为生命价值生成的根据和原则。权力意志是尼采生命哲学的根据。

权力意志既不同于柏拉图的理念，也不同于黑格尔的世界精神。因此，尼采愿意把从柏拉图到黑格尔的欧洲形而上学的道路描绘为错误的道路，描绘为欧洲虚无主义的来源，并提出权力意志与之对抗。因为传统理性哲学越来越偏离现实生活，越来越远离真实世界。尼采的权力意志也是一个针对传统的欧洲形而上学的战斗宣言。在这一点上他和叔本华有共同点。叔本华同样在反对黑格尔的形而上学中贴近生命，确切地说贴近趋向于生命的意志。“意志”作为一个哲学问题在现代时期被叔本华重新发现。叔本华把意志看作是一个“趋向生命的意志”，而作为“求权力的意志”是尼采的创造。

他从权力意志出发，主张要以权力意志反抗生活的痛苦，创造出新的欢乐和价值。他认为，生命的意义取决于生命力和权力意志的强弱；生命的快乐是不断地创造，是与痛苦抗争的体验。因此在权力意志论的基础上，尼采对传统的基督教文化进行了透彻的反思，广泛的抨击，在全面否定传统价值的同时，尼采重新确立生活的意义，解除理性和道德对于生命本能的压抑，使生命本能健康发展。发扬人的超越性，做精神文化价值的创造者。

尼采提出的权力意志，是基于酒神精神所确立的生命观立场的思想发展，他将身体与欲望、激情、意志、经验、直觉、行动等统一起来，以此对抗理性主体形而上学身心分裂的二元论思想所导致的对生命的遮蔽。以权力意志为生命根据，通过酒神精神实现审美化的自我解救，恢复活生生的生命的完整性，建立起以生命非理性的自我为中心的权力意志哲学来代替以普遍理性为中心的主体性哲学。所以说，尼采的生命哲学的努力目标是要消解抽象的异化的理性精神主体，建构以服从于权力意志为根据的价值原则思想，还生命以非理性为中心的身体性的生命主体的完整性，并赋予生命以不断创造、生成和自我超越。

（一）以个人第一为原则的生命价值观

在尼采的生命哲学中，整个世界就是权力意志，每个生命体、每个人都是一个世界，所以每个人也都是权力意志。尼采赞扬具有强有力的“权力意志”的“个人”，但将赞扬“个人”与主张“个人主义”相区别。尼采否定理性主体原则制约下以“我”为中心的“个人主义”，说“个人主义是一种羞羞答答、还不自觉的‘权力意志’”“个人主义”者没有“自我”意识——即没有对于“自我”的“权力意志”的意识，“个人主义”者“把自己与每一个人平等看待；他并不是以一己的身份进行斗争，而是作为众多个人的代表进行反对整体的斗争”。在“个人主义”后面，紧跟着“成群结党”及这些势力之间的斗争与联合。人只是达到了某种程度的独立，才“按照有力的程度开始分散：个人不再……把自己与同类平等看待，而是去追逐同类，——他出头拔尖”。这时才有了超越同侪的有着强有力的“权力意志”的“个人”：“个人是一种全新的东西，创新的东西，绝对的东西，一切行为都完全是他自己的。”然而原有的社会“等级”却为“个人”的“权力意志”的增长所改变和打破，在“最大阻力恒久地被克服的地方，才能找到自由人的最高类型”。这种“最高类型”的“个人”决定着价值，是最有价值的人，他不但超出一般所谓的“庸众”，也超越了“领袖”“伟人”“独裁者”“暴君”等有较强“权力意志”者：“最高级的人生活在统治者的彼岸，没有任何羁绊。因为他们认为统治者是自己的工具。”在“自我超越”中实现自己的“权力意志”成为决定价值的、最强有力的、自由、独立的“个人”，这就是尼采建立在“权力意志”上的价值观和人生观。①

尼采把理性原则统治的世界称为虚构，提出了自己的以权力意志为根据的世界结构，超越了叔本华的生命意志论，渴望统治、渴望强力是权力意志的原则。尼采以权力意志衡量人类生存中的道德关系，认为以往传统道德完全颠倒了的善恶观念，传统的所谓“真善美”价值统治人类几千年实际是抑制生命的价值，是虚无缥缈的价值。尼采强调权力意志，原本要给生命一种意义、一种根据，使生

①闵抗生：《“权力意志”——尼采哲学的核心概念》，《淮阴师范学院学报》1998年第1期，第98页。

命在力的追求中超越自身,有新的创造。因此,尼采的人生价值观从人类的历史运动角度来说,在根本意义上就是以权力意志为价值原则的不断表现、创造、发挥、扩张的权力。

(二)权力意志的审美化生命创造本性

权力意志将对生命的肯定作为新的价值原则而建立,体现出生命的创造本性。权力意志的运动不仅仅向外,更主要地表现为对自身的毁灭与肯定、创造、生成和超越。

生命意志是一种能动的力量,是行动的原因,它不是幻觉,恰恰就是事物本身。意志本身具有能动的力量,并伴随着创造行动而表现为去命令的激情。

所以,我们完全可以肯定,权力意志的这种能动力量就是自我创造的能力,在透视的审美艺术的创造活动中展开,因此尼采的权力意志是创造力意志,它以创造为其基本本性。

尼采的哲学意旨一方面要打碎一个旧世界,另一方面他期待新世界的黎明到来,他要教导人类激发被遮蔽在身体中的全部本能和激情,让人类在权力意志的行动中觉醒。他将这个新的开端刻画为人的创造性意志的释放。他将人类这一自我解救行动的凭借形式与道路确定为艺术——一种悲剧审美艺术。因为传统的宗教、道德和哲学是人的颓废形式。通过艺术掀起反抗运动,让艺术承担着反虚无主义的伟大使命,让新世界价值体系的建立从人们对艺术的审美透视中展开。而在艺术的诸多现实因素中,尼采认为艺术家是最容易把握透视的,艺术要从艺术家出发去把握。尼采的超人就是艺术家的典范或最高形象代表。在溢满酒神精神的生命沉醉中,让内在于身体的一切精神荡漾,获得力量感和丰富感;让精神更敏锐、更敏感、更强健;让生命在激情、歌咏、舞蹈中产生审美化、理想化的力量,也即创造的力量释放。凭借艺术家的创造力,艺术完成了对世界的理性化。权力意志作为创造力意志通过艺术得到了直接表达,它是生命本身要求扩张,要求超越自身的意志。生命自身扩张与自我超越,权力意志将对生命的肯定作为新的价值原则而建立,于是体现出它的创造本性。

“意志”必定是有力的，有力(量)去创造，意志本身就是力。有力的意志，则不可能是空洞的、形式的。有创造力的意志，不是“缺乏”什么，不是缺乏什么感性的材料要补充进去，因而就和一般经验上的“欲求”从根本上区别了开来。“意志”不“需要缺乏”什么。在这个意义下，意志作为一种力，是积极的，不是“取”，而是“给”。“意志”甚至也不是“充满”，不是“完满”。“完满”是一种静止，而意志是力，是“冲动”，所以它不是“充满”“完满”，而是“外溢”，是“发射”。[①]

既然意志不是欠缺，不是接受，那么它作为权力就是一种创造与给予。尼采的权力意志是创造力意志，它不断地超越自身，超越所创造之物。查拉图斯特拉第二次下山后，曾两次直接说出意志的创造本性。在“救赎”中，他对驼背者说，“意志是创造性的”，它拒绝向后意志，拒绝向“过去”复仇；在“自我超越”中，他说：“无论我创造的是什么，而我又如何地喜爱它——我不久便成为它的对手与我的爱的对手：我的意志要我如是。”所以意志本身的力量不是别的，就是不断创造的力量，尼采的权力意志也是一种创造力意志。[②]

尼采认为，求强力的生命意志才是世界的真正力量。他提出“超人”来表征生命本能冲动与创造意志的最高力量。权力意志的创造价值在于个体以及人类不断超越，走向超人。尼采宣告了传统的基督教绝对主体和人作为理性主体的终结，他们不能提供关于世界和人生的真实意义，只有权力意志的生命价值能创造。

第一，生命从根本上来说就是意志，是表现生命的力量的意志，是冲动与创造的意志。这种生命意志是永远不可遏制的、强大的、冲动的创造意志。

第二，尼采认为，生命意义的有无和大小取决于生命的力量和意志的强弱。生命意志冲动、创造的本性使得人不断地创造、超越自我，求强力是生命创造意志的本性。

第三，在尼采看来，任何地方、任何事物都表现着强力的创造本性。他说：“世

①叶秀山：《试论尼采的“权力意志”》，《浙江学刊》2002年第3期，第7页。

②杨林：《“权力意志”的创造本性——试论尼采思想中的核心语词》，《理论月刊》2006年第6期，第43页。

界就是一种巨大无匹的力量，无始无终……一个奔腾泛滥的力量海洋，永远在流转易形，永远在回流……也就是我的这个永远在自我创造、永远在自我摧毁的酒仙世界……这个世界就是权力意志——岂有他哉！你们自己也是权力意志——岂有他哉！”①

第四，生命的权力意志是衡量善与恶的标准。在尼采看来，凡使人类个体精力充沛、健康向上的力量、本能的冲动、情欲的满足、自我超越、创造、进取、强力的意志等等都是善的，反之，使人类个体柔弱、平庸、萎靡、悲观厌世、停滞、下降、温顺、对生命的鄙视等等都是恶的。所以，生命创造本性生产创造了新道德价值。

权力意志的个性化原则和审美化生命创造本性，为超人教育的革命性和创造超越性提供了更为深刻的哲学根基。超人教育要求人们必须强大，在成为独立、独特的自我力量的上升中不断强大，在强大中超越自身，超越同伴。这超越的过程也就是超人教育实现人自身不断展示权力意志的审美化自我创造过程。权力意志的超人教育就是创造本性不断展开的教育。它超越传统善恶，将理性主体原则统治下造成的对生命整体性的分裂彻底扬弃，回归生命的整体性、自然性，激发生命本能，为生命的创造性本性重新砸开道路。超人教育的生命立场，在尼采的意义上，就是将内在于身体的一切精神要素包括理性的和非理性的要素得到彻底解放，创造新价值，创造新生命。

## 三、作为超越历史虚无的生命价值评价原则的权力意志：超人教育新价值确立的原则

尼采将权力意志看作求强力的意愿，是一定要追求保持和提高自身条件的价值创造活动。他基于自己对一切传统文化价值批判的虚无主义立场，喊出“重估一切价值”的口号，表达了现代西方人在传统价值崩溃的时代那种迷途的痛苦和寻求的愿望，其历史虚无主义态度揭露了现代文明导致个性丧失、自我

①洪谦主编：《西方现代资产阶级哲学论著选辑》，北京：商务印书馆，1964年版，第14页。

失落的事实，把西方面临的价值真空即人类从前确定的意义丧失看作是一个大事件，大喜悦。对以往价值观念的批判突出了生命的本意，偶像已到黄昏，表明了人要重新确认自我和创造自我，强调每个人必须独立地为自己创造价值，提倡自我实现。

尼采批判传统理性哲学中作为心灵能力的意志。传统理性哲学家们所思考的意志作为心灵能力，也具有强大的创造性，但是这种创造性是虚假的，因为传统意志的创造是主客体对立的理性模式下的创造，是主体在意识内创造客体的能力，它所创造出的是一个否定现实生命世界的虚幻的彼岸世界，并以彼岸世界为唯一真实的世界。在尼采看来，两重世界的区分，无论是按照基督教的方式还是康德的方式，都是生命衰竭的象征。尼采不遗余力地对传统理性哲学进行着批判，在生命的整体性、自然性的存在维度展开哲学探索，这就是权力意志。

尼采对历史与现实中朝向虚无的意志的洞察是深刻的。尼采是在对基督教禁欲主义的批判中发现这种朝向虚无的意志。他认为禁欲主义不仅是基督教徒的本质，也是传统哲学家和道德家的共同本质。禁欲主义否定人的欲望，却不是对意志的否定，相反它正好是一种特殊的意志。尼采说："所谓禁欲观念对人类来说意味着太多事情，这说出了人类意志的一个基本事实，即人类意志对空无的畏惧。它宁可意志虚无，而非不意志。"尼采所说的空无，指意志的消散。它不仅否定了他人的生存，也否定了自我的生存，真正给人带来恐惧。正是在这种意义上，尼采说禁欲主义宁可意志虚无，而非不意志。尼采的意志是从其自身中涌现出来的力量，而这种力量又不同于传统哲学中的心灵能力，而是感性现实世界的生命的自然性、完整性力量。朝向虚无的意志也是从意志自身涌现出来的力量，但这种力量的特征是衰弱，它只能向自身发出命令，通过压抑自身的欲望来防止力量的耗损，从而才能实现自己的生存。尼采以哲学家为例，认为从古希腊一直到近代，哲学家们的生存事实都是否定一切生活的欲望，包括自然生理的、精神的、社会的等各个方面。他们远离婚姻，保持着贫穷和谦卑，使自己从义务、责任、干扰、担忧、噪音中，甚至从好空气中解脱出来，这是禁欲的理想在哲学家身上的体现。然而这种禁欲理想的实质是什么？它是否就是哲学家对生存的否定？尼采的回答刚好与之相反。哲学家并不否定生存，他"将一切——时间、精力、爱和兴趣都储存起来，只是为了一件事"，那就是肯定自己的生存，肯定的只是自己的而非他者的生存。这正是哲学家全部的希望:“让世界毁灭!让哲学、那个哲学家、我存在!”因此禁欲是哲学家的意志行为,更是他的生存条件,通过禁欲他们才能获得最佳生存环境。这种朝向虚无的意志也就是尼采所说的奴隶的意志,它们通过压抑身体的欲望来实现自己的生存。朝向虚无的意志并不否定生存,而只是虚弱的力量通过对自身的压抑以此获得最佳的生存条件。这种意志决定了存在之历史是虚无主义的历史。虚无主义是最高价值的自我贬黜,它是传统哲学、宗教、道德等全部价值体系的本质。它的对立面是不意志,不存在的不能有意志。因此朝向虚无的意志不是权力意志的对立面,而是权力意志的隐藏,它恰恰揭示了权力意志的在场,尽管其本性尚未显现出来。①

由历史的虚无主义立场发展的权力意志思想,事实上是对一切价值的重新评定。重新评价一切价值本身设定了一种新的价值观,在将来的某个时候将完全取代虚无主义的倾向,但它是以虚无主义为前提的。对历史的虚无主义的世界观立场在于对传统一切文化的无价值的考察,对于个体人生和人类来说,在支配他的一个虚无的价值文化中间创造新价值是具有更加深远的决定性意义。

尼采基于对传统道德和理性及科学的批判来表达他对传统文化的虚无主义态度,并发出“重估一切价值”的呐喊。

“重估一切价值”是尼采哲学思想的一个主题,是尼采对现代文明,尤其是对科学及其理性和对传统道德彻底的极富创造性的批判中高呼的一句响亮的哲学口号。

从尼采对理性以及科学批判来看,我们知道,尼采生活的时代是理性主义占统治地位的时代。从文艺复兴到启蒙运动,哲学和科学崇尚理性和理性自觉,尤其是在科学上,普遍客观的真理意义已成为一种坚定信念。培根的名言“知识就是力量”响彻整个欧洲经久不息,成为时代精神的鲜艳旗帜。然而,到了19世纪后期,随着资本主义社会的发展,理性旗帜下的现代西方社会在物质文明日渐繁荣的过程中社会弊病日渐显露且突出,人类并未充分感受到科技为人类带来的

①杨林:《“权力意志”的创造本性——试论尼采思想中的核心语词》,《理论月刊》2006年第6期,第43页。

真正幸福。人们对科学理性的信念开始动摇了，并不断追问人及其生活的真正意义何在。因此，在反映人类把握世界的一切方式的文化领域，尤其是在哲学领域，现代非理性主义思潮兴起。

尼采对社会现实是敏感的，他对社会问题反映的敏感性和批判性使他不得不对科学理性发出挑战，在对科学理性猛烈抨击的过程中进一步深化了他的人性观。他说他自己："首次认识到苏格拉底是希腊消亡的工具，是典型的颓废派。用'理性'对抗本能。坚决主张'理性'就是埋葬生命的危险的暴力。"[①]

尼采把苏格拉底称为欧洲两千多年来"乐观主义科学精神"的始祖。所谓"科学精神"，尼采是指："首先在苏格拉底身上显现出来的对自然界可以探究、知识具有普遍疗治力量的信念。"[②]苏格拉底追寻清晰的知识，要把模糊、混乱、空洞的思想从头脑中清除出去。苏格拉底的"知识即是美德"赋予自己的知识论以伦理价值的意义。他认为人活着就是要求知，有了知识就必然有德行，"未经思考的人生"是不值得过的。在苏格拉底看来，即便是人的自我认识也是依靠理性思维的。因此，尼采批判道："请读者想想苏格拉底格言的结论：'美德即知识，罪恶源于无知，有德者为有福人'在这乐观主义的三种基本形态中已经蕴含着悲剧的死亡之因。"[③]

希腊的悲剧消灭了，而作为"酒神状态的形象化显示，音乐的可视象征，是酒神陶醉的梦幻世界"这一悲剧本质便不复存在了。"科学精神"挺进的后果并不仅仅如此，尼采又进一步看到"科学精神"对神话的毁灭性后果，诗歌又因此受到戕害，被逐出它的理想的自然乐园，成了无家可归的游子。尼采非常偏信神化及其艺术化的表达方式对文化和人生的教育意义："倘若我们加以严格地考察，几乎每个人都觉得自己受到了我们当代教育的历史批判精神的强烈侵蚀，因而只能经由学术之路，通过抽象概念的中介，才相信以往存在过的神话。但是，没有神话，任何文化都会丧失其健康的创造性的自然力，只有神话环抱的视野才能将整个文化运动建构为统一体。"[④]

①尼采：《看哪这人》，张念东、凌素心译，北京：中央编译出版社，2000年版，第51页。
②尼采：《悲剧的诞生》，赵登荣等译，桂林：漓江出版社，2000年版，第102页。
③尼采：《悲剧的诞生》，赵登荣等译，桂林：漓江出版社，2000年版，第87页。
④尼采：《悲剧的诞生》，赵登荣等译，桂林：漓江出版社，2000年版，第133页。

因此，在尼采看来，今天，神话的世界荒芜了。在科学理性的支配下，人们耗尽心血地探索科学知识，现代的文化成为机器化了。人通过教育的理性方式在把握和运用理性知识的过程中，导致生命的自然创造力日渐丧失，生活成了科学理性知识的机械化“产品”。

苏格拉底的理性主义在他的时代是有积极意义的，然而，西方社会经过了两千多年的信仰与理性的争斗，人的非理性被轻视，这就排斥了尼采所倚重的激情、直觉和本能。尼采以他的方式，即极端的非理性主义方式予以回击，苏格拉底成了尼采批判的对象：“在所有从事创造性活动的人身上，直觉是创造性的、肯定的力量，知觉则是批判性的、告诫性的，而在苏格拉底身上，直觉成了批评者，知觉成了创造者——真是咄咄怪事。”①

在苏格拉底式的人看来，深入事物的本质，区别真正的认识和表象错误是最崇高的，乃至唯一的人生职业，如同概念、判断和推理的整套机制，从苏格拉底起，被视为高于所有其他能力的最高级的活动和值得钦佩的天赋……谁曾亲身体验过苏格拉底认识的乐趣，感受到这种乐趣如何一圈一圈地向四周扩散，试图把整个现象世界囊括殆尽，那么从此刻起，除了完全征服和编织无法穿透的知识之网这一欲望，他就不会对其他迫使他生存的刺激有更强烈的感受了。对于具有这种思想的人，柏拉图的苏格拉底是一种全新的“希腊达观”和生存乐趣的导师，这达观和乐趣体现在行动中，教育和陶冶贵族青年，达到最终产生天才的目的。②

他认为科学理性与生命本能、直觉之间存在着永恒的斗争，要相信科学是有极限的。尼采把科学的极限性归结为两个方面：首先，科学以严密的逻辑征服体系自居。然而，整个科学知识体系却建立在那些不能依据逻辑手段来证明的假设的基础上。所以他认为：“科学也是以某种信仰为基础的，根本不存在‘没有假设的科学’。”③其次，科学追求所坚持的绝对普遍性原则是根本不可能的，科学的有效适用性是有限的，特别是对于人性、人生、生命、生活的一些根本问题。他把

①尼采：《悲剧的诞生》，赵登荣等译，桂林：漓江出版社，2000 年版，第 83 页。
②尼采：《悲剧的诞生》，赵登荣等译，桂林：漓江出版社，2000 年版，第 92—93 页。
③尼采：《快乐的科学》，黄明嘉译，桂林：漓江出版社，2000 年版，第 268 页。

“思想依靠因果律的引导可以深入到存在的至深底蕴”看作苏格拉底“崇高的形而上妄想”。科学要达到“自己的极限”必须“转变为艺术”。①

尼采把科学看作只是对真理的探索而不是对真理的绝对占有，因为，方法的明确性并不能保证所获得认识的结果的可靠性和安全性。而且，科学认识无法为生活设定目标，“只有当人有目标时，它才有用处”，也就是说，科学只是人生活的手段和工具，与人的幸福的获得并没有必然的联系。科学的价值不是由科学本身决定，而是由人本身的存在意义来决定，不能让科学的价值无限扩大。

尼采对科学理性的针砭是用自己的“酒神精神”作为立论根据的，他自信地说：“我们现在称之为文化、教育、文明的一切，总有一天必将在铁面无私的法官狄奥尼索斯面前接受他的审判。”②

尼采对科学理性的批判，其目的是为他的人性观寻找根据。科学不可能完全把握存在，更不能全面指导人生，为人生确立目标和意义，却反而能使人性异化和使人感到生活的绝望。科学本身不可能直接关心人，不可能作为人生的最高追求和目的，否则人类必然丧失自我，人类必然走向生存危机。尼采作为 19 世纪中后期的思想家就已经深深地认识到科学的致命弱点，如果我们进一步地观照我们今天的现实和人类生存的诸多困境，我们不免深觉：尼采对科学的批判无疑是富有远见卓识的，其思想的启示意义是深刻的。

尼采对科学的批判和极限的认识，似乎给了后来的存在主义和今天的后现代主义以先知般的启示。由此可见，尼采思想的深邃性和超前性是惊人的。

从尼采对传统道德的批判来看，尼采对科学理性的批判，事实上批判的是受此支配的整个西方文明，他相信“理性的最大原罪”就是压制了生命的本能。人类在科学理性支配下获得物质上满足的同时，人的生命本能却日益削弱，造成了今天社会的颓废。文明的颓废从理性上来说是对理性的盲从，从人生实践上

①尼采：《悲剧的诞生》，赵登荣等译，桂林：漓江出版社，2000 年版，第 91 页。

②尼采：《悲剧的诞生》，赵登荣等译，桂林：漓江出版社，2000 年版，第 117 页。

来说，便是基督教及其道德的束缚。这样，尼采就把他的批判触角伸向了宗教伦理。他称自己为一名“反基督徒”，视支配欧洲的“绝对的伦理”的基督教是违背自然和人的天性的。他宣告“上帝死了”，建立在基督教信仰之上的整个欧洲道德体系也必将崩溃。尼采对传统道德的批判一般地被概括为这样三个方面：

第一，传统道德违反自然，否定生命。

在尼采的眼中，世界只有一个，那就是属于我们生活的“真实的”世界。这是一个活生生的人的世界。在生活世界中，人的生活是鲜活的，多姿多彩的，充满着欲望和激情。

尼采宣告“上帝死了”，感叹这件事的划时代意义，表现为全面的信仰危机和价值危机后的新价值体系的建立。人，只有在自己的人性解放中才可以创建新价值，尤其是伦理价值，从而为自己寻求安身立命的根据和建构全新的生命意义。在《查拉图斯特拉如是说》这部哲学著作中，尼采认为道德对人其实是一种无形的支配，它要求你的是在愤怒、爱和恨中的全部力量。

传统道德对生命肯定的，正是尼采要否定的；而传统对生命所否定的，却正是尼采要肯定的：“我感到幸运的是，在经历了整整几千年的迷惘和混乱之后，又重新找到了导致肯定和否定之路。我教导说，要否定一切使人软弱——使人衰竭的东西。我教导说，要肯定一切使人强壮，使人积蓄力量，为力感辩护的东西。迄今为止，别人还从未教导过什么，因为有道德、无私、同情，因为别人教导过连生命都要否定。这一切乃是衰竭者的价值。”①

第二，传统道德宣扬柔弱，压制生命本能的强盛。

尼采把生命本身看作一种非伦理的存在，认为否定和破坏是肯定生命的先决条件，能激活强者，增强生命力。然而基督教呢？它强调驯服、柔顺、慈悲、怜

①尼采：《权力意志——重估一切价值的尝试》，张念东、凌素心译，北京：商务印书馆，1991年版，第592—593页。

悯，使人类变得病弱、怯懦、无力，这从根本上是反对生命的。尼采在《善恶的彼岸》中提出了两种主要道德类型：主人道德和奴隶道德，后来在《论道德的谱系》中作了进一步的阐明。在此，我们强调一句，尼采这里的“主人”和“奴隶”只是一种比喻，没有阶级类群意义。主人道德是种“有独立心而勇敢者”的道德。他们的生命和本能得到了充分的展现，以自己的意志和价值尺度创造和确立道德观念和准则，把一切高尚的、威严刚毅和值得骄傲的东西即一切能发挥个人的内在生命力本能，发挥个人的创造性、能动性的东西确立为善，反之为恶。这种道德又被称为强者的道德。奴隶道德是“谦逊而顺从者”的道德。这种人缺乏旺盛的生命力和激情，没有奋发向上的生活理想和自我创造的强烈愿望，把获取生存的功利手段当作生活和行为的准则，把怜悯、同情、仁慈、宽恕等品性赞为美德。他们因为对强者的对立而抑制了自己旺盛的生命力，这种道德就是弱者的道德、基督教的道德。由于这种道德实质上抑制人的生命和本能，违反人的自然本能，弱化人的自我创造性和积极进取精神，因而是一种破坏性道德，以这种道德为准则的文化则是颓废的文化，以这种道德为思想和行为准则的人则必然是丧失了自我的人，是异化的人。①

第三，传统道德倡导伪善的无私，扼杀了人的个性和创造精神。

尼采对传统道德观的非难和反叛是尼采哲学否定的主体，从《悲剧的诞生》《朝霞》《查拉图斯特拉如是说》《善与恶的彼岸》到《论道德的谱系》，道德始终是尼采思考的主题。他提出了“健康的自私”的观念来批驳基督教“伪善的无私”和功利主义道德观歪曲的“自私”。他说：“当时还发生一件事——是的，那是首次发生！——查拉图斯特拉曾欣然颂扬过自私，从强大灵魂中涌出的健康的自私。……谁说‘自我’是健康、神圣的，说自私是快乐的，谁也就会说他懂得的预言：‘瞧啊，他来啦；临近啦，那伟大的正午！’”②

在尼采看来，人的精神世界流淌着要做“自我”的“自私”。人必须成为“自我”，不能只生活在别人的影子中，或者就是别人的影子，否则，人类如何进步，那伟大的人类正午又如何到来？他写道，“我们的生活也应对我们保持无误！我

①陈鼓应：《悲剧哲学家尼采》，北京：生活·读书·新知三联书店，1995年版，第160页。

②尼采：《查拉图斯特拉如是说》，黄明嘉译，桂林：漓江出版社，2000年版，第207、208页。

们应当自由、坦荡,从清白无辜的自我本位发展自己,强盛自己!……谁要做自由人,必先完全成为他自己。自由不会像神赐之物落在人的怀里。"[①]

如果说追求实现自我,做一个只属于自己的人是一种"自私"的话,那这种"自私"当然是健康的。"健康的自私"追求生命力量的丰盈,源于人类对自己的爱。"大地和生命都是沉重的,沉重的思想也希望这样!谁想变轻,变成一只鸟,谁就必须自爱。"[②]

人因为自爱而成为"自我",并因此而获得自由,如小鸟在天空中任意飞翔。尼采提出人在自爱中而至"健康的自私"而至自由,以此来反对传统道德伪善的"无私"说教和"歪曲的自私"。由此可见,"自爱"在尼采人性思想中的重要意义。人因爱自己才能更好地爱别人。基督教道德"利他""忘我"等说教,要求人们逃避自我、憎恨自我、牺牲自我、否定自我,为他人无条件地活着,在他人的生活中生活,这在尼采看来是虚伪的、颓废的。一个生命力旺盛,热爱生活的人,应该有高尚的自爱和自我保存、发展、超越、前进的生命扩张力。自爱是生命的一种意义。

那么,什么是尼采"健康的自私"的评价标准?他说:"自私自利的价值,同那个自私自利者生理学方面的价值一样:它可能很有价值,也可能毫无价值令人鄙视。每个个体人可以就此得到评价,即根据他表现的生命线是上升或下降……他表现的是线条的上升,那么他的价值事实上是杰出的——为了随同他继续前进一步的生命整体的缘故,对于他的最佳条件的保持和创造的操心,甚至可以是极端的。"[③]

尼采以是否有利于生命力的强弱作为"健康的自私"的评价准则。当然,这里"生理上的价值"的"生理"并不是指人的体格,而且指孕育于自身的内在的自然生命力量,是指向人的精神创造力。"健康的自私"只不过是人身上的内在生命力的一种要求和"自爱"的一种表征,是真实的自我的一种展示,是人成为人并

①尼采:《快乐的科学》,黄明嘉译,桂林:漓江出版社,2000年版,第126页。
②尼采:《查拉图斯特拉如是说》,黄明嘉译,桂林:漓江出版社,2000年版,第210页。
③尼采:《偶像的黄昏》,卫茂平译,上海:华东师范大学出版社,2007年版,第146—147页。

促进生命力生长的一个根据和基础。

总之，人在自爱中创造自我，成为自己，生命力在不断强大。

然而，传统道德一味地强调顺从，循规蹈矩，自然扼杀了人的创造精神，阻碍了人类的进步，毫无疑问，在尼采看来不是“善”的，是“恶”的。一切创造者的坚强，冲破习俗和教条的果敢恰恰是最大的“善”。这不仅是人性意义上的，更是社会意义上的，人在创造中成长个性，在独特个性形成中追求创造。这就是人生、生命。

尼采对艺术、科学、道德与人性的哲学思考着眼于个人人性观的整体建构。当然，他的思考并不仅限于这三个方面，还包括诸如文化、历史、政治等方面。他任一方面的阐释都不是绝对独立的，尼采经常性地把他们交融于一起，使自己的人性观逐渐清晰，呈现为一个否定性的建构方式。“酒神精神”是其人性观阐释的根本和依据，具有本体论意义。它是体现在人身上的自然的生命活力的充盈和高涨，是通过艺术来肯定生命的一种精神。这种肯定来自对人生、生命的真挚的爱，爱生命中的一切。因此，它必定是勇敢者的、强者的精神。在酒神精神的召唤中，人有了“健康的自私”，以此来体现和实现真正的自我，创造属于自我的人生价值，因此，他要高喊“重估一切价值”。

尼采的重估一切价值，基本含义是对理性主义所推崇的真理和传统道德所信奉的道德观念等价值准则采取批判和否定的态度。它是人类所有新价值确立的哲学原则。

尼采将酒神精神的哲学运思发展为权力意志，是要彻底掀开历史的虚无面纱，唤醒沉睡在衰亡、腐朽、残破、凋零的现代萎靡不振文化荒漠中的人们，恢复人的真实、地位、生命意志及其价值。

尼采以生命意志为基础，把权力意志看作一切事物的出发点，以此否定上帝的存在而肯定自我。在他的哲学著作《查拉图斯特拉如是说》中，他借查拉图斯特拉之口宣布了上帝的死亡，并以满腔的热情向人们展示出他的“权力意志”哲学，并激情宣告人类呼唤“超人”的诞生。尼采否定上帝，就是要让人们相信自己意志的力量，要人们用自己的意志重新评估一切价值。尼采教导人们认识自己，做自己的主人，把权力意志看成如人们爱美一样，并把它作为创造事物，获取权力的手段。

尼采否定传统的宗教、道德、哲学、艺术等所表现的旧价值，推倒偶像，转换价值标准。为此，他主张唯有生命本身才是价值的标准，价值应当由人赋予，人是价值的赋予者和评定者。

尼采的权力意志思想，着眼于全人类，激励每个人寻求上升路线去完善自我，相信自己的力量，蔑视上帝，蔑视虚无，去争取自身的权力和自由。他所追求的是一种积极向上的路线，墨守成规是意志薄弱者的作为，人要有创造意识。他主张人要以参与意识来投入世界活动，去获得个人的超越。这种超越所追求的不是生命自身，不是满足生命的种种欲望，而是超越于求生存之上的生命意义和目的，不仅仅是自我保存的意志，而是创造自我的权力意志。

作为生命价值评价原则而超越历史虚无的权力意志，是超人教育价值评价的哲学原则，也是超人教育新价值确立的根本原则。超人教育价值评价说到底就是对教育中的人克服历史虚无对生命价值的戕害而超越自我，并走向超人的人生奋斗目标的价值评价。人勇敢地以自己的意志面对生活的真实，或者说基于生活，站在现实的人生大地上，为教育生命活动确立目标和价值，使自我的生命力在创造中不断丰盈，并不断地向“超人”的人类最高境界跃升，这样，超人教育意义便在此价值导引下不断生成和走向高远。超人教育创造的新价值是基于生命的自然性、整体性与自由性的生命价值；是扎根现实生活的文化精神价值；是实现生命创造力量不断强盛的价值；是生命不断否定既有状态而实现“成为你自己”的人性生成和向骆驼—狮子—孩子的精神境界不断超越攀升的价值。

# 第八章

# 超人教育的教师

“作为教育家的艺术家”的时代杰出代表或典范，在尼采那里，起初是其推崇备至的音乐家瓦格纳，但很快就被人生哲学家叔本华取代。尼采在《作为教育家的叔本华》中描绘他心目中教育家形象。尼采对瓦格纳音乐的真挚热情以及把瓦格纳作为教育家，在其《悲剧的诞生》中就已有生动表达。他寄望瓦格纳音乐成为能够拯救欧洲人性衰弱的艺术最高成就的代表，甚至超过古希腊音乐艺术成为更具有生命肯定力量和创造力量的艺术形式，此时的瓦格纳成为尼采心中的偶像，被尼采视为古希腊悲剧艺术家的现代版杰出代表。但是，瓦格纳——这偶像的黄昏很快到来，叔本华成为尼采的教育家偶像。

作为“教育家的人生哲学家”叔本华，他不要求人们把他作为追随的对象、效仿的典范，也不会因拥有丰富的各种知识而成为知识传播者。尼采将其描述为作为教育家的真正的教育意义在于他具有诚实、乐观、坚韧的精神品质。

在《查拉图斯特拉如是说》这部光辉的哲学著作中，叔本华式的“作为教育家的人生哲学家” 进一步被他思想中的查拉图斯特拉所超越。查拉图斯特拉是尼采哲学与教育思想的代言人。查拉图斯特拉站在人类的高处，要让人类倾听，他是预言家、思想家、教育家，是用思想舞蹈去创造的教育家，是要教导人类诞生超人的作为教育家的哲学家。

从古希腊的艺术家到瓦格纳到叔本华再到查拉图斯特拉，尼采的教育家思想在不断攀升，他的教育家也在不断地成长。尼采对现实人性认识越深刻，同时也就激发了他改造人性的更大的抱负和激情。因此，他的教育家自身就必须越来越强大，要成长为“超人”教育家，也就是说教育家自己要向成为“大海”、成为“闪电”攀升。

教育家查拉图斯特拉用自由精神孕育自由精神，重估人类的一切传统价值，扎根“大地”，在生命负重中前行，获得人类的新情感，激发人类的创造才智，创造人类的新价值，让生活生机勃勃，让人性充满审美，人性之美的至高形象“超人”终于走来，“超人”教育实现了最高价值的创造。

## 一、尼采教师生活的教育意义及其“作为教育家的艺术家”的思想

我们把尼采教育思想在总体上阐释为超人教育思想，这与尼采自己十年大学教师的教育与思想活动及其后的生活选择也是密切相关的。他透过自己真切的学习与教育生活体验，对时代教育的洞察可谓发人深省。尼采生活的特立独行富有意味深长的教育意义。

1869 年，尼采 24 岁，导师里奇尔教授因对他特殊才能十分赏识，极力举荐他担任巴塞尔大学古典语言学教授。里奇尔这位具有探索精神与纯真热情的著名古典语言学者自豪地称他为“莱比锡青年语言学者的偶像”，是“奇迹”。然而尼采最终选择了逃离，十年后辞去了巴塞尔大学的教授职务。他说：“我更害怕的是另一种庸俗，即成为那种完全职业化了的人。”他可以背叛职业，背叛作为大学教师的声名，正如他所言“我在任何时候都不容许自己对思想的可耻的背叛。”①为实现自己的思想自由、生活自由，他宁愿拖着病体漂泊，在孤苦中体悟生活，并钻进古希腊的文化世界中进行人生哲学的思考。就尼采而言，孤独者充满了最伟大的力量与最深刻的思想，用自由的意志和对思想的真诚，怀着对艰难困苦的崇敬，用坚忍独立承担生命之重，成就自我。

作为年轻教授，尼采的辞职是对当时教育的反叛，他要通过抗争与否定使自己变得幸运。如果他一直保持他的忠实，对他可能就是最大的不幸。尼采深切地体验到生命是在不断自我否定中自我肯定、自我创造和自我超越的意义生成过程。尼采的生活选择与行动富有教育意义。

作为人生哲学家，尼采用自己的行动证明他是当之无愧的教育楷模。教育的意义就在于让思想飞翔，肯定自我，在不断展示创造力量的过程中超越自我。唯有此，教育才具有创新价值。现代教育中，有多少“尊敬的教师们”在飞扬的个性中为思想自由坚守自我、捍卫自我？更多的是为生活之利益在职业中博弈，为职称晋级和学术头衔而不惜牺牲尊严，因循守旧，他们拥有证明“博学”身份的一大堆证书，但缺少思想。现代教育带给人们的是“遨游在知识的汪洋中”的迷雾，

①刘自觉：《尼采传》，北京：中国广播电视出版社，2002 年版，第 59 页。

人们毫无怀疑、毫无防备而心甘情愿被卷入其中，然而更多的是并未能够实现在"知识的汪洋中"自由遨游，沉没在"知识的汪洋中"成为难以自救的命运，即便那些自感能够实现自由遨游的人，也不过是知识的化石，而"自我"的独立自主与创新超越的生命精神却是他们人生活动中的奢侈品。

作为思想家，通过阅读来自主学习是他生活中的一部分，然而从尼采独树一帜的传记《看哪这人》以及对历史学家、哲学家、大学教授、学者的诸多批判中，我们分明感受到尼采基于生命精神的阅读与自主学习的品质。可以说，尼采的自主学习与阅读是他发现自我、创造自我的重要方式。例如，他列举了学者的种种类型：秘书型学者只知整理种种材料，使之系统化；律师型学者全力辩护其对于所研究的问题的权利；牧师型学者的用心是让人们信仰他们的信仰；犹太学者运用逻辑迫使人们赞同他的意见。所有这些人，不思创造，于是他们便书读得越多，越显得呆钝与无能。尼采要用思想的"铁锤"尝试砸碎一切偶像，呼唤能够创造新思想、新价值的新人不断诞生。

尼采用生命精神读古希腊文化、读基督教、读哲学家、读艺术家等，在批判性阅读中点燃激情、感动和智慧。他读叔本华，激动得精神亢奋，遇见了精神导师。他与瓦格纳交往，阅读他的艺术作品，也曾为其艺术的生命精神所感动。当尼采在1887年读到陀思妥耶夫斯基时，他描绘自己的感觉："一种血统的本能直接呼叫出来，我欣喜超乎异常""他属于我生命中最美好的幸运情形""一种血性相通的慰藉，一种气味相投的契应"。[①]但尼采决不会让自己成为思想的奴隶，他要"成为他自己"——一个不愿意与别人相提并论的作为"教育家的人生哲学家"。

尼采读书，最终要丢掉书，正如他交友一样，最终要丢掉偶像。批判是他的秉性，创造思想是他的激情与冲动。他重估一切价值，包括他读的叔本华和瓦格纳，甚至于对他的查拉图斯特拉，他也要提醒人们时刻提防他，要求人们必须最终否定他。尼采要人们明白，坚定地永远做一个学生，这对他的老师不是好的报答。学习的快乐就是自我意志力的强盛，生命内蕴的不断丰盈。

①刘自觉：《尼采传》，北京：中国广播电视出版社，2002年版，第315页。

尼采哲学的主题是人生意义，他以崇高的对人生、人类的关怀精神审视教育，赋予超人教育以最直接的、现实意义上的人生意义的生成性，在此基础上，超人教育向理想驰进，进入超人诞生的境界。教育理想的实现需要理想的教育和教师，为此尼采寄望于超人教育的伟大实践者——人生哲学家式的教师。尼采眼中的教师是非同寻常的，而且在其不同的思想时代，对教育家所给予的要求表现了他的教师观的层次性。

从尼采第一部哲学著作《悲剧的诞生》起，教育思想就已经在尼采的思想中扎下了根。不过，尼采的教育思想与其哲学思想是融为一体的，他的全部哲学思想也就是他的教育哲学思想，他要用他的哲学思想教导人类。在尼采不同的哲学思想活动时期，有不同的关于能够成为教育家的思想表达。在《悲剧的诞生》中，让任何对尼采教育观有自觉意识的阅读者不禁油然生发——这不仅是一部关于古希腊悲剧艺术的美学著作，也是一部关于古希腊审美艺术教育的美育著作。尼采认真研究了席勒的美育思想，并对此加以批判性考察。席勒作为美育思想家，在尼采诞生半个多世纪前，以信函形式连续写下《审美教育书简》，认为美育在其功能上是让人获得比希腊人曾拥有的更加丰富和完整的人性，美育能够让人的感官本能等自然属性得到转化，使人类的“理性”形式的培养成为可能，具有感性培养和理性培养的双重功能。自然本能的“感性冲动”与理性的“形式冲动”通过审美教育统一于“游戏冲动”，表现出鲜活的美的形象。很显然，尼采对古希腊悲剧艺术日神与酒神的精神统一性与席勒的美育主张有着共通性。酒神精神与日神精神的对立与统一达到了对生命在更高层次上的肯定。尼采的用意是很清楚的，他要借对古希腊悲剧艺术的独特阐释为西方日益深重的人性衰弱提供解救的方式，冀望现代人以古希腊人的艺术精神指导生活，视古希腊艺术家为美化生活、提升人性力量的教育家。所以说，在《悲剧的诞生》中，给古希腊人带来非凡美育的教育家就是古希腊的悲剧艺术家，他们创作悲剧，教导希腊人，将悲剧艺术深入希腊人“自我”的人性生成及其生活世界中。尼采深入考察了希腊悲剧的诞生到消亡的文化根源，并对悲剧艺术重获新生寄予了深情厚望。酒神与日神的精神融合是希腊悲剧艺术的光辉所在，是希腊人人性审美丰富性的根源。然而，宗教与理性的推崇导致悲剧的消亡和人性的衰退。尼采视艺术的审美人生才是真正的人生，正是希腊悲剧艺术家们——这些伟大的美学教育家们，通过悲剧艺术教导希腊人：人生意义在于审美体验，“酒神精神”是肯定生命审美意义的精神根据,肯定生命就是肯定生命的自然性、整体性、自由性、超越性等“自我”的人性生成性,就是肯定生命在自主的审美的人生活动中不断实现生命的激情绽放、肉体的强壮、精神力量的丰盈。

古希腊的艺术家们培育了希腊人在审美的艺术体验中,不仅体验到生命的苦痛,对生命的感悟能力和自我意识,而更深远的教育意义在于:使人能够超越生命痛苦,超越对生存恐惧的敏锐觉察,达到对生命的自由、创造、永恒、完整、完满的体验,从而具有尽情享受生活的审美能力;使人能够超越理性哲学、道德与宗教思想的精神控制,让生命通过审美体验从宗教和理性的役使中实现自我解救,达到美学的至高境界。

在此,我们完全可以说,尼采悲剧艺术理论中代表“酒神精神”的悲剧主角——酒神狄奥尼索斯就是尼采心中的作为“教育家的艺术家”的最高艺术形象,而创造古希腊悲剧艺术的艺术家们就是教导人类走向生命强盛的具体的教育楷模。

总之,作为“教育家的艺术家”,让人类将悲剧艺术的审美精神——在尼采那里更为强调的也就是“酒神精神”融入生命的全部活动中,臻至生命肯定和自我意识生成的审美化人生境界,乃是其教育的使命。

“作为教育家的艺术家”的时代杰出代表或典范,在尼采那里,起初是其推崇备至的音乐家瓦格纳,但很快就被人生哲学家叔本华取代。为此,尼采写了《作为教育家的叔本华》以描绘他心目中教育家形象。尼采对瓦格纳音乐的真挚热情以及把瓦格纳作为教育家,在其《悲剧的诞生》中就已有生动表达。他寄望瓦格纳音乐成为能够拯救欧洲人性衰弱的艺术最高成就的代表,甚至超过古希腊音乐艺术成为更具有生命肯定力量和创造力量的艺术形式,此时的瓦格纳成为尼采心中的偶像,被尼采视为古希腊悲剧艺术家的现代版杰出代表。但是,瓦格纳——这偶像的黄昏很快到来,叔本华成为尼采的教育家偶像。

作为“教育家的人生哲学家”的叔本华,他不要求人们把他作为被追随的对象、被效仿的典范,也不会因拥有丰富的各种知识而成为知识传播者。尼采将其描述为作为教育家的真正的教育意义在于他具有诚实、乐观、坚韧的精神品质。

## 二、作为教育家的人生哲学家：超人教育教师的品质

教育家应该是人生哲学家，准确地说，他是叔本华式的人生哲学家。唯有如此，才能实现尼采设计的人走向超越于自身的超人及超人社会的教育理想。那么，叔本华式的教育家具有怎样的品质呢？叔本华这位一直铭刻于尼采心中的精神导师，使得尼采一开始接触到他就激动不已，启迪尼采并引导他走上一条寻求人生真谛的哲学探索之路，达到一种令人惊异的精神境界。而尼采也以他的智慧启迪、滋养了其后一代代"爱智"哲人。尼采对叔本华形象的刻画深深地打下了自我的烙印，他结合自己的亲身经历，对所推崇的对象叔本华予以个性化的理解。正如他所言："《作为教育家的叔本华》却记录了我内心深处的历史，记录了我的发展。""甚至可以认为，这里根本不是'教育家叔本华'，而是'教育家尼采'。"[①]

叔本华是真正的教育家。教育家是对人的生命进行深入思考并通过自己的教育人生以影响生命，让生命创造力走向强盛的"思想家"教师。尼采的教师观，是从教师"应该具有怎样的哲学思想"或"人生哲学思想"以及应该具有怎样的精神品质的角度来建构的。他所肯定的教师决不只是单纯的"知识传授者"——一种知识教育者或知识生活者——而强调教师对其教育活动的生命意义。他批判性地指出"我们的生命不属于我们而属于知识，如果不是知识的使命，我们也许早已放弃了生命"。[②]所以说，教育的知识目的是错误的，知识不是目的，知识教育应该以服务于生命、生活为准则。在我们的教育中，迂腐的、对生命无意义并造成侵蚀而有害于生命的知识太多了。正如尼采所感叹的那样："当我们回首我们的生命历程时，我们发现有一件东西我们是永远地失去了：我们的虚度的青春岁月。"[③]在只有知识而没有生命的教育中，生命成了知识的工具。在知识面前，人们不堪重负，于是尼采提出了"我到底在做什么？我到底因为什么要这样做？"的"现代教育制度既不教授也不提问的真理问题"。[④]对于教育家或"思想

①尼采：《看哪这人》，张念东、凌素心译，北京：中央编译出版社，2001年版，第60页。
②尼采：《曙光》，田立年译，桂林：漓江出版社，2000年版，第155页。
③尼采：《曙光》，田立年译，桂林：漓江出版社，2000年版，第155页。
④尼采：《曙光》，田立年译，桂林：漓江出版社，2000年版，第157页。

家”教师，这样的“真理问题”是必须思考的，也必须让他的学生去思考。因此，从这种意义上说，作为思想家的教师是属于全人类的，是人类共同的教师，并不仅仅是我们所指的具体的、学科意义上的直接从事着某种社会规范意义的教育活动的教师。当然，直接给我们以教育影响的教师是必要的，但我们选择教师必须慎重。尼采深有体会地指出：“在我们年轻的时候，我们从我们的时代那些我们偶然碰到的圈子选择我们的教师和指导者。我们天真地以为，当前的时代必定有最适合我们的教师；我们毫不怀疑，用不着走得太远我们就会找到他们。后来，我们发现，我们不得不为这种幼稚付出沉重的代价：我们不得不吞下我们所选择的教师的恶果。”[①]

尼采感叹因我们择师的不慎和天真而导致的后果。所以说，选择我们的人生导师必须慎重。那么，我们应该选择怎样的老师？教师应该拿什么教导学生呢？尼采说：“教师太年轻了，只配做受训者，怎么能指望他们教人以智慧呢？”[②]教育学生只拥有知识而缺少智慧，这不是真正的教师，不能成为学生选择的教师。

尼采在教师观上反对教师只是知识的传授者，教师的教育活动只是一种知识活动，当然并不是要彻底否定知识对于生命活动的意义。强调人们在学习知识过程中不应是生吞活剥的，不能以一种知识化的标准和要求通过认识过程中的理解、消化、接受进而产生对生命发展的限定和创造力的扼制。知识应该成为生命力发展的一种推动并与生命融为“一体”，进而使人富有智慧。人不应该因被知识限定而造成对生命的侵蚀和弱化，使人成了材料、机器、工具、对象和手段，被异化为知识的对象，这样最终会导致人性逐渐被知识所蚕食。因此教师在教育活动中，应该看到知识是为生命服务的，生命是知识教育的根据。知识本身不是目的，生命或“自我”才是知识的目的。“自我”在对现实暂时性的一切存在作批判和否定性的思考或认识过程中达到对生命意义的进一步肯定性认识，从而实现“自我”在创造性思考及其人生实践活动中的超越。总之，作为教师不能只成为一个知识传授者和传播者，其人生意义更在于帮助学生形成智慧，培养

①尼采：《曙光》，田立年译，桂林：漓江出版社，2000年版，第293页。

②尼采：《哲学与真理》，田立年译，上海社会科学院出版社，1993年版，第150页。

学生批判精神、创造精神、自主精神等,在学生自身潜能和特殊性被充分照顾和挖掘的基础上成为真正的“自我”,实现个人的自由和解放。这才是真正的思想家教师的教育人生和教育追求。

在《作为教育家的叔本华》这部著作中,尼采认为,作为教育家应该有如下三个基本品质:

(一)诚实

尼采把诚实看作哲学家的首要品质,然而,尼采对诚实的理解是有特别含义的。他把真正的教育家和哲学家与普通的学者予以比较,道出了他所理解的“诚实”的意义。

尼采多次对“学者”形象给予深刻的描绘和剖析,在《查拉图斯特拉如是说》的《论学者》篇,《快乐的知识》中对学者类型的种种列举;《作为教育家的叔本华》对学者的品性透析,等等。在对学者的诸多缺陷的否定中,肯定了作为哲学家的基本品质。学者失去了自我,而一个真正的哲学家、教育家就是一个能坚守自我、探索人生和创造生命意义的人。哲学家必须绝对地对这一使命真诚。真诚意味着把自己的全部生命投入思想创作活动中去:“他为自己写作,而且没有人愿意受欺骗,一个把不骗人、不骗己当作座右铭的哲学家更是如此……他只是跟自己交谈,或者人们实在要想象出听众的话,就应想到一个聆听父亲教诲的儿子。他面对一个乐意听讲的人,口气诚恳、直率、温和。”①

可是尼采感叹,现在“诚实的作家太少了”。所以说,真正的教育家、哲学家应该把自己的个性融注到自己哲学思考和创作中,创造性思考是哲学家个性的独特体现,是哲学家的独特个性魅力的展示,诚实的人不仅是为自己创作的人,而且是创造生命意义的思想者。

尼采还通过对美化自己生活的“三种人”,即对卢梭、歌德、叔本华的比较,进一步为教育家的诚实品质诠释。他认为卢梭这样的人代表着自然化的人性特

①尼采:《悲剧的诞生》,赵登荣等译,桂林:漓江出版社,2000年版,第201页。

点，能够从社会的桎梏中自我解救而获得新生，恢复本来的自然人性；而歌德这样的人老练、优雅、好沉思，但脱离了积极的生活。这两种人性类型都不是尼采所认同的，只有叔本华这样的人所代表的人性类型才将上述两种人性类型加以结合，既能够显示生命自然性的力量，又能够获得生命精神性力量积极真实的展示，这才是生命最饱满的、健康的、富有创造性的、诚实的人性形象。这样的人性形象所具有的教育意义是深远的，教育在于获得人性的解放，促进人性的完整性，激发人性的创造性，以此诚实地服务于文化生活。他说："叔本华式人物应该给予我们勇气。叔本华式的人物自愿担当诚实带来的痛苦。""叔本华作为第一个指出拯救和神圣化前景的哲学老师，来到我们这些丧失了神性，变得非常俗气的人中间。一切可以被否定的存在，也活该被否定，诚实就意味着相信一种根本无法否定的，本身也真诚无欺的存在。"①所以说，只有叔本华式的诚实的人生哲学家才可以成为实践尼采教育思想、走进尼采教育世界的真正的教育家。

尼采认为，"诚实人生"就是英雄人生。"诚实者的英雄气概"在于诚实者"把事物中的虚假成分曝光"，诚实者能看到周围的从事不同种活动的人所戴着的"千百种面具"和迷失自我的、空洞的、骗人的人性生成，诚实者的英雄人生是痛苦的人生。他"非常清醒地意识到诚实将给他带来多大的痛苦"。

尼采以诚实作为教育家的首要条件，是为了向人们阐明他的教育家对于人生的"教育意义"。他自己是分明地看到了现实社会和现实的人的"虚假化"，他要以诚实的教育家指导人们在思想和行动上都要保持纯朴、诚实，与虚假人生开战。他说："人要求真诚并在与其他人的社会交往中满足这一要求。这是一切社会生活的基础。人们预见到了互相撒谎的不快后果，因此真诚就成了一种责任。"②

作为人应该具有真诚的品性，坚守真诚"是人的一种责任"，否则生活就失去了基础，人生变得无意义。作为教育家或哲学家，在教育活动过程中，教人真诚就成为他的文化使命，教育家的人生意义就在于此。而为了成为一名真正意义上

①尼采：《悲剧的诞生》，赵登荣等译，桂林：漓江出版社，2000年版，第242、243页。

②尼采：《哲学与真理》，田立年译，上海：上海社会科学院出版社，1993年版，第40页。

的教育家，教育家自己必须具有真诚的品性。教育不应该是一种“谎言”，教育家不应该是“谎言家”，做诚实的教育家，创造真正的“诚实”的教育和文化，这就是尼采对教师的要求和教育的追求。

然而，现实的文化教育活动中，我们的教师又是怎样？尼采真诚地说：“谁是教师，他就多半不善于为他自己的利益做自己的事情，他始终想着他的学生的利益，任何知识，只要是他能够教授的，才会使他感兴趣。最后，他把自己看作一条知识的道德，归根到底看作工具，以致丧失了为自己的真诚。”[①]

尼采要求教师不仅要真诚地对学生，而且要真诚地面对自己，从而真诚地从事教育活动。真诚的目的是在于教育活动中的每个人，包括学生和教师自己，如果教师一味地从学生利益考虑，教育中教师必然要用知识“装扮”自我，真实的自我“牺牲”了，教师的教育人生变成了虚假的人生。所以教师要做到尊重自己的自然人性要求，只有在人性意义上真实的教师自我才能产生对学生自我形成的教育意义。所以说，教育家的诚实是教育家不受任何功利外力和传统顺从德性所支配的真实表达自我和展示自我的诚实。

（二）乐观

乐观是尼采给予真正教育家的第二个品性，乐观是“令人开心快活情绪”，是因为“通过思考克服了最困难的事情的个人体验”。很显然，尼采的快乐是以痛苦为依据的，没有痛苦也就没有快乐。快乐是成功后的一种喜悦，成功意味着一切困难的克服，意味着人生意义的不断肯定和自我的不断进步，正如他言：“其实只有胜利，才有快乐。”[②]那么胜利者如何才能胜利？他说，胜利者“做过最深刻的思考，他必然热爱那生机勃勃的事物，而作为智者，他最终还是倾向于美。他说话实在，既不结结巴巴，也不人云亦云；他一举手一投足，还有他整个的生活都很实在，他不像一般人，戴着厚厚的面具生活”。[③]

---

①李瑜青主编：《尼采哲理美文集》，合肥：安徽文艺出版社，1997年版，第40页。

②尼采：《悲剧的诞生》，赵登荣等译，桂林：漓江出版社，2000年版，第223页。

③尼采：《悲剧的诞生》，赵登荣等译，桂林：漓江出版社，2000年版，第223页。

尼采对于快乐情绪有自己的解释，他批判和否定一些“平庸的作家和浅薄的思想家的那种快活情绪”，因为，他们无视生命的“痛苦与丑恶”，他们的“快乐情绪”是“欺骗他人的假象”。“真正的思想家，不论正经还是玩笑，不管是表达人性的敏锐，还是神性的宽厚，都使人心旷神怡。”[①]

尼采把乐观作为真正的教育家的重要品质，正是他酒神精神真义的人格化体现。人生有困难必有痛苦，这是人生的一部分，无法否定。但是正视痛苦，正视人生的艰难，以积极的人生态度面对它，这就是一种乐观的品性，是热爱人生、肯定人生的酒神精神的必然体现。所以，人在精神上应该是欢欣鼓舞的、热爱生命的。

（三）坚韧

尼采说，教育家叔本华“人也坚韧，是因为他必须如此”。[②]为什么说必须如此？我们深知，任何思想家必然渴望将自己的思想付诸对自我、世界的改造和创造的实践中，由可能的、应然的精神世界成为现实的属于人的世界，因此，他必须面对思想与现实的诸多矛盾和各种险境。尼采深入地阐明了作为教育家、哲学家所必然面对的“三重危险”以及必须具有的精神品质。

第一，忍受孤独。

孤独是哲学家的必然选择，因为他们要“不惜一切代价去抵抗同代人的漠视……人们的漠视，又将使他的壮举化为乌有，由于面临这种危险，他陷入了严重的，难以克服的不安，他没见到任何一个有分量的追随者”。[③]

所以说，作为教育家或哲学家的工作是危险的，难有同志。受专制的强制，甚至在孤独中牺牲生命。真正的、纯粹的思想家学会忍受孤独是必须的，否则，自我必将迷失、淹没在庸俗的社会洪流中。

①尼采：《悲剧的诞生》，赵登荣等译，桂林：漓江出版社，2000年版，第223页。
②尼采：《悲剧的诞生》，赵登荣等译，桂林：漓江出版社，2000年版，第224页。
③尼采：《悲剧的诞生》，赵登荣等译，桂林：漓江出版社，2000年版，第226—227页。

尼采肯定孤独的教育意义。在教育中,无论学生还是教师,都必须学会忍受孤独。尼采批判道:“教育。——我一天比一天更看清了我们的所有教养和教育的通病:没有人学习,没有人教授,也没有人希望忍受孤独。”[①]教育需要孤独,然而,现实却让人害怕孤独、逃避孤独,实际上就是害怕教育、逃避教育。教育中教育家忍受孤独的品格让他的学生懂得孤独对于生命在“渴望强大的天性、渴望健康、诚实的人性,也就是渴望自我”[②]中的意义,进而学会忍受孤独。当然,尼采所言的孤独,并不是仅指人被动地被他人或社会所遗弃或不容的悲愤中的孤独,更是人主动寻求的一种精神上、思想上特立独行或与众不同的孤独。作为思想家和教育家,在生命追寻强盛、创造自我的意义上,他不渴求那注定要被超越的现实所能理解、认同。他的思想应该是超出他所生活的时代的,他为他的思想的践行就其教育意义来说是富有启示性的。因此,这样的孤独,是思想家作为人生导师,站在人类思想之巅的孤独,是其对生命的关怀的一种最高尚的纯粹的孤独。面对芸芸众生,他深信,他所选择的这种应然的孤独也是必须被“超越”的,如孤独的查拉图斯特拉——作为超人的老师,他要“下山”为“解救人类”而教导人如何孕育超人。

尼采的查拉图斯特拉,作为超人的老师便是这样的孤独者。在十年的孤独中自我孕育,创造力和生命力不断强盛。他要走向人群,用自己的超越性思想教导世人。然而,当他走进人群,又深感因他的思想的伟大卓绝而不能为众人所接受,他陷入了更深的孤独。然而这却更坚定了他的信念。他要实践“大地的意义”,以自己的不懈和不断超越自我的精神教导人类不断超越自我。

第二,“对真理的绝望”的勇敢。

正如前文所言,尼采对科学及其理性的批判,对一切被认为是“真”的质疑,是具有前瞻性的。他反复强调科学真理的有限性,把理性的哲学本体论假定,不论是柏拉图的“理念”还是康德的“物自体”都被看作是一种“迷雾”。那么,尼采是如何确定哲学意义的呢?他对叔本华的哲学给予充分的肯定。

---

①尼采:《曙光》,田立年译,桂林:漓江出版社,2000年版,第269页。

②尼采:《悲剧的诞生》,赵登荣等译,桂林:漓江出版社,2000年版,第234、235页。

他是我们的领路人，他把我们从弥漫着怀疑的烦恼或者说绝望的批判的地洞，引向悲剧观照的高峰，终于使我们头顶群星闪烁的广袤夜空，而他自己则首先走出了这条道路。他的伟大在于他直面作为整体的生活，然后又将生命作为整体加以阐述。①

尼采以叔本华的“生命之真”来否定理性的“真理之真”，正如他自己所概括的那样，叔本华的哲学是“个性化的，是个人为自己建立的”，叔本华教育我们要把我们促进人类幸福的真正途径和虚假途径区分开来。我们认为，人类要做到如此，必须做到具有勇敢无畏的精神。这种精神就是尼采倡导的“英雄气概”，面对那些所谓的“真实”去勇敢地质疑和批判，认识其虚假性，“消除对存在的无价值的烦恼”，为人生、人类的未来确立一个更美好的目标，赋以生命以人生真义。②

第三，克服道德和智性的僵化。

尼采把“道德与智性的僵化”看作思想家最大的危险，因此必须克服。他承认，人人都存在天赋和道德意志方面的缺陷，因而产生忧伤和渴望。作为教育家或者哲学家，应该“渴望在创造中使自己升华至崇高的境界”，“站得更高，看得更远，更清晰”。尼采认为叔本华的个性就具有这种强烈的渴望，没有因自己天性力量的强大而僵化。因为人一旦处于这种“僵化状态，其价值只相当于那种习惯的、冷漠的、自鸣得意的道貌岸然姿态，和真正的圣贤人格相距甚远”，这是一种危险状态，克服是应该的。③

总之，作为教育家和哲学家面临的三重险境，要求其必须能忍受孤独，具有“对真理的绝望”的勇气和坚韧、顽强的品质来抵御、消解这样的危险。毫无疑问，叔本华为人们树立了榜样，其坚韧的精神品质因此而富有“楷模意义和教育意义”。他的教育追求或人生追求就是在渴望强壮的天性、渴望健康、朴实的人

①尼采：《悲剧的诞生》，赵登荣等译，桂林：漓江出版社，2000年版，第229页。
②尼采：《悲剧的诞生》，赵登荣等译，桂林：漓江出版社，2000年版，第230页。
③尼采：《悲剧的诞生》，赵登荣等译，桂林：漓江出版社，2000年版，第231页。

性，也就是渴望自我，要求人们重新展现生命，展现一种真实的人，鲜红健康的生命。为实现最高生存目标也就是走向超人的最高教育目标，勇敢面对险境而坚韧不拔，顽强拼搏。

作为教育家的诚实、乐观、坚韧的精神品质是尼采要求教育家所具有的最基本的精神品质，这也就是超人教育教师所必须具有的基本精神品质。由此，超人教育的教育家因其精神品质的卓然不群而具有生动的教育意义，教育人生也因此而不断走向高远和完美。

## 三、作为教育家的人生哲学家：从叔本华到查拉图斯特拉

正如前文所论及的那样，基于尼采“酒神精神”所确立的生命观立场，透过尼采的教育批判及“权力意志”和“超人”的哲学思想意蕴，我们将其教育主张总体性阐释为“‘超人’教育观”，或者说是以培育超人为最高目的的人性教育观。

尼采教育运思的原点及终点都归依于人。他认为人是未完成的、未定型的，具有无限的发展可能性，由此有了人的自由的称为“自我”的生成性，具体表现在自我的否定性、创造性、肯定性和自我超越性。他以艺术的激情来鞭挞显示人性，并在心目中热望持有强健的生命和高贵的精神品质的超人。

在最基本的人性教育的要求上，尼采认为，真正的教师应该是人生哲学家，而且只有叔本华式的人生哲学家才能担当起教育的使命。因为他对现实的教育和教师太不满了。

在尼采早期的关于教育的一系列讲座以及其后的《不合时宜的考察》等四篇论文和《曙光》《人性的，太人性的》《快乐的科学》等著作中，批判教育以及教育与历史、文化和教育与人的自由精神等的思考是他思想的主题之一。他激愤地认为，传统教育的基本原则是麻痹本能，一部教育史是一部麻醉品的历史。如他在《偶像的黄昏》中由博士考试而批判道：“一切高等教育的任务是什么？——把

人弄成机器。其方法是什么？——他得学习让自己感到无聊。怎么做到这点？——通过责任的概念。谁是他这方面的典范？——那个语文学家：他教人死记硬背。谁是完美之人？——国家官员。——哪一种哲学为国家官员给出最高级的公式？——康德的：国家官员作为自在之物被任命为法官，审判作为现象的国家官员。——”[①]“真的，我的朋友，我漫步在人中间，如同漫步在人的碎片和断肢中间！……我的目光从今天望到过去，发现比比皆是碎片、断肢和可怕的偶然——可是没有人！”教育造成了人性的破碎，这让尼采痛心不已，作为“教育家的人生哲学家”自然成为尼采人性教育思想的一个深切呼唤。

基于生命立场的个性化教育始终是尼采教育观的根本点，因为，尼采对他所处的时代片面强调人的社会性发展而造成人的天性的退缩也是甚为不满的。他认为，由于国家为了满足工业化发展的需要，建立了一个完整的教育体系，只是想让人们成为驯服的、满足现状的良好公民。只需教他们一般的人类文化和专门的科技知识，更多的是把统治阶级的意识形态和价值观念灌输给学生，以致这成了他们的第二天性。他写道：“——我们今天所受教育的目的在于给我们灌输一种第二天性：当整个世界都认为我们成熟了、长大了、可以信赖了，我们就获得了这种第二天性。然而，我们中间的少数几个人却完全能够像蛇一样，在它所覆盖的第一天性发育成熟之后，蜕下这层第二天性之皮。然而，我们大多数人是做不到这一点的，因为我们生命的源泉已经枯竭了。”[②]尼采所说的第一天性即人的自然性，而第二天性即人的社会性，这种强制性教育让人的自然天性和个性被剥夺。国家化教育，教师要经过严格挑选和专门训练，以便培养出既效忠国家又有文化和技术的公民。尼采认为这样的教师是不能实现改造人类文化的教育理想的。

那么，在人类的发展越来越具有多样性和社会片面性的今天，教育实现人的个性化发展目标是否具有可能性？怎样实现这样的人性发展目标？尼采对现实教育和教师的批判要为他的教育与教师观寻求基于现实的立论根据，这就是他的

①尼采：《偶像的黄昏》，卫茂平译，上海：华东师范大学出版社，2007年版，第143页。

②尼采：《曙光》，田立年译，桂林：漓江出版社，2000年版，第275页。

一系列的关于教育制度、教育目标、教育内容等批判，涉及历史、文化、科学、道德等诸多方面。在最现实的人性教育要求上，尼采以叔本华这样的人生哲学家作为人生的楷模，来说明他的人性发展目标是可能的，当然其挑战性、艰巨性也是不可避免的，是作为人生哲学家的教育家必须接受的承诺与担当的重任。然而，超越我们今天所称为的“人类”而达到更高的“超人”这一人类新类型的高度，叔本华式的作为“教育家的人生哲学家”被他思想中的查拉图斯特拉所超越。尼采在《查拉图斯特拉如是说》这篇他认为“是我给予人类的前所未有的最伟大的馈赠”，“响彻千年”并“真正散发出高山空气”，“一本写给所有人的书，也是无人能读的书”中，[①]对人类困境和不得不面对的文化“虚无”的极富阐释性的表达，以冀望查拉图斯特拉这位教导人类要做超人的导师。人的社会性发展的片面强调导致人性教育的个性化缺失，呼唤作为教育家的人生哲学家，在更高的教育层次和教育力量要求上，是超越教育家叔本华而进一步成为教导人类要做超人的教育家——查拉图斯特拉。

尼采的《查拉图斯特拉如是说》是一部哲学著作，也是查拉图斯特拉教导人类的教育著作。查拉图斯特拉是尼采哲学与教育思想的代言人。查拉图斯特拉站在人类的高处，要让人类倾听，他是预言家、思想家，是用思想舞蹈和创造的教育家。

伟大的思想家尼采，在人类最需要他的时候，借查拉图斯特拉之口，以狮子般的吼叫教导人类众生，以酒神精神和日神精神为生命夺回本属于生命自身意义的天空。他的权力意志，他的重估一切价值，他的超人学说要求人必须从传统文化的囚笼中突围，挣脱人性衰弱的枷锁，亲吻大地，忠实于生活，让生命在痛苦的历险中变得快乐、伟岸，让生命展示华章。碌碌无为、平庸、逃避自我绝不能一直写在现代人的人生字典上。不断创造与超越自我，不断走进超人，这是尼采作为教育思想家的审美的教育生命历程。

培育“超人”是查拉图斯特拉的教育目的，诞生“超人”是查拉图斯特拉的教育信念。“超人”是尼采对人类未来的一个象征性设计，作为人类发展的一种价

①尼采：《看哪这人》，张念东、凌素心译，北京：中央编译出版社，2001 年版，第 3、73 页。

值取向，是人的生命力的充盈和升华的完美形象。查拉图斯特拉呼唤与培育“超人”的教育过程也就是唤醒人类肯定热爱生命不断超越自我的过程，是人类向骆驼—狮子—孩子即由被动适应与忍受服从—自我觉醒与主动抗争—自由行动与创造超越的精神境界不断攀升和价值实现的自觉自为过程，是永不停歇地在生命自我否定、创造与肯定、超越过程中追求自由、解放的求强力的意志过程，是生命活动实现艺术化的审美过程。

从古希腊的艺术家到瓦格纳到叔本华再到查拉图斯特拉，尼采的教育家思想在不断攀升，他的教育家也在不断成长。尼采对现实人性认识越深刻，同时也就激发了他改造人性的更大的抱负和激情。因此，他的教育家自身就必须越来越强大，要成长为“超人”教育家，也就是说教育家自己要向成为“大海”、成为“闪电”攀升。作为“超人”教育的教育家，他看到了“人是不伦不类的东西，是原料，是需要琢磨的丑陋石块”，但也看到了他自己的“创造和发展欲望”，终于在他的思想创造中看到了“一个影子朝我走来——万物中最宁静和最轻盈者向我走来！超人的美，作为影子向我走来：诸神还同我有什么相干？！……”[①]无疑，这代表新价值思想的发言者、创造者就是查拉图斯特拉——这位教导人类要诞生超人的作为教育家的哲学家。

教育家查拉图斯特拉在人群中不知疲倦地演讲，是“给所有人的”，但也冒着最大的危险，因为人性如“丑陋的石块”，既丑陋又顽固不化，所以无人能懂是查拉图斯特拉最大的痛苦与危险。好在这“丑陋的石块”在查拉图斯特拉伟大内在的教育创造之手中能够被“琢磨”，用查拉图斯特拉的自由精神孕育自由精神，重估人类的一切传统价值，扎根“大地”，在生命负重中前行，获得人类的新情感，激发人类的创造才智，创造人类的新价值，让生活生机勃勃，让人性充满审美，人性之美的至高形象“超人”终于走来，“超人”教育实现了最高价值的创造。

尼采的查拉图斯特拉，在十年的孤独中自我孕育，创造力和生命力不断强盛。他做培育超人的老师，以“我爱人类”的响亮回答，走向芸芸众生，以交谈和演说的方式，用与众不同的超越现实人类的思想智慧教导世人。他要实践“大地的意

---

①尼采：《看哪这人》，张念东、凌素心译，北京：中央编译出版社，2001年版，第86、87页。

义”,发展人类不断走向更高级的自我理解和价值创造。查拉图斯特拉——这位教导人类不断孕育自我而走向健康、强盛的人类精神导师，具有了尼采所希望的作为人类真正教育家的一切美好品性。查拉图斯特拉自知自己不是超人而与他的学生们一道在批判、否定、创造和超越的精神之旅中孜孜以求。他不断地主动地走进人群中,没有固定的场所,与他的听众进行直接地交谈、对话。他渴求在生活中通过对话给人们以智慧的启迪，让人们不断觉醒。查拉图斯特拉以他特别的教育方式生长他的教育意义，以他英勇的对现实人性的批判、否定、创造、超越的精神来展现生命的力量以及生命之美,通过不断“较高级的人”的培育来走近他的“超人”目标。

尼采用自己全部的激情和智慧精心设计的、具有酒神精神和权力意志,集艺术家和哲学家的一切素质于一体的思想家教师——查拉图斯特拉,成了人类一切存在及其活动的思想者、辩护者和价值创造者;成了不断克服自我平庸,实现自我肯定与创造超越的精神楷模;成了引领人类不断超越传统而创造理想新价值的作为教育家的精神导师。

# 第九章

# 尼采超人教育观的当代启示

阐释尼采的超人教育观，在遵循基本的阐释原则中，必须发掘其未来意义。尼采哲学智慧、教育智慧对当代人类及教育发展富有深远、深沉的启示。

20世纪的序幕刚刚开启，孤独中的尼采便离人类而去，终结了作为人生哲学家的思想使命。

尼采的思想因极富个体性、批判性以及格言化、诗化的语言表达风格，一方面给人们对其思想的创造性解读留有广阔的空间，另一方面也不可避免地带来了很多的误读、误解与误用，直到今天，他的思想引起的争议、分歧依然不断。然而，整个20世纪直至当代的思想史表明，正是这样一位西方现代哲学思想巨人，却越来越让人们真真切切地感受到他思想深处蕴藏的深厚的智慧资源，启示了后来的一代代思想家。

众所周知，尼采在现代西方哲学中的地位在不同的哲学家那里有着很大的分歧，如罗素就并不认同尼采的哲学家身份，在他的《西方哲学史》中就没能给作为“哲学家”的尼采留下生动的一页。他的“权力意志”“超人”学说甚至被法西斯主义所歪曲、利用。不过在今天，越来越多的人还是欣喜地看到，作为人生哲学家的尼采的思想因越来越多的解读而被激活、被肯定，焕发出越来越巨大的、深远的思想活力。生命哲学、实用主义、存在主义、弗洛伊德主义以至今天的后现代主义等哲学的许多思想家都从尼采那里获得了丰富的智慧生成的思想资源。

在中国，尼采的思想从20世纪初直至今天，在不同的时期也深深地影响了一大批文化精英。20世纪早期，自梁启超将尼采思想介绍到中国后，王国维、陈独秀、李大钊、胡适、鲁迅、郭沫若等一大批文化精英为解救民族生存危机，通过哲学、文学等多种形式研究、宣传尼采思想，并受尼采思想的影响，展开对传统文化的猛烈批判，借之于振奋国人精神，解救民族危机中虚弱的人性、国民性。

抗日战争时期，基于全面的战争局面，学术界的陈铨、林同济、王元化等人研究、解读、宣扬尼采的思想，出现了许多优秀的尼采研究成果。在我国进入改革开放后的20世纪80年代中后期，伴随着国外现当代如存在主义、弗洛伊德主义等思想进入中国，尼采的思想又一次成为学术界和知识分子关注的对象，出现了包括周国平、陈鼓应在内的著名的尼采研究的哲学家和学者以及许多尼采著作的阅读者、研究者。当代，尼采的思想又成为后现代主义思想重要的思想基础而进入我国学术研究的视野中，成为学术研究与思想生成的新思维。很多学术研究者从不同的学科背景或学术视角出发，利用尼采丰富的思想遗产研究解读尼采的思想。

就尼采的教育观而言，正如前文所论，他的教育观不仅仅只反映在对现实教育的一切存在直接批判和思考的一般层次上，更深层次的是其深蕴于哲学观中的教育观，与哲学观达到了浑然一体的表达。我们知道，教育是人创造的关于人的发展的一种活动，而哲学则是人把握世界的最高的一种思考方式，真正的哲学是关于生命或人生意义的教人“爱智”的“智慧之学”。人的活生生的生活成为教育和哲学共同的思想根据，生命的精神或意义成为他们共同的建构内容。因此在这个意义上，尼采实现了其哲学观与教育观的统一，即哲学思想活动与哲学实践活动和教育活动的统一。他用对教育的批判思想方式来表达哲学思想，以哲学思想来为教育活动确立准则。尼采的思想，无论是哲学观还是教育观，偏激的思想表达个性是人们比较一致的看法，但是，我们不能因此对尼采及其思想在认识上保守和刻板，应该在尼采这种率真的偏激的思想表达中，深深地感受尼采的风采和思想魅力，看到他去教导人类、改造人类的激动、火热的情怀以及哲学和教育智慧的独创性贡献。毫无疑问，在改造和发展人类过程中，尼采极其坦然地视自己就是人类“思想家”教师或精神导师。他后期的著作《看哪这人》不仅仅是个人的传记，更是他自己向人类发出的宣言和吹响其思想前进的号角。20世纪人类发展的历史事实在一定程度上为尼采思想作了生动的诠释。他的思想是超越于他的时代的，正如他自己所宣称的那样：“我的时代还未到来。”直到今天，他的思想依然在激起层层波澜。

尼采的哲学智慧、教育智慧是属于全人类的，也是超越于现实的，其未来意义是不容置疑的。我们研究尼采,在遵循基本的阐释原则中,必须发掘其未来意义。我们打开并走进尼采的“智慧之门”,更深远的意义就在于让其智慧之光照亮被现实所侵蚀和弱化的生命的冰冷的心灵,鞭策、激励人们走向尼采所渴盼的美好的艺术人生和超强的人生境界。尼采的思想及其精神是富有教育意义的。那么,就其超人教育观来说,给我们的当代教育以怎样的思想启示?

## 一、教育与生命

如何理解生命?教育为什么关注生命?教育要关注生命什么?教育以怎样的方式去关注生命?尼采的超人教育观让我们在反思当代教育思想和教育活动中给了我们许多有益的启示。

我们深知,尼采对生命的解释在其早期是以“酒神精神”而到后来发展为“权力意志”这两个具有本体论意义的哲学思想为基础的。“权力意志”是“酒神精神”的一种思想发展,二者在根本意义上是一致的,那就是对生命在克服、否定一切因困顿、威胁、艰辛、磨难而产生的痛苦中积极地坚持与肯定,生命通过不断超越停滞或退缩状态而去实现生命力的壮大和强盛。生命以这种永不停歇的、积极攀升的勇气创造生命力量的不断超强,人生境界也因此不断提升。这就是生命的否定性、创造性、肯定性和超越性。而生命在这由否定到肯定并实现超越的过程中,其现实意义始终表现为一种坚强和独立的、真实和真正的“自我”的个体性。生命首先属于个体,属于“自我”。人类的“类性”只是生命共同体的表现。人类的坚强、强大从根本上来说是生命个体强盛的共同表现。所以,个体性在生命意义的丰富过程中又成为生命的最基本特性。

生命的否定性、创造性、肯定性、超越性等个体性特征决定了教育应该以生命为根据,以培育超人为最高目的。超人教育过程在现实的意义上是促使人“成为你自己”的过程,即实现人生境界向骆驼—狮子—孩子的精神境界不断攀升或自我超越的过程,是永不停歇地在生命自我的否定、创造与肯定、超越过程中追求自由、解放、幸福的强力意志过程,是生命活动实现艺术化的审美教育过程。

依据尼采的生命观及其投射的教育思想，可以遵从尼采虚无主义的话语立场来反思我国当代教育。在教育认识论上，长期以来，受极端的工具理性支配，我们的教育仅仅被看作是发展人的一种手段，教育思维也因此片面地被局限在政治学、社会学等学科视角中，被限定在从发展什么样的人到如何发展人这种程式化的认识逻辑中。

在教育应该发展什么样的人的问题上，历来有"社会本位论"和"个人本位论"之争。然而，这样的论争始终未能跳出教育工具论的窠臼。当我们满怀义愤地反思教育的"社会本位论"并批判教育这种工具意义是"见物不见人"之后，"个人本位论"却深受极端的科学主义的影响，"个人本位论"被"社会本位论"所迷误，"个人本位论"中的"个人"并不是真正属于"自我"的个人，实际上成为以"物质化""功利化""知识技能化"或"工具化"为主要特征的"社会化"个人。我们一方面承认教育要根据社会需要，另一方面也承认教育要满足个人的需要，而进一步地分析，我们会深觉，个人需要原来却裹着一层鲜亮的坚实厚重的"社会外衣"。个人的需要到底是什么？仅仅来自自然的或天然的人性需要？事实并非如此，在现代性的工具理性一浪高过一浪的冲击下人的物质性需要被层层激起，极端的工具化、功利化似乎成了生活在今天社会的个人的真实写照。科学技术的发展使人们不断地获得了物质的满足感，人的占有欲也因此更趋强烈。教育业已陷入工具主义和极端功利主义的泥沼中。

对"个人本位论"教育中"个人"认识的局限性或虚假性，除却社会根源外还有深刻的哲学认识论根源。我们通常说，人的本质属性是"社会性"，任何个人都是"社会中的人"，在对人的社会性与个体性关系的认识上，我们始终坚信，个人发展什么、怎样发展始终受社会制约；个人无论怎样，终究因社会才能存在。然而进一步思考，我们会发现对个体性的理解并不彻底。所谓的人的个体性不过是人的社会性的个体化表现而已，是社会要求的个体化。这也就是我们通常理解的教育以社会性要求而达到的对人的一种"内化"——对人的一种社会限定，进而人由内化而致外化、社会化。教育便成为促使个体人社会化的一种手段。然而，问题并不在于我们对教育活动在认识上的这种简单化概括。我们必须明确，我们需要的是教育应该在坚持怎样的生命观基础上或者说在何种意义上通过对生命的自觉意识以怎样的内容去实现人的社会化。在极端的科学主义教育推动下，人的社会化却被推到极端。人的“社会化”无法摆脱其“物质化”，个体的人注定要成为“物质汪洋中的一条船”，无法驶向生命存在的“精神性”彼岸。所以归根到底，在今天，人的个体性的真正培养也只能是教育的“海市蜃楼”，真正生命意义上的个体性无法张扬。因此“个人本位论”的教育在实践上却是真正的人的社会化，人最终还是被工具化。因而，个体性的生命意义片面化为“社会的”个人或“社会的”主体，成为局限于社会学视野中的对人的一种理解。

实际上，在我们坚持与理解马克思的人性观时犯下了一个致命的机械论的错误。马克思说：“人，就其现实性来说，是一切社会关系的总和。”于是，我们便概括人的本质属性的社会性。然而在这里必须追问的是，马克思为什么在这里强调人的现实性，其意义到底何在？依据马克思人的全面发展学说，我们便会觉得马克思所强调的从现实性上理解人，其更深远的意蕴在于强调人的创造性、超越性。在马克思关于人的全面发展理论中，我们深深地感受到人不能仅仅作为现实性的存在，现实人的一切存在都是暂时的，都是要被超越的。超越现实性是人发展的必然。那么超越是以什么为根据？实现怎样的超越？马克思为我们指出了人是“使自己的生命活动本身变成自己意志的和自己意识的对象”[①]的生命，进一步地，马克思为我们提出了人的全面、自由、和谐的发展理论。所以说，人是以自己的自由意志和自觉意识来实现自我的生命活动。人作为生命的一种存在，在成为人的生命发展过程中，因追求全面、自由、和谐的发展目标而使生命的意义即人生不断丰富和深刻，生命走向了崇高和完美。人的存在的根据和意义从根本上来看是个体自由的生命精神。所以，说到底，马克思关于人的全面发展学说及其教育也是以生命为依据的，或者说是建立在超越了简单的社会适应性的人的生命基础上的。

今天的教育由于过分地强调其社会价值和对个体人的社会化功能，个人的价值、尊严、个性、创造性等生命意义在很大程度上被忽视。我们培养的人重知识而缺少思想和智慧。学生因一系列学科知识的武装而成为考试的“专家”，并因此而获得了所谓的“好教育”和好的社会身份，进而占有了好的物质享受条件。然而，一个不可否认的社会现实就是我们在不断地获得物质需要满足感的同

①《马克思恩格斯选集》(第1卷)，中共中央马克思恩格斯列宁斯大林著作编译局译，北京：人民出版社，1995年版，第46页。

时,人之为人的精神如人性、人伦、人格等精神有日渐式微的倾向。“现代人的生活充满了无聊、空虚、寂寞和无意义感,从根本上威胁到人生的幸福与人类文明的进步。”①

所以仅仅从人的社会性意义上去理解人,“社会本位论”教育和“个人本位论”教育,无论是在认识逻辑上还是在实践过程中,或者说在认识论根源上和社会根源上,二者在实际的教育过程中并没有根本性区分。因此,实现真正的个体性的人的培育,我们应该高呼“关注生命”的口号,以提高人的生活质量和生命意义为追求。生命应该成为教育的根据、出发点,生命也应该成为教育的最高目的。教育根据生命,在生命中,为了生命。尼采以“生命哲学”为根据所确定的“‘超人’教育观”,对于他的“超人”目的本身是否可以实现倒并不重要,重要的是其思想中关注教育的生命意义以及为实现教育生命意义的精神性品质追求给当代教育的启示。在这一点上,马克思的人的全面发展的教育观与尼采的超人教育观应该说在思想的旨趣上是共通的,只是尼采对生命的非理性因素包括本能、激情、意志、体验、直觉等更充分的强调,甚至上升到本体论的哲学高度,这也正是人们所不能够完全满意的方面。

## 二、当代教育精神

尼采以“酒神精神”肯定生命,所以他的“精神”主要是指人在非理性如直觉、冲动、激情等基础上生长的“精神”。人的伟大之处就在于人是超越于动物简单的生物机械适应性的精神性存在,生命的强盛就是因为精神力量的不断增长。尼采提出的哲学命题和超人教育观的精神意蕴是深厚的,尼采自己无疑就是他所颂扬的精神的典范:一生在为自己的思想也更为人类的未来以思想武器在孤独中勇敢战斗;在反复的生理病痛中,充分地激发了个人的生命精神潜能,表现了超强的斗志和旺盛的生命力。他以他富有激情的、独特的、批判性的思想智慧展现了他强盛的创造精神和创造力。他关注人的生命,关注生命的价值、健康、尊严、自由、解放和生命成为“自我”的诚实、乐观、坚韧的品性以及“自我”的独立

①石中英:《教育哲学导论》,北京:北京师范大学出版社,2002年版,第92页。

性、独特性、自然性、创造性等鲜明个性特点。这些都表现为人之为人的人文精神(或文化精神)、批判与创造精神和自主精神。文化精神、批判和创造精神和自主精神是尼采及其超人教育观最集中的精神体现。

然而今天,当我们面对层出不穷的教育问题时却愈感困惑,并不断发问:我们到底应该选择怎样的教育?教育,作为发展人的社会活动过程,人们一直在寻求培养理想的人的理想教育。社会不断进步,对理想的人的要求不断发生相应变化,理想教育便因之成为人类不懈的永恒追求,一部教育发展史就是人们不断解构并建构或创造教育的历史。尼采及其超人教育观的文化精神、批判与创造精神和自主精神为我们理解和追寻理想教育并建构时代教育精神以有益的精神启示。以下让我们对时代教育精神展开进一步讨论。

(一)何谓教育精神

精神是人的精神,人是精神存在物,人因精神而存在而发展,不仅发展自身,而且发展世界。人的发展从根本上来说是精神的发展,通过教育的培育、引导,使人具有并不断丰富生命的意义,推动人的精神力量不断生长,这就是发展人、教育人,推动人类从"现在"和"现实"走向"未来"和"理想"。

教育精神在根本上反映为人的精神,是人的精神在教育创造活动中的体现,是教育本质力量的展示,是教育的生命意义的体现,是人类对教育的深情呼唤。从"历时性"看,教育精神是人类创造的一切教育思想、教育理念及其品质的积淀;从"共时性"来看,是时代精神在教育思想及实践活动中的生动折射;从"未来性"来看,反映为人类对教育理想永不餍足的追求。

教育精神从内容构成上可分为三个层次:

第一,教育认识。教育作为一种社会活动、一种社会存在,人类对此的思考从来没有停止过,教育认识也因此不断深入和丰富,构成了教育精神最基本的内容。它是人类宝贵的精神财富和精神力量。

第二,教育信念。它是在一定的教育认识基础上,由对教育活动在个体和社会发展中的意义及其实现方式极度信服和尊重而形成的稳定的精神倾向。人之所以要教育,人之所以要接受教育,其后都有教育信念支撑。它是教育行为稳定、深厚的内在精神动力。今天,我们对学校教育表示疑虑,某种意义上是教育信念的动摇。教育信念作为人的强烈的心理倾向和内在体验,是教育精神的重要构成,成为教育本质力量得以生成和发挥的人的主观心理前提。

第三,教育探究品格。教育活动是不断创造的活动。创造的主体是人,包括教育思想的创造者,教育活动的创造者(教师和学生)。教育思想的不断创新和教育实践的不断深入离不开主体锲而不舍的探究品格,包括意志的、情感的、思维的等诸多方面。教育探究品格是人类精神生命力的一种体现,成为教育精神的重要组成部分,反映了人们对教育价值和教育理想坚定执着的追求意志和深沉激越的情感体验。它本身就是精神创造的条件,这是一种精神对精神的创造,是人类生命精神光辉最亮丽的闪耀。

教育认识、教育信念、教育探究品格作为教育精神内容,从总体上表现为人类的文化精神,人类以历史中的文化精神为基础创造新的文化精神。因此,创造品质作为一种精神构成成为人类文明进步的最重要的精神条件,而创造又在反思、批判、否定的精神品质的基础之上。所以,反思、批判、否定和创造精神构成了统一过程。一切精神或品质,就个体而言,必然表现为生命中的一种"自我"而不是"非我"的精神,这是精神个性化的最集中的表现。

(二)基于生命立场的教育精神建构

生命具有无限多样的丰富性、可能性,人性就是人自身根本力量的充分展示与增强。生命不是被评判的价值对象,生命本身就是评价根据,在尼采那里,就是"权力意志"的生命价值评价原则。生命意志克服一切阻力,肯定自我,求强力,超越自我。

尼采批判理性与传统道德,认定从人的理性与道德出发不可能真正促进生命的健康。理性与道德必须根植于"自我"的世界中,才能获得属于自我的力量增长,才具有生命的意义。所以教育以生命为根据,在尼采那里就是源于酒神精神与日神精神相统一的生命的原始力量,权力意志是生命力量的根本,生命力量的本原。人的生存就是基于生命本能不断突破与超越，不断赋予人生以价值和精神。

自柏拉图和亚里士多德以来，人性的力量就被看作人性的本质，但他们对力量的理解有着浓厚的理性色彩。柏拉图和亚里士多德都把理性生命视为力量的根本，他们批判人的感性生命力，反对人性的丰富性。尼采对此予以毫不留情的批判，在尼采看来，生命之魅力在于在肯定自然本能的基础上通过人的意志力量实现对生命的完整性建构和创造性生成，实现生命的不断自我超越，获得生命新价值。

教育以生命为根据，但并不是生命本能的放纵，尼采也极力反对这一点。生命在自我超越中向着自由迈进，在尼采那里就是向骆驼—狮子—孩子的生命境界不断攀升超越的过程。人不断超越自然和社会对人的限定，是人“成为你自己”的生命本体力量不断拓展的过程。

从生命出发，教育必然走向生活世界。生活是生命的基础和展开形式，离开生活就没有任何生命生长的基础。生命没有不变的永恒本质，人只存在于流动的生命之中，生命只能作为运动的历程来体验。只有在不断追问生命意义的过程中才能真正认识生命，只有在开放的生活世界中才能不断扩大生命的视野，也只有在与生活的无限交往中生命力量才能不断生长。教育从生命出发，就必须向生活开放。在生命的视野中，教育不应是单纯的科学世界，也应是学生生命发展的生活世界，在生活世界中实现生命精神力量完整性、自由性的不断生成与增长。

教育精神的生活建构，是要求教育必须扎根于生活的真实，如尼采所言的“大地”。尼采对理性与科学的批判，就是要否定理性与科学对生命意义的剥夺以及对生命力量的侵蚀。不可否认，科学世界具有教育价值，但科学教育也要以生命为根基。以生命为根基的回归生活教育才具有生命的真义。以生命为根据，立足于生活世界的教育并非仅仅是纯粹精神性的生活教育，人是物质生活与精神生活的统一。因此，在教育精神的生活构建，必须在物质生活与精神生活的统一世界中。

生命教育让生命在自我成长中培育精神力量。放弃生命的自我,也就是放弃生命的意识、激情、感觉、本能等。而现实的教育在更多的时候却与生命本能对抗,失却了生命的真实和完整,外在的知识与道德规训,如果没有以生命为根据必然成为对生命的强迫与暴力。教育应该以生命为出发点和根据。

教育的精神建构,不只是表现在促进人的社会化过程中以培养学生对世界的认知与解释能力以及获得社会的外在规范为目的,而是在根本的意义上要促使人形成一种自我肯定、自我发展的“成为自我”的自主精神和自我否定、自我创造的超越精神。这样,人学会依靠自己独立面对命运,具有承担生命艰辛、险恶的意志与勇气。以生命为起点,以精神为理想的教育,才可能做到既培育人的生命活力,又使生命活力得到精神的引导和规范,使人性的力量不断进入新的境界。教育是生命,教育根本无法表述为强制性的规范,生命的教育在根本意义上表现为每一个人在个性化的自由活动的创造与自我超越。

教育只有具有生命的灵性并渗透到教育生活的所有领域,才能焕发出生命的创造力,唤醒学生对生命意义的反思与生命价值的追求。这样的教育才会有生命的真实意义,发自内心的真诚。用生命的意志激发生命的创造力量,超越以外在的物质需要的满足为目的的功利教育,在教育的生活世界中,借助一切形式进行生命的对话,领悟生命的奥秘,发现人生的意义,才能使教育的生命境界提升。

### (三)当代教育精神建构内容

#### 1.文化精神

教育关系到人的发展问题。人的发展受很多因素制约,有内在的、外在的;有先天的、后天的;有历史的、现实的,等等,因此必然关涉人的生活的方方面面。人的生活是历史的,人历史地创造性地发展自身。整个人类社会发展的历史就是人类自身不断解放和超越的历史。如此过程也正是人类文化日益厚重的积淀过程。教育作为人类社会的一种必然现象,在我们研究教育问题和从事教育活动时就绝对不能抛弃人的整个文化发展进程和文化背景,应从“文化性”方面去认识和实践教育。任何教育活动都是在一定的文化条件下的活动,教育本身就具有传递并创造文化的功能。所以说,教育发展过程就是文化发展过程,发展“人性”,“人性就是文化性”,[1]因而教育发展的人就是“文化人”,并进而发展文化的世界。文化不仅仅是知识性的,更是人文性的。如果片面强调文化的知识性,那么它必然造成人性的衰弱,人的生命力的退化,这是尼采极其反对的。尼采认为教育、文化本身应该作为目的,反对教育、文化的工具化,这实际上就是反对人的生命工具化。因此,教育、文化精神反映了真正的人的精神,生命的精神。

尼采以“酒神精神”和到后来的“权力意志”思想对理性与科学脱离生活世界造成对生命的戕害以激烈的批判。

我们知道,科学关注事实,以物为尺度评价一切,人被置于被动的地位而服从于外在的规律、规则、原理等的支配,人的自主性、能动性和创造性被局限在科学的视界里,理性的势力范围内。人受物以及物的环境的绝对支配,主观能动性受到制约,个性化、创造性培养受到严重约束。完全知识化的教学内容决定了教学方法以知识传授的方法为主,而对人的意志、情感、直觉、经验等精神因素视而不见,这种知识与情感、意志、生活的脱离造成学生只能在知识的幻景中吞噬着一个个知识石块。

理性及其科学强调普遍性知识,把发现规律作为根本任务,以一般统率特殊,具体性、特殊性被普遍性掩饰。因此,因材施教在理性法则至上的近现代社会似乎越来越像古老的神话,生命个体的生动个性在一切统一、标准的模式和规则的制约下,像同一批号、统一质量认证的产品。生命的自然性、整体性被漠视,个性化培养只能是奇思妙想,成为教育乌托邦。一方面理性及其科学要求人们必须遵从秩序或规律,人越来越成为普遍性知识体系或理性逻辑体系中的一种物质符号,接受理性及其科学的生活统治成为人生必须坚守的信条;另一方面,科学求真又需要探索和发现,并满足其本身永不知足的知识追求,其创新、创造的本性需要人们在科学的生活之网中突围。既要坚守,又要突围,理性及其科学内在悖论带给教育的只是焦虑和咏叹,焦虑的现代学校教育只能退而求其次,坚守知识传统而无法顾及创新,人的创造性与超越性精神培育被迫隐退。教育对人的创新精神与能力培养只能成为理性及其逻辑的教育目的设计,脱离生命的根本,脱离生活的真实,那么人的自我创造与超越也只能是永远的“理想国”。

---

①石中英:《教育哲学导论》,北京:北京师范大学出版社,2002年版,第109页。

理性主义盛行，知识教育成为教育的全部，那么，因教师占有知识的优先性，必然导致教育中的教师中心。知识灌输成为最简单的方法，对生命的冷漠，甚至戕害成为不可避免。教育中的学生失去了自由性，自主性、能动性不能被尊重与进一步培育，生命的完整性、创造性等自我价值生成也就失去了根基。

理性主义指导下的知识性教育内容及传授灌输式教学方法，必然导致对生命的自然性、整体性、自由性（包括生命的否定性、创造性、肯定性、超越性）等生命意义的生成性的漠视。人的尊严、价值、理想、趣味、灵性、激情、直觉、感性等被置于次等位置。造成人性的失落、肢解、异化，人的自我迷失和遗忘。

理性主义教育立场确立的教育目的、教育内容与教育方法必然导致教育教学过程忽视生命价值，远离生活世界，学生的个性和创造性泯灭，人生缺少审美性。理性与科学奴役人，造成了对生命自我完整性的破坏和生存本性、本能的异化。今天，理性主义的教育和知识也成为奴役人的工具。科技文明把教育变成一种强制性的义务，人从受教育中获得知识不再是一种乐趣，而只是为了把自己变成一种更有用的工具。

正如尼采所言，科学不能解决人生问题，不能赋予人生以价值，给予生命的完整性，却导致生命力的衰退。科学教育自然也是如此。现代人类所遭遇的人的存在的精神危机及人类的文明危机，对理性主义的过度推崇难辞其咎。回归人文精神包括科学精神成为今天教育反思的必然取向。人文精神——人之为人的精神——实乃生命精神。因此，生命观成为理解人文精神的思想基础。人本身就是一个个活生生的丰富多彩的生命体。就尼采的超人教育而言，生命精神就是酒神精神与日神精神的统一，是人所栖息的大地的精神，是一种艺术审美精神，是以权力意志为生命价值评价原则的精神。

在尼采所生活的时代，科学技术力量推动大工业生产，学校教育受到强烈冲击，物质产品生产的工业化和模式化扩张到精神文化领域。为高效率培养大工业生产所需要的标准化知识型人才，学校教育被组织成类似工业生产的过程，用统一的课程、统一的教育技术、统一的教育流程把受教育者“制造成”标准的“教育商品”。工具理性推动下的工具主义教育，教育过程也就是促使教育对象工具化的过程，个性、人格、人伦、创造性等被严重压抑。

以尼采人生哲学思想为转折点的现代西方人生哲学深刻地揭示了因科技理性的极端强调而导致的人性的异化。不可否认，现代科技改变了人与自然的关系、人与人的关系、人与自我的关系，促进了科学、道德、审美等价值观念的创新。然而，科技理性力量不容置疑地给人类的生存、发展带来了日益严重的威胁，并“异化”为对人的奴役、压迫的异己力量，人变成了单向度的“异化”的人，人性的健康发展在今天成了危机。

所以，基于生命的立场，基于人的价值、尊严、自由，将生命教育、价值教育放在教育的首要位置，超越唯科学主义的功利化教育，为人的全面和谐发展以至人类的和谐进步不断生成教育的生命价值，克服教育教学过程中的工具理性精神的膨胀。极端理性主义以理性作为一种判断生命价值的唯一标准或工具，以理性凌驾于非理性之上，压抑生命意义。西方当代发达的科技文明，在很大意义上正是自启蒙运动以来的工具理性精神不断膨胀的产物，它构筑起科技理性的社会体制，以讲究实用或实效作为主导的价值取向，而把人的生命意识和价值屈从于科技的工具目的，一方面导致人的物欲膨胀，同时不可避免地造成生命价值贬值。教育也因之被异化，教育过程的丰富性、生动性、审美性被异化成程序化、技术性的机械活动。

今天，教育精神建构必须超越理性主义统治下的理性精神，积极建构教育的文化精神。

文化精神当以民族精神为精髓，这也是尼采所重视的。他批判德国精神缺少民族性，只有“国家精神”，一种权力化的为政治、军事、经济服务的精神，因而教育因缺少文化精神，沦为为“国家效劳”的工具。

反思我国的教育现状，无论是理论还是实践，虽然根植于丰厚的文化土壤，但民族精神并不鲜明。不能否认，我国教育就其理论研究水平而言与国际先进水平存在差距。我们引进了别人的一套套话语体系，但是否适合中国土壤并未严肃考虑。新中国成立后，我国教育思想观念有几次大转变：一是 20 世纪 50 年代的全面仿效苏联；二是“文化大革命”十年，教育思想的政治化；三是改革开放初的全面恢复和整顿，之后学习取照对象发生改变。如此看来，也只有到今天才能尝些本土的味道，如“素质教育”“主体性教育”“创新教育”等。我们深深懂得，中国教育的精神在于民族性，这应该是我国教育理论与实践产生不朽影响力的根本，也是创造先进文化的根本。当然，学会在国际文化交流中广泛汲取营养很重要，但不能失去我们的根本和立场，必须加强我国民族文化的安全和保护。否则，教育理论因失却民族性，教育实践因失却人的民族精神的培植，最终文化精神在衰退中也被淹没。

今天，我们不可避免地受到全球化的冲击，在全球化面前，我们必须保持自觉和警醒，“全球化能够给我们带来什么”应该成为我们时刻拷问自己的重要问题。在我们这个饱受因科技落后而受尽西方强权侵扰的民族，今天，一方面现代“赛先生”全面进军我们的生活，带来了物质财富的突飞猛进；另一方面我们的传统习俗和文化精髓却在一天天隐退。市场经济和科技进步带来的不断繁荣的物质生活，使得经济实践活动逻辑不断延伸到科学、教育和文化活动领域，科技的工具价值也不断推向社会发展的制高点，与人文知识及其人文价值日益分裂，对共同核心价值体系坚守的信念受到挤压；个体主体性在不断得到尊重与解放的过程中，包括教育治理在内的社会治理在精神层面对自私自利与个人利益的最大化满足缺乏有效的防御机制。

在中国社会的现代转型过程中，中国人真切地感受到西方现代文明。为实现民族独立和建立富强的现代民族国家，在西方现代文明的冲击下，我们需要借助于西方的现代性精神，由此进一步打破封建传统文化价值体系，由外而内引导和推动传统文化的现代转型。然而在今天，我们传统的服饰也越来越成为一种“奢侈品”，被扫进了一些“怀古者”精心设计的表演中或者成为电影电视中供人消闲的虚拟视觉符号，而全然不顾历史的真实与生命意义。在传统与现代文化的断裂时期，庸俗的充满市场气息的精神消费需求弥漫，一些生冷的数字或指标让我们在盲目的乐观主义中越陷越深。我们毫无抵制地陷入这种危机的陷阱中，任凭其腐蚀我们的生活，理所当然、毫无提防地看着和行动着。在当代，虽然我们也有很多的文化精英为健康、壮美的传统文化之脉的延续在奋力呐喊，学校教育改革中也不乏弘扬传统文化的强力声音，但是我们优秀的传统文化知识并没有真正进入整体性生命世界中而成为创造生活的力量。当今，我们对传统文化的内在力量有了更多的自信,其自觉精神力量也与日俱增,但更多的时候只是表面上的热热闹闹,传统文化精髓的“大林”面临日益严重的荒漠化危险,文化承继只能成为部分文化精英孤独中的焦虑。尼采从个体生命的意义上提出“坚守自我”,如今,从文化的意义上来看,“坚守文化自我”应该成为我们时代的响亮口号。

中华民族在和平崛起中实现伟大复兴,说到底是要在创造崭新的融传统文化精髓的新价值、新文化过程中实现全面复兴,是不断确立民族文化主体精神的全面复兴。我们的教育理所当然要担此重任。当我们走过20世纪的风风雨雨,通过借助西方科技、民主精神和不断发展的马克思主义思想在建设新社会中树立了一座座丰碑的时候,面对21世纪文明世界不可避免的文化冲突,我们难道不应该考虑:民族复兴的文化主体精神到底在哪里?民族文化精髓难道不应成为我们寻求社会稳定发展、实现意志统一和创新价值理念的思想资源?我们应该以怎样的方式来通过创新教育以培育和弘扬民族复兴的文化主体精神并使之具有世界影响力?历史性地审视,不可否认的是,中国传统文化精神中蕴涵着丰厚、优秀的人文价值旨趣。今天,我们应该深刻地认识到,现代思想观念的确立无法离开传统文化的根基,民族意识、民族文化精神的独立性和统一性对于现代意义上的民族国家建立是重要的。然而,现实性地考察当代教育实践,在如何对待优良传统文化价值精神来说,依然与认识上的关切相距甚远。我们完全可以说:如果我们不能培育和创造强势的文化主体精神,那么,民族复兴的伟大事业恐怕只能一直是我们思想中的“乌托邦”。

2.批判和创造精神

尼采的思想洋溢着批判和创造精神。从他的“重估一切价值”的哲学口号足见其对现实一切批判和否定的彻底性。他批判的领域是广阔的,涉及人类文化的一切领域。尼采特别重视作为思想家的批判精神,强调没有批判、否定也就没有创造、超越,生命就不可能进步。他把人的一切批判、否定、创造的意义肯定为最终实现人的超越,超越的最高意义在于诞生超人。当然,对于人的超越意义,尼采有自己的理解,那就是是否实现个体生命力的强盛,是否促进人生境界的提升。他的骆驼—狮子—孩子的“精神三变”过程，就是人由忍辱负重的精神到奋起抗争，争取人的自由、自主的精神到孕育新的希望、创造新生命的精神的提升过程。这不仅具有个体人生意义，更具有人类意义。人类走过这样的过程，最终达到超人诞生。回顾人类的文化发展史，人类文化也正是在批判、否定、创造过程中实现超越，不断走向新的文化高度或文明深处。从教育方面看，一方面，教育思想、教育理论的进步要求思想、理论主体必须具有批判和创造精神；另一方面，教育实践主体也必须具有批判和创造精神，以充分发挥人的力量，推动教育活动实现对教育对象的批判和创造精神的培育。

教育思想、教育理论的进步要求思想、理论主体具有批判性精神特质，以自觉的批判意识深入教育思想和理论构成的根据和原则，通过揭示、辨析、鉴别和选择的批判过程，建立教育思想和理论新的逻辑支点，从而实现教育思想和理论体系构成原则和认识范式的跃进，达到新的教育思想和理论体系的建构。批判的过程同时就是创造的过程。教育思想和理论上的创造为人类创造教育世界提供认识上的支持，满足了人类的教育发展需要。批判精神和创造精神成为教育的一切活动核心的精神品质。

今天，我国教育理论研究可谓生机勃发，研究领域日益扩大，内容日渐深化，方法不断更新，价值取向更趋多元，真可谓“繁花似锦、春色满园”。然而，面对错综复杂的社会结构及其变化，面对活生生的教育事实和多元需求，面对日益突出的教育问题，教育理论又似“空中楼阁”，倍感空乏无力。教育理论与教育实践关系愈发紧张。从总体上看，我国教育理论不乏批判精神，理论个性日渐鲜明，创造精神旺盛。但是我们实际的教育活动，在强大的科学主义和考试主义的洪流面前却无法达到理论的现实化、具体化。教育培养对象的批判和创造精神的培育始终是空洞的抽象概念。我们应该在彻底地丢掉“虚幻的乐观估计”后去认真地审视一下我们现实的教育。我们满腔热忱地要求教育真正实现对学生的批判和创造精神的培育，而现实教育活动却又与我们的教育期望存在一定的距离。

今天的教育，在急剧变革的社会面前，越来越强以承应与适从，难言文化引领与超越。受现代理性主义社会发展观的主导性影响，教育满足社会发展需要的人才培养的社会功能不断扩张，在不断走向深刻社会转型的当代中国，教育改革和发展的社会境遇及其价值环境日益复杂。在一个开放变革、经济中心、科技昌盛、普遍竞争的社会发展态势中，整个社会通过对效率、利益、自主、自强、自我实现等价值话语的宣扬，不断激发着社会成员的现代性价值意识和能力发展的诉求，也促进了现代社会治理制度与生产生活准则的根本性改变。受现代社会发展工具理性的支配性影响，价值理性被严重抽离，整个社会的文化机制和文化心理结构领域在发生着深刻的变动，并在我们并不成熟的市场化机制和不断强化的资本运作逻辑中，最具有文化本性的教育活动，其文化性精神内核却越来越退缩，教育失去了自己正确的路标，其本体意义日渐忘却而沉溺于工具理性的价值追求中，极端功利主义和工具主义的价值观主导了教育实践。然而事实上，正是教育的这种适应性的过分强调，使得教育茫然而疲于应对成为不可避免。教育一旦被动地陷入社会需要的洪流中，教育的依附性也就愈加强烈，教育在促进人的发展中的社会意义与个体意义的矛盾越发尖锐，教育在人性的本体意义上的遗忘在所难免。由此，学校教育在社会需要的评价标准面前不免屡屡受挫，有数量而缺少内涵和质量的所谓教育发展也从个别而成为普遍，所谓“成人”的教育也只能成为教育理论家们一种黯然神伤的学术自慰，个性教育以及批判与创造精神的培育只能成为一种奢谈。

致力于和谐社会建设的今天，就教育而言，我们必须面对个体和社会的工具价值追求与目的价值追求越来越紧张的矛盾性关系，需要在充分尊重每个个体素质发展与价值实现的原点意义上，推进具有真正变革精神的教育制度的创新与有效落实，逐步促动具体的个体发展与宏观的社会发展在价值实践逻辑上的普遍协同，即创造形成一个有利于个体发展与社会发展相谐的教育改革与实践态势。

在教育问题上，尼采重视“特殊人”的培育，一种“文化人”的培育。缺少批判和创造精神的人当然不是这种“特殊人”和“文化人”。反思当代教育，我们在实施全面发展教育中是不是在以知识教育代替全部教育的道路上走得太远了？是不是造成了人的精神世界更可怕的荒芜？人的心灵是否更加扭曲或异化？教育应该帮助人以怎样的精神品质去丰富自己的生命意义？批判和创造精神怎样才能成为我们时代教育精神的主题？

由此，反思一下教育理论研究与创新取向。选择一个视角——从教育理论与教育实践的关系来考察。我们深知，教育活动和教育生活需要教育理论，对于绝大多数教育者来说，这被当作一个无须争辩的事实，也就是说，教育理论具有指导教育活动和教育生活的价值被作为一个自明性结论。然而，另一个无可争辩的事实就是，我们的教育理论在遭遇具体的教育活动与教育生活时，境遇却时常尴尬，教育理论本身往往成为问题，其实践指导价值让教育者们倍感虚弱。以理性的分析抽象化阐明教育理论价值，成为教育理论工作者们一直努力思考和解决的问题。他们不假思索地借助理论来抽象地把握教育，依靠理论来统治教育生活，由此导致了教育者们对教育对象生命性“真实”的漠视，没有真切地关注到教育对象在如何地表达自己的情感和生活信念，自然，这样的教育理论成为一种“强迫”，一种“控制”，甚至是一种“霸权”，教育过程中的“强迫”“控制”“霸权”也不可避免。

以一种尼采式的虚无主义的批判性话语来审视当下教育研究、教育改革的制度设计和教育实践的惯性，是我们教育理论建构与教育实践焕发生命活力的一种必要的文化自觉。不可否认的是，当代中国教育学学术确实印证了我们这个时代教育精神的多样化活动现实，但是，就教育理论的原创性来说，我们还表现得较为乏力。我们这个时代教育研究学人的学术责任和使命，需要一种一针见血、直陈教育时弊的锐气。一方面，必须一以贯之地坚守民族文化的核心价值立场，坚持切己、本己的原则精神，建构富有优秀民族文化精神和民族风格的教育理论；另一方面，在全球化发展格局业已形成和市场竞争原则主导的社会发展背景下，必须很好地汲取西方资本主义世界在现代性运动过程中出现的人的异化的教训，敢于直面我国当前严峻的教育问题，从具体的教育实践场域出发，为引领当代中国教育改革发展建构富有前瞻性、独立性的教育理论话语体系。

在更多的时候，教育理论的一厢情愿导致其在教育实践活动中生命意义的缺失，不乏理论研究者们仅仅停留在用抽象的适合自己的思考和表达方式中，而成为教育研究中的一个“浮躁者”，教育行动的一个“旁观者”。教育理论价值自行贬值，说得夸大一点，很多教育理论在丰富的教育生活面前成为著名的教育虚言，普遍有效性未能得到证实。然而如尼采所言，理论家们自私自利和“物质野心”

暴露无遗，虚无主义的教育理论研究成为学术的自私自利，不过是满足一种“学术贪心”，幻化为理论家们自我陶醉的“虚无”的精神乐园。

教育理论研究必须走向教育生活，在不断地自我批判与创造中实现其指导教育实践的价值生成与超越，这是我们时代教育的深切呼唤。教育理论发展需要批判和创造勇气与能力，教育实践活动需要培养富有批判和创造精神的人。过去如此，现在如此，将来永远如此。只有这样，我们才能创造先进的自主的教育理论与教育行动，实现教育的民族性与国际性的融合。

3.自主精神

尼采超人教育要求学生“成为自我”，“成为自我”的教育就是要培养学生独立性、独特性、自然性和创造性的教育。人作为“我”与“他”总是不同的。这种不同不只是生理意义上的，更是精神意义上的。人必须创造属于自己的生命意义，否则“自我”作为一种存在就只能是空壳。所以，教育不是对人的统一限定，不是简单的模仿或“克隆”。教育活动在自身不断创造而实现教育力量不断增长的过程中，依据教育对象的不同特性实现人的自主精神的培育。人没有自主精神也就不可能有批判精神和创造精神。人只有成为“自我”，才能真正拥有自由、解放。查拉图斯特拉的超人教育过程就具有这样的意义。学生必须丢掉自己的偶像，偶像是虚幻的，只有“成为自我”才是真实的，才具有生命意义。

我们说，教育是“属人”的教育，“属人”的教育表明了教育是人创造的，是人类所特有的；但同时人也是“属教育”的人，“属教育”的人表明了人因为教育而成为人，且人只有通过教育才能成为人，教育就其本义来说具有人性意义。应该说“属人”的教育和“属教育”的人是内在统一的。只有人才能根据“合规律性”和“合目的性”的需要创造仅仅属于人的教育，人性教育是教育的根本。基于反思，呼唤教育的本然意义，成为每一个怀有理想主义以及审美主义激情的满腔热忱的教育理论家们的集体心声及其教育思想活动的生命性和精神性追求。现代社会对教育的各种功能性规定，让教育的生机活力凝结为各种技术设计和数字指标。

从根本意义上来说，人应该成为教育的出发点，也应该成为教育的归宿。人的目的是教育的根本目的，所以说教育的个体意义是教育的根本意义。因此，今天越来越多的人从教育的个体意义出发或从教育与个体人的关系出发来定义教育，“成为自我”的教育成为理解教育的基本点。

我们知道：生命个体总是时间性的存在，或者说是过程性的存在，有一个持续不断的成长变化过程，其特点表现为自然性与社会性、客观性与主观性的统一。正是社会性、主观性的影响，人的成长变化克服了动物式的生存适应性而具有自我意识与自我生成的自由性和超越性。也就是说，唯有人才能够为自己确立准则、目标，面对生活自我选择，并赋予生命以价值。简单地说，只有人能够通过自己的意志去努力表达自己想表达的思想，做自己想做的事，过自己想过的生活。通俗地说，就是说“人”话、做“人”事、过“人”的日子，这就是人性。

总的来说，人的成长变化过程的全部意义就在于人性的不断生成，即人的“知”性、“德”性、“审美”性的生成。人应该成为一种知性的存在、德性的存在和审美性的存在，否则就不能成为人。而知性、德性和审美性的生成过程，也就是“人成为人”的过程，是人以生活为根据，在生活中或通过生活去创造生活的教育过程。人成为人的教育过程，是具体的具有丰富生活意蕴的过程。因为教育过程中的人是具体个人，不是抽象的概念或符号，生活中的具体个人是教育的出发点。教育关注生活就是关注生命，实现生命自主精神的不断生长。

我们深知，人的生命活动是根据自己的意志和意识去实现人的目的性要求的创造性活动，让世界满足自己的需要并自觉地创造属于自己的“生活世界”，这就是人的自主精神及其力量。人应该树立个人尊严，发展自我的创造力，努力造就自我，才能成为掌握自己命运的主人。个人的成长最为根本的是发挥个人的力量，去与生命中的一切险恶作抗争。生命的意义需要自己的智慧和奋勇去创造，不能有任何依赖物依靠。否则，我们只能永远地活在别人的世界中，成为精神上的“奴隶”，这就是生命的颓废。尼采极其鄙视这样的人，这样的人被他喻为苍蝇、蝼蚁等。而对自主的人，尼采称之为强者。教育就是要培育这样的强者，他们是人类的“最高级的人”，教育的最高目标就在不断培育这“最高级的人”的过程中实现。尼采承认现实的人总是在不平等中创造自我，拥有自主精神,成为生活中的强者,这样生命才富有意义,人类也才能进步。

然而,今天的学生,在他孩提时,其天性因大人的约束、管教而被压抑,没有了快乐的童年,拥有的只是沉甸甸的书包和做不完的习题。随年纪的增长,他的书包也在变大变沉,似乎让人感到知识的沉重。我们的家长似乎对孩子永不满意,他们寄望孩子们以优异的成绩给他们带来那份做人的"尊严"。可是,孩子的发展因家长和学校的限制,考试的分数成为了他们生命的全部,没有了属于自己的自主生活。给学生自主的空间、自主的生活、自主的人生成为今天教育改革的意旨。教育培养学生的自主精神,更深层次的意义在于培养学生创造精神。没有"自主"也就没有创造,创造的意义就在于学生创造属于"自我"的生命,"自我"的生活,"自我"的作为文化人的文化世界。总之,自主精神应该成为我们当代教育无论是理论还是实践都必须建构的重要精神。

当今社会发展速度加快,社会文化价值观日趋多元化,充满不确定性、偶然性,人的发展也有了更为广阔的可能性;日趋激烈的竞争作为时代发展的一个主题,要求今天的人必须具有强烈的参与意识、竞争意识、自主意识和责任意识,具有开拓进取、追求卓越的勇敢创新精神,具有立足大地、面向生活的自主务实精神。努力培养学生在竞争中不断实现自主,超越自我,走向生命的强盛成为今日社会教育的主题。

## 三、教育人生

尼采把真正的教育家看作人生哲学家,根据自己的人生经历和"生命哲学"观,认定叔本华才是真正的教育家,并指出教育家具有诚实、乐观、坚韧的品质而富有"楷模意义和教育意义",在他的名著《查拉图斯特拉如是说》中,他把查拉图斯特拉精心设计为培育超人的富有思想智慧、教育智慧的最高的"思想家"教师典范。所以,尼采所信奉的教师就是人生导师或精神导师。教师的教育过程就是教师生命意义的自我实现过程,同时也是促进学生生命意义的实现过程。尼采的教师观对今天的教育和教师具有重要的启示。作为教师,应该实现自己的教育人生。

### (一)教育人生是教师以诚实、乐观、坚韧为基本品质的人生

尼采强调诚实教师的诚实教育。教师要以诚实的品质从事教育活动,教导学生做一个诚实的人。诚实的人就是能自主地探索和表达人生真谛,创造生命"自我"的人。反思我们今天的教育,教育中缺少诚实,虚假处处皆有。

乐观是尼采强调的真正的教师的又一精神品质。教师在自己的思想活动和教育活动中,必有困难、挫折,生命在接受磨炼中体验痛苦,但这不是人生的全部,真正的人生要以积极乐观的态度对待生命中的一切障碍及艰辛,生命因艰难而痛苦,因痛苦而至快乐,这才是真实的人生。作为教师,应在属于自己的教育活动中,创造生命的"欢欣鼓舞"。

至于教师的坚韧品质,尼采说这是现实的诸多矛盾和各种险境的必然。尼采要求教师必须能忍受孤独,有向所谓"真理"挑战的勇敢和具有克服自己思想以及道德的僵化的渴望和创造力。但现实的很多教师在自己日复一日的机械化、程式化的教育活动中,一天天麻木着自己的心灵,缺少创造精神和创造力,更缺少教育思想智慧,他们耐不住寂寞,人生变得浮躁,使得"教育因为日益增长的浮躁而越来越糟"[①],教育日益变得急功近利。他们受制于别人,受制于缺少生命力的甚至是迂腐的知识。学生成为装填知识的"机器",而他们也成为装填这些知识的"机器"的"机械工"。

尼采所颂扬的"思想家"教师正是我们的时代所缺少的。诚实、乐观、坚韧的品质应该成为今天教师努力修炼的基本精神品质。教师具有这样的品质其意义是超出教师自身的,不仅对学生具有重要的教育意义,而且也具有促进人类文化的发展意义。让学生以积极的人生态度并保持健康的心态,努力克服人生困难,锻炼意志,昂扬奋进,这才是教师真正感到欣慰的。

---

①尼采:《哲学与真理》,田立年译,上海:上海社会科学院出版社,1992年版,第129页。

（二）教育人生是教师生命意义不断生长的人生

生命意义是什么？尼采认为生命意义在“成为自我”中，在“自我”通过对现实的批判、否定、创造并不断实现超越中；在自由、解放、幸福的人性生成追求中。生命的最高意义在尼采那里就是诞生超人。因此，在教育过程中，教师作为一种生命的存在，其教育活动实际上就是一种生命活动。在生命活动中，生长生命意义，创造教育人生。但是“在现代，随着师范教育和教师专业化运动的开展，教师将自己看作是一种‘专业人士’——依赖于特殊的专业态度、技能、知识及其训练而生活的人，并拥有相应的专业权威”，这样教师“在意识中都将自己‘功能化’了”。所以，教师的教育活动应该以生命为依据，克服狭隘的“功能化”倾向，生长生命意义，成为人类的思想家教师，从而达到学生“自我”的生命意义生长。

作为思想家教师，其生命意义建构过程就是人生境界不断提升的过程。尼采的骆驼—狮子—孩子的“精神三变”形象地表达了人的精神的三种境界及提升过程。尼采的查拉图斯特拉作为培育超人的老师，就是以自己的人生境界来影响学生的人生境界。教师只有在“自我”的生命意义不断建构、人生境界不断提升的过程中才能促使学生“自我”的生命意义不断建构、人生境界不断提升。

（三）教育人生是师生走向生活的对话人生

在尼采的超人教育思想发展中，叔本华式的思想家教师到后来就成为他精心设计的艺术化、理想化的教师代表；查拉图斯特拉——这位教导人类不断孕育自我而走向健康、诚实、强盛的人类精神导师。毫无疑问，查拉图斯特拉具有尼采所希望的作为人类真正教育家的一切美好品性。更为可贵的是，查拉图斯特拉自知自己不是超人而与他的学生们一道在批判、否定、创造和超越的精神之旅中孜孜以求，向超人的精神境界攀升。所以，查拉图斯特拉作为人类的精神导师，本身就富有了“楷模意义和教育意义”。查拉图斯特拉以一种开放的、自由的方式教导学生。他不断地主动地走进人群中，与他的听众直接地交谈、对话。没有固定的场所，对话内容的选择是灵活的。他渴求在生活中通过对话给人们以智慧的启迪，让人们不断觉醒。查拉图斯特拉对他的学习深感不满，也更深刻地感受到他自己所承担的教育使命，以对人类深沉的爱和崇高的教育自觉走进他的学生或引导他的学生主动求教于他。人类在不断深刻的教育对话中，超越作为桥梁的自我而成为超人。

查拉图斯特拉以他特别的教育方式生长他作为超人教师的人生意义。他的教育人生是他与他的学生共同生长的对话的人生；是他饱含对生命的关爱给学生以智慧的启迪的思想家人生；是他以勇敢地对现实人类一切腐朽以毫不留情的批判、否定、创造、超越的精神来展现生命的力量以及生命之美的艺术化审美人生。查拉图斯特拉在他与人类对话中实现了上述生命意义。在他的生活化的对话教育过程中，因人、因地、因时地发挥他的教育影响力，促使学生精神自觉和独立于教师的自我创造，实现与学生生命精神的共同建构。通过对一代代的“较高级的人”的培育来走近他的理想目标——超人。查拉图斯特拉与他的学生关系就是作为思想家教师与作为“较高级的人”的对话关系。

人作为“对话性”的存在，“对话性”就是人的“存在性”与“关系性”。所以说，没有“对话”就没有人，“对话”就是人的一种生活方式。对话关系应该是真诚的、自由的、相互倾听的关系，以达到思想的共融、分享和人生境界的共同提升。然而，反思今天的教育，虽然我们特别强调对话，但实际上真正的教育对话却离我们很远。因片面注重知识教育，教师的知识占有因时间上和总量上的优越性极易导致教师在知识传授上的权威性，教师的个人权威并以一定的制度性权威被肯定。由于对师生关系的理解往往局限于课堂的教与学的关系上，因而，作为对话关系的师生关系未能尽显其个体性的教育意义。师生对话应扩展到师生生活的一切可能空间，师生只有在对话中才能成为自我、超越自我，走向生命意义的深处。

# 参考文献


[1][德]尼采.悲剧的诞生[M].赵登荣等译.桂林:漓江出版社,2000.

[2][德]尼采.悲剧的诞生[M].周国平译.北京:生活·读书·新知三联书店,1987.

[3][德]尼采.希腊悲剧时代的哲学[M].周国平译.北京:商务印书馆,1994.

[4][德]尼采.哲学与真理[M].田立年译.上海:上海社会科学出版社,1993.

[5][德]尼采.历史的用途与滥用[M].陈涛,周辉荣译.上海:上海人民出版社,2000.

[6][德]尼采.曙光[M].田立年译.桂林:漓江出版社,2000.

[7][德]尼采.快乐的科学[M].黄明嘉译.桂林:漓江出版社,2000.

[8][德]尼采.查拉图斯特拉如是说[M].尹溟译.北京:文化艺术出版社,1987.

[9][德]尼采.尼采文集·查拉斯图拉卷[M].周国平等译.西宁:青海人民出版社,1995.

[10][德]尼采.查拉图斯特拉如是说[M].黄明嘉译.桂林:漓江出版社,2001.

[11][德]尼采.论道德的谱系[M].周红译.北京:生活·读书·新知三联书店,1992.

[12]尼采.论道德的谱系·善恶之彼岸[M].谢地坤译.桂林:漓江出版社,2000.

[13][德]尼采.偶像的黄昏[M].周国平译.长沙:湖南人民出版社,1987.

[14][德]尼采.偶像的黄昏[M].卫茂平译.上海:华东师范大学出版社,2007.

[15][德]尼采.权力意志:重估一切价值的尝试[M].张念东,凌素心译.北京:商务印书馆,1995.

[16][德]尼采.尼采文集·权力意志卷[M].周国平等译.西宁:青海人民出版社,1995.

[17][德]尼采.权力意志:重估一切价值的尝试[M].张念东,凌素心译.北京:商务印书馆,1991.

[18][德]尼采.权力意志:重估一切价值的尝试[M].张念东,凌素心译.北京:中央编译出版社,2005.

[19][德]尼采.瞧!这个人[M].刘崎译.北京:中国和平出版社,1986.

[20][德]尼采.看哪这人[M].张念东,凌素心译.北京:中央编译出版社,2001.

[21][德]马丁·海德格尔.尼采[M].孙周兴译.北京:商务印书馆,2002.

[22][美]卡尔·雅斯贝尔斯.尼采其人其说[M].鲁路译.北京:社会科学文献出版社,2001.

[23][法]吉尔·得勒兹.尼采与哲学[M].周颖,刘玉宇译.北京:社会科学文献出版社,2001.

[24][法]丹尼尔·哈列维.尼采传[M].谈蓓芳译.南昌:百花洲文艺出版社,1995.

[25][美]H.F.彼得斯.尼采兄妹:一个德国悲剧[M].张念东,凌素心译.北京:中央编译出版社,2001.

[26][德]恩斯特·贝勒尔.尼采、海德格尔与德里达[M].李朝晖译.北京:社会科学文献出版社,2001.

[27][德]安内玛丽·彼珀.动物与超人之维[M].李洁译.北京:华夏出版社,2001.

[28]成芳.我看尼采:中国学者论尼采[M].南京:南京大学出版社,2000.

[29]金惠敏,薛晓源.评说"超人"[M].北京:社会科学文献出版社,2001.

[30][德]尼采.尼采诗集[M].周国平译.北京:中国文联出版社,1986.

[31]周国平.尼采:在世纪的转折点上[M].上海:上海人民出版社,1986.

[32]周国平.周国平文集[M].西安:陕西人民出版社,1996.

[33]郜元宝.尼采在中国[M].北京:生活·读书·新知三联书店,2001.

[34]陈鼓应.悲剧哲学家尼采[M].北京:生活·读书·新知三联书店,1994.

［35］李瑜青主编.尼采哲理美文集［M］.合肥：安徽文艺出版社，1997.

［36］洪谦主编.西方现代资产阶级哲学论著选辑［M］.北京：商务印书馆，1964.

［37］刘放桐.马克思主义与西方哲学的现当代走向［M］.北京：人民出版社，2002.

［38］韩震主编.西方哲学概论［M］.北京：北京师范大学出版社，2006.

［39］石中英.知识转型与教育改革［M］.北京：教育科学出版社，2001.

［40］石中英.教育哲学导论［M］.北京：北京师范大学出版社，2002.

［41］陈嘉明.现代性与后现代性十五讲［M］.北京：北京大学出版社，2006.

［42］刘自觉.尼采传［M］.北京：中国广播电视出版社，2002.

［43］闵抗生.尼采及其在中国的旅行［M］.北京：当代中国出版社，2000.

［44］刘惊铎.道德体验论［M］.北京：人民教育出版社，2003.

［45］李晓林.审美主义：从尼采到福柯［M］.北京：社会科学文献出版社，2005.

［46］韩民青.千年伟大思想家［M］.济南：济南出版社，2006.

［47］曹锦清.现代西方人生哲学［M］.上海：学林出版社，1988.

［48］袁澍绢.现代西方著名哲学家评传［M］.成都：四川人民出版社，1988.

［49］Friedrich Nietzsche.*The Birth of Tragedy*［M］.trans.Walter Kaufman，New York：Vintage Books，1966.

［50］Friedrich Nietzsche.*The Genealogy of Morals*［M］.trans.Francis Golffing，Garden City，New York：Anchor book，1956.

［51］Friedrich Nietzsche.*Beyond Good and Evil*［M］.trans.Walter Kaufman，New York：Vintage Books，1966.

［52］Friedrich Nietzsche.*Thus Spoke Zarathustra*［M］.thans.Walter Kaufman，in PN.

［53］Friedrich Nietzsche.*The Will to Power*［M］.trans.Walter Kaufman and R.J. Hollingdale，New York：Vintage Books，1986.

［54］Friedrich Nietzsche.*Ecce Home*［M］.trans.Walter Kaufman，New York：Vintage Books，1967.

［55］Cooper，E.D.*Authenticity and Learning：Nietzsche's Educational Philosophy*［M］. New York：London Routledge and Kegan Paul，1983.

[56]Young, J.*Nietzsche's Philosophy of Art*[M].Cambridge University Press, 1995.

[57]Johnston, J.S.*Nietzsche as Educator: A Reexamination*[J].*Educational Theory*, 1998(48): pp67—83.

[58]Rosenow,E.*Eliyahu Rosenow Nietzsche's Educational Legacy:Reflections on Interpretations of a Controversial Philosopher* [J].*Journal of Philosophy of Education*, 2000. Vol.34, No.4, pp673—685.

[59]Heidgger, M.*Who is Nietzsche's Zarathustra?* [J].*The Review of Metaphysics*, 1967(20): pp411—431.

[60]Friedrich.Nietzsche.*On the Future of our Educational Institutions*[M].London: T.N.Foulis, 1909.

# 雷思齐易学思想探微

LEI SIQI YIXUE SIXIANG TANWEI

蒋承伟 著



湘潭大学出版社
XIANGTAN UNIVERSITY PRESS

图书在版编目（CIP）数据

雷思齐易学思想探微 / 蒋承伟著. -- 湘潭 : 湘潭大学出版社, 2024.5

ISBN 978-7-5687-1424-2

Ⅰ. ①雷… Ⅱ. ①蒋… Ⅲ. ①雷思齐－道教－思想评论②《周易》－研究－中国－宋元时期 Ⅳ. ①B959.92 ②B221.5

中国国家版本馆 CIP 数据核字（2024）第 081380 号

**雷思齐易学思想探微**

**蒋承伟 著**

责任编辑：王正杰
封面设计：李　平
出版发行：湘潭大学出版社
社　　址：湖南省湘潭大学工程训练大楼
电　　话：0731-58298960 0731-58298966（传真）
邮　　编：411105
网　　址：http://press.xtu.edu.cn/
印　　刷：长沙印通印刷有限公司
经　　销：湖南省新华书店
开　　本：880 mm×1230 mm 1/32
印　　张：6.75
字　　数：162 千字
版　　次：2024 年 5 月第 1 版
印　　次：2024 年 5 月第 1 次印刷
书　　号：ISBN 978-7-5687-1424-2
定　　价：58.00 元

# 前　言

《雷思齐易学思想探微》是我研究生阶段研究成果的延伸与深化。我选择这一研究方向，既是因为我的专业聚焦于易学领域，也是因为我对雷思齐独特的易学见解怀有浓厚兴趣。此外，我意识到雷思齐的易学思想在学术界尚未得到全面深入的研究，这为我深入探索其理论内涵提供了广阔的空间。在研究过程中，我深感雷思齐易学思想的博大精深。他对《易经》的卦象、爻辞以及宋元之际的图书之学进行了创新性阐释，不仅拓宽了易学的视野，也为我们提供了一种新的理解宋元易学的方式。

本书旨在深入剖析雷思齐先生的易学思想，揭示其内在的逻辑与价值，以期为广大易学爱好者与研究者提供有益的参考与启示。易学，作为中华优秀传统文化的重要组成部分，源远流长，博大精深。它不仅是古人智慧的结晶，更是现代学者不断挖掘与研究的宝贵财富。雷思齐作为元代图书易学领域的杰出代表，其独特的易学思想不仅继承了传统易学的精髓，更在此基础上进行了深入的创新与发展。特别是雷氏的“河图四十”，借助易数的流转变化和排列组合，实现对传统易学难题的创新性阐释，这些难题包括河图洛书的辨伪，“参天两地”和“参伍错综”的理解，河图之数、大衍之数和天地之数的会通等，对这些问题的处理可以看出雷氏创制河图之说的目的——承接两汉象数易学，直探古圣先贤制《易》之理。

《易图通变》和《易筮通变》作为深刻展现雷思齐易学思想的两部巨著，为我们揭示了这位古代易学家的深邃世界。虽然，不同时代有不同的时代课题，易学的面貌也会发生变化，但是，易学精神却是一脉相承的，而要实现传统易学的现代转化，关键在于深入理解和把握这种贯穿古今的易学精神。对于雷思齐的易学思想进行探索，便是我们寻求这一转化的重要途径，这也是本书写作的初衷。

在具体的阐述中，我将遵循《易图通变》与《易筮通变》的论述脉络，力求全面、准确地呈现雷思齐的易学理念。同时，对于雷思齐所引述的内容，若与原始资料存在出入，我将以雷思齐的版本为准，并附上原始资料的相关内容，以供读者参考对照。这样的处理方式旨在确保雷思齐易学思想呈现的连贯性和完整性。

本书的核心内容如下：从易数的角度出发，对雷氏易学进行了深入的探讨，这一研究主要从两个层面展开，一是运用数学的生成变化解读河图，二是利用数理逻辑解析筮法。在解读河图方面，我遵循《易图通变》的阐释顺序，详尽地探讨了诸如“河图四十”“天地之数”“参伍错综”“参两错综”等核心概念，同时借助河图的数字运行模式来模拟宇宙万物的生成与天地间的运行规律。在解析筮法方面，我聚焦于雷氏筮法及其相关的天地之数与九六之数，通过对筮法过程的细致描述以及对历史筮法问题的深入剖析，为更准确地理解《周易》中的占筮本义奠定了坚实的象数基础。

在未来的研究与探索中，我将继续深入挖掘雷思齐先生的易学思想内涵，不断丰富和完善其理论体系，以期为广大读者提供更加全面、深入的学术成果。同时，我也期待与广大易学同仁携手合作，共同推动易学研究的繁荣与发展，为传承和弘扬中华优秀传统文化做出更大的贡献。

# 目　　录

# 绪　论

## 一、选题意义

雷思齐是宋元时期的易学家，以专注于图书易学的研究著称。雷思齐著述颇丰，但流传下来的只有《易图通变》和《易筮通变》两部著作。雷思齐以其独特的“河图四十”来阐释易道，并且论述也很有特色。首先，雷思齐的河图之数以四十为本，虚用五与十，且与天地之数、大衍数相会通。其次，通过河图解释《系辞》与《说卦》中的参伍错综与参天两地。同时雷思齐在著作中采取各家学说，有道家思想的痕迹，如“虚实相用”“有生于无”等观点，也采用《列子》《易纬》等书进行观点的论证。

宋元时期，易学独具特色。高怀民先生称其“特别着心力于易图象的制作，借各种图象以说明易道，仿之两汉，称之为‘图象易’亦宜”①。当时宋人有以图解《易》的倾向，力图从“画前易”寻找《易》书的根据，而“画前易”是自然玄妙之理，需借助易图得以显现，故宋时以阐释易理的易图学兴盛了起来，制作易图之风随之盛行。雷思齐晚年完成上述两本著作，试图建立自己的易学体系。他创制了“河图四十”之说，试图从

① 高怀民：《宋元明易学史》，桂林：广西师范大学出版社，2007 年，第 144 页。

根本上反对当时的易学主流权威，同时也证明自己易图的合理性，这也正是雷思齐在《河图辨征》和《河图遗论》两章里详论河洛之说的原因。在这两章里，他论述了河洛之别以及后来的河洛合流，尤为重要的是对宋时诸多易图学家进行了细致的分析和有力的批判，一方面，大致勾勒出了图书学的演变过程；另一方面，也为提出“河图四十”之说打下了基础。此外，雷思齐的“河图四十”之说为雷思齐独创，包括河图的基本构成，“参天两地”，“参伍错综”，“参两错综”，并配有四幅自创的易图。他对易学的阐释大大拓宽了释《易》理路和学术视野。因此，独具特色的雷思齐易学有重要的价值得我们研究。

## 二、文献综述

从目前掌握的资料来看，研究雷思齐易学的著作并不多，专门研究雷思齐易学的学者也很少，大多是从易学史或易图史的发展角度阐释雷氏易学。

朱伯崑在《易学哲学史》第三卷[①]“元代象数之学”一节里专门对雷思齐进行了论述，以“雷思齐《易图通变》”为总章节，并分“河九八卦说”和“释大衍义”两部分对雷思齐易学进行解说，沿用了雷思齐《易图通变》和《易筮通变》的基本结构，通过对这两部分的深入解读，全面而系统地展现了雷思齐的易学思想。同时，朱伯崑先生也结合自己的研究心得，对雷思齐的易学思想进行了深入的剖析和评价。

林忠军在《象数易学发展史》第二卷[②]中论述了雷思齐的河洛之学。严格按照文本安排，分别论述“河图本四十”“参天两

① 朱伯崑：《易学哲学史》第三卷，北京：昆仑出版社，2005 年。

② 林忠军：《象数易学发展史》第二卷，济南：齐鲁书社，1998 年。

地说与河图说”“参伍错综与河图”“参两错综与河图”“河图之辨征”“筮数”“雷思齐对象数易学的贡献”七部分，对雷思齐易学的思想进行了系统论述，肯定了其图书学的价值，特别是借助“河图四十”阐发“参两”“参伍”之说的创新性研究，也对其附会之处予以批判。

章伟文在《宋元道教易学初探》中专门论述雷思齐的道教易图学思想，以道教老子思想为解释雷思齐易学的突破口，他认为“雷思齐对河图之数的种种理解，是跟他对《道德经》中有无、虚实思想的深刻领悟密不可分的”，① 较为显著的是虚化五与十，并突出五与十在数之变化中的作用，从道教易图学的角度对雷氏易学的贡献做了肯定性的评价。

徐芹庭在《易图源流》② 中未对雷思齐易学思想展开具体论述，只是对雷氏易学内容进行了原文陈述，大致勾勒出了雷思齐易图学的轮廓，并从易学图画的变迁史中分析评价雷氏易图。

郑万耕在《空山先生的太极观》③ 中，对雷思齐的太极观念作了详细的阐发，揭示了道教思想对雷思齐易学的影响，并肯定雷思齐数学派的解《易》特色。

黄黎星在《先秦易筮研究》④ 一书中，对雷思齐《易筮通变》的占筮进行评说，详细地论述了《易筮通变》各章的内容。特别值得一提的是，黄黎星先生在深入梳理《国语》《左传》《孔子家语》等古籍中记载的占卦实例后，对雷思齐关于占筮之法及其相关问题的理解进行了详尽的分析。他通过对这些历史文献的仔细考察，不仅还原了占筮在古代社会中的实际运用情况，

---

① 章伟文：《宋元道教易学初探》，成都：巴蜀书社，2005 年，第 330 页。

② 徐芹庭：《易图源流》，北京：中国书店，2008 年。

③ 郑万耕：《空山先生的太极观》，《中国道教》，2002 年第 1 期。

④ 黄黎星：《先秦易筮研究》，北京：人民出版社，2015 年。

更从中提炼出雷思齐对于占筮之法的独特见解。黄黎星先生的这一研究，不仅为我们理解雷思齐的易学思想提供了新的视角，也为我们深入探究占筮文化的历史渊源和内涵提供了宝贵的资料。

李秋丽在《元代易学史》① 一书中，较为细致地分析了雷思齐的河图思想和筮法内容，从雷思齐个人简介、“河图、洛书的易学史辨证”、“河图四十：图书之学的新发展”、“易筮通变：筮数问题的新探索”等内容阐发雷思齐的易学思想内涵，并对雷思齐的易学思想作了客观公正的评价。

总而言之，对雷思齐易学专门研究的并不多，依据《易图通变》和《易筮通变》详细论述的也很少，更多的是选择一个角度，如《道德经》与雷氏易学关系的角度，或者思想的某个方面，如雷氏易学中蕴含的“太极观”和“宇宙观”等，对雷思齐易学展开论述。因此，本书在已有的研究成果基础上，对雷思齐易学做专题性的研究，依据雷思齐易学思想的文本，对雷思齐易学内容进行详细梳理，从他作“河图四十”的缘由出发，了解其以图释《易》的方法和目的，对数的生成、变化、运行做细致的描述，并通过易图会通天地之数、大衍数等，进而把握其易学思想，对其在易学史上的贡献做出公允的评价。研究步骤如下：首先，收集整理有关雷思齐的原始资料，包括生平、时代背景以及古人对雷思齐的评价等原典材料；其次，总结并参考前人对雷思齐易学思想的分析和解读，吸收其有重要价值的学术成果，对雷思齐易学展开专门研究；另外，本书也略及道家思想对其易学思想的影响，力图阐明雷思齐易学思想的丰富内涵。

① 李秋丽：《元代易学史》，济南：齐鲁书社，2020 年。

# 第一章　雷思齐生平与时代背景

## 一、雷思齐生平

雷思齐（1230—1301），字齐贤，宋抚州临川（今江西临川县）人，出身贫寒，于《易筮通变》中自述："愚自童卯，习见世之常占，掷钱以画卦爻，云自京房始矣。"① 早年受儒家教育，元灭宋后雷思齐独居乌石观（在今福建闽侯县城内西南隅），潜心道家学说，由儒变道，时称"空山先生"。揭傒斯在《易图通变序》中讲："雷先生，思齐，字齐贤，临川之高士也。遭宋完，独居空山之中。"② 早年有志于仕宦，汲汲于科举考试，但是屡试不中，吴澄介绍说：

> 少业进士，应举不偶，乃寄迹老氏、法、儒中之巨擘，非道家者。③

雷思齐放弃仕途，潜心读书，涉猎诸家之学。博览群书的经历使他得以接触并理解儒家、道家等多种学派，进而增强了他整合各家学说的能力。同时他又经常与师友交游切磋，如吴澄、曾子良等大儒。揭傒斯在《易图通变》的序言中讲：

> 去儒服，称黄冠师，与故淳安令曾公子良、今翰林

① 雷思齐：《易筮通变》卷上，上海：上海古籍出版社，1989 年，第 2 页。

② 雷思齐：《易图通变》，上海：上海古籍出版社，1989 年，第 2 页。

③ 吴澄：《吴文正集》卷 22《空山漫稿序》，景印文渊阁《四库全书》，集部 1197 册，台北：台湾商务印书馆，1983 年，第 235 页。

学士吴公澄，相友善，四方名士大夫，慕其人，往往以书疏自通，或闻其讲学，莫不爽然自失。故翰林侍讲学士袁公桷，博雅君子也，称其所著书，援据切至，合神以穷变，尽变以翼道。①

这种交流不仅为他的学术提供了丰富的思想养料，也让他逐渐在地方上赢得了良好的声誉。

元至元十三年（1276），元世祖召见天师道第三十六代天师张宗演及弟子张留孙随同谒见。张宗演从京城回到龙虎山，便邀请雷思齐担任玄学讲师。讲学内容以《周易》《道德经》《南华真经》为主。吴全节在《易图通变》序言中说：

昔世祖皇帝既定江南，首召三十六代天师入朝。未几，天师奉旨掌道教。还山，遂礼请先生为玄学讲师，以训迪后人。②

元至元十六年（1279），雷思齐隐居在种湖之上。虞集《河图仙坛之碑》中记载：

临川雷空山先生者，隐居种湖之上。③

其间注解成《庄子旨义》。其友吴澄在《吴文正集》中提及，他路过种湖想拜谒雷思齐而不遇，却看到雷思齐注解的《庄子》。

元至元十九年（1282），龙虎山太上清宫的达观堂堂主李宗老亲自礼请隐居的雷思齐出山讲学。虞集《河图仙坛之碑》中有记载：

深明《易》《老》，以其所学著为成书。公往师焉，

---

① 雷思齐：《易图通变》，上海：上海古籍出版社，1989 年，第 2 页。

② 雷思齐：《易图通变》，上海：上海古籍出版社，1989 年，第 3 页。

③ 虞集：《道园学古录》卷 25《河图仙坛之碑》，景印文渊阁《四库全书》，集部 1207 册，台北：台湾商务印书馆，1983 年，第 361 页。

他从学者莫之能及也。李君避舍，延至雷先生，而公得以专受其业。①

雷思齐在讲学过程中，将儒家的教育方式融入其中，进一步实现儒道之间的会通。

雷思齐著有《易图通变》五卷，《易筮通变》三卷。另有《老子本义》，《庄子旨义》，《诗文集》二十卷，《和陶诗》三卷。令人惋惜的是，后面三部著作今已佚失。

元至元二十三年（1286 年），雷思齐完成《老子本义》，并请张宗演作序：

《道德》数千言，吾教之所独尊，古今未有能废之者？然传注层出，渺茫丛惑，莫适指归，徒见多歧之纷纷也。雷思齐嗜学有要，精研是书，探核本旨，为之传释，合儒、老之所同，历诋其所异，条分绪别，终始一贯，不翅入老氏之室，避之席以相授受也。②

元成宗大德五年（1301），雷思齐再次回到乌石（即现在福建闽侯县的乌石山），于当年去世，享年 72 岁。袁桷在《空山雷道士墓志铭》中记载：

复归乌石，长眠此地。治其窆而先表焉。表曰：空山雷道士之墓，卒时年七十有二。③

不可忽视的是雷思齐的师友状况，这是了解其思想发展的重要途径。本书中，我们只涉及与雷思齐易学相关的师友，主要包括袁桷、吴澄和吴全节。

---

① 虞集：《道园学古录》卷 25《河图仙坛之碑》，景印文渊阁《四库全书》，集部 1207 册，台北：台湾商务印书馆，1983 年，第 361 页。

② 雷思齐：《易图通变》，上海：上海古籍出版社，1989 年，第 2 页。

③ 袁桷：《清容居士集》卷 31《空山雷道士墓志铭》，景印文渊阁《四库全书》，集部 1203 册，台北：台湾商务印书馆，1983 年，第 423 页。

翰林学士袁桷对雷思齐的治学极为赞赏，他在《空山雷道士墓志铭》中说：

旷百世而相感者，吾得一人焉，曰雷齐贤（字思齐）。始予读其书，益知其所以言，病乎世莫知其涯也。齐贤所为书，援据切至，感厉奋发，不蹈世俗绳墨，合神以穷变，尽变以翼道，申言广指，其于力诚至矣。①

雷思齐能获得袁桷如此赞誉，无疑具有过人之处。从袁桷对雷思齐的描述中，我们了解到雷思齐的学术根基，即雷思齐的学理深受《周易》《尚书》《老子》的影响，进而深入探索《河图》《洛书》的奥妙，广泛涉猎了探讨《易》《河图》《洛书》等经典的著作，并将义理之学都置于象数的框架内进行研究，并在整体理解的基础上，提出了自己独到的见解。

元代杰出的经学家、教育家吴澄与雷思齐交往甚契，在《空山漫稿序》中记载二者交游的事情：

予壮岁遁身巴山之阴，屏人读书。一日，有空山雷讲师自郡城至，求大木以营构。聚处谈老子，甚相契。后屡会。每见师与人论诗，群雌孤雄，听者披靡。盖才高学广，气盛辞赡，横说竖说，无施不可，孰敢撄其锋？②

雷思齐诗学造诣颇高，与朋友谈论诗词时，大家都安静地听他讲授。吴澄也谈及河图洛书，他赞同朱熹的河图洛书的观点。在《易纂言外翼·易原第十一》中论述他的河图洛书之说：

---

① 罗立刚：《宋元之际的哲学与文学》，上海：复旦大学出版社，2007年，第105-106页。

② 郝永伟：《南船北马总关情：元代江西文人诗集序文整理与研究》，石家庄：河北人民出版社，2015年，第124-125页。

河图者，羲皇画卦之前，河有龙马出而马背之旋毛有此数也。其数后一六，前二七，左三八，右四九，中五十，五奇五偶相配。羲皇平日观于天地人物，无非阳奇阴偶，两相对待，见河图之数而有契焉。于是作一奇画以象阳，作一偶画以象阴，加而倍之，以成八卦，又加而倍之，以成六十四卦，所谓伏羲因河图而画八卦者，此也。以背毛之旋文如图星者之圆圈，故名之曰图。①

洛书者，大禹治水之时，洛有神龟出，而龟甲之拆文有此数也。其数后一前九，左三右七，右前二，左前四，右后六，左后八，中五，四方，四隅，中央，其位有九。禹平日默计天道人事之大要，其类有九，见洛书之数而有契焉。于是以天道人事分为九类，品其缓急先后之次，以配龟甲一二三四五六七八九之文，是为洪范九畴。所谓大禹因洛书而叙九畴者此也。以背甲之拆文如书字者之横画，故名之曰书。②

南宋后期至元代，朱熹的学说成为儒家学说的主流和代表，朱熹的河图洛书之说深刻地影响着包括吴澄在内的儒家知识分子。雷思齐精研易学，结合史料，于河图提出了不同于朱子的“河图四十之说”，可见雷思齐不泥古，不循旧，具有敢于创新的学术态度，他的“参两”“参伍”之说就是明证。

吴全节，曾就学于雷思齐。雷氏以明圣贤之道为旨，指导他

① 吴澄：《易纂言外翼》卷七，《文渊阁四库全书》第22册，台北：台湾商务印书馆，1986年，第667页。不同版本古籍中，“偶”与“耦”写法不一。为方便阅读，本书中统一用“偶”，不再另注。

② 吴澄：《易纂言外翼》卷七，《文渊阁四库全书》第22册，台北：台湾商务印书馆，1986年，第668页。

的学业。吴全节在《易图通变》序提及："余时虽幼，而有志于学，遂受学于先生。先生尝诲余曰：'文章于道一技耳。人之为学，将以明斯道也。不明斯道，不足以为圣贤之学矣。'余由是日知所省，益自奋发。及弱冠，入侍先师。"[①]虞集在《河图仙坛之碑》中提到了吴全节的河图思想：

> 书以图来，公叹曰：我昔闻诸异人云，河图，八卦也。今人所传河图，盖五位相得而各有合之图也。儒家颇骇其说，然即卦以指视先天位数，吾得金丹之旨焉。[②]

吴全节赞同雷思齐的河图八卦思想，这符合《系辞传》"五位相得而各有合"的内容。

总之，雷思齐易学受益于其儒道会通的知识架构，同时他治学严谨，旨趣高远，富有创造性，这是雷氏创造性发挥河图的底蕴所在。

雷思齐经历过宋元易代之厄及仕途坎坷，在儒道会通的背景下，雷氏撰写的易学体系颇有特色，研究方法和见解不仅丰富了易学的内涵，也为后世的易学研究提供了宝贵的启示和借鉴。

## 二、宋元之际易学发展状况

南宋末年，朝廷内忧外患，南宋王朝内部积弱不振，外有少数民族的战争威胁。公元1279年，南宋灭亡，经历了国破家亡、朝代更迭的耻辱，很多知识分子隐居山林，同时依照南宋学院讲学传统，知识分子多选择著书立说和学院讲学的方式度过余生。元代初期的统治者为了笼络大批知识分子，尤其是归隐山林的士

① 雷思齐：《易图通变》，上海：上海古籍出版社，1989年，第3页。

② 虞集：《道园学古录》卷25《河图仙坛之碑》，景印文渊阁《四库全书》，集部1207册，台北：台湾商务印书馆，1983年，第360页。

人，采取鼓励学院教学的态度，并通过朝廷政令为书院购置学田，为学院解决经济困难的问题，因此很多不愿意在官学任教的知识分子纷纷加入学院讲学。雷思齐便在龙虎山达观堂担任玄学讲师，一方面可以研究易学思想和道教思想，增进学识，一方面可以传授自身学说，润泽桃李。

为更好地理解雷思齐的易学思想体系，我们需要了解宋元易学的整体发展脉络，进而在整个宋元易学中把握雷氏易学的突出价值和历史贡献。

宋元时期是易学发展的一个重要时期，宋元易学承接汉唐易学，进入了一个崭新的发展阶段。在这个历史节点上，易学家与其他经学家联手，依托新的历史背景，对包括《周易》在内的儒家经典进行了深入的整理、诠释和阐发。同时，他们还批判地吸收了佛道两派的思想，从而形成了高度哲理化的新理论——理学。这一理论以“性与天道”为核心，将儒、道、释三者融为一体，为后世的学术研究奠定了坚实的基础。

从经学史的角度看，汉唐经学向宋代经学的转变被称为“经学变古时代”。这一时期的治学方法与汉唐时期有所不同，宋人不再过分依赖训诂与传注，而是更加注重对经文的深入解读与义理的阐发。在易学领域，宋人相较于汉人在以象数方面的优势，更加注重从经文中引申出深刻的义理。这也使得汉学与宋学、汉易与宋易在经学史上呈现出不同的特点。

然而，需要注意的是，汉宋易学的区分并不是绝对的。实际上，每一时代和每一种易学流派都存在着象数与义理相互交织的情况。象数作为形式，为义理提供了载体；而义理作为内容，则赋予了象数更深层次的含义。当义理成为主导时，象数会服从于内容的需要；而当象数成为重点时，义理则可能会因之而隐藏。正如清儒李道平所言：“古人之说《易》也慎，后人之说《易》

也僭。古人之说《易》也，言象数而义理在其中；后人之说《易》也，言义理而象数因之以隐。”① 尽管他好古薄今，却深刻地揭示了象数与义理之间的内在联系以及在不同历史时期的表现形态。

在宋元时期，从易学的主流趋势来看，它主要表现为义理之学。然而，从研究方法和探讨的内容来看，宋代的易学也可以分为象数和义理两大流派。一派是以《易》为基础，注重《易》理的发挥和阐释，通过《易》理的讲解，使得《易》成为提升人格和完善心性的性命之学，代表人物有周敦颐、二程、张载、朱熹、吴澄等。另一派采取以图释《易》的方式，代表易图有太极图、河图洛书等，代表人物有陈抟、范谔昌、刘牧、俞琰、雷思齐、张理等。这种以图释《易》的方式称为图书之学。象数易学逐渐壮大，在宋代易学中占有一席之地。特别是经过朱熹的确认和阐释，以图书之学为主的象数易学成为宋代易学的重要组成部分，并与占主导地位的义理之学相融合。

象数易学之所以在宋代以新的形式发展起来，这与道家和道教思想的兴盛密不可分。宋代赵匡胤便借助道教的符命之说夺取了后周政权，称帝后不仅多次召见道士，还常去北岳庙和太清观，并下令在京城修建隆观，在华山修西岳庙，赐给道人紫衣。宋太宗即位后，对道教的热衷甚至超过了他的兄长。从995年开始，他曾三次派遣使者前往华山宣诏陈抟进京，第三次还与陈抟一同游览美景，并赐号“希夷先生”。由于统治者的喜好和扶持，道教在宋初盛行。而道教的理论基础则是以《周易》为依托。从东汉魏伯阳的《周易参同契》到宋初陈抟等人所著的《龙图》，都是以《易》来印证道，以道来阐释《易》。正是因

---

① 李道平：《周易集解纂疏》卷首自序，北京：中华书局，1994年，第1页。

为易学与道教之间的这种特殊关系，二者在历史发展和时代变迁中，以各种方式相互吸收、相互促进，共同发展。因此，宋初的图书之学也开始流行起来了。

同时，宋代象数易学的兴起也是易学自身发展的需要。两汉易学家以象数为工具来揭示易辞的含义，这符合“观象系辞”的宗旨。然而，他们过分夸大了象数的作用，将象数易学的烦琐一面推至极致，从而远离了《周易》经传的本义。魏晋时期的王弼为了纠正这一偏差，以老庄思想注解《周易》，摒弃了象数。唐代孔颖达撰写《周易正义》时采用了王弼的注解，并将玄学易定为官学。自此以后，易学只崇尚玄理，象数之学逐渐衰微，易学走向了另一个偏向。

从易学的发展史看，象数易学在宋代的发展有其必然性，即易学的发展迫切需要一种既能够以象数释《易》，又能够弥补汉象数易学与魏晋玄学不足的新的解《易》方式，宋元的图书之学应运而生。

同时，宋代科技的飞速发展，特别是印刷术的广泛应用，为图书之学的传播和保存提供了重要的物质条件。数学、天文、历法、地理、医学等领域的新成果也促进了图书之学和象数学的形成与发展。值得注意的是，图书之学和汉代象数学都蕴含着数理的自然哲学。这些学问的数理推衍以及与天地人三才之道的论证都离不开当时自然科学的研究成果。例如，陈抟等人对河图洛书之数的推算，邵雍对先天之数的创制，都依赖于数学和历法。而张理等对河图的解释，则依赖于医学、生理学、天文学等领域的知识。

学界认为，宋代象数易学的传承起自陈抟，经过几代传承，周敦颐的太极图、邵雍的先天八卦图与刘牧的河图洛书等逐渐崭露头角，图书之学也开始形成规模并迅速发展。南宋初期的朱震对此进行了详细描述：

> 陈抟以先天图传种放，放传穆修，修传李之才，之才传邵雍。放以河图、洛书传李溉，溉传许坚，坚传范谔昌，谔昌传刘牧。修以太极图传周敦颐，敦颐传程颢、程颐，是时张载讲学于二程、邵雍之间，故雍著《皇极经世》之书，牧陈天地五十有五之数，敦颐作《通书》，程颐述《易传》，载造《太和》、《参两篇》。或明其象，或论其数，或传其辞，或兼而明之，更唱迭和，相为表里。（《汉上易传表》）①

朱震在《汉上易传》中明确指出陈抟为象数易的创始人，并从陈抟分出周敦颐的象学、邵雍与刘牧的数学。尽管学界对此有所争议，但朱震的记载仍具有很高的可信度。至南宋时期，程大昌专攻刘牧之学，而张行成等人则致力于邵雍的先天之学。

朱熹深感程颢、程颐兄弟偏重义理而忽视象数，于是他独辟蹊径，开创了图书之学和先天之学的研究，使这两种学问均得以传承和发扬。朱熹的学问得到了后学如蔡元定父子、胡方平父子、董楷、朱鉴等人的继承和发扬，从而象数学逐渐盛行并不断发展。尽管朱元升在某些观点上与朱熹存在分歧，但他还是通过三易的形式，统合了前人的象数思想。到了元代，俞琰、吴澄等人继续发扬朱熹的象数说，而雷思齐、张理等人在前人研究的基础上，提出了新的见解。

宋元图书学远承汉象数易学，朱伯崑先生称："图书学是清代学者对宋易中象数之学的总称，乃汉易中象数之学的一种形式，也是对汉易象数之学的发展。"② 在宋元时期，图书之学盛

① 脱脱等：《宋史・儒林五》，北京：中华书局，1985 年，第 12908 页。

② 朱伯崑：《易学哲学史》第二卷，北京：昆仑出版社，2005 年，第 10 页。

行，成为一种解《易》思潮，在宋元期，不少易学家借鉴道教文化，将《系辞》的天地之数和大衍数与河图洛书相配，创制不同的解《易》图书，构建不同的易学体系，这时期的易图融合了道教文化，成为既能够模拟宇宙生发和万物运行又能够阐释易理的图式。

宋元时期的象数易学内容十分丰富，主要包括对河图洛书的探讨。学者们围绕河图洛书的真伪，与八卦的关系，数的确立，以及与天地之数、大衍之数的联系等议题展开了深入的讨论。关于河图洛书的真伪，陈抟、刘牧及朱熹等人认为河图洛书是伏羲时代的天象，而薛季宣则将其视为地理图，俞琰则认为是宝器。欧阳修对河图洛书持否定态度，并怀疑《系辞》的作者不是孔子。关于河图洛书与八卦的关系，有的学者认为河图洛书是八卦的起源，而有的则认为河图是八卦的起源，洛书是《洪范》的起源。蔡沉提出了“河偶洛奇说”，对河图洛书进行了区分，并从洛书中推导出了九九圆数图。关于河图洛书数的确立，刘牧主张“图九书十”，即河图包含九个数（一、二、三、四、五、六、七、八、九），洛书包含十个数（一、二、三、四、五、六、七、八、九、十）。程大昌、朱震、雷思齐等人也持此观点，但雷思齐将河图确定为四十。蔡元定则认为河图应为十，洛书为九，朱熹赞同这一观点，并将其置于《易学启蒙》卷首，且进行了学理性阐述。此后，胡一桂、董楷、吴澄等人的著作都遵循了朱熹和蔡元定的观点。关于河图洛书与天地之数、大衍之数的关系，多数人认为天地之数即河图之数，大衍之数源于河图。丁易东则独辟蹊径，从河图推出大衍之数，从洛书推出其用四十有九。关于河图洛书的数理解释，多数易学家采用汉易五行说进行论证。雷思齐以“参两错综”为依据，张理则依据天文、历法和人体来揭示河图洛书的数理。

图书之学除河图洛书外，还包括太极图、先天图及卦变说的研究。

首先，是太极图。周敦颐创作了太极图，并通过《太极图说》进行了详细的解释，建构了以“诚”为核心的学术体系。关于太极图的渊源，是易学家们经常探讨的问题。朱震等人认为周敦颐的太极图来源于道家，是在道家图式的基础上进行了改造。而潘兴嗣等人则主张太极图是周敦颐自创的。太极图属于象学，朱熹等人通过解释此图，引出了义理之学，因此太极图被视为义理学的源头。而张理等人则将太极图纳入了河图洛书之中。

其次，是先天图。邵雍自称发现了“伏羲先天图”，并以此为基础建立了先天之学。尽管邵氏的书中并未记载，但张其成声称在四川一带发现了十四图，并认为是邵氏所传的图，且以此为证据来验证邵氏的先天思想。朱熹在《周易本义》卷首列出了九图，承认了邵氏所传的伏羲八卦图、伏羲六十四卦圆图等，并将河洛之学与先天之学贯通，使用阴阳符号叠加法解释了邵氏的加一倍法。胡方平、胡一桂、吴澄等人均承袭了这一观点。然而，张理的观点有所不同，他画出了四象八卦图，其八卦并非依次叠加而成，而是由太极依次产生天地阴阳符号，然后生出四象阴阳符号，即天四象、地四象，最后三组阴阳符号组合而成先天八卦，从另一个角度揭示了邵氏的先天之学。元人王申子在《大易辑说》中主张河图配先天卦，洛书配后天卦。

最后，是卦变说的研究。卦变说是汉儒为了注解经典而发明的，宋儒将卦变说用图式表现出来，形成了卦变图。宋元时代的卦变图各有特色，其中最为出名的是李之才的卦变图，包括卦变反对图和六十四卦相生图。朱熹也创造了新的卦变图，此图以乾坤为生卦之本，乾坤生出十二消息卦，由十二消息卦变出其他卦。此卦变图克服了汉儒卦变体例不统一的缺点，但其生卦存在重复出现的问题。为了进行变占，他在《易学启蒙》中，以《焦氏易林》为依据，画出了卦变三十二图，“三十二图，反复之则为六十四图，图一以卦为主，而各具六十四卦，凡四千九十六卦”①。

俞琰在他的《易外别传》中描绘了一个独特的“先天六十四卦直图”，也被称为卦变图。此图巧妙地安排了乾坤坎离，即天地日月的位置，并在其周围布置了十二辟卦，形成了一个反映阴阳上下消长变化的图形，其形状为菱形。与此同时，吴澄的卦变图也具有独特之处，尽管原图已失，但据资料显示，该图以乾坤变“六子”和“十辟”为基础，进一步衍生出其他卦象。由此可见，宋代的卦变图无论是内容还是形式，都是对汉儒卦变说的进一步拓展和深化。

此外，宋元时期的图书之学深受汉代五行说、阴阳说、卦气说以及《易传》中的易数说的影响，以黑白点构成的图为其主要表现形式。这导致了易学家们开始关注并研究汉代的象数之学。南宋的朱震是最早尝试用汉代的象数来注解《易》的学者，他提出了五种象数易的体例。俞琰也对象数产生了浓厚的兴趣，他提出了卦体说，认为卦体不变，并详细阐述了如对体、覆体、互体、伏体、积体等概念。丁易东在总结了十二种象数易的取象方法后，进一步提出了“三体之正变”的观点，主张虽然取象方法众多，但都可以归结为“三体”。

值得注意的是，胡一桂和吴澄等人在研究《易》时，都强调了对经文本身的重视。胡一桂从经文中概括出了多种象，并进一步将这些象分为四圣之象和三十三种物象，他还探讨了八种取

① 朱熹：《朱子全书》修订本（卷1），上海：上海古籍出版社，合肥：安徽教育出版社，2010年，第311页。

象的方法，并对《易纬》《焦氏易》《京氏易》等易例进行了阐述。吴澄则通过考证经文，将易象分为九大类，其中他独创了以数为象的方法，将十数与八卦进行配对。他还探讨了多种取象方法，如卦变、互体、纳甲、爻变、卦主等。元人黄泽也主张以象为本，他的《易学滥觞》一书就是以此为核心思想的。这些探讨不仅坚持了用象来注解《易》的方法，而且在一定程度上克服了汉代象数学附会的弊端，为后世的易学研究提供了新的思路和方向。

宋元易学家对于传统易数的研究确实独具匠心，他们不仅深入挖掘大衍之数的内涵，更用画卦的方式去诠释这一古老数理。俞琰从太极生八卦所表现的数来解读大衍之数五十，这一见解独树一帜。而雷思齐则通过太极生八卦的符号系统，将筮法与画卦巧妙地联系起来，使二者相得益彰。丁易东则别出心裁，从河图洛书数中推导出大衍之数五十，其用四十九，这种将数理与天地之数相结合的方法，确实令人耳目一新。

对于汉易版本的研究，宋元学者也倾注了大量心血。汉易版本原貌在郑玄、王弼等人的分传附经下变得混乱不堪，但宋人通过考辨，成功恢复了其古本的原貌。这种对古籍的细致考证与整理，无疑为我们了解汉易提供了宝贵的资料。在汉易资料的整理方面，宋元人同样做出了卓越贡献。他们不仅搜集和著录了历代易学文献，更将佚失的汉易资料汇辑成册，为后世的易学研究提供了丰富的素材。其中，王应麟辑《周易郑康成注》更是成为后世研究郑氏易的最早辑本，这一贡献可谓功不可没。

然而，宋元象数易学与汉易相比，在表现形式和应用上有所不同。宋代象数易学的特色在于其对理论的深入阐发，这与汉代易学主要侧重于经学笺注而缺乏对象数理论的深度构建形成了鲜明对比。宋元易学家更倾向于用图式来展现象数思想，这使得他们的研究更具直观性和形象性。同时，他们在注重以象数注经的同时，也不忘兼顾理论的概括，这种研究方法使得他们的易学著作更具深度和广度。

总之，宋代象数易学在整个易学发展历史中具有承前启后、继往开来的作用。一方面，宋代象数易学在新的历史背景下积极吸收了汉唐易学的精髓，实现了与旧有知识的融合与创新。通过采用图式这一新颖的形式，宋代象数易学复兴了汉代易学家所开创的象数治《易》的方法论，这在很大程度上弥补了义理之学的不足，并推动了易学研究的深入发展。另一方面，尽管宋代象数易学与汉代象数易学相比并未产生根本性的创新，整体上未能突破汉易的框架，但在义理之学盛行的时期，重新提倡以象数治《易》的方法，并对汉代易学中存在的问题进行了一定程度的修正，这为后世象数易学的研究奠定了坚实的基础。

# 第二章　作《易》之原：河洛之说的厘定

在宋元的图书学中，河图洛书是其中的核心内容，体现出数与易图的巧妙结合。

数，是中国古代数学中的概念，本义是用来计算。《说文》云："数，计也。"① 当今考古发现的商周时期甚至更早的刻在卜甲、卜骨、陶器上的数字卦的存在，充分说明了《周易》与数的密切关联。《易传》中首次提出天地之数，即天一地二天三地四天五地六天七地八天九地十这十个自然数，一三五七九为天数，二四六八十为地数。《系辞》云："极其数，遂定天下之象。"② 揭示了《周易》以数来决定象的理路。从先秦至汉唐，象数易学家对五行之数、九宫数等多有研究，并试图用数与《周易》六十四卦、天干、地支、天文等联系起来，建构宇宙论，探寻宇宙发展变化的天地之道，用来指导人事活动。直到北宋时，有人利用九宫数和五行生成数，再比附上《系辞》里的"大衍之数"和"天地之数"，画成了黑白点的"河图"和"洛书"。从而，数成为图书的构成要素，被用来表达图书思想。所以自宋代始，言数就与图书之学联系在一起。宋初理学家把河图洛书、太极图等诸图引入《易》中，以各种图式解说《周易》，

---

① 许慎撰，段玉裁注：《说文解字注》，上海：上海古籍出版社，1981 年，第 123 页。

② 余敦康：《周易现代解读》，北京：华夏出版社，2006 年，第 342 页。

从而发展出图书之学，成为宋代象数易学的重要组成部分。图书之学始自陈抟，由陈抟至周敦颐、邵雍和刘牧，至朱熹时，得以大发展，其目的在于为易象探求出先天的根源。“宋人的‘图书’之学在问题意识上较之汉人更进一步，‘直造先天未画前’，超脱《易》文本，而直探其象之所以然，由此开出一个新的论域。”[①] 易学发展到元代，朱子易学成为官学，图书之学仍然是易学研究的主体内容。

雷思齐的图书学对于河图的研究，也是为了探究易学发展的来龙去脉。为了说明河图与《易》的关系，雷思齐从前人的研究成果出发，论述河图与洛书分属不同的系统范畴，阐述图书之学的发展始末，厘清图书之学的发展脉络，着重论述了不同时期易学家对河、洛的看法，整理和批判了宋元时期的图书学，为其河图学说打下理论基础。

## 一、河图洛书溯源

如果说，西汉易学的最大特色是象数易，即综合天文、历法、五行、蓍龟、奇偶等数术内容而形成的易学体系，那宋元易学的一大特色便是图像易学，其中最为大家熟知的当数太极图、河图和洛书，以及在此基础上衍化而成的诸多变种图像。这三种易之图画皆出现在北宋年间，历经南宋、元、明、清，易学家们多有发挥。宋元明部分易学家醉心于易图的制作，并将易图与易道相关联，阐明易理。制作易图的易学家除了我们要谈到的雷思齐外，还有邵雍、朱熹、蔡元定、来知德等，他们各自拥有原创的易图，并将其作为发挥易学理论的重要依据。在这些易学家中，有极为推崇易图价值的，像朱熹，把河图、洛书、先天八卦

① 张克宾《朱熹易学思想研究》，北京：人民出版社，2015 年，第 145 页。

图放置于《周易本义》卷首，以凸显其在易学中的地位。也有不认可易图价值的易学家，他们将易图看作是附会易道的迷妄之作，双方争论不息。如果我们回首检视这些易图，特别是河图洛书之图形，就会发现，宋元时期争论不休的易图其本质为数之变化，而当时的易学家却汲汲于易图源流和用易图比附易之玄理。

总之，谈宋元易学，不能脱离易图，特别是以易图阐释易理的雷思齐，其易学思想更要以厘清河洛之说为前提。

首先，河图洛书这两种图像均无清晰的来源，在古史考证上也没有突破性的史料出现，这就导致了河图洛书有诸多难解之谜。

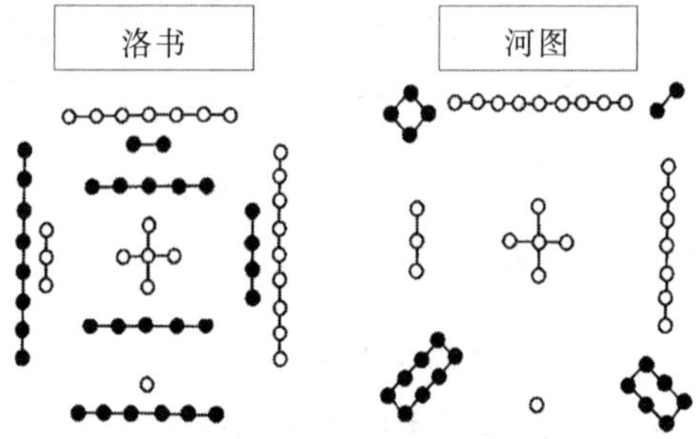


**图 2-1　河图洛书之一解**

一种是黑白点五十五的图为洛书，以黑白点四十五的图为河图（见图 2-1）。持这种主张的易学家有范谔昌、刘牧、雷思齐等，到南宋为朱震继承。此派主张的易图来源在《宋史·儒林传·朱震传》中有记载：

> 震经学深醇，有《汉上易解》云：陈抟以先天图传种放，放传穆修，穆修传李之才，之才传邵雍。放以河图洛书传李溉，溉传许坚，许坚传范谔昌，谔昌传刘牧。穆修以太极图传周敦颐，敦颐传程颢程颐。是时张

载讲学于二程邵雍之间，故雍著《皇极经世书》，牧陈天地五十有五之数，敦颐作《通书》，程颐著《易传》，载造《太和》、《参两篇》。①

朱震的经学功底醇厚，在撰写《汉上易解》时，提到了河图洛书之渊源。由陈抟传种放，种放传穆修，及至刘牧。而刘牧为北宋人，晁公武《读书志》有云："《易解》十五卷，刘牧长民撰，仁宗时言数者皆宗之，庆历初，吴秘献其书于朝，优诏奖之，田况为序。又有《钩隐图》三卷，皆易之数也。"② 这一派在北宋时期流传度较高。

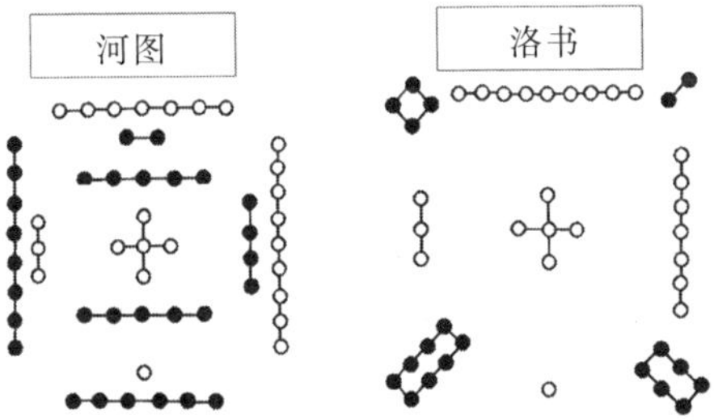


图 2-2 河图洛书之一解

另一派则主张以五十五数的图为河图，以四十五数的图为洛书（见图 2-2），持这种主张的易学家有蔡元定、朱元晦。反对刘牧的九为河图、十为洛书的观点，《易学启蒙·本图书第一》记载：

古今传记，自孔安国、刘向父子、班固，皆以为《河图》授羲，《洛书》锡禹。关子明、邵康节，皆以十为《河图》，九为《洛书》。盖《大传》既陈天地五十有五之数，《洪范》又明言"天乃锡禹洪范九畴"，

① 脱脱等：《宋史·儒林五》，北京：中华书局，1985 年，第 12908 页。
② 胡渭撰，郑万耕点校：《易图明辨》，北京：中华书局，2008 年，第 95 页。

> 而九宫之数戴九履一，左三右七，二、四为肩，六、八为足，正龟背之象也。惟刘牧意见，以九为《河图》，十为《洛书》，托言出于希夷。既与诸儒旧说不合，又引《大传》，以为二者皆出于伏羲之世。①

蔡元定的河图洛书主张受到朱子的认可，直到今日，其主张都是易学界的主流观点。

河图洛书的起源离不开一个人物——陈抟，由于他有道教的身份，进而让人联想到始祖老子，所以，一些易学家将河图洛书之易图与老子相关联。

胡渭在《易图明辨·卷四》中曾引用范谔昌《大易源流》的说法：

> 故老子自西周传授孔子造易之原，天一正北，地二正南，天三正东，地四正西，天五正中央。地六配子，天七配午，地八配卯，天九配酉，地十配中，寄于未，乃天地之数五十有五矣。②

甚至民国易学家杭辛斋在他的《学易笔谈》河洛平议一节中谈道：

> 盖自老子西行，为关尹所要，仅留《道德》五千言，传于中土，其余秘书法象，为三代所传而藏于柱下者，皆随而西去，故《道藏》诸图皆出陕蜀，而蔡季通之三图（古太极图其一也），亦入陕始得。③

杭辛斋提到的河图、洛书、太极图等“秘书法象”为三代所传，老子为周守藏室之史，熟知这些图画，在西出函谷关后，

① 朱熹：《朱子全书》修订本（卷1），上海：上海古籍出版社，合肥：安徽教育出版社，2010年，第211页。

② 胡渭撰，郑万耕点校：《易图明辨》，北京：中华书局，2008年，第91页。

③ 杭辛斋：《学易笔谈》，南昌：江西教育出版社，2018年，第145页。

这些易图在陕蜀一带流行。

### （一）河图溯源

易学家们相信，河图洛书诞生于先秦时期，主要依据的文献资料有《尚书》《易传·系辞》《论语》。它们都有关于河图的记载：

> 越玉五重，陈宝，赤刀、大训、弘璧、琬琰，在西序。大玉、夷玉、天球、河图，在东序。（《尚书·顾命》）①

不仅《尚书》中提到河图，在《论语·子罕》和《系辞》中也有河图论述：

> 凤鸟不至，河不出图，吾已矣夫！②
>
> 是故天生神物，圣人则之；天地变化，圣人效之；天垂象，见吉凶，圣人象之；河出图，洛出书，圣人则之。③

从这里的描述可以看出，河图绝非宋初产生的黑白点组合的图形。首先，是《尚书》的记载，与河图并列的有大玉、夷玉、天球，这些都是玉器的名称。屈万里在《尚书集释》中解说河图为黄河之玉，之所以强调是黄河产生的玉器，极有可能是与"河不出图""河出图"产生关联。其次，是《论语》中的"河不出图"，河图和凤凰为古代祥瑞，孔子借此表达当时天下政治不清明。何晏在《论语集解》中引孔安国注此章曰："圣人受命则凤鸟至、河出图，今天无此瑞。吾已矣夫者，伤不得见也。河

---

① 王世舜、王翠叶：《尚书》，北京：中华书局，2012 年，第 308 页。
② 高华平校释：《论语集解校释》，沈阳：辽海出版社，2007 年，第 163 页。
③ 余敦康：《周易现代解读》，北京：华夏出版社，2006 年，第 346 页。

图，八卦是也。”① 对于河图是祥瑞，没有异议，但到底什么是河图，却难以有统一的答案，这里的河图与《尚书》的河图是否为同一事物，也不得而知，这也是为什么孔安国会说“河图是八卦”。从这里也可以得知，河图也并非黑白点的组合图。最后是《系辞》中的河图，分析文本可知，“天生神物”中的神物为龟甲、兽骨和生长在西北地区的蓍草，均为大自然孕育而生，圣人选取它们作为通神的工具。“天地变化”是指四季更迭，昼夜交替，阴阳变化，圣人效法它们，产生通变思想。“天垂象”是指日月星辰等自然现象，如果按照这种逻辑思考，那么河出图、洛出书应该也与自然现象关系密切。尽管宋元易学家极力宣称河洛之图形本源自天地，但绝非自然现象，所以客观来讲《系辞》中的河图与我们今天看到的河图洛书也并非一物。

总而言之，河图的名称虽在先秦时代就已经产生，但究竟是何物有较大争议，可以肯定的是，它绝不是宋初出现的黑白圆点图形。

到了两汉，谶纬神学泛滥，在阴阳、五行、天文、地理、命相等学术互相影响下，河图洛书也逐渐与神物关联，出现了龙马负河图而出，神龟背洛书而现的情况。如图 2-3 所示：

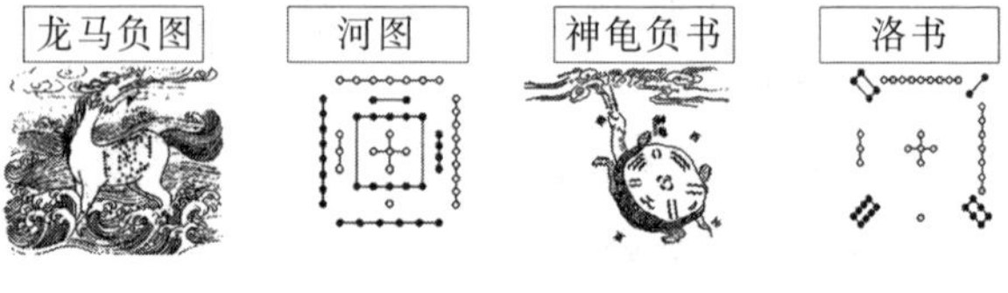


图 2-3　河图、洛书与神物的关联

其中，对河洛之说起较大推动作用的有孔安国以及《易

① 高华平校释：《论语集解校释》，沈阳：辽海出版社，2007 年，第 164 页。

纬》。其中，孔安国由于是孔子后人，汉朝推崇孔子，并在注重师承和家法的时代环境下，其学说被人看重。孔安国在注《论语》中说道："河图，八卦是也。"他注解《尚书·顾命》的"河图"时说："河图，八卦。伏羲王天下，龙马出河，遂则其文，以画八卦，谓之河图。"① 此后，西汉经学家刘歆也继承了这种说法，在《汉书·五行志》中记载："刘歆以为宓羲氏继天而王，受河图则而画之，八卦是也。"②

产生于西汉后期的《易纬》也提到了"龙图"的相关内容，如，"河图龙出，洛书龟予"③（《乾凿度》）。龙图龟书思想的不断发展让当时的人难以辨别该思想的真伪，以至于连东汉时期的王充都在《论衡·正说篇》中论述其相关思想：

> 说易者皆谓伏羲作八卦，文王演为六十四。夫圣王起，河出图，洛出书。伏羲王，河图从河水中出，《易》卦是也；禹之时，得洛书，书从洛水中出，《洪范》九章是也。……世之传说易者，言伏羲作八卦，不实其本，则谓伏羲真作八卦也。伏羲得八卦，非作之，文王得成六十四，非演之也，演作之言，生于俗传，苟信一文，使夫真是几灭不存，既不知易之为河图，又不知存于俗何家易也。④

宋初产生的河图洛书，其本质是数字的变动组合，那么从先秦时期到宋朝初年，数字方面的成就有哪些？与河图洛书的产生又有哪些关联呢？数学的发展源自先民实践活动的不断开展，特

① 金蟠、葛鼒编订：《十三经古注》，济南：齐鲁书社，2013 年，第 263 页。
② 班固著，颜师古注：《汉书》，北京：中华书局，2008 年，第 216 页。
③ 萧洪恩：《易纬今注今译》，武汉：武汉大学出版社，2016 年，第 157 页。
④ 张宗祥校注、郑绍昌标点：《论衡校注》，上海：上海古籍出版社，2017 年，第 550-551 页。

别是划分土地、制定历法、计算钱粮谷物，建筑房屋等活动，干支、星宿、乐声等文化的发展也离不开数字的助益。先秦文献中有诸多与数字相关的内容，如《墨子·迎敌祠》中，就有如下的记载：

敌以东方来，迎之东坛，坛高八尺，堂密八。年八十者八人主祭。青旗青神，长八尺者八，弩八，八发而止。将服必青，其牲以鸡。

敌以南方来，迎之南坛，坛高七尺，堂密七。年七十者七人主祭。赤旗赤神，长七尺者七，弩七，七发而止。将服必赤，其牲以狗。

敌以西方来，迎之西坛，坛高九尺，堂密九。年九十者九人主祭。白旗素神，长九尺者九，弩九，九发而止。将服必白，其牲以羊。

敌以北方来，迎之北坛，坛高六尺，堂密六。年六十者六人主祭。黑旗黑神，长六尺者六，弩六，六发而止。将服必黑，其牲以。①

这里主要讲述的是在迎敌前的祭祀活动，属于上古巫祭文化的遗存。需要注意的是文中出现的数字、方位与颜色和后来的五行思想接近。东方，主青色，数为八。南方，主赤色，数为七。西方，主白色，数为九，北方，主黑色，数为六。《礼记·月令篇》也有关于四季的记载：

孟春之月，日在营室，昏参中，旦尾中。其日甲乙。其帝大皞，其神句芒。其虫鳞。其音角，律中大蔟。其数八。其味酸，其臭膻。其祀户，祭先脾。②

① 方勇译注：《墨子》，北京：中华书局，2015 年，第 531-532 页。
② 杨天宇：《礼记译注》，上海：上海古籍出版社，2004 年，第 172 页。

孟夏之月，日在毕，昏翼中，旦婺女中。其日丙丁。其帝炎帝，其神祝融。其虫羽。其音征，律中中吕。其数七。其味苦，其臭焦。其祀灶，祭先肺。①

孟秋之月，日在翼，昏建星中，旦毕中。其日庚辛。其帝少皞，其神蓐收。其虫毛。其音商，律中夷则。其数九。其味辛，其臭腥。其祀门，祭先肝。②

孟冬之月，日在尾，昏危中，旦七星中。其日壬癸。其帝颛顼，其神玄冥。其虫介。其音羽，律中应钟。其数六。其味咸，其臭朽。其祀行，祭先肾。③

文本中出现的春之孟仲季三纪均为"其数八"，夏之孟仲季三纪均为"其数七"，秋之孟仲季三纪均为"其数九"，冬之孟仲季三纪均为"其数六"。同时，也看到文本中的四季还关联到星宿、天干纪日、五行、主管神祇、五音、十二律、生数与成数、味道、五祀。我们重点看一下这里涉及的数字，以春季，数为八为例，五行中有生数和成数，生数为一水、二火、三木、四金、五土，这是天之生数。生数加五为成数，故水一加五为六，火二加五为七，木三加五为八，金四加五为九，土五加五为十。春主木，故春之月成数为八。同理，夏主火，夏之月成数为七，秋主金，秋之月成数为九，冬主水，冬之月成数为六。

到这里，我们会发现，这些数字和五行是密切相关的，文献中最早记录五行的便是《尚书·洪范》：

初一曰五行。……一、五行：一曰水，二曰火，三曰木，四曰金，五曰土。水曰润下，火曰炎上，木曰曲直，金曰从革，土爰稼穑。润下作咸，炎上作苦，曲直

① 杨天宇：《礼记译注》，上海：上海古籍出版社，2004 年，第 185 页。
② 杨天宇：《礼记译注》，上海：上海古籍出版社，2004 年，第 196 页。
③ 杨天宇：《礼记译注》，上海：上海古籍出版社，2004 年，第 207 页。

作酸，从革作辛，稼穑作甘。[①]

这里的五行更多是指为人民所利用的五种物质，即水火木金土。并且，五行与数和味有关联，上文提到的被人们利用的物质第一是水，第二是火，第三是木，第四是金，第五是土。且五种物质的属性有差别，对应的味道分别是咸苦酸辛甘。

到这里，我们会发现，这与宋初的河图五十五的黑白点数字组合已经比较接近了。河图五十五的内圈一二三四五与《尚书》中的“五行”相合，也是《礼记》中的生数，河图五十五的外圈六七八九十也就是《礼记》中的成数。

在两汉时期，五行数有了进一步的发展，现举《易纬》、班固和郑玄的五行观点加以分析。

《易纬·乾坤凿度》（卷上）：天本一而立，一为数源，地配生六，成天地之数，合而成（水）性，天三地八木，天七地二火，天五地十土，天九地四金。[②]

班固《汉书·五行志》：天以一生水，地以二生火，天以三生木，地以四生金，天以五生土。五位皆以五而合，而阴阳易位，故曰“妃以五成”。然则水之大数六，火七，木八，金九，土十。故水以天一为火二牡，木以天三为土十牡，土以天五为水六牡，火以天七为金四牡，金以天九为木八牡。阳奇为牡，阴偶为妃。故曰：“水，火之牡也；火，水妃也。”[③]

郑玄注《易·系辞传》注解“大衍之数五十，其用四十有九”云：凡五行减五，大衍又减一，故‘四十九’也。……天一生水于北，地二生火于南，天三生木于东，地四生金于西，天

---

① 王世舜、王翠叶：《尚书》，北京：中华书局，2012 年，第 145-146 页。

② 郑玄注：《易纬》，乌鲁木齐：新疆人民出版社，2000 年，第 66 页。

③ 班固著，颜师古注：《汉书》，北京：中华书局，1962 年，第 219 页。

五生土于中。阳无偶，阴无配，未得相成。地六成水于北，与天一并；天七成火于南，与地二并；地八成木于东，与天三并；天九成金于西，与地四并；地十成土于中，与天五并也。[①] 注解“五位相得而各有合”云：天地之气各有五，五行之次，一曰水，天数也；二曰火，地数也；三曰木，天数也；四曰金，地数也；五曰土，天数也。此五者阴无匹，阳无偶，故又合之。地六为天一匹也，天七为地二偶也，地八为天三匹也，天九为地四偶也，地十为天五匹也。二五阴阳各有合，然后气相得施化行也。[②]

可以看出，在汉代，一些易学家运用五行理论来解读《周易》，并构建了一个相对完善的体系，这个体系中涵盖了生数、成数以及方位等诸多要素。尽管如此，在两汉时期的文本材料中并没有发现将河图与五行思想相关联的创造，在探讨河图时也没有与五行思想会通，只出现了“河图，八卦也”的简单描述。换言之，此时的河图和五行仍是两套独立的系统，二者的会通在宋初最终完成，也就是我们常见到的五十五数的河图。

上文提到宋代的河图洛书的传承体系中，有几个非常重要的人物：一是图书传承起源的陈抟，另一个则是较早制作出通行版本河图洛书的刘牧。从陈抟到刘牧，其间的图形变化难以清晰再现。不过，河图洛书的出现，引发了图书易学的快速发展。

元代张理《易象图说·内篇》（卷上）中记载《龙图序》一文，提到陈抟的龙图易，节取如下：

> 希夷陈先生《龙图序》曰：且夫龙马始负图，出于羲皇之代，在太古之先也。今存已合之位尚疑之，况

① 王应麟辑：《周易郑康成注·系辞》，北京：中华书局，2012年，第57页。
② 王应麟辑：《周易郑康成注·系辞》，北京：中华书局，2012年，第58页。

更陈其未合之数邪？然则何以知之？答曰：于夫子三陈九卦之义，探其旨所以知之也。况夫天之垂象，的如贯珠，少有差则不成次序矣。故自一至于盈万，皆累然如系之于缕也。且若龙图便合，则圣人不得见其象，所以天意先未合而形其象，圣人观象而明其用。是龙图者，天散而示之，伏羲合而用之，仲尼默而形之，始龙图之未合也。①

按照文中所讲，龙马负图出现在伏羲时期，龙图旨在明了天地未合之数，并通过“三陈九卦”的探讨得知有天地未合之数，圣人如“伏羲合而用之”，“仲尼默而形之”。雷思齐说，曾亲眼见过陈抟的《龙图易》②。龙图之形与河图洛书之形仍有较大差异，在此不再展开。

北宋刘牧依循汉朝易学思想，特别是吸收汉朝时期盛行的卦气说、五行说、九宫说以及孔安国、刘向父子的思想，将河图作为八卦之源，将洛书定为九畴之本。

刘牧在《易数钩隐图》中讲：

昔伏羲氏之有天下，感龙马之瑞，负天地之数，出于河，是为龙图者也。戴九履一，左三右七，二与四为肩，六与八为足，五为腹心。纵横之数，皆十五。③

盖易系所谓参伍以变、错综其数者也。太皞乃则象之，遂因四正，定五行之数。以阳气肇于建子，为发生之源；阴气萌于建午，为肃杀之基。二气交通，然后变

① 张理等：《易学象数图说四种》，北京：华龄出版社，2015 年，第 67 页。

② 朱伯崑《易学哲学史》中册，北京：北京大学出版社，1988 年，第 10 页。

③ 张善文、黄高宪：《中国易学》，福州：福建教育出版社，2010 年，第 49 页。

化，所以生万物焉，杀万物焉。①

此乃五行生成之数也。天一生水，地二生火，天三生木，地四生金，天五生土，此其生数也。如此，则阳无匹，阴无偶，故地六成水，天七成火，地八成木，天九成金，地十成土。于是阴阳各有匹偶，而物得成矣，故谓之成数也。②

刘牧认为洛书体现了天地之数中阳奇与阴偶相配的法则，是九畴五行说的源头。雷思齐恰恰是在批判刘牧河图洛书的基础上阐述其“河图四十”内容的。

对河图展开学理性阐释的易学家是邵雍，他在《皇极经世书》中谈及河图：

天数五，地数五，合而为十，数之全也。天以一而变四，地以一而变四。四者有体也，而其一者无体也，是谓有无之极也。天之体数四而用者三，不用者一也；地之体数四而用者三，不用者一也。是故无体之一以况自然也。不用之一以况道也。用之者三以况天地人也。③

这段文字主要通过数的变化阐明天地起源，从数的角度看，天地变化分为十六大类，以十六变穷极天地之数。这是以天地之数五十有五为依据展开论述的，简言之，天以一到四变化，地也以一到四变化，天数一三七九和地数二四六八分别在四方有体而实，五与十在中央无体而虚，这种虚五与虚十以行于河图的内

① 刘牧等：《易数钩隐图·遗论九事》，上海：上海古籍出版社，1989 年，第 1 页。

② 刘牧等：《易数钩隐图》卷中，上海：上海古籍出版社，1989 年，第 13 页。

③ 邵雍著，常秉义注释：《〈皇极经世〉导读》，北京：中央编译出版社，2011 年，第 643 页。

容，在雷思齐的《易图通变》中较为普遍。此外，邵雍将四方与四季相关联，东南西北对应春夏秋冬。较为精彩的是，他仰观俯察自然万象，提出体数“四”中“用三而不用一”，春夏秋万物生，而冬不生；人可见前左右之物，而不见背后之物，“用之者三况天地人也”。

在邵雍的《观物外篇》中，有另一段话也提到了河图：

> 圆者，星也，历纪之数，其肇于此乎？方者，画州井土之法，其仿于此乎？盖圆者河图之数，方者洛书之文，故羲、文因之而造《易》，禹、箕叙之而作《范》也。①

从这段文字可以清晰地看出，邵雍受汉代易学的影响，认为伏羲时代，有龙马出于黄河，背负河图，伏羲据此以画八卦；夏禹时期，有神龟出于洛水，背负洛书，夏禹据此以作洪范九畴。

宋元时期，易图之所以繁多而兴盛，朱熹的推动起了很大作用，作为理学界的泰斗，很多易学家仿效朱熹，醉心于易图的制作和阐发。那朱熹对河图洛书持何种意见呢？我们可以通过朱熹与蔡元定的对话以窥其意。

在谈及河图、洛书的位与数时，《本图书》中说：

> 《河图》以五生数统五成数，而同处其方，盖揭其全以示人，而道其常，数之体也。《洛书》以五奇数统四偶数，而各居其所，盖主于阳以统阴，而肇其变，数之用也。②
>
> 《河图》主全，故极于十，而奇偶之位均。论其积

① 邵雍著，常秉义注释：《〈皇极经世〉导读》，北京：中央编译出版社，2011年，第652页。

② 朱熹：《朱子全书》修订本（卷1），上海：上海古籍出版社，合肥：安徽教育出版社，2010年，第213页。

实，然后见其偶赢而奇乏也。洛书主变，故极于九，而其位与实皆奇赢而偶乏也。必皆虚其中也，然后阴阳之数均于二十而无偏耳。①

朱熹、蔡元定持“河图之数为十，洛书之数为九”的观点。与之相反，刘牧、雷思齐持“河图之数为九，洛书之数为十”的观点。这是因为，朱、蔡认为河图之数呈现的黑白圆点数字是完整的，从一至十。一二三四在四周内层，六七八九在四周外层，五与十居中。洛书之数呈现的黑白圆点数字是从一到九，四正为一三七九，四偏为二四六八，数五居中，故朱蔡称河图为数之常，数之体；洛书为数之变，数之用，“河十洛九”。

关于河洛之图以五为中，《易学启蒙》云：

凡数之始，一阴一阳而已矣。阳之象圆，圆者径一而围三；阴之象方，方者径一而围四。围三者以一为一，故参其一阳而为三；围四者以二为一，故两其一阴而为二。是所谓参天两地者也。三、二之合则为五矣，此《河图》、《洛书》之数所以皆以五为中也。②

朱熹参考天圆地方的内容，以奇数象圆，以偶数象方，天数三而地数二，参天两地，奇偶相加合之为五，所以河图洛书皆以五为中。雷思齐在阐释其河图通变思想时，也极为注重行中之数五，后文详述。

关于六七八九成数之差别，《易学启蒙》云：

《河图》六、七、八、九既附于生数之外，此阴阳老少进退饶乏之正也。其九者，生数一、三、五之积

① 朱熹：《朱子全书》修订本（卷1），上海：上海古籍出版社，合肥：安徽教育出版社，2010年，第214页。

② 朱熹：《朱子全书》修订本（卷1），上海：上海古籍出版社，合肥：安徽教育出版社，2010年，第213页。

> 也，故自北而东，自东而西，以成于四之外。其六者，生数二四之积也，故自南而西，自西而北，以成于一之外。七则九之自西而南者也。八则六之自北而东者也。此又阴阳老少互藏其宅之变也。《洛书》之纵横十五而七、八、九、六迭为消长，虚五分十而一含九，二含八，三含七，四含六，则参五错综无适而不遇其合焉。此变化无穷之所以为妙也。①

综合来看，朱熹、蔡元定对河洛之说的解释，并不注重数理阐发，更多的是强调奇偶数字的组合，总有牵强附会之感。

单就谈河图的数字秩序而言，如果我们将图中的黑白点换成阿拉伯数字，我们就可以更加清晰直观地看出河图背后的数理法则，如图 2-4 所示：

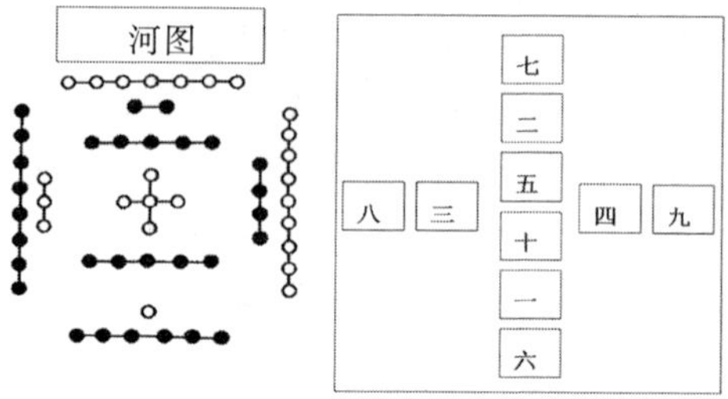


**图 2-4　河图数理图**

右图中可以看到，它的数理逻辑和五、十有密切关系，一与六之间、二与七之间、三与八之间和四与九之间，皆是差数字五。同时，一与九相合为十，二与八相合为十，三与七相合为十，四与六相合为十，是西、北的数字交叉组合与东、南数字交叉组合的结果。如果我们再突破一到十的十位数字，往圈外延

① 朱熹：《朱子全书》修订本（卷 1），上海：上海古籍出版社，合肥：安徽教育出版社，2010 年，第 214-215 页。

伸，就会发现，这其实是一个以五和十为等差的数列图形。这也是宋元易学图形思想极为关注五与十的原因，这和图形本身所蕴含的数理逻辑相契合。

另外，数字一二三四五为生数，六七八九十为成数，生数起于一，终于五，成数起于六，终于十，总数为五十五，符合《易传》中的天地之数五十有五。河图中的白点数为奇数，即一三五七九，对应《易》天之数，河图中的黑点书为偶数，即二四六八十，对应《易》地之数。

图像呈现的数理法则可以被视为是对自然秩序的描摹，并由此产生相应的哲学意义。前文已提到，汉朝诸多思想家及著作，如郑玄、班固、《易纬》，都提及数字及其排列组合，但尚未与《系辞传》中提到的河图相关联。不过五行思想与数字排列却早已相合，如《尚书·洪范》提到的水一、火二、木三、金四、土五。可见五行之数在西周初年就已经受到重视了。河图洛书经常成对出现，被人们称为“河洛”，接下来，我们借助文献资料，梳理洛书源流。

### （二）洛书溯源

先秦时代，出现河图名称的另外两部典籍《尚书》《论语》并没有出现洛书，洛书之名只见于《系辞传》：“河出图，洛出书，圣人则之。”① “洛出书”中的“书”究竟是否为洛书也没有定论，只是后人在《尚书》中找到“河图”之名，联系“河出图”，认为此“图”为河图，类比之，“洛出书”的“书”为洛书。此外，我们清楚的是，在先秦时代并没有河图、洛书二者经常对举的情况。至汉代，河图和洛书的地位均有提高，且以河

---

① 余敦康：《周易现代解读》，北京：华夏出版社，2006年，第364页。

图洛书二者对举出现。

经学大家郑玄注《春秋纬》云："河以通乾出天苞，洛以流坤吐地符。"河龙《图》发，洛龟《书》感。《河图》有九篇，《洛书》有六篇。①

孔安国以为，河图则八卦是也，洛书则九畴是也。②

孔安国注《尚书·洪范》"九畴"云：天与禹洛出书，神龟负文而出，列于背，有数至于九，禹遂因而第之，以成九类，常道所以次叙。③

刘歆云：伏羲氏继天而王，受《河图》，则而画之，八卦是也。禹治洪水，赐《洛书》，法而陈之，九畴是也。《河图》《洛书》相为经纬，八卦、九章相为表里。④

关子明云：《河图》之文，七前六后，八左九右。《洛书》之文，九前一后，三左七右，四前左，二前右，八后左，六后右。⑤

可见，经过汉代易学家们的阐释及推广，河图、洛书不仅以对举的情况出现，并与圣人伏羲、大禹相联系，成为圣人则之的圣物，有了较为具体的篇章数，且与八卦、九章为表里。特别是关朗对洛书数字描述："九前一后，三左七右，四前左，二前右，八后左，六后右。"除了以黑白点代表数字外，与宋初的洛书图形几乎没有差别，

---

① 王应麟辑：《周易郑康成注·系辞》，北京：中华书局，2012 年，第 58 页。

② 阮元校刻：《十三经注疏（附校勘记）》上册，北京：中华书局，1980 年，第 82 页。

③ 金蟠、葛鼒编订：《十三经古注》，济南：齐鲁书社，2013 年，第 209 页。

④ 朱熹：《朱子全书》修订本（卷 1），上海：上海古籍出版社，合肥：安徽教育出版社，2010 年，第 211 页。

⑤ 朱熹：《朱子全书》修订本（卷 1），上海：上海古籍出版社，合肥：安徽教育出版社，2010 年，第 211 页。

另外，《大戴礼记·名堂篇》中记载的一段文字和“太乙行九宫图”对于我们了解洛书的九数很有启发。

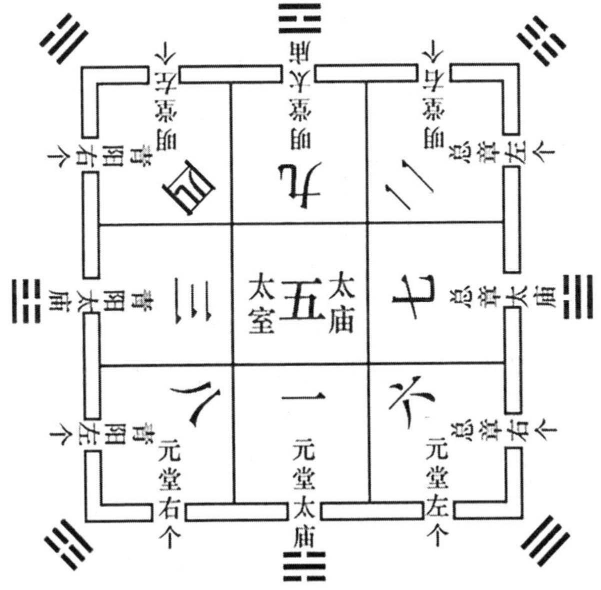


**图 2-5　名堂九室图**

《明堂篇》原文云：

> 明堂者，古有之也。凡九室，一室而有四户八牖，三十六户，七十二牖。以茅盖屋，上圆下方。……名堂月令，赤缀也，白缀牖也，二九四七五三六一八。①

参看图 2-5，从名堂九室的数字描述可以得知，“二九四，七五三，六一八”这正是洛书中的数字，从右至左，从上到下进行排列，便会形成洛书图形。汉代易学家将九宫与八卦图形相配，创造太乙行九宫之法（又称为太一行九宫之法）。如图 2-6

---

① 王聘珍撰，王文锦点校：《大戴礼记解诂》，北京：中华书局，1983 年，第 149-150 页。

所示：

| | | |
|---|---|---|
| 巽四 | 离九 阴根于午 | 坤二 |
| 震三 | 中五 中央 行关还息 | 兑七 |
| 艮八 | 坎一 阴根于子 | 乾六 |

**图 2-6　太乙行九宫图**

《易纬·乾凿度》记载了太乙行九宫的位置与数字：

易一阴一阳，合而为十五之谓道。阳变七之九，阴变八之六，亦合于十五，则象变之数若一也。阳动而进，变七之九，象其气之息也。阴动而退，变八之六，象其气之消也。故太一取其数以行九宫，四正四维皆合于十五。①

郑玄在注解这段话时说：

太一者，北辰之神名也，居其所曰太一，常行于八卦日辰之间，曰天一，或曰太一。出入所游，息于紫宫之内外，其星因以为名焉，故《星经》曰：天一、太一、主气之神。行，犹待也。四正四维，以八卦神所居，故亦名之曰宫。天一下行，犹天子出巡狩，省方岳之事，每率则复。太一下行八卦之宫，每四乃还于中央，中央者北神之所居，故因谓之九宫。天数大分，以阳出，以阴入，阳起于子，阴起于午，是以太一下九

① 郑玄注：《易纬》，乌鲁木齐：新疆人民出版社，2000 年，第 14 页。

宫，从坎宫始。坎，中男，始亦言无适也。自此而从于坤宫，坤，母也。又自此而从震宫，震，长男也。又自此而从巽宫，巽，长女也。所行者半矣，还息于中央之宫。既又自此而从乾宫，乾，父也。自此而从兑宫，兑，少女也。又自此从于艮宫，艮，少男也。又自此从于离宫，离，中女也。行则周矣。上游息于太一天一之宫，而反于紫宫。行从坎宫始，终于离宫。数自太一行之，坎为名耳。出从中男，入从中女，亦因阴阳男女之偶，为终始云。从自坎宫，必先之坤者，母于子养之勤劳者。次之震，又之巽，母从异姓来，此其所以敬为生者。从息中而后之乾者，父于子教之而已，于事逸也。次之兑，又之艮，父或老顺其心所爱，以为长育，多少大小之行，已亦为施。此数者合十五，言有法也。[1]

“太一”，又称为“泰一”，为神明北辰之名，是最高的神，居中央之宫，巡游其他宫位，“犹天子出巡狩方岳”，巡游次序从一至九，从坎宫一出发，入坤宫二，再入震宫三，入巽宫四，入中宫五休息，入乾宫六，入兑宫七，而后入艮宫八，最后进入离宫九，巡游结束。

太一神行九宫的路线对应的八卦意象如下：

坎一（中男）—坤二（母亲）—震三（长男）—巽四（长女）—中央—乾六（父亲）—兑七（少女）—艮八（少男）—离九（中女）

成书于西汉的《黄帝内经·灵枢·九宫八风篇》中也记载太一神巡游九宫的内容，并且将八卦、八风、八节、八方等内容融入九宫图中以阐明医理。这里的八卦指的是后天八卦，《说卦

---

① 郑玄注：《易纬》，乌鲁木齐：新疆人民出版社，2000年，第23页。

传》中记载：

> 帝出乎震，齐乎巽，相见乎离，致役乎坤，说言乎兑，战乎乾，劳乎坎，成言乎艮。万物出乎震，震，东方也。齐乎巽，巽东南也，齐也者，言万物之絜齐也。离也者，明也，万物皆相见，南方之卦也，圣人南面而听天下，向明而治，盖取诸此也。坤也者，地也，万物皆致养焉，故曰致役乎坤。兑，正秋也，万物之所说也，故曰说言乎兑。战乎乾，乾西北之卦也，言阴阳相薄也。坎者，水也，正北方之卦也，劳卦也，万物之所归也，故曰劳乎坎。艮东北之卦也，万物之所成终而所成始也，故曰成言乎艮。①

鉴于八卦配河图（朱、蔡认为是洛书）为雷思齐阐述其易学思想的重点，故在此处着重论述后天八卦的内容。

“帝”为造物主，造物主使万物萌生于震位，齐备于巽方，彰显于离位，得助于坤位，喜悦于兑位，战栗于乾位，劳于坎位，终始于艮位。

更具体地说，“帝”是天地万物的主宰，造物主出现于东方，万物随之萌生。在东南方，万物已经完备，这是因为东南方代表着夏天的开始，万物都已经生长成熟。南方是夏天的中心，万物都在这里展现出了自己的特点和光彩。西南方代表着养育和滋养，因为大地在这里为万物提供了养分和庇护。西方代表着秋天的开始，万物在这里开始感到满足和喜悦，因为它们已经完成了自己的使命。西北方代表着冬天的开始，天气开始变冷，万物开始感到寒冷和战栗。北方是冬天的中心，万物在这里休息和潜藏，为下一个生命周期做准备。最后，东北方代表着春天的开

---

① 余敦康：《周易现代解读》，北京：华夏出版社，2006 年，第 372-373 页。

始，万物在这里重新开始生长，这是一个循环往复的过程。

显然，在《说卦》中出现了一种卦的方位图，也就是我们常看到的后天八卦图，其方位从东顺时针依次是震—巽—离—坤—兑—乾—坎—震，基本符合五行相生的理念，即木（震、巽）—火（离）—土（坤）—金（兑、乾）—水（坎）。但是我们发现汉朝思想家们创制的与九宫匹配的八卦，其变化路线既非“五行相生”，也非“五行相胜”。

关于九宫之法在汉朝思想界地位，我们可以通过张衡的一段论述窥知一二：臣闻圣人明审律历以定吉凶，重之以卜筮，杂之以九宫，经天验道，本尽于此。或观星辰逆顺，寒燠所由，或察龟策之占，巫觋之言，其所因者，非一术也。立言于前，有征于后，故智者贵焉。[①] 且律历、卦候、九宫、风角，数有征效，世莫肯学，而竞称不占之书。[②]

值得我们注意的是，在张衡上疏皇帝的文章中，星占学与九宫八卦图紧密地联系在了一起，张衡反对当时流行的谶纬神学，认为那是妖言惑众之物，建议朝廷收罗并禁绝流传。卜筮、律历、卦候、九宫、风角，这些皆是正统儒学家的正式学术，应是智者所重视的内容。这里提到了“九宫”，并且与律历、卦候、卜筮等内容并立，实为数术当中的一种，前文郑玄涉及的九宫内容就是汉朝数术的一个反映。

可以说汉代的九宫说虽与黑白点的洛书相近，但终究非一物，且汉朝思想家们借助九宫法、杂之以五行、八卦等内容，偏向于图形之用，而宋代易学家更加注重以易图为基础，阐发《周易》的哲学思想。

---

① 范晔：《后汉书》第七册，北京：中华书局，1970 年，第 1911–1912 页。
② 范晔：《后汉书》第七册，北京：中华书局，1970 年，第 1912 页。

对比河图洛书，发现二者有较为明显的差异，较为显著的是图像外形，河图分内外两层，内层是一二三四五；外层是五六七八九，河图用数从一至十，为五的倍数，与五行相匹配比较容易。洛书为一层，数五居中，数一二三四六七八九分别居于四正四偏的位置，容易与八卦相配合，阐发易学思想，这也是雷思齐选用此图的原因。

与雷思齐不同，朱熹、蔡元定持“河图十数，洛书九数”的观点，强调以先天八卦配洛书。先天八卦图是邵雍原创性的卦画图形，他强调，易之道却并非自画卦开始，而是原本存在的，名为“先天易”。卦画图是按照太极、两仪、四象、八卦的阴阳复生阴阳的原则创制，形成乾一、兑二、离三、震四、巽五、坎六、艮七、坤八的卦序图形。朱熹、蔡元定极为推崇先天八卦图，将邵雍制作的先天八卦图和《说卦传》中的后天八卦图均置于《周易本义》卷首。我们具体看一下河图洛书与先天八卦的会通：

> 曰：然则圣人之则之也奈何？
>
> 曰：则《河图》者虚其中，则《洛书》者总其实也。《河图》之虚五与十者，太极也。奇数二十偶数二十者两仪也。以一、二、三、四为六、七、八、九者，四象也。析四方之合以为乾、坤、离、坎，补四隅之空以为兑、震、巽、艮者，八卦也。《洛书》之实，其一为五行，其二为五事，其三为八政，其四为五纪，其五为皇极，其六为三德，其七为稽疑，其八为庶征，其九为福极，其位与数尤晓然矣。曰：《洛书》而虚其中五，则亦太极也。奇偶各居二十，则亦两仪。一、二、三、四而含九、八、七、六，纵横十五而互为七八、九六，则亦四象也。四方之正以为乾、坤、离、坎，四隅

之偏以为兑、震、巽、艮，则亦八卦也。

《河图》之一、六为水，二、七为火，三、八为木，四、九为金，五、十为土，则固《洪范》之五行，而五十有五者，又九畴之子目也。是则《洛书》固可以为《易》，而《河图》亦可以为《范》矣，且又安知《图》之不为《书》，《书》之不为《图》也耶？曰：是其时虽有先后，数虽有多寡，然其为理则一而已。但易乃伏羲氏之所先得乎《图》，而初无所待于《书》，《范》则大禹之所独得乎《书》，而未必追考于《图》耳。且以《河图》而虚十，则《洛书》四十有五之数也；虚五，则大衍五十之数也；积五与十，则《洛书》纵横十五之数也；以五乘十，以十乘五，则又皆大衍之数也。《洛书》之五，又自含五而得十，而通为大衍之数矣；积五与十，则得十五，而通为《河图》之数矣。苟明乎此，则横斜曲直无所不通，而《河图》《洛书》，又岂有先后彼此之间哉？①

从引文材料可知，朱、蔡借助图形之数序、方位和阴阳消长，将河图洛书与八卦相会通，极尽推演之能事。需要特别注意的是，雷思齐在会通河图八卦、五行、四季以及天地之数、大衍之数等方面与朱熹有较多的相似之处，差异较大的是将河图洛书与先天八卦相配，“四方之正以为乾坤离坎，四隅之偏以为兑震巽艮则亦八卦也”。此外，会通的对象还包括河图与洛书，“又安知图之不为书，书之不为图也耶”，“而河图洛书，又岂有先后彼此之间哉”。

---

① 朱熹：《朱子全书》修订本（卷 1），上海：上海古籍出版社，合肥：安徽教育出版社，2010 年，第 215–216 页。

单就谈洛书的数字秩序而言，如果我们将图中的黑白点换成阿拉伯数字，就可以更加清晰直观地看出洛书背后的数理法则，如图 2-7 所示：

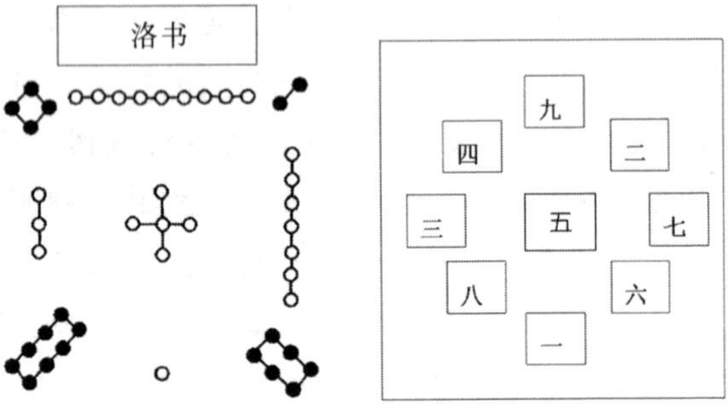


**图 2-7　洛书数理图**

古人为方便记忆，创制口诀：戴九履一，左三右七，二四为肩，六八为足，五居中央。其数理秩序如同我们熟悉的九宫图。洛书横行（四、九、二；三、五、七；八、一、六），竖行（四、三、八；九、五、一；二、七、六），斜行（四、五、六；二、五、八）三个数字相加均等于十五，纵横斜线上的数字之和都是十五，总数为四十五。从奇偶属性看，洛书中的奇数为白点，分布于四正的位置，数五较为特殊，居于中间；偶数为黑点，分布于四偏的位置，且奇数运行路线为：正北方一经正东方三，到正南方九，终于正西方七，为左旋；偶数运行路线为：西南方二经东南方四，到东北方八，终于西北方六，为右旋。

自朱熹、蔡元定之后，河图洛书逐渐成为学界探讨的话题，有赞成者，甚至极力推崇，有反对者，甚至将河图洛书贬得一文不值，现列出几种代表性观点。

赞同者，除朱熹、蔡元定之外，元代隐士多为赞同派，明朝易学家来知德更是在著作之后附易之图像一百零二幅，清初，对河图洛书较为用心者为江永可，其著作《河洛精蕴》有较多创新之处。还有坚持“伏羲氏则河图八卦”的王船山，他在《周易内传发例》中讲：“圣人作《易》画卦之所取则，孔子明言之矣。则八卦之奇偶配合，必即《河图》之象，圣人会其通，尽其变，以纪天地之化理也，明甚。”① 伏羲氏创作河图八卦并非新说，从汉代孔安国到马融再到郑玄均持此说。至北宋初年，刘牧等人创制图书，思想随之建立。王船山更是将宋元易学家对河图的意见，通过注解“天一地二，天三地四”章，较好地体现了出来。

此言八卦之画肇于《河图》，而下言蓍策之法出于大衍，体相因而用有殊，天地之变化用其全，而人之合天者有裁成之节也。

五十有五，《河图》垂象之数也，阳曰天，阴曰地。奇数，阳也；偶数，阴也。天无心而成化，非有所吝留、有所丰予，斟酌而量用之，乃屈伸时行而变化见，则成乎象而因以得数，有如此者。阴阳之絪缊，时有聚散，故其象不一，而数之可数者以殊焉。……“成变化而行鬼神”者，天、地、雷、风、水、火、山、泽之用也。其或一以至或十，以时为聚散而可见；其数之多寡，有不可得而见者焉；莫测其何以一而九、何以二而十也。

天垂象于《河图》，人乃见其数之有五十有五；阳二十五而阴三十，各以类聚而分五位。圣人乃以知阴阳聚散之用，虽无心于斟酌，而分合之妙，必定于五位之类聚，不溢不缺以不乱；遂于其相得而有合者，以类相

① 王夫之：《船山全书》，长沙：岳麓书社，2011年，第655页。

从，以几相应，而知其为天、地、雷、风、水、火、山、泽之象，则八卦之画兴焉。因七、五、一而画《乾》，因六、十、二而画《坤》，天道下施，为五、为七以行于地中；地道上行，为十、为六以交乎天位。《乾》止于一，不至于极北；《坤》止于二，不至于极南：上下之分，所谓“天地定位”也。……因左八、三、十而画《坎》，因右九、四、五而画《离》，《离》位乎东，不至乎西；《坎》位乎西，不至乎东：五与十相函以止，而不相逾，所谓“水火不相射”也。因一三二而画为《兑》，因二、四、一而画为《艮》。一、二互用，参三、四而成《兑》《艮》，所谓“山泽通气”也。山泽者，于天地之中最为聚而见少者也。少者，少也，甫散而非其气之周布者也。少者在内，雷、风、水、火之所保也。因九六八而画为《震》，因八、七、九而画为《巽》。八、九互用，参六、七而成《震》《巽》，所谓“雷风相薄”也，驰逐于外也。雷风者，阴阳之气，动极而欲散者也，故因其散而见多也。多者，老也，气之不复聚而且散以无余者也。老者居外，以周营于天地之间也。八卦画而六十四卦皆由此以配合焉。其阴阳之互相用以成象者，变化也。其一屈一伸，为聚为散，或见盈而或见诎者，鬼神也。此天地之所以行其大用而妙于不测也。

圣人始因《河图》之象而数其数，乃因其数之合而相得，以成三爻之位者著其象，故八卦画而《易》之体立焉。[1]

---

① 王夫之：《船山全书》，长沙：岳麓书社，2011 年，第 544—546 页。

宋元时期的图像学所具有的八卦、四季、数之推演、参伍以变、阴阳消长等因素，在以上这段文字里都呈现出来了。但是，对于王船山而言，具有原创性的河图思想内容，当数以六十四卦配合河图。

胡渭，作为康熙年间的学者，对宋元之际的易图进行了较为客观的评析，特别是关于河图洛书的评价值得我们思考。胡渭在《易图明辨》中讲：

> 《易》之为书，八卦而已。卦各具三画，上画为天，下画为地，中画为人，三才之道也。羲皇仰观而得天道，俯观而得地道，中观于两间之万物而得人道。三才之道默成于心，故立八卦以象之，因而重之，遂为六十四，所谓"兼三才而两之"也。言八卦，则六十四卦在其中矣。观下文所举《离》《益》《噬嗑》等，皆因重之卦可知也。夫子言羲皇作《易》之由，莫备于此。《河图》《洛书》乃仰观俯察中之一事，后世专以《图》《书》为作《易》之由非也。《河图》之象不传，故《周易》古经及注疏未有列《图》《书》于其前者；有之自朱子《本义》始。《易学启蒙》属蔡季通起稿，则又首本《图》《书》，次原卦画，遂觉《易》之作全由《图》《书》，而舍《图》《书》无以见《易》矣。学者溺于所闻，不务观象玩辞，而唯汲汲于《图》《书》，岂非易道之一厄乎！①

显然，胡渭以伏羲作《易》之本不在河图洛书，进而分析其相应的价值。

> 举"天地之数"，正为"大衍之数"张本。其曰"五

① 胡渭撰，郑万耕点校：《易图明辨》，北京：中华书局，2008 年，第 1–2 页。

> 位”者，即五奇五偶，非指天数之中“五”。一三五七九同为奇，二四六八十同为偶，是谓“五位相得”。一与二，三与四，五与六，七与八，九与十，一奇一偶，两两为配，是谓“各有合”。于五行五方曷与焉？于天地生成曷与焉？于《河图》《洛书》又曷与焉？[①]

这是论说天地之数不为河图，胡渭谈及“五位相得”，非常质朴，即一与二，三与四，五与六，七与八，九与十，一奇一偶，两两为和，与河图洛书并无关联。胡渭还论及“五行生成之数”非河图：

> 今试就筮法而按之，自“四营成易”，以至“十八变而成卦”，格中之所陈，版上之所画，孰为天生而地成，地生而天成邪？孰居北而为水，居南而为火邪？方者圆者单者复者，皆安在邪？而《原舛》云：“大衍之数，其形其象，原自如此。”吾所不解。若乃窃之为《河图》，则固有其形其象矣；生成南北、方圆单复，一一不爽，如宋人之所说矣。幸彼不见郑注，苟见之，则援以相证，更增一重金汤之固矣。然而“天地之数”终不得为《河图》者，则以《大传》无明文，而“五十有五”但可以生蓍，不可以画卦也。[②]

对河图洛书反对尤甚者，如黄宗羲：

> 欧阳修言“《河图》《洛书》怪妄”之尤甚者，自朱子列之《本义》，家传户诵，今有见欧阳子之言者，且以欧阳子为怪妄矣。然欧阳子言其怪妄，亦未尝言其怪妄之由。后之人徒见《图》《书》之说载在圣经，虽

① 胡渭撰，郑万耕点校：《易图明辨》，北京：中华书局，2008年，第3页。
② 胡渭撰，郑万耕点校：《易图明辨》，北京：中华书局，2008年，第9页。

明知其穿凿附会，终不敢犯古今之不韪而黜其非。中间一二大儒亦尝至疑于此，张南轩以《河图》为兴《易》之祥；魏鹤山则信蒋山之说，以《先天图》为《河图》，五行生成数为《洛书》，而戴九履一者则太乙九宫之数；宋潜溪则信刘歆，以八卦为《河图》，班固《洪范》本文为《洛书》，皆碍经文而为之变说也。是故欧阳子既黜《图》《书》，不得不并《系辞》而疑其伪，不伪《系辞》则“河出图，洛出书”之文驾乎其上，其说终莫之能伸也。然则欲明《图》《书》之义，亦惟求之经文而已。《六经》之言“图书”凡四：《书·顾命》曰“河图在东序”；《论语》曰“河不出图”；《礼运》曰“河出马图”；《易》曰“河出图，洛出书，圣人则之”。由是而求之“图书”之说，从可知矣。圣人之作《易》也，一则曰“仰以观于天文，俯以察于地理”；再则曰“仰则观象于天，俯则观法于地，于是始作八卦”。此章之意，正与相类“天垂象，见吉凶，圣人象之”者，仰观于天也。“河出图、洛出书，圣人则之”者，俯察于地也。谓之《图》者，山川险易，南北高深，如后世之图经是也；谓之《书》者，风土刚柔，户口扼塞，如夏之禹贡，周之职方是也；谓之“河、洛”者，河、洛为天下之中，凡四方所上图书皆以河洛系其名也。《顾命》“西序”之“大训”，犹今之祖训；“东序”之“河图”，犹今之黄册，故与宝玉杂陈。不然，某所陈者为龙马之蜕与？抑伏羲画卦之稿本与？无是理也。①

自宋朝以来，无数易学家探讨和研究河图洛书，其根本目的是解决八卦的由来问题，并通过河图洛书的黑白点推演，会通现有的易学知识，可以说河图和洛书的真正价值在于：它们所展现的图形和数字不仅直接来源于自然界的具体“形象”和“数字”，而且进一步催生了《易》的爻形和卦形。在《易》的爻形和卦形形成过程中，河图和洛书起到了关键的桥梁作用。这意味着，在自然界的具体形象和数字与《易》的爻形和卦形之间，存在一个由人类意识抽象出来的“图形”和“数字”的阶段，那就是河图和洛书。

尽管截至目前的考古发现尚未能证实《易》的产生必然经历了河图和洛书这一阶段，但河图和洛书理论的提出，却真实地反映了中华文明和文化传承的演进过程。这个过程始于自然界具体物的图像和数字，经过人类意识的抽象化，形成了河图和洛书，最终发展出了《易》的爻形和卦形，这是一个普遍而持续的发展过程。

## 二、雷思齐对河图洛书的易学史辨证

自王弼扫象以来，象数易学在两汉时期的辉煌逐渐变为黯淡。然而，在宋初，一些易学家开始引入河图、洛书等元素，并以图形的方式解读《周易》，阐发易理内涵，从而催生后世所谓的图书之学，使象数易学焕发生机。河图、洛书作为图书之学的核心，自刘牧首次揭示其易学内涵以来，李觏、程大昌、朱熹等众多易学家都对其进行了深入研究。然而，关于河图、洛书的许

① 黄宗羲撰，郑万耕点校：《易学象数论》，北京：中华书局，2010年，第13–14页。

多问题，自刘牧起便异见纷歧，甚至对于何者为河图、何者为洛书都存在争议。尽管蔡元定的“河十洛九”之说被朱熹采纳，并在元代被尊为官学，使图书象数学产生了较大影响，但仍未成为定论。在此背景下，雷思齐试图全面梳理河图、洛书问题的历史脉络，正本清源，纠正以往的错误与偏见，探寻河图、洛书的真谛，从而正确揭示易道的内涵。

### （一）雷思齐对河洛之源的检视

关于河图洛书的起源，雷思齐提出了自己的看法，他说：

> 古圣人之王天下，创始公至理以惠启千万世者，岂易易然率己见以自擅制作哉？此有天授断可识矣。故河之出图，伏羲因之以则而画八卦；洛之出书，大禹因之以则而叙九畴。孔子于《大传》叙“天生神物，圣人则之”而兼及《图》、《书》而谓其兼则之也。①

雷思齐认为河图洛书来自天授，圣人则之而画八卦，叙九畴，二者出于不同的时代。雷思齐根据《尚书·顾命》中只提到河图而不见洛书，对二者同属于一系统范畴提出了疑问。

不仅《尚书》中提到河图，在《论语》和《系辞》中也有河图论述：

> 凤鸟不至，河不出图，吾已矣夫！②
>
> 河出图，洛出书，圣人则之。③

雷思齐认为《系辞》为孔子所作，且子不语怪、力、乱、神，那在《论语》和《系辞》中的河图之说也就不是虚诞自乐了。雷思齐认可河图洛书确实存在，且二者源于天授。伏羲以河

---

① 雷思齐：《易图通变》卷五，上海：上海古籍出版社，1989年，第27页。

② 高华平校释：《论语集解校释》，沈阳：辽海出版社，2007年，第163页。

③ 余敦康：《周易现代解读》，北京：华夏出版社，2006年，第346页。

图则八卦，大禹以洛书叙九畴。河图洛书产生于不同时期，且有着各自的系统范畴。

至汉之前，并没有明确的材料证明河图和洛书二者是同一系统范畴的。时至汉代，河图与洛书有了新的演变，汉儒孔安国注《尚书》：

> 河图，八卦。伏羲王天下，龙马出河，遂则其文，以画八卦，谓之河图。①
>
> 天与禹洛出书，神龟负文而出，列于背，有数至于九，禹因而第之，以成九类，常道所以次叙。②

对于河图、洛书之说的注解，分别记载于《洪范》《顾命》本篇之下。显然雷思齐借此区分河图洛书源自两个不同的系统，对历代尤其宋时将河、洛并列于易学研究之中，且认为二者同为《易》之源而进行批判。孔安国的注解将古代圣人伏羲氏、龙马、八卦、河图相连接，将大禹、神龟、九畴、洛书相联系，极大地提升了河洛之说的解释空间，但也为二者后来的合流提供了契机。

郑康成引《春秋纬》合注《大传》，提出“河以通乾出天苞，洛以流坤吐地符，河龙《图》发，洛龟《书》感，《河图》有九篇，《洛书》有六篇”③ 的说法，河图与洛书有了合流迹象，雷思齐认为这种说法是诡说的开始，对此提出了批评。雷思齐借孔颖达《易疏》表明了自己的态度：

> 其后王辅嗣、韩康伯于此并无所注释，惟孔颖达《易疏》虽全篇写郑注，亦谓辅嗣之义未知何风，是必

---

① 金蟠、葛鼒编订：《十三经古注》，济南：齐鲁书社，2013 年，第 263 页。

② 金蟠、葛鼒编订：《十三经古注》，济南：齐鲁书社，2013 年，第 209 页。

③ 王应麟辑：《周易郑康成注·系辞》，北京：中华书局，2012 年，第 58 页。

未以郑注为然也。[1]

同时雷思齐提出宋之前的汉唐易学与宋易图学的差别，这是针对朱熹将河洛置于易经前面的做法提出批评，他讲：

由汉而唐，《易经》行世，凡经、传、疏释之外，未有及于图书之文刊列经首者。[2]

## （二）雷思齐对宋初河洛之说的参酌

宋代易图学重要的两个人物是陈抟和刘牧，雷思齐为了阐明自己的河图之学符合“羲、文之心”，不可避免地要对二者河图之说进行评析，且对其疏漏之处提出批评。

五代末北宋初，著名道士陈抟“推明象数”开启北宋图书易学兴起之门。陈抟据孔子三陈九卦而作龙图，雷思齐称：“幸及其全书，观其离合出入，具以制数之说。”[3] 雷思齐对陈抟的河洛之说进行论述，他讲：

全用《大传》天一地二至天五地十之数，杂以纳甲，贯穿易理，内一图谓形九宫，附一图谓形洛书者……及终其书，再出两图，其一形九宫者，元无改异，标为河图，其一不过尽置列大传五十有五之说，于四方及中而自标异为洛书。[4]

这里提到了天地之数，提到了九宫，并且将“形九宫者”标为河图，将五十五数排列为四方及四方之内的图称为洛书。但是雷思齐认为陈抟的河洛之学并不完善：一方面，陈抟将五十五数排列于四方的图称为洛书；另一方面，陈抟认为河、洛并出。

① 雷思齐：《易图通变》卷五，上海：上海古籍出版社，1989 年，第 27 页。
② 雷思齐：《易图通变》卷五，上海：上海古籍出版社，1989 年，第 27 页。
③ 雷思齐：《易图通变》卷四，上海：上海古籍出版社，1989 年，第 23 页。
④ 雷思齐：《易图通变》卷五，上海：上海古籍出版社，1989 年，第 28 页。

雷思齐反对这种说法，并寻找其错误的缘由。他认为陈氏于《洪范》中发现“初一之五行，其二曰火，四曰金”，加上《太玄》准《易》将二火配于南位，将四金配于西位，这些数与位的配合与九宫河图中的二、四配位于西南、东南有区别，称之为“金火改次”，但陈抟又不敢擅改河图，因此“别以五十五数析为洛书”①，并且遵循《洪范》的“二火次于南，四金次于西”的次序，二后随七，四后随九，以这种排列方式完成了洛书的形制。

雷思齐对陈抟另标洛书提出批评，认为陈抟龙图的五十五数源自《系辞》的天地之数五十有五，他讲：

> 考图南之为龙图，虽自谓得于孔子三陈九卦之旨而作，然其《序》曰：龙图者，天散而示之，羲合而用之，孔默而形之。且明称始图之未合，惟五十五数，则是谓《大传》天数二十有五，地数三十，合而言之，不知何以于其末改标之以为洛书，殆其始误也。②

将天地之数改为洛书，这种改法显然缺乏依据。而陈抟又没有详尽论述，以致后世误将图五十五数称为洛书。况且洛书叙九畴，自成一个系统，《洪范》九畴之数与五十五数并不相合，因此雷思齐说：

> 畴自一自九，界界然各存本有之数，不知何自而可以合于五十有五之数。强谓其合合者，盖其人之妄也。③

由陈抟开始，图书之学发展极为兴盛。河图一支的传承依次为种放、李溉、许坚、范谔昌、刘牧。该河图一派在范谔昌之前

① 雷思齐：《易图通变》卷四，上海：上海古籍出版社，1989 年，第 24 页。
② 雷思齐：《易图通变》卷五，上海：上海古籍出版社，1989 年，第 27 页。
③ 雷思齐：《易图通变》卷四，上海：上海古籍出版社，1989 年，第 26 页。

的人没有学术著作，直到范谔昌著《大易源流》，但其“龙图”散漫支离，难以和后来的“河图”相提并论。雷思齐说：

如范谔昌所著《太易源流》，其称龙马负图出河，羲皇穷天人之际，重定五行生成之数，定地上八卦之体，故老子自西周传授孔子造《易》之原，天一正北，地二正南，天三正东，地四正西，天五中央，地六配子，天七配午，地八配卯，天九配酉，地十配中，寄于未，乃天地之数五十有五矣。①

雷思齐认为《太易源流》所说的老子传授孔子造《易》，凭空立说，毫无根据，且范氏为了让自己的图书说符合陈抟“易置二、七、四、九之位”的方位，将天地之数进行了错误的数位排列。同时雷思齐批评范氏将五行作为定卦的依据，而没有考虑到五行之说多源于《易》。

范氏在解释《周易》时，又有“以数为画”的错误，将数与卦画混淆，雷思齐讲：

又因谔昌坎离震兑四正之外，而以四成数同于四方，谓坎六退本卦三数以余三，三画为乾，离七退本卦三数以余四，四画为巽，震八数，退本卦三数，以余五数，五画为艮，兑九数，退本卦三数以余六数，六画为坤，皆以数为画，标为河图，是不揣本而齐末也。②

至刘牧的《易数钩隐图》，才有后来的河图之形。且易图也增至五十五。雷思齐说：

自图南五传而至刘牧长民，乃增至五十五图，名以《钩隐》。师友自相推许，更为唱述，各于《易》间有

① 雷思齐：《易图通变》卷五，上海：上海古籍出版社，1989 年，第 30 页。
② 雷思齐：《易图通变》卷五，上海：上海古籍出版社，1989 年，第 31 页。

注释，曰卦德论，曰室中语，曰记师说，曰指归，曰精微，曰通神，亦总谓《周易新注》。[①]

刘牧继承了陈抟的洛书之说，提出了“图九书十”说，以九宫图为河图，以五行生成图为洛书，在雷思齐看来，刘牧与陈抟多有不同之处，首先是洛书的产生时间，刘牧认为洛书不只是《洪范》有记载，伏羲氏之前便有，且认为伏羲兼则河图和洛书而作《易》，认为河、洛同为《易》之源，雷思齐批评道：

河之出图，羲前既得以则而画八卦，因及于洛之出书，禹后复得以则而叙畴尔，岂又害于比类而互言哉？岂尝直欲以图书之数之义之条贯比而同之哉？岂尝直谓图书并出于一时哉？[②]

同时，陈抟当初所说洛书“不过十为用，十为成形，故《洪范》陈五行之用”[③]，是讲洛书是《洪范》所说的体系，刘牧认可陈抟所标异的洛书，在雷思齐看来是“承误而增益其误”，且有五十五图“以实其误”。

刘牧增易图为五十五引起了李觏的不满，认为这样做导致易图繁杂而不识其源，故著《删定刘牧易图序论》以驳其非，对刘牧易图进行删定，只存河图洛书与八卦三图，而雷思齐对李觏的做法也提出了批评，认为李觏“未识此图之三本之则一尔。河图本列八卦，而数五十有五也”[④]。

雷思齐也将杨次公所作的托名为北魏关朗的《洞极经》中的河图八卦与五行数进行了批驳，他讲：

河图之本，七前六后，八左九右，圣人观之以画八

① 雷思齐：《易图通变》卷五，上海：上海古籍出版社，1989年，第28页。
② 雷思齐：《易图通变》卷五，上海：上海古籍出版社，1989年，第29页。
③ 雷思齐：《易图通变》卷五，上海：上海古籍出版社，1989年，第29页。
④ 雷思齐：《易图通变》卷五，上海：上海古籍出版社，1989年，第29页。

卦，是故全七一之三以为离，奇以为巽；全八之三以为震，奇以为艮；全六之三以为坎，奇以为乾；全九之三以为兑，奇以为坤。[①]

雷思齐认为《洞极经》中四象生八卦的说法甚为荒谬，因为乾坤相索而生六子，故质疑道："今为男女者，反能生父母之卦?"[②] 且在河图八卦中，每卦皆有对应之数，但杨次公却说"离九为七，兑七为九"[③]。尤为甚者，杨次公认为"河图之数因洛书以五处中"。雷思齐坚决反对河图之数以五处中是因为洛书的缘故。雷思齐讲：

又谓洛书之文，五处其中，九前一后，三左七右，四前左二，前右八后，左六后右，后世稽之以为三象，因而九变之以二十七象。今按其说，惟五处其中一语，于洛书不悖，余悉河图之数，而河图之数乃因洛书以五处中，而尽失其所以为五之理尔。[④]

雷思齐认为，洛书与九畴相关，洛书以五为中是因为皇极之五处中，而河图之五，乃天五与地十为十五，"其五乃四分于成数之内而合于十"[⑤]，在河图中以虚数五与十成其妙用，这点对雷思齐的河图构建有很大的启发作用。

朱熹、蔡元定提出"河十洛九"说。二人以"七前六后，八左九右"为河图，以"九前一后，三左七右，四前左，二前右，八后左，六后右"为洛书，并认为刘牧的"河九洛十"与诸儒旧说不合，这些论述受到了雷思齐的批判，雷思齐讲：

---

① 雷思齐：《易图通变》卷五，上海：上海古籍出版社，1989年，第29页。

② 雷思齐：《易图通变》卷五，上海：上海古籍出版社，1989年，第30页。

③ 雷思齐：《易图通变》卷五，上海：上海古籍出版社，1989年，第30页。

④ 雷思齐：《易图通变》卷五，上海：上海古籍出版社，1989年，第30页。

⑤ 雷思齐：《易图通变》卷五，上海：上海古籍出版社，1989年，第31页。

> 朱、蔡之指斥又如此，而直以图南始标误之洛书为河图，而以其初正指河图反以为洛书，则朱、蔡实自误而反罪长民之先误，专己自是，张其辩说，不克自反，一至于此。①
>
> 不知图本非书，书本非图。其至甚者，以五十五数之图，乃妄谓之河图，而以图南所传之河图反为洛书，颠倒迷缪，靡所底止。②

雷思齐认为元宋图书学的开启者陈抟因“用十之一语，立一图之误”，导致后面河洛之说争论不断，纷纷扰扰，不知河图为何物或者产生以书为图的错误，故雷思齐“推原致误之由，疏列群疑之妄，直以河图本数讨正之”③，并且他也提出来一条“会心自断”的途径：

> 今以余自本观之，直谓不必它求，特以《说卦》帝出乎震一章，环中往复参究之，以天一至地四，地六至天九求其实体，天五与地十明其虚用，则参伍以变，参天两地，错综倚数，莫不左右逢源，一皆脗合乎孔子系《易》之初旨。是之谓众言淆乱，折诸圣则明河之出图，通古不妄，足以见《易》矣。因洞悉洛之出书，九畴之外，岂复有图有数之妄作者，诚古今之一大快事也。④

这条途径便是雷思齐河图之说的概要，以生数一二三四，成数六七八九为实数，以虚五虚十为虚数，来构建河“图四十”

① 雷思齐：《易图通变》卷五，上海：上海古籍出版社，1989年，第31-32页。

② 雷思齐：《易图通变》卷四，上海：上海古籍出版社，1989年，第24页。

③ 雷思齐：《易图通变》卷五，上海：上海古籍出版社，1989年，第32页。

④ 雷思齐：《易图通变》卷五，上海：上海古籍出版社，1989年，第32页。

之数。并通过数之分合进退等易数的运行来解说《说卦》《系辞》中的“参天两地”和“参伍错综”。配以说卦“帝出乎震”一章，以合乎《易传》之旨。同时，雷思齐为了论证河图的合理性，认为河图非人力所为，乃圣人所作，他讲：

> 凡余所以专守河图者，非敢自谓亲见羲、文所以本之而作《易》者，而其五且十之数，横、斜、旁、正相生相成之进、退、赢、缩，一阴一阳之奇、偶、分、合，八体二用之虚、实、变、通，殆有造化神明莫穷之蕴，非人之所能为，而殆乎天机之自然者，宜其为羲、文所以作《易》之本原也。①

自此。雷思齐完成了对河图的辨析和整理，并提出了自己的河图学说以契合“羲、文所以作《易》之本原”。

综上所述，雷思齐借鉴前人的学术成果，对河洛之说进行考证和论述，由《尚书》《论语》《系辞》开始，提出河洛之说本非一源，伏羲氏则河图以画八卦。到汉唐，河洛开始慢慢合流，并杂以五行数而不断演化，这为宋元时期的图书学的开启奠定了基础。陈抟的龙图易为宋元易图学的滥觞，传承易图学的人也各尽其能，以易图来阐释易道，这不免造成了易图的复杂和混乱。鉴于此，雷思齐以其独特的河图之说会通诸多易学内容，来解决易学上的难题，为宋元的河图学做出了突出贡献。同时雷思齐对河、洛的考证对辨别图书学真伪也有一定的参考价值。至于雷氏所理解的河图内涵，也是我们下面将要探讨的内容。

---

① 雷思齐：《易图通变》卷四，上海：上海古籍出版社，1989 年，第 26 页。

# 第三章　以数阐《易》：河图之说的创新

雷思齐创作河图之说阐释作《易》之原，借助数的阴阳、奇偶、生成、虚实、进退来描述“河图四十”，参天两地，参伍错综，参两错综，以及在河图之说的基础上对天地运行进行描摹。其中，雷思齐继承刘牧“河九洛十”的河图，独守“河图”四十，利用中道和虚实原则对数的生成和运行进行推演，同时利用数的重新组合对《系辞》《说卦》中的“参天两地”和“参伍错综”进行解释，并对“参两”和“参伍”二者关系进行论述。总而言之，数在河图中居基础地位，数的生成及运行构成了河图的基本内容。

## 一、雷思齐创制河图的缘起

宋代的象数易学，借由图书之学的形式，获得了新的发展动力。这不只让自魏晋时代以来一直受到质疑的象数易学重新焕发出新的生命力，还为易学在新时代中找寻到了更为广阔的诠释天地。换句话说，雷思齐独创“河图四十”之说，并不是偶然的，而是应特定的时代要求而产生的。宋元时期的易图学发展极其繁荣，而这繁荣背后乃是宋元学者对相关易学问题的重新审视，对于图书的内涵，朱熹特地进行了深入的阐述：

看《易》须看它未画卦爻以前是怎生模样，却就这上见得他许多卦爻象数，是自然如此，不是杜撰。[①]

不推本伏羲作《易》画之所由，则学者必将误认文王所演之以便为伏羲所画之《易》。只从中半说起，不识向上根原矣。[②]

不同于汉代象数易学极为重视卦爻辞文字与象数原则间严格的对应关系，图书之学更多地聚焦于《周易》符号系统背后的依据和生成过程。宋元时期，关于《易》的成书过程，易学家依然信奉"人更三圣，世历三古"（《汉书·艺文志》）[③] 的观点，但包括朱熹在内的诸多易学家也认为《易》书的出现，尤其是八卦的出现是圣人依照一定的原则和规范而作出来的。换言之，未画卦爻之前的易理作为原则或规范是八卦形成乃至《易》成书的重要根据，它就被视为易学的基础和根源性问题。即如宋代朱熹所说的"画前易"为《易》之本源的问题。在朱熹看来，推究伏羲作《易》的根据是首要的。伏羲根据天地自然之理而画卦。这"画前易"即太极阴阳之理。那易理又是如何被人们认识的呢？朱熹认为河洛之说是易理的表现，而圣人乃是则河图洛书以作《易》。从这个角度讲，与河洛之说有关的易图学是整个易学的基础或解释前提。雷思齐在深入研究与反思过去河图、洛书相关议题的基础上，提出了自己独到的见解与思考。他在《易图通变》自序中明确指出：

河图，八卦是也。图之出，圣人则之。庖牺氏仰观象，俯观法，近取身，远取物，以通神明之德，类万物之情，始因之画八卦以作《易》者也。孔子谓其则之，

---

① 黎靖德编：《朱子语类》卷67，北京：中华书局1986年版，第1660页。

② 朱熹：《答袁机仲》，《晦庵先生朱文公文集》卷38，《朱子全书》第21册，上海：上海古籍出版社、安徽：安徽教育出版社，2002年版，第1665页。

③ 班固著，颜师古注：《汉书》，北京：中华书局，1962年，第1704页。

岂欺我哉？图之数以八卦成列，相荡相错，参天两地，参伍以变，皆自然而然。后世不本其数，实惟四十，而以其十五会通于中，乃妄计天地之数五十有五，以意增制于四十之外，以求其合幸其中，故愈说愈迷，纷纷迄今。余因潜心有年，备讨众说，独识先圣之指归，遂作《通变》，传以与四方千载学《易》者，同究于真是焉。①

雷思齐以“河图四十”为基本构架，以虚五虚十立行中道，阐释易图又符合《易传》《说卦》的说法，他认为自己独得“圣人之指归”，因此对以往的易图学家，尤其是宋元时期的易图学家进行了详细的记述和批判，以说明自己“河图四十”的合理性，从立说的出发点来讲，他的认识不能说不深刻。

雷思齐主张河图与洛书应被彻底分开对待，他认为仅河图与圣人创制的《周易》有关，而洛书则与之无涉。此外，他坚持河图的实际数字为四十，而非五十五或五十。后世易学家大多因执着于将河图之数与《系辞传》中的天地之数五十有五、大衍之数五十相比附，才导致了诸多问题。因此，雷思齐自信地提出了“河图四十”的观点，认为这是先圣创作《周易》的真正意图。

雷思齐选择“数”作为他思考河图的方式，是因为他认为数中蕴含了天地的法则，囊括了天地之理。他总结道，天地之理在数中得以体现，尽管数有时可能超过或不足，但正是这种超越与不足之间的平衡，形成了自然的法则。数字之间的关系的变化展示了天地之理，并凸显了自然相互生成的中道。这正是他“河图四十”学说的思考路径。

---

① 雷思齐：《易图通变》卷一，上海：上海古籍出版社，1989 年，第 3-4 页。

## 二、河图四十

《易图通变》开篇讲到“则河图以作《易》”，即以画前易的太极阴阳之妙理来阐释河图，把河图作为《易》书的根据。以河图来诠释易理，是因为河图之数有变化、生成、推衍的功效，而数之所以有此功效皆赖阴阳之道，一阴一阳之道以数来表现便有数的奇偶、阴阳、分合、虚实、进退等。变而通之，推而行之，数之千变万化不离一定原则，在河图中表现为中道原则、虚实原则等，这样以数为基础的河图便有了广泛的解释空间。同时，以数为基础，论及“河图四十”与天地之数、大衍数的关系。

### （一）河图四十生成

雷思齐继承和发展了刘牧的河图说，对其河图加以改造和发挥，阐发自己的“河图四十”之说。以太极、两仪、四象、八卦为象征进行数的推演，并确定河图的数与位。雷思齐将河图之数定为四十，且与天地之数相合。他说：

> 河图本数兼四方四维，共四十。员布为体，以天五地十虚用，以行其四十，故合天地五十有五。①

他作《河图四十征误图》，如图 3-1 所示：

① 雷思齐：《易图通变》卷一，上海：上海古籍出版社，1989 年，第 4 页。

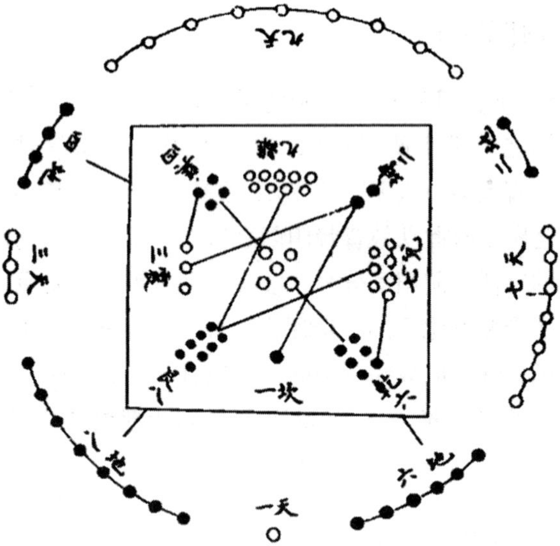


图 3-1 河图四十征误图

雷思齐坚持河图之数为四十，并在吸收前人圆方之数的基础上，以方圆图的形式展现河图。在图形构造上，他借鉴了刘牧的河图九数图的形式，但强调河图之本数仅指九宫图中的四正四维八数。因此，雷思齐的河图表现为圆图，即一个去除了圆心五数的环形数字圈。同时，雷思齐认为河图四十之数能够容纳天地之数五十五，在于河图实数为四十，加之蕴含着天五、地十作为虚数，相合构成天地之数五十有五，这种虚实结合的做法显然是继承了王弼以来用道家思想解读《周易》的传统。这一发展不仅解决了河图之数与天地之数、大衍之数之间的关系问题，还为进一步诠释易学问题奠定了基础。

雷思齐以《易传》中的“太极生两仪，两仪生四象，四象生八卦”[1] 为理论依据。他将“极”解释为“中”，认为河图四十之数的内在依据就是太极、两仪、四象、八卦的衍生过程。他说：

> 易为太极。极，中也，一也，中自一也。是生两仪。仪，匹也二也，匹而二也。两仪生四象，一二三四分之以为四，生数。四象生八卦，则六七八九合之以为四，成数也。四奇数为阳，阳虽有生成之异，而同列于四方之正，四偶为阴，阴亦有生成之异，而同均于四维之偏。由正生偏，由偏成正也。[2]

在这里，雷思齐以易为太极为一，两仪为二，由太极生八卦的过程用数来表示为1—2—4—8，也是由生数到成数的过程，其中四象为生数一二三四，八卦为生数一二三四与成数六七八九的组合。数不仅有生与成，还有阴阳，奇偶，虚实等。四奇数一三七九也是四阳数，居于东南西北四方之正；四阴数二四六八也是四偶数居于四方之偏。生数一二三四和成数六七八九与后天八卦相配，“河图四十”的位和数便基本确定了。雷思齐将河图之数定为四十，四十为实数，五与十为虚数，虚实相用，以合于天地之数五十有五。

### （二）中道运行

雷思齐重视的“中道”思想本于《周易》古经，从伏羲作三画卦，易象便表现出“中”的观念，如离（☲）象火；坎（☵）象水，两卦取动爻居中之象。重卦为六十四卦后，从卦爻方面讲，“中”的观念主要体现在两个方面：一方面是三爻四爻

① 余敦康：《周易现代解读》，北京：华夏出版社，2006年，第345页。
② 雷思齐：《易图通变》卷一，上海：上海古籍出版社，1989年，第6页。

象中，从三才之道角度看，初爻、二爻象地，五爻、上爻象天，三爻、四爻居天地之间以象人。另一方面是二爻和五爻，分别在内卦和外卦的中间，《彖传》中多有描述二五爻说“中”者。

（䷂）屯：“动乎险中，大亨贞。”指九五。

（䷃）蒙：“初筮告，以刚中也。”指九二。

（䷄）需：“位乎天位，以正中也。”指九五。

（䷅）讼：“讼，有孚，窒惕，中吉，刚来而得中也。”指九二。“利见大人，尚中正也。”指九五。

（䷆）师：“刚中而应，行险而顺。”指九二。

（䷇）比：“原筮，元永贞，无咎，以刚中也。”指九五。

（䷈）小畜：“健而巽，刚中而志行。”指九五、九二。

（䷉）履：“刚中正，履帝位而不疚，光明也。”指九五。

（䷌）同人：“柔得位得中而应乎乾。……文明以健，中正而应，君子正也。”指九五、六二。

（䷍）大有：“柔得尊位，大中而上下应之，曰大有。”指六五。

（䷒）临：“临，刚浸而长，说而顺，刚中而应。”指九二。

（䷓）观：“大观在上，顺而巽，中正以观天下。”指九五。

（䷔）噬嗑：“柔得中而上行，虽不当位，利用狱也。”指六五。

（䷘）无妄：“动而健，刚中而应，大亨以正，天之命也。”指九五。

（䷛）大过：“刚过而中，巽而说行，利有攸往，乃亨。”指九五、九二。

（䷜）坎：“维心亨，乃以刚中也。”指九五、九二。

（䷝）离：“柔离乎中正，故亨。”指六二、六五。

（䷥）睽：“说而丽乎明，柔进而上行，得中而应乎刚，是以小事吉。”指六五。

（䷦）蹇：“蹇利西南，往得中也。”指九五。

（䷧）解：“其来复吉，乃得中也。”指九二。

（䷩）益：“利有攸往，中正有庆。”指九五。

（䷫）姤：“刚遇中正，天下大行也。”指九五、九二。

（䷬）萃：“萃，聚也，顺以说，刚中而应，故聚也。”指九五。

（䷭）升：“柔以时升，巽而顺，刚中而应，是以大亨。”指九二。

（䷮）困：“贞大人吉，以刚中也。”指九五。

（䷯）井：“改邑不改井，乃以刚中也。”指九五、九二。

（䷱）鼎：“巽而耳目聪明，柔进而上行，得中而应乎刚，是以元亨。”指六二。

（䷴）渐：“进以正，可以正邦也。其位，刚得中也。”指九五。

（䷷）旅：“柔旅，小亨，柔得中乎外而顺乎刚，止而丽乎明。”指六五。

（䷸）巽：“重巽以申命，刚巽乎中正而志行，柔皆顺乎刚。”指九五、九二。

（䷹）兑：“刚中而柔外，说以利贞，是以顺乎天而应乎人。”指九五、九二。

（䷺）涣：“王假有庙，王乃在中也。”指九五、九二。

（䷻）节：“节，亨，刚柔分而刚得中。”指九五、九二。

（䷼）中孚：“中孚，柔在内而刚得中，说而巽，孚乃化邦也。”指九五、九二。

（䷽）小过：“柔得中，是以小事吉。刚失位而不中，是以不可大事也。”指六五、六二。

（䷾）既济：“初吉，柔得中也。”指六二。

（䷿）未济：“未济，亨，柔得中也。”指六五。

还有卦爻辞中出现的中道观念，如泰卦九二爻辞“得尚于中行”，复卦六四爻辞“中行独复”，益卦六三爻辞“有孚中行，告公用圭”等。

除《彖传》和卦爻辞外，还有《文言传》《象传》描述“中道”思想，不再一一列出。

雷思齐融通《周易》的中道思想，并通过河图四十之数呈现出来。雷思齐为何如此重视中道思想呢？从上文的彖辞可以知晓，中道思想与人的道德修养相关联，如《讼·彖》：“利见大人，尚中正也。”《同人·彖》：“文明以健，中正而应，君子正也。”在《彖》《象》《文言》作者眼中，凡是吉利的占辞都能与“正中”“得中”“中正”相关联。《周易》作为一本占筮之书，多有吉、凶、悔、吝、无咎等断辞。中作为判断吉凶的依据，在某种程度上比时与位更重要，甚至不当位的一些爻，居中，仍可断为吉。如，《师》之九二，阳爻居阴位，爻辞："在师中吉，无咎。王三锡命。"如《大有》之六五，阴爻居阳位，爻辞："厥孚交如，威如，吉。"

雷思齐非常重视"中"这一范畴，他认为河图之数遵循中道的原则。在《河图四十征误图》中，八卦的运行路线就是以乾六巽四为轴的对称图，从坎一、坤二、震三、巽四，经过中五，再到乾六、兑七、艮八，离九结束。此外，中道用数来表示便为一种对称性的状态或运动，如数的对称有生数与成数，有阳数和阴数，有奇数与偶数，实数与虚数等，数生成后的状态便是如此。他说：

> 一与三为奇，为阳之生数，而必待于六与八之阴数以为成。二与四为偶，为阴之生数，亦必赖于七与九之阳数以为成也。①

也就是说，河图之中的八个数有着密切的联系，作为阳数、奇数的一、三必须与阴数六、八相合才能产生作用。同理，阴数四、六必须与七、九相合才能发挥作用。此外，数的运行也遵行中道的对称性原则。他说：

> 自北而东一而三乃阳生之进数，而其自八而六东而北阴成之退数者，固已寓乎其中矣；自西而南二而四，乃阴生之进数，而其自九而七南而西阳成之退数者，亦兼具乎其中矣。②

可以看出，一与三为生数，为阳数，由一到三的是阳生数前进的过程；六与八为成数，为阴数，由八到六是阴成数倒退的过

① 雷思齐：《易图通变》卷一，上海：上海古籍出版社，1989 年，第 6–7 页。
② 雷思齐：《易图通变》卷一，上海：上海古籍出版社，1989 年，第 7 页。

程，而阳生数前进的过程中必然包含阴成数倒退的过程，阳生之进数与阴成之退数包含于统一的运动当中，这种数的对称运行便合乎数的“用中”原则。同样的，阴生之进数与阳成之退数亦在统一运动中。雷思齐认为，此阴阳二气的一进一退，恰恰是阴阳和合之道的彰显。为进一步论证，他讲：

> 见于参天两地倚数之一以为十，则所谓中也。中也者，合数之所不得其中者，而使之交合于中，所以中其不中者也。由坎北之一始制于中，二效之而分兑西之七以为中，八效之而分震东之三以为中，四效之而分离南之九以为中，凡中皆立于十，皆以数合于十而中分之者，盖以寄其一云尔。①

他创造性地将河图数之间的关系转换为以五、十为中的阴阳平衡关系。这种以数的生成状态及运行的对称性为中道的范畴，涵盖了统一性下的矛盾双方，这种中道原则要求至少需要包含两个相对的方面，用数来表示就是二。数一则自为中，易为太极数是一，是中，也就是“中即一也”，自太极而分的万物皆围绕中而行。

雷思齐将五与十视为“太极之中道”，并以儿时玩的八格戏证明，八格戏的布局不过是□加上+×三种符号，而+×即是数字十与五，他讲：“适记儿时于牧坚间见所谓八格戏者，其局不过□中加+×之文而已。时极厌薄之，以为至鄙、至贱，未尝加之意也。不谓年逾七十，乃知其然。所谓百姓日用而不知，终身由之而不知其道者，古之人岂欺我哉？盖今谓□即古之○，今之五即古文之×，今之十犹古文之+，而画为+×于□中，此十五之法由之以有所见矣。况又十下画一，则土文之为中者从可知已，故

① 雷思齐：《易图通变》卷二，上海：上海古籍出版社，1989年，第17页。

云中土也。其中直笔之丨，即可见南北为经，天尊地卑，天地设位，横笔之一，则可见东西为纬，分阴分阳，阴阳成列，从而×之则四维之偏，各得其均，四方之正，亦随以定其气之互进互退，交相生成，率由五与十以立中道也。”① 从这个意义上讲，“四象有五，八卦有十”。

### （三）虚实相用

雷思齐不同意过去易学家们关于河图数为五十五或四十五的观点，主要考虑两个方面的原因。一方面，他认为将河图定为四十更能直接地展示河图八数与八卦之间的紧密联系，这样更能体现圣人依据河图创作《易》的哲学思想。另一方面，他坚持这一观点也是为了强调其“四象无五，八卦无十”的理论价值，认为这一理论在解读和阐释河图四十方面具有不可或缺的地位。

雷思齐认为，在“河图四十”中，生数为一二三四，成数为六七八九，五与一二三四同为生数，十与六七八九同为成数，天数五、地数十符合数之阴阳奇偶，却不显于其中。这岂不是与《系辞》“天地之数五十有五”的说法相矛盾么？故雷思齐提出“四象无五，八卦无十”的虚实相用理论来解释五与十在河图中的妙用。他说：

> 一二三四而五同为生数，一至四其实体，五其虚用也，六七八九而十同为成数，六至九，其体实，十其虚用也。四象无五，八卦无十，坦然明白矣。②

即是说，在“河图四十”中，生数一二三四实有其位，成数有六七八九亦然。但在图中，并不是弃用五与十，而是对五与

---

① 雷思齐：《易图通变》卷二，上海：上海古籍出版社，1989 年，第 13-14 页。

② 雷思齐：《易图通变》卷一，上海：上海古籍出版社，1989 年，第 11 页。

十采取“虚用”的原则，故在河图中不显示虚五与虚十。生数一二三四有实象，五为虚数；成数六七八九有实象，十为虚数。雷氏虚实相用的观念显然受到邵雍体用思想的影响。邵雍在《观外物篇》中讲到天地体用之数：

> 天数五，地数五，合而为十，数之全也。天以一而变四，地以一而变四。四者有体也，而其一者无体也，是谓有无之极也。天之体数四而用者三，不用者一也；地之体数四而用者三，不用者一也。是故无体之一以况自然也。不用之一以况道也。用之者三以况天地人也。①
>
> 天有四时，一时四月，一月四十日，四四十六，各去其一，是以一时三月，一月三十日也。四时体数也；三月、三十日用数也。体虽具四，而其一常不用也，故用者止于三而极于九也。体数常偶，故有四有十二；用数常奇，故有三有九。②

上文描述的天地体用之数，是邵雍“观物”所得，数之体用、虚实为其经世天地、推演天地始终提供了基础。这段文字涉及三个内容：一是河图；一是《系辞传》中的天地之数；一是《老子》的道法自然。就河图而言，以河图论天地之数，河图以十数排列，五阴五阳。天地各以一变四，法自然无体之一，非数，可不计入。四为天与地有体之数，体数四而用三，这是邵雍原创性的思想，影响了包括雷思齐在内的众多易学思想家。

如果进一步看雷氏的河图四十，我们发现，虚五与虚十作为

---

① 邵雍著，常秉义注释：《〈皇极经世〉导读》，北京：中央编译出版社，2011年，第643页。

② 邵雍著，常秉义注释：《〈皇极经世〉导读》，北京：中央编译出版社，2011年，第643页。

虚数，与实数一二三四六七八九相对称于河图之中，亦是中道的表现。五与十在河图中虽不显示，却有其暗含的妙用。雷思齐之所以重视虚数五与虚数十，是因为“《易》之所以范围不过，曲成不遗者，正由假此天五地十之虚数，以行其实用于四象八卦而成河图者”①。简言之，正是凭借天五与地十的作用，才有涵具四象八卦而成的河图，河图八卦的作用才得以彰显。可以说，雷思齐之所以极为强调天五虚数和地十虚数，是因为它们在沟通天地之生数和成数时起着枢纽作用，凭借数五与数十与其他数字关联，进而解释八卦之间的联系。

1. 虚五之用

雷思齐认为，在数的生成和定位上，数五起了关键作用。正是虚五的作用，使得数有了生与成、阳与阴、奇与偶的相互转化，并且数的转化符合中道原则。他说：

> 坎以一始于正北，而一五为乾六于西北；坤以二分于西南，而二五为兑七于西；震以三出于东，而三五为艮八于东北；巽以四附于东南，而四五为离九于正南。故阳得五而阴，偶得五而奇，阴得五而阳，奇得五而偶，是生数之所以成，成数之所以生者也。生数少于五，无所待以制中也，故阳数之一与三，自为中于乾六艮八成数之阴之外。阴众而阳孤，坎故谓陷也。成数多于五，不能自适于中也，故阴数之二与四，取五于离九兑七成数之阳之内。阳正而阴偏，离故谓丽也。陷必止而求动，故帝出乎震。动所以取合，由分而合也。丽必顺而相说，故说言乎兑。说所以致分，由合而分也。②

---

① 雷思齐：《易图通变》卷一，上海：上海古籍出版社，1989年，第7页。

② 雷思齐：《易图通变》卷一，上海：上海古籍出版社，1989年，第7页。

北坎之一因虚五的作用而有西北之乾六，同样的西南坤二因虚五而有正西兑七，正东震三因虚五而有东北艮八，东南巽四因虚五而有正南离九，因虚五而数有阴阳、奇偶和生成的变化。

河图八数中，生数为一二三四，而成数为六七八九。生数与成数之间的关系是通过加五建立的，数五与五行之土相关，传统上认为“万物得土以成”，这体现了五行中土的妙用。雷思齐在此基础上将五看作虚数，而虚数五正是“生数之所以成，成数之所以生者”的关键。

从体用的角度来看，生数与成数之间的阴阳关系因为数五得到了平衡。如果生数为阳，得到五后就转化为阴；如果生数为阴，得到五后则转化为阳，奇偶阴阳因五得以转换。此外，雷思齐借助数五来分析八卦的卦德，将生成之数与后天八卦方位联系起来，从而解释了坎陷、离丽等卦德的由来：“阳正而阴偏，离故谓丽也。”“阴众而阳孤，坎故谓陷也。”他认为，八卦之间因五而有了某种关联。这种通过数理来解卦的理路在元代的图书易学中具有代表性。

总而言之，雷思齐的观点强调了虚数五在生数与成数转化以及八卦关联中的重要作用，为我们解读河图提供了一种独特的视角。

数的运行，亦离不开五的作用。雷思齐说：

> 阳之进数坎独为生数之始，由北顺行，东交于巽四，阴之进数坤亦为生数之次，由西南逆行东合于震三，是阴阳之生数三四俱前而合；阳之退数离独得成数之中，由南顺行西终于兑七，阴之退数艮实始之由东北逆行既北而西究于乾六，是阴阳之成数六七俱后

而分。[1]

在第一组数中，数之运行为坎一—艮八—震三—巽四和坤二—离九—巽四—震三，阳进数、阴进数皆进四，合于震三巽四。第二组数中，数之运行为艮八—坎一—乾六和离九—坤二—兑七，阳退数、阴数退皆为三，分于乾六兑七。阳之进数以生数坎一为始，阴进数以生数坤二为始，生数皆小于五，进而求合，坎一巽四合而为五，坤二震三合而为五；阳之退数由成数离九始，阴之退数由成数艮八始，成数大于五，虽有五却“不能自适于中”，推而求分。

除了数之运行，虚五还有参伍之用。在数的推衍中，由天数之一开始，经过一析而二，一二参而三，一三转而四，一四交对于五，完成了生数的推衍，以生数一四和为五，二三和为五，加上天五，便是参伍，雷思齐讲：

> 天数始于一，则太极之全也，阳之正也；一析而二，则太极之分也，阴之偏也。一二参而三，则阳既唱而奇；一三转而四，则阴遂随而偶。由一与四唱于前，交对而为五，而其二与三随于后，亦交对而为五，是两其五。两五相伍，则十也。参以天五，是参伍也。[2]

在上面的描述中，提到“两五相伍”合而为十，五与十虽同为虚数，但有体用之分，五与十的关系非常密切，虚十的阐释离不开虚五。他讲：

> 一二三四交罗四象，而四互其虚五以为十，而为生数之体，六七八九并包八卦而四分其实五以为二十，而为成数之用，两五之合十固已，旁正而交为二十之分

① 雷思齐：《易图通变》卷一，上海：上海古籍出版社，1989 年，第 7 页。
② 雷思齐：《易图通变》卷一，上海：上海古籍出版社，1989 年，第 8 页。

体，二十之分五，乃离合而统为天五之全用，十交五体，五周十用也。①

生数一二三四为四象，数总而为十，为生数之体，其中一四合与二三合皆为五，此五在生数之体十中便为虚五。成数六七八九为八卦，数为三十，其中六七八九各包含五，此五为实五，总而为二十，为成数之用。实五与虚五相合是十，两十相合便为二十，此二十中有生数之体十，亦有虚实之五，且五体十用，故雷思齐称“十交五体，五周十用”。

2. 虚十之用

雷思齐一方面论述河图中的虚十，另一方面阐释数字“十”的运行。在河图中虽然不显示虚十，但在数的组合变化中却有十的存在，即河图中相对称的两个数之和便为十，且有阴阳之分，一九而十，三七而十皆阳十，二八而十，四六而十皆阴十。他说：

坎一离九为十，坤二艮八而十，震三兑七而十，巽四乾六而十，皆一生一成也，一必九，三必七者，四方四奇之十阳十也，二必八，四必六者，四偶四维之十，阴十也，是四五本二十，今则四十。②

河图中的八个数字，分别位于四正（正北、正南、正东、正西）和四维（东南、西南、东北、西北）位置上。这些数字两两相对，并且它们的和总是等于十。例如，正北的数字坎一与正南的数字离九相加等于十，东南的数字巽四与西北的数字乾六相加也等于十。雷思齐认为这种特征凸显了地数十的“虚”之作用。尽管在河图中并没有明确的数字十，但这个“虚十”却

① 雷思齐：《易图通变》卷一，上海：上海古籍出版社，1989 年，第 8 页。
② 雷思齐：《易图通变》卷一，上海：上海古籍出版社，1989 年，第 8 页。

隐含在河图的内在结构中，任何两个相对的数字相加都会得到十。这一特性与传统的九宫图有相似之处，九宫图中横、竖、斜线上的数字之和都是十五。这也是雷思齐所说的“参伍错综，其数纵横斜正，倒之颠之，无不十、五者也”。[①] 总之，河图中的数字关系体现了虚十的存在，这种关系与传统九宫图中的数字规律相呼应，展示了数字之间独特的组合与平衡。

更进一步而言，雷思齐提出“四伍而什”，“四什而伍”，进一步论述五与十的关系。“四伍而什”，取成数六七八九中的五，而剩一二三四以成“实十”。“四什而五”，生数一二三四以虚五合于中，而得成数之六七八九。

雷思齐认为，河图之数的运行也离不开虚五、虚十。数始于一，中于五，终于十，复归于一，“虚十”贯穿于河图，象征阴阳消长盈虚变化过程的始终。

> 伍之而十，均十也。一与九之十，维坎维离。坎一居阴北，阳之始生，阴中之阳，阴极而生阳也。阳之一初而独立于中。离九居阳南，阳之终极，阳中之阳，阳极生阴，丽于巽四、坤二生数之阴，阴不专立，而当九阳之盛际，阳群合而制中者也。[②]
>
> 二与八之十，维坤维艮。三与七之十，维震维兑。阳自下而升，由北、东而极于南。阴自上而降，由南、西而极于北。[③]
>
> 至于四与六之十，维巽维乾，此又阴阳之始终。终始，天地之穷变，变通莫不由此制用。[④]

---

① 雷思齐：《易图通变》卷一，上海：上海古籍出版社，1989 年，第 8 页。
② 雷思齐：《易图通变》卷一，上海：上海古籍出版社，1989 年，第 8-9 页。
③ 雷思齐：《易图通变》卷一，上海：上海古籍出版社，1989 年，第 9 页。
④ 雷思齐：《易图通变》卷一，上海：上海古籍出版社，1989 年，第 9 页。

雷思齐深入探讨了河图数字背后的深层含义。他观察到，河图中的数字不仅仅是简单的奇偶和大小，而且与它们在图中所处的位置密切相关。他认为这些数字的变化实际上反映了阴阳二气的流转和变化。在这个过程中，当阳气逐渐增强时，阴气则相应地减弱，反之亦然。然而，不论是阳气的增长还是阴气的消退，它们的总和始终保持在十这个数值上，体现了阴阳之间的平衡与和谐。比如坎离两卦之数分别为一和九，代表的是阳气初生之数与至极之数。阳气自北方阴极之处产生，而最终发展到南方极阳之地。而在阳极之九位之旁附丽着代表阴之生数的二与四，进而维持着阴阳之间的平衡流转。河图中的数字变化正是阴阳二气流变过程的生动体现，它们共同维持着阴阳之间的平衡与和谐。这种平衡与和谐正是宇宙间万物生长和发展的基础。具言之：

首先是一九之十，这是阴阳的开始和结束，坎一居阴北，阴盛极而生阳，一阳初动，这是阴中之阳，坎一独立自为中，离九居阳南，阳盛极而生阴，离九前后为巽四坤二，阴偏而不适于中，需“阳群合而制中”，而一九的阴阳进退运行也适于中。这正是《说卦》所说的“水火相逮而不相射”。

其次是二八之十和三七之十，阳气由东北升到南，数运行为8—3—4—9，阴气由西南降到北，数的运行为2—7—6—1，以顺行进4的方式对称运行，而震三兑七为岁之春秋分。此为“出震致坤，说言成言，山泽通气”。[①]

最后是四六之十，阳气运行为6—1—8—3，由乾坎而艮震合于巽四，阴气运行为4—9—2—7，由巽离而坤兑分于乾。乾巽之数与八卦和十二辟卦（或十二月）有关，巽四由生数一三相合而成，乾六由生数二四相合而成，四的两倍是八，与八经卦

① 雷思齐：《易图通变》卷一，上海：上海古籍出版社，1989年，第9页。

相配，六的两倍是十二，与十二辟卦相符。

这里，我们需要注意数字“八”对应八卦，数字“十二”对应十二辟卦，借数字的运动变化融通汉代易学的象数思想，特别是孟喜的卦气说。

十二辟卦，是从六十四卦中选取十二卦配合十二个月份，十二卦分别为：

复卦（䷗）——十一月　临卦（䷒）——十二月

泰卦（䷊）——正月　大壮卦（䷡）——二月

夬卦（䷪）——三月　乾卦（䷀）——四月

姤卦（䷫）——五月　遁卦（䷠）——六月

否卦（䷋）——七月　观卦（䷓）——八月

剥卦（䷖）——九月　坤卦（䷁）——十月

这十二卦象征阴阳之二气进退，十一月之冬至日，一阳复始，阳气萌生，随着时间的推移，阳气逐渐增长，而阴气则逐渐消退。到了四月，阳气达到鼎盛，表现为纯阳乾卦。五月时，地下开始滋生微阴，象征着新的卦象的出现。阴气逐渐增强，阳气逐渐减弱，直至十月，阴气达到极盛，形成纯阴坤卦。这一循环往复的过程与一年四季的寒暑变化相互呼应。

值得注意的是，尽管乾、坤二纯卦在十二月卦中被视为根本卦，但实际上十二个卦象是地位平等的，乾卦与坤卦同于复卦与姤卦，各自代表一个月份。十二月卦的原理是以“—”与“--”分别象征阳气与阴气。我们不能简单地认为十二月卦始于复卦、终于坤卦，或者始于姤卦、终于乾卦，因为时间的循环是无尽无始的，它并不像人类所划分的那样有明确的起始和终止点。一年或一月的起始和终止日期都是人为的划分，而天道自然，始卒若环。

十二辟卦又称十二消息卦，消息之名源自《剥卦·彖》“君子尚盈虚消息”和《丰卦·彖》“天地盈虚，与时消息”。后人将阳气渐长过程称为“息”，将阴气生发过程称为“消”，从复卦到乾卦是“息”，从姤卦到坤卦是“消”。

显然，以阴阳之气的消长描摹天地变化，在这点上，雷思齐与汉朝经学家是一致的，区别在于，一个以数字符示阴阳二气，一个以卦爻变动解释阴阳二气。总之，数字的推演变化象征阴阳二气的消长变化，这也正是雷思齐说的：

> 以数言，则天一、地二，天地设位；以气言，则分阴、分阳，阴阳相薄。而《易》所以行乎其中者，始由于是，则阳生之进数所以为阴成之退数，阴生之进数所以为阳成之退数，乃互进互退，迭生迭成，此其生生之易，一阴一阳之道，无所终穷也。岂不至精至变而至神者与？①

接着，雷思齐以乾巽对十论述九六之变，乾六不仅是二四相合，一五相合也得六，五为生数，而六为成数，由生数变成数，乃合乎中道，而坎之一为中，五亦立中，乾必变动以成于中，以老阴数六变老阳数九以合乎中道。巽四由生数一与三而成，阴偏无法合于中道，故借离九之五而得中，巽四得五而为九，阳极之位，巽离为兼数，九必返于六，由乾巽之十而明九六之变。同时，由乾巽对十以明参伍之用，乾为阳，数为阴六，在坎之一之前，乾之一出而为坎，兑为阴，数为阳七，在坤二之后，坤之二入而为兑。可见，雷思齐认为河图中数是流动的，不是固定的。在数的变动中始终有五与十的出现，乾六之一入坎则为五，坤二不入于兑前亦为五，这是后面要详讲的参伍之法。

---

① 雷思齐：《易图通变》卷一，上海：上海古籍出版社，1989 年，第 10 页。

### 3. 九虚六实，兼著体用

雷思齐除了谈虚五、虚十之外，也谈及九六之数，数六在生数之后又是成数的开始，在卦爻画中又是上爻，象征卦之余气，九、六是进数与退数之极，六有卦位，九已无位。故雷思齐讲：

> 又况易以一其三画，因得析而生八卦；二其三画，遂得错而成八八之卦。若其卦之成画，则止于六矣。乃复于乾独三其三以至谓之九，何也？凡卦画如图，以五为中，必有九而后中，乃在五既中五之后，六为上爻者，盖其卦气之余也。生数既终，成数攸始，此九、六虚实之所以寄也。坤起于成数之六而实，乾极于成数之九而虚。六乃坤数成始，附于图位，则以寄其乾九。九乃乾数成终，附于卦位，则以同于坤六。其六居退数之极，而进居乎坎中之前；九居进数之极，而退附乎离丽之后，故六于卦犹有位，九于卦已无位，而并寄位于六。而迭为九六者，九虚六实，因兼著其体用也。[①]

乾为老阳，数为九；坤为老阴，数为六。少阴为七，少阳为八，少阴、少阳，是六子男女的称谓。在六十四卦中，乾元用九，坤元用六，只见九六，独不见七八，这是为何？雷思齐以家庭成员之间的关系论述，认为先有父母的存在，才有孩子的存在及延续。类比之，六十四卦可以看见六画之体，乾九之用，而不见七与八，这正是《易传》所讲的“神无方而易无体”。

雷思齐又以九六之数谈及纳甲和乾坤两卦的上九上六爻：

> 天一兼天五而六，地二合地四而六，五与六当十数生成互中之地，纳甲以戊己为中，纳戊以中乎坎，纳己以中乎离。戊己，即五六也，置于坎、离之中，所以见

---

① 雷思齐：《易图通变》卷一，上海：上海古籍出版社，1989年，第10页。

其互中也。六合二四，为地数之成始，见于卦之坤曰："龙战于野。"即战乎乾。疑于阳而嫌于无阳，见阴之有待于阳也，故其道穷。而坤之用六不过，曰："利永贞。"天数之一、五、九，是所谓始中终九为天数之成终，见于卦之乾曰："亢龙有悔。"盈不可久，而不可为首；而乾之用九，则天下治，而见天则是见其行健，无所待于阴也。①

纳甲学说是汉代京房创制的一套易学体系，是以八卦分别纳十个天干，即甲乙丙丁戊己庚辛壬癸。由于八卦数八与天干数十冲突，故京氏进行了分配：

分天地乾坤之象，益之以甲乙壬癸；震巽之象配庚辛；坎离之象配戊己；艮兑之象配丙丁。②

八卦为阴阳卦两组，乾、震、坎、艮为阳卦；坤、巽、离、兑为阴卦。十天干也为阴阳两组，甲、丙、戊、庚、壬为阳干；乙、丁、己、辛、癸为阴干。然后以阳卦纳阳干，以阴卦纳阴干，乾与坤二卦分内外象，各纳二干，其他六卦则各纳一干，具体是：

乾（☰），内卦纳甲、外卦纳壬。

震（☳），纳庚。

坎（☵），纳戊。

艮（☶），纳丙。

坤（☷），内卦纳乙、外卦纳癸。

巽（☴），纳辛。

---

① 雷思齐：《易图通变》卷一，上海：上海古籍出版社，1989 年，第 10–11 页。

② 王亭之：《周易象数例解》，上海：复旦大学出版社，2013 年，第 132 页。

离（☲），纳己。

兑（☱），纳丁。

雷思齐妙用数六与九，六为天数一与五相合而成，也可以地数二与四相合而成。五与六为十数的“互中”之地，在纳甲中对应的天干为戊己，戊己对应的八卦为坎离，坎离也是三画八卦的“互中”之地，数一、五、九为数之开始、中间、结束。雷思齐说：“一与九合为乾，则其数十，而十乃寄于天九之外，无所致其用矣。”① 再次明确虚十之妙用，这是关于九六之说的概要。

总而言之，在雷思齐看来，五与十虽皆为虚数，亦有生成，作用也不尽相同，但五与十皆不离中道，五有“立中”之用，十有“行中”之用，即“五为立中之体而生，十为行中之用而成”②，“立者，寄于虚以体其实，行者，布其实以用其虚”③，“五始既所以正位于虚用之中，十中又所以中立于实用之外”④。同时，不仅“河图四十”和虚五与十有体用关系，五与十亦有体用关系，体用中复有体用，这样河图之数的虚实体用便“无所终穷”。

### （四）三数会通

在雷思齐易学中，有“河图四十”之数，有天地之数，有大衍之数，雷思齐通过“虚五”与“虚十”的妙用将三数进行了会通。前面讲过天地之数五十有五，因“虚五”与“虚十”有数无位，故在河图中只显示四十之数，换句话说，天地之数五

① 雷思齐：《易图通变》卷一，上海：上海古籍出版社，1989 年，第 11 页。
② 雷思齐：《易图通变》卷一，上海：上海古籍出版社，1989 年，第 11 页。
③ 雷思齐：《易图通变》卷一，上海：上海古籍出版社，1989 年，第 8 页。
④ 雷思齐：《易图通变》卷一，上海：上海古籍出版社，1989 年，第 11 页。

十五，是河图之数四十与虚而不用的五与十数之和。那大衍之数呢？雷思齐讲：

> 五其五，而二十有五，亦天数也。六其五，五其六，三其十，而十其三，而三十，亦地数也。一且九，二且八，三且七，而四且六之各十，与本数虚用之十，以之伍其什，什其五，斯则大衍之数五十矣。①

即是说，大衍之数五十以天五、地十相乘而得，“河图四十”中，“河图四十”之数加上虚数之十，亦可得大衍数，即河图外显的四组数（一九、二八、三七、四六）加上内在隐藏的作为虚十，便构成了大衍的五十之数。在后面《衍数》章里大衍数的描述中，雷思齐以大衍数五十减去太极不用之一和不用之挂一得数四十八，以表示“河图四十”行八卦。

雷思齐对易数推衍的目的是借易图和易数来阐明生生之谓易的大道，由太极之一，自为中，借虚五虚十之用，始于一，中于五，终于十，又复于一，皆以中道为准，由此彰显出易道的生生不息。他说：

> 兆始之一，寄中之五，藏其用于无形之天，则又出乎五十、十五之外，大衍所不得而用也。又恶知不用之用，乃所以用大衍者，以是见一阴一阳之谓道，参伍而错综之凡天地之数五十有五，所以成变化而行鬼神，有以见天下之赜，见天下之动，而知神之所为者，斯羲皇所以则河图而作易者也。孔子赞易，谓其至精至变以至于至神。吁，斯其至神者矣。②

雷思齐借用“河图四十”之说，会通天地之数和大衍数，

---

① 雷思齐：《易图通变》卷一，上海：上海古籍出版社，1989 年，第 11 页。

② 雷思齐：《易图通变》卷一，上海：上海古籍出版社，1989 年，第 11－12 页。

并按照中道原则和虚实原则来进行易数的推衍，完成“河图四十”的分布形制。借助数的客观准确和图的简单明了，重点描述了虚十与虚五在易图中的重要作用，不断深化不离中道的虚实相用理论。雷思齐对虚五、虚十的重视，特别是受到《道德经》“道生一，一生二，二生三，三生万物”“天下万物生于有，有生于无”等内容的影响，正是其道家易学特色的体现。他通过区分数的虚实，将“道生万物”的哲学思想具体化为一个演进的过程。雷思齐的学术历程表明，他先在儒家思想基础上进行研究，后转向道家，试图证明道家思想是《周易》的源头。尽管他的某些具体论断可能不符合历史事实，但他通过梳理图书发展历程并重新诠释图书之学，为学术界带来了新的思考方向，这种返本开新的诠释方式无疑是雷思齐的重要贡献。

## 三、参天两地

雷思齐认为天地之理包含数，理由数显。数有阴阳、奇偶、体用的不同，雷思齐以阳数为天，阴数为地，天与地互为生成。天地之数由一至十，数五有立中的作用，数多于五或数少于五皆不符中道，经过数的变化、运行、组合而合于中。故雷思齐称：“唯其余、不足而为之中制，故虽阴阳奇偶之数，有分有合，有虚有实，有进有退，有自然互相生成之中道焉。”① 为阐释其中道思想，雷思齐以“参天两地”和“参伍错综”为切入口，配以河图及数之运行，来演绎《易》的至妙之用。他讲：

> 夫奇数皆天，偶数皆地，生以天者成以地，生以地者成以天，其为天若地，特阴阳之进退、出入，奇偶之体用，分合而已。《说卦》曰：参天两地而倚数，观变

① 雷思齐：《易图通变》卷二，上海：上海古籍出版社，1989 年，第 12 页。

于阴阳而立卦，发挥于刚柔而生爻。《大传》曰：参伍以变，错综其数；通其变，遂成天地之文；极其数，遂定天下之象。非天下之至变，孰能与于此？其曲尽乎至妙之用者，河图法也。①

《说卦》中有“参天两地而倚数”之说，历代易学家对这句话中的参、两之说解释不一。如南宋思想家程大昌在《易原》中谈及“参两”和“错综”：

参天云者，并天之一、三、五而成其为九也，阳主进九者，在天地后五数中，阳进而极者也，故圣人画奇以象乎天，而名其爻为九，命其卦为乾也。两地云者，并地之二、四而成其为九（注：应为六）也，阴主减六者，在天地后五数中，阴退而极者也，故圣人画偶以象乎地，而名其爻为六，命其卦为坤也，此其倚数以成九六之初也，……则卦数在易，无有不生乎天地五初之数者也。②

古人以五行数为基础，遵循奇数代表阳、偶数代表阴的原则。“参天”这一概念是通过天数中的一、三、五相加得到九来体现；“两地”则是通过地数中的二、四相加得到六来体现。进一步推广，不仅乾卦（代表阳）用九，坤卦（代表阴）用六，而且所有阳爻都用九，所有阴爻都用六。所以才有“乾之策二百一十有六，坤之策一百四十有四”③ 的说法，这与周天三百六十度是相对应的。

明代来知德解释《说卦传》“参天两地而倚数”，其注云：

---

① 雷思齐：《易图通变》卷二，上海：上海古籍出版社，1989 年，第 13 页。

② 程大昌、赵彦肃：《易原　复斋易说》，上海：上海古籍出版社，1990 年，第 58-59 页。

③ 余敦康：《周易现代解读》，北京：华夏出版社，2006 年，第 339 页。

参两之说，非阳之象圆，圆者径一而围三，阴之象方，方者径一而围四之说也。盖河图天一地二天三地四天五地六天七地八天九地十，一二三四五者，五行之生数也，六七八九十者，五行之成数也。生数居河图之内，乃五行之发端，数可以起数；成数居河图之外，则五行之结果，故不可以起数。参之者，三之也，天一天三天五之三位也；两之者，二之也，地二地四之二位也。倚者依也，天一依天三，天三依天五而为九；地二依地四而为之六①

来知德注解“参两”采取了马融旧说，增加了河图、五行数和五成数等内容，简言之，以五生数、五成数作解。以河图五十五数为准，一至五为生数，六至十为成数，生数居内圈，成数居外圈。“参”即三之，数三的三倍，为数九；“两”即二之，数三的两倍，为数六。“参天”为 1+3+5=9，“两地”为 2+4=6。

对《周易》有独特思考的王船山，对“参天两地而倚数”这句话提出新的见解，以卦画解释“参”“两”：

六合之全体皆天也，所谓大圆也，故以数数之，则径一围三而一函三。地有形有气，在天之中，与相沦洽而有所不至，则缺其一而为二。奇画中实，偶画中虚，其象也。倚，任也。天地之理气不可以象象，故任数以为之象。参两云者，圣人参之两之也。天地浑沦之体，合言之则一，分言之则二，圣人以其盈虚而拟天之数以三，地之数以二。卦画之奇阳偶阴既明著其象，而揲蓍

① 来知德撰，郑同整理：《周易集注》，北京：九州出版社，2020 年，第 410 页。

之法用九用六，四其九而三十六，四其六而二十四，阳十二其三，阴十二其二，一以参两之法行之，数可任而象可立，道因以著。①

在《周易稗疏》中，王船山注“参天两地”：

三二者，本数也。参两者，参之两之，从而分析以数之也。天本无三，地亦非二，以形言之，天包地外，天大而地小。以气言之，阳盈而阴虚，地得天三分之二，故谓之二。由地之二而见天之三，此圣人所以以三数天，以二数地，而为九、为六、为三十六、为二十四、为二百一十六、为百四十四，皆倚此以立也。其画之为象，则阴爻坤，三分而缺其中；阳则兼有二而实其中以成乎三，其画一，所谓以一函三，亦函地二而更盈其一也。圣人因阴阳已然之迹以起数，而非天地之有数。参之两之者人也，故数不可以穷神，而术者知数而不知数之所自起，宜其徒乱天地之常也。②

文中提到“画一，以一函三”是理解船山“参”“两”的关键，把卦爻分成三份，阳爻全部填实三部分，即“阳爻一函三”，阴爻中间部分缺失，只填实两部分，即“阴一函二”。从数的角度讲，“参”即三，“两”即二。天本无三，地本无二，从象的角度看，天大而地小，地得天三分之二，故天谓之三，地谓之二。有“参”“两”进而延伸至“九”“六”，也就有三十六数和二十四数，进而有乾之策数二百一十六，坤之策数一百四十四。数只是反映天地之常，术数者往往只知数而不知数因何而起。总之，船山以卦爻画解“参”“两”，以及注解“参天两地

① 王夫之著，傅云龙、吴可编：《船山遗书》（第一卷），北京：北京出版社，1999 年，第 198 页。

② 王夫之：《船山全书》，长沙：岳麓书社，1988 年，第 794 页。

而倚数”。

雷思齐根据他的河图八卦之说提出了新的观点。一方面，他对参、两之法从数的角度予以解释，并以参之法和两之法提出用九与用六的依据。另一方面，他以“河图四十”之数为基础，通过参之法和两之法进行数的重新组合，完成“大参两”的数之运行。

### （一）参之法与两之法

雷思齐首先对“参”“两”这两个范畴的本义进行了说明。他说：

> 参也者，一二之所以变也。由一自分其一以为二，起自为之对则见其二，而不见其一矣。其一又自参出于二之中，故三也。于参之法是即一小成。是三画之立，见人参于天地之中以生也。积三小成，参其三而合于乾元用九，是参之始制，即阳奇之所谓天者所由然也。
>
> 两也者，由一生二，起而对，并以立，既以象两仪，因之两其二以象四象。夫一本自一而二，而参其一以为三，况二本一之对，岂不得三其二而反对之乎，故从而三其二以成六，即合于坤元用六，是又两之始制兼三才而两之故六，因之六画成卦，六位成章，即阴偶之谓，地者亦由以然也。①

这里的“参”是变三，用数来表示就是三倍之义。一自分为二，二和原来的一合为三，为一的三倍，这是参法之小成，而此处数三象征三爻画，代表天地人三才，在此基础之上用参，即参其三为数九，正合于乾元用九之说。九称为“参之始制”，也

① 雷思齐：《易图通变》卷二，上海：上海古籍出版社，1989 年，第 14 页。

是以阳数代表天的依据。

“两”者是变二，用数来表示就是两倍之义，一本自一而二，而参其一以为三，既然参其一变为三，那么二自一出，也就会有参其二变为六，这正是《周易》六画卦和坤元用六的依据。两其二则为四，体现了四象。六为“两之始制”，也是以阴数代表地的原因。

从这里，我们可以看出，雷思齐是在阴阳平衡的前提下理解“参”“两”之法的。以“参”“两”之法连接三才之道、六九之用，以体现“兼三才而两之”“六位成章”的深刻内涵。

### （二）参天两地之制

雷思齐在参之法和两之法的基础上，对“河图四十”中的数进行组合，完成参天两地的数之运行，以数的组合变化来说明《说卦》中的“参天两地而倚数”，他说：

> 必参其三三，两其三二，是参两之小成矣。故必又参其三三而参之为参天，两其三二而两之为两地。是天地之数无从而合且分矣。乃以其初不入于用之一数，寄于十以行其中而为之分且合，以成其中制者，是一也。而求于图之数，如环无端，其一莫见何在，而所见维十尔。夫参其三三与两其三二，合而为大参两，斯有以见天地浑成一始终者所以然也。①

① 雷思齐：《易图通变》卷二，上海：上海古籍出版社，1989年，第14页。

他作《参天两地倚数之图》，如图 3-2 所示：

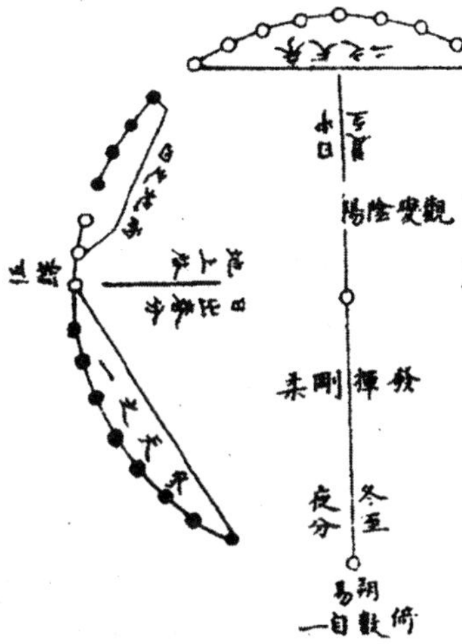

图 3-2　参天两地倚数之图

在这里，雷思齐借“用参”“用两”之法，将“参其三三”看作是参天，将“两其三二”又看作是两地。“参其三三”就是三乘九为二十七，“两其三二”就是二乘六为十二，十二加二十七为三十九，三十九加上不用之虚一，正好是河图四十之数。

同时将“参其三三”或者是“两其三二”看作是参两之小成，而将参天两地合在一起称作大参两，来模拟天地的运行状态。并以“初不入于用一之数”，来完成数的分合以合于中道。如图 3-2 所示，参天两地的划分是有原则的，图中有地上地下之分，参天之一与参天之三虽为天却在地下，两地之一与两地之二虽为地却在天上。雷思齐说：“地之体全用乎天……天之用全体乎地。”[1] 这种天地互为体用的方式正如数之九与六的互变一样不离中道，剩下参天之二数为九，乃离九之全体，独得成数之

① 雷思齐：《易图通变》卷三，上海：上海古籍出版社，1989 年，第 20 页。

中。故整个参两之制皆以中道运行。

雷思齐以参伍之法论述参两之制，他说：

> 是故伍坎一以为乾六于北，伍坤二以为兑七于西，伍震三以为艮八于东，伍巽四以为离九于南，则见制数之元自参伍矣。于是又损震后之一以退，益艮之全八而九，三而三之，始参之制也。析震中前之二以合巽之全，四分而六，则两之继始也。惟离之全数自得于九，且当始终之中，三而三之，中参之制也。兼坤之全二，以贯兑中前之四合而六，则两之代终也。绝兑后之三，以补乾之全六，三而三之，终参之制也。是则参天两地之纲领，于此亦可见。①

雷思齐指出，河图中的坎一不入于数，艮八加震中之一合而为九，称为参天之一；离九，阳极而数全，称为参天之二；乾六和兑中之三合而为九，称为参天之三。巽四和震中之二合而为六，为两地之一（但图 3-2 却标为两地之四）；坤二和兑中之三合而为六，为两地之二（图 3-2 中未标）。参天皆用九，两地皆用六，参天两地之数共有三十九，加上不入于数的坎一则为“河图四十”之数。这种参天两地的解释，它应该是雷思齐对于数的一种运行模式的发挥，把这张图抽象为数就是 1—9—6—9—6—9—1，不断地循环往复，符合之前 1—5—10—1 的循环模式，因为九与六兼著体用，且互变不离中道，而五与十有“立中”“行中”的效果，所以实质上二者皆是在太极之一的基础上以中道进行数的推衍，最终复归于一的过程。其次，雷思齐的错标和未标可能有一定原因。数自一起，倚数自一，接着是参天之数，参天之一到参天之三，再接着是两地之四，两地之五（数

① 雷思齐：《易图通变》卷二，上海：上海古籍出版社，1989 年，第 16 页。

五隐而未见，故未标）。大参两的数之运行模式也就转化为1—2—3—4—5—1。

在大参两中，从数的角度讲，参天之数，参其九，数得二十七，两地之数，两其六，数得十二，合而为三十九，而河图之数四十，与“参天两地”之数相差一。差的一数为坎一，对于“坎一不入于数”的说法，雷思齐给出了自己的看法。他说：

> 四方之数各十，合参其九而二十有七，两其六而十有二，总之则三十有九，而特遗其一，则其一将何所用乎？故以其一存诸十，则四十矣。故坎之立极于一，敛其十以自归，以建大中，以生生数之始，以成成数之终。①

雷思齐认为其“一”是整个参两之数的开关，此“一”为太极全体，为中道，为不用之用。“惟坎之一，独无所可用，特独立中，而以无用之用，而用有用之用，则中之用，不既大矣哉！”② 坎一虽不在参两参伍之用，而“用之以制参天两地参伍之制焉”③。自此，由坎一至虚十完成了数的循环，以行中道，“以建大中”。如果从雷思齐筮数的角度看，坎之不用之一和大衍数中的不用之一有很大相似之处，即两者皆作为太极不用之一，虽不用于数却又有大用，这是雷思齐易图以筮数相会通的一个观点。

雷思齐通过河图之数的分合，来阐释《说卦》中的“参天两地”之说。由数的推衍而得出三画卦和六画卦，进而得出乾元用九、坤元用六的依据，创造性地解释了坎一之不用而用的妙处。同时雷思齐又借“参伍以变”会通“参天两地”，并以“参

---

① 雷思齐：《易图通变》卷二，上海：上海古籍出版社，1989年，第17页。
② 雷思齐：《易图通变》卷二，上海：上海古籍出版社，1989年，第17页。
③ 雷思齐：《易图通变》卷二，上海：上海古籍出版社，1989年，第18页。

两错综”为基础，进一步描摹宇宙万物的运行。

## 四、参伍以变

《系辞》中有“参伍以变，错综其数，通其变，遂成天地之文，极其数，遂定天下之象，非天下之至变，其孰能与于此”的说法。历代易学家对“参伍”的含义说法不一，如南宋的程大昌，在其著作《易原》中谈及“参伍”：

> 若其错综所及，则功用不胜其广矣。……推一五而三之以为十五，十五已见，又从而三之，则夫始而象四变五也，已而为参两之九六也，已又为七八之六子也，则八纯卦已成，而六十四者悉有其象矣。[①]

“参伍错综”之义，参，指用参天之法，即取奇数一、三、五；参伍，即取一五之数而三之，以为十五之数。错，指洛书之图皆三三纵横，可以罗络而数，其数皆十五；综，会三个五以为十五，而又三其十五以为四十五。

雷思齐受《系辞》中“天数五，地数五，五位相得各有合”的启发，以“参伍”为制中之法，而进行数的运行，以河图之数的分合来阐释他独特的参伍错综之说，同时对参伍与错综的关系进行论述。

### （一）参伍之法

参伍之法为数五用法的延伸，因五有“立中”之用，故以数五为准，对数进行分合变化，雷思齐讲：

> 其谓之参伍错综者，五以前之数少于五，元所用

---

① 程大昌、赵彦肃：《易原　复斋易说》，上海：上海古籍出版社，1990 年，第 11 页。

伍；五以后之数多于五，故参以五。伍于其中，错且综之，而行其制中之法也。①

雷思齐的参伍之法以五为制中法，且针对成数进行参伍，具体分合见于河图则为：

天一起于坎，地六附于坤（乾），是一六之合，综之则七也，参以天五，错伍于中，并列而求之，其首尾各一也。故坎之一数为阳，立极于北方之始，而乾之六数为阴，附于西北之维也，天三出于出于震，地八附于艮，是三八之合，综之则十有一也。参以天五，错伍于中，并列而求之，其首尾各三也。故震之三数为阳，立于东方之正，而艮之八数为阴而附于东北之维也。②

他作《参伍以变错综数图》，如图 3–3 所示：

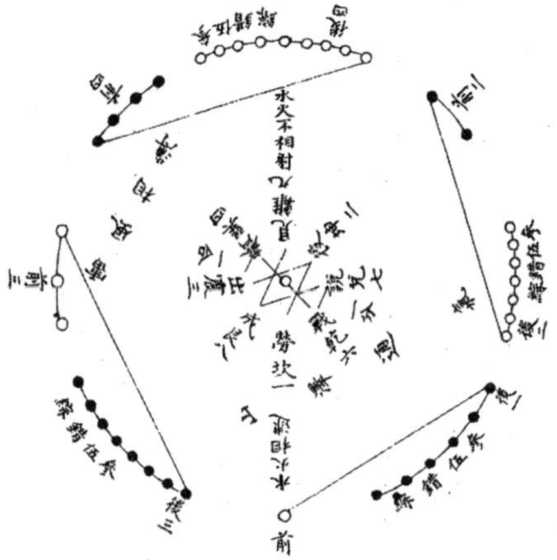

**图 3–3　参伍以变错综数图**

① 雷思齐：《易图通变》卷二，上海：上海古籍出版社，1989 年，第 15 页。
② 雷思齐：《易图通变》卷二，上海：上海古籍出版社，1989 年，第 15 页。

如图所示，雷思齐将一、二、三、四、六、七、八、九分为四组，坎一和乾六为一组，总为七，乾六是五和一组成。在这一组合中，首尾各执一，而中间为五，即参以天五，错伍于综，并列而求之，其首尾各一。以此类推，坤二和兑七一组，震三和艮八一组，巽四和离九一组。可见，“参伍”之“参”，并非指数字三或三倍之意，而是指参与，以数五为参，实现生数和成数的关联。如天一，参伍而得六；地二，参伍而得七；天三，参伍而得八；地四，参伍而得九。

雷思齐所讲的错综说法，是以组为单位的数之分合，通过数五得以分合，如坎一和乾六，乾六是错五余一，加坎一，综之为七，以五为中心，左右两边对称为一，五有“立中”之用。同理，坤二和兑七，兑七是错五余二，加上坤二，综之为九，以五为中心，左右两边对称为二。巽四和离九，离九是错五余四，加上巽四，综之为十三，以五为中心，左右两边对称为四。震三和艮八，艮八是错五余三，加上震三，综之为十一，以五为中心，左右两边对称为三。五之用也如前虚五之用所讲，坎坤震巽之一二三四因五的作用而得乾兑艮离之六七八九。

### （二）参伍与错综

雷思齐论述完“参伍”和“错综”之后，接着论述了二者的关系，他说：

> 参伍以变，参乾坎，参艮震，自北而东，参兑坤，参巽离，自西而南。参而分伍而合，是谓参伍以变。错而分之见其参，综而合之见其伍，是谓错综其数，而错综者即参伍也。散而错之如一二三四之重分，敛而综之

乃六七八九之复合也，是谓五位相得而各有合。[①]

雷思齐的参伍之变遵循数之运行和阴阳终始之分。参乾坎和参艮震，自北而东，参兑坤，参巽离，自西而南，这正是“虚十”数之运行，即“乾巽对十”的运动。此处讲参伍者即是错综，在成数六七八九中，五未合于其中，而能显示分前之数，此为错为分，也就是“参”。相反，五相合于六七八九中，则数与五为伍，此为综为合，也就是“伍”。这便是“错而分之见其参，综而合之见其伍”[②]。

以坎一和乾六为例，二者之间存在“参伍”关系，即坎一加五为六，坎一加乾六为七，这是“综”；乾六错五则余一，这是“错”。

同时，通过参伍错综而分为四组的数和刘牧的洛书又有相近之处，可能雷思齐想通过此图来说明河图亦能会通五十五数的洛书。

关于“用参”之法，参两与参伍也不尽相同，“参天两地”中有“变三”之义，“参伍”之法中有“参而分”之义，他讲：

> 参亦非它，即前所谓一二之变也。一自分其一以为一，起而相对，则见其二，而不见一；其一又自参出于二之中，故曰参也。此参制之一小成，然参两参伍，莫不于是焉起，斯故示其参之凡也。[③]

雷思齐以“一二之变”来阐释参之制，一分为二，则见二而不见一，但其一存在而不显，故原有之一自参出于二中，此法便为“用参”之法，“参”使数于数中而显。实质上这就是数的隐显问题，“用参”之前隐，“用参”之后显，“参天两地”和

---

① 雷思齐：《易图通变》卷二，上海：上海古籍出版社，1989 年，第 16 页。

② 雷思齐：《易图通变》卷二，上海：上海古籍出版社，1989 年，第 16 页。

③ 雷思齐：《易图通变》卷二，上海：上海古籍出版社，1989 年，第 18 页。

“参伍错综”便是数的分合使数九、六显于“河图四十”之中。

综上所述，雷思齐借参伍之法，论证河图参伍以变错综其数。按雷思齐的说法，参两、参伍都是数的运行及变化，故“其曰参曰两曰参伍者，通其数之所变以用也”①，而论证的结果是“河图之数纵横顺逆，莫非自然而然，不待人为牵合传会以使然也”②。

## 五、参两错综会变

雷思齐描述了河图中的参两与错综，将数的分合、进退等变化融于一图，一方面阐释参两与错综的关系，另一方面论述参两错综会变图中所蕴示的中道及九六理论。

### （一）参两错综

雷思齐提出的“参两错综会变”说，是对传统《易传》中“参天两地”“参伍”“错综”等概念的深入解读与重新诠释。他首先确立了“河图四十”的理论基础，并通过精心解读这些文本内涵，力图证明其图书之学的合理性与独特价值。在雷思齐看来，“参天两地”与“参伍”虽然各自蕴含不同的意义，但它们在深层次上是相互贯通、融为一体的。为了进一步整合和深化这一思想体系，雷思齐创造性地绘制了《参两错综会变总图》。这幅图不仅直观地展示了“参伍”与“参两”之间的内在联系，还通过错综复杂的图案变化，表达了雷思齐对于宇宙万物之间相互关联、相互作用的深刻理解。这一创举不仅丰富了《易传》的解读方式，也为后来的学者提供了全新的思考视角。他讲：

---

① 雷思齐：《易图通变》卷二，上海：上海古籍出版社，1989 年，第 14 页。
② 雷思齐：《易图通变》卷二，上海：上海古籍出版社，1989 年，第 16 页。

是则参天两地之纲领于此亦可见。或错而分，综而合，参之两之，参两之制亦必伍也。是则参伍之大通变，大极数也。①

他作《参两错综会变总图》，如下图所示：

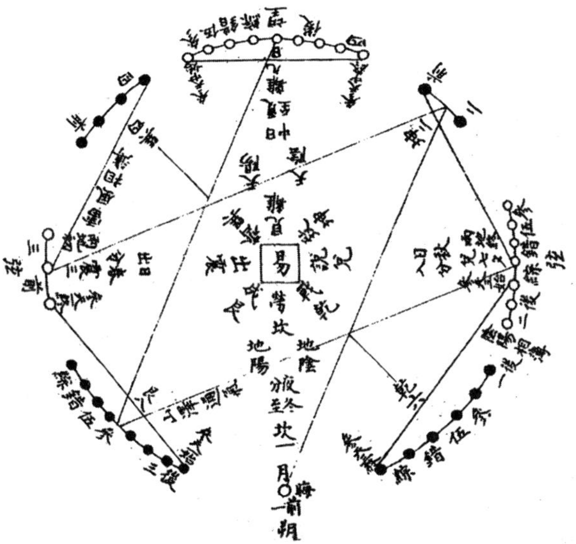

图 3-4　参两错综会变总图

即在“河图四十”中，生数一二三四借“虚五”而变为成数六七八九，在参伍之法中，错五于乾六之中，则坎一与乾六之余数皆为一。同样，错五于兑七，艮八，离九，则余数分别为二三四，与坤二，震三，巽四相对应，由此可见“制数之元皆参伍矣”。在参天两地中，艮八与震三之一，离九，乾六与兑七之三分别为参天之始、参天之中、参天之终；震中之二与巽四，坤二与兑七之四为两地之始、两地之终。这便是参天两地与参伍错

① 雷思齐：《易图通变》卷二，上海：上海古籍出版社，1989 年，第 16 页。

综会变的总纲。

同时，雷思齐也解释了参两和参伍的关系。在生数一二三四中有虚五用而不显，生数一四而五，二三也为五，加上本有的天数之五，则为“参伍”。同样在生数一二三四五中，阳数一三五合则为九，为参天，阴数二四为六为两地，参两之中从六到九也有五，一五为六，二五为七，三五为八，四五为九。可见参两和参伍相互包含在数之运行之中。在“河图四十”中，四方相对而有四组对十，如坎一离九而十，震三兑七而十，每组对十“中虚天五之用”，数十与虚五合为十五，亦是“参伍”，“以相×+而什伍也”，因此雷思齐说：

> 斯所以参伍也，参伍所以参两也，故河图之数正实四十，而以天五地十之虚数通用之以计，凡天地之数五十有五者也。①

可见，在雷思齐的视野下，“参两”与“参伍”这两种方法相互映射、互为基石。他所理解的“参天两地”揭示了八卦数字间的内在联系，这种联系是通过将一卦的数字拆合相加得到九、六之数来体现的，而这背后所蕴含的正是“错综”的原则。同样，“参伍”方法所追求的两卦间的相互蕴含与连接，其本质也与“参两”相吻合。因此，从这一角度看，“参伍”与“参两”在雷思齐的理论中形成了不可分割的内在联系。同时，也印证了天地之数五十有五，河图之数本四十。

### （二）九六与用中

雷思齐在“参天两地”中，借“参两”而提到三三而九为乾之用，三二而六为坤之用。他说：

---

① 雷思齐：《易图通变》卷二，上海：上海古籍出版社，1989 年，第 17 页。

故夫参天者成象谓乾，于是参阳数之三三，以统乾元用九，而参中有两，阳中见阴；两地者效法谓坤，于是两阴数之二二，效法于乾，遂参其二而六之，以会坤元用六，而两中用参，阴中见阳，以是见一阴一阳，变而通之于天地之间，所以必参两也。参之两之，所以必九六也。①

在说明参两错综时，雷思齐提到九六之变，认为少阴阳七八位十五，但“生数不备”不能变，而老阴阳九六虽然也为十五，但是九为生数一三五构成，六为生数二四构成，生数一二三四五全而备，故九六可以变。

对于用“中”的说法，雷思齐结合之前的一、虚五、虚十的循环理论来论述。他说：

见于参天两地倚数之一以为十，则所谓中也。中也者，合数之所不得其中者，而使之交合于中，所以中其不中者也。由坎北之一始制于中，二效之而分兑西之七以为中，八效之而分震东之三以为中，四效之而分离南之九以为中，凡中皆立于十，皆以数合于十而中分之者，盖以寄其一云尔。②

在“参天两地”中，雷思齐认为有由坎北之一，经过参天两地数之循环而复归于十，十即一也。坎北之一“始制于中”，二分兑西之七余五，八分震动之三余五，四分离南之九余五，皆效仿坎一之中。这些数可组合为对十，以十用中，“凡中皆立于十”。经过坎一，虚五，虚十到坎一的循环，以“一存诸十”“十复归于一”，完成了河图之数的中道运行。

---

① 雷思齐：《易图通变》卷二，上海：上海古籍出版社，1989 年，第 16 页。
② 雷思齐：《易图通变》卷二，上海：上海古籍出版社，1989 年，第 17 页。

雷思齐以“河图四十”为基础，经过数之生成与变化运行，论述了“参天两地”和“参伍错综”所包含的易数变化和理论依据，并借此阐释其虚实相用理论、中道理论、坎一不用为用的理论，一即十的循环理论等，构成其独特的雷思齐易学。完成上述工作后，雷思齐进一步阐释河图之下的宇宙运行，来进一步证明，河图阐释易道，而《易》与天地准，则河图亦能完成对天地运行的模拟。

## 六、天地运行与日月为易

### （一）日月为易

关于易的本义是什么的问题，历代易学家说法不一。从字源的角度看，易的本义至少有以下三种：一，易指蜥蜴；二，日月为易；三，从勿为易。

第一，易指蜥蜴。

《说文解字》“易”字下云：

> 易，蜥易、蝘蜓、守宫也。象形。段玉裁注：“上象首、下象四足，尾甚微、故不象。”①

“蜥易”“蝘蜓”“守宫”为同类动物的不同名称，这一字义是说易字为象形字，字的上半部分“日”似蜥蜴的头，字的下半部分“勿”像蜥蜴的四足。这种解释接受度最广，学界也多采用此种说法。此外，我们需要注意的是，许慎并未将蜥蜴与易学相关联，是后人将“蜥蜴之变”与易学结合在了一起。具有代表性的是宋代陆佃的训诂学著作《埤雅》，其中记载：“盖

① 许慎撰，段玉裁注：《说文解字注》，上海：上海古籍出版社，1981 年，第 459 页。

龙善变，蜥易善易，故乾以龙况爻，其书谓之‘易爻’者，言乎善变也。”① 关于“蜴善变”的说法，在古代文献中亦有记载，如李时珍在《本草纲目》中提到，蜴即守宫之类，又称十二时虫。他讲：“十二时虫，一名避役，出容州、交州诸处，生人家篱壁、树木间，守宫之类也。……《岭南异物志》言：‘其首随十二时变色，见者主有喜。’”② 明清之际的黄宗炎更是将蜥蜴的变色问题与易学进行融合性阐释，在《周易寻门余论》中，他讲：

> 易者，取象于虫。其色一时一变。一日十二时改换十二色。即令之晰易也。亦名十二时。因其倏忽变易。更传为移易改易之用。易之为文。象一首四足之形。周易卦次。俱一反一正。两两相对。每卦六爻。两卦十二爻。如蜥易之十二时。③

总之，易为蜥蜴之说，是将易作为象形字看待，以蜥蜴十二时辰的变化联想到易之“变易”是后人的创造。

第二，日月为易。

在《说文解字注》中，“易”字下又引有第二义，云：“秘书说曰：日月为易，象阴阳也。”④ “日月为易”这一说法见于魏伯阳的《周易参同契》一书中：“日月为易，刚柔相合。”⑤ 这

① 陆佃著，王敏红校点：《埤雅》，杭州：浙江大学出版社，2008 年，第 113 页。

② 李时珍：《本草纲目》，北京：线装书局，2014 年，第 1250 页。

③ 刘大钧总主编：《〈周易〉经传》，上海：上海科学技术文献出版社，2010 年，第 380 页。

④ 许慎撰，段玉裁注：《说文解字注》，上海：上海古籍出版社，1981 年，第 459 页。

⑤ 魏伯阳著，朱熹等注：《周易参同契集释》，北京：中央编译出版社，2015 年，第 9 页。

是说，“易”字为上“日”下“月”，取日月阴阳的含义。高怀民先生认为以阴阳之义解释易，源于庄子的“易以道阴阳”（《天下篇》）[①]。但只要我们认真查看便会发现，上日下月的解释并不合理，“易”之下半部分为“勿”，不是“月”，取“日月为易”更多是从理上把握。

第三，从勿为易。

既然“日月为易”的解释从义理不从字体，那么从字体上，上“日”下“勿”如何理解呢？“勿”指旌旗，联想旌旗迎风飘动，象征易道的变动之义。

此外，随着甲骨文物的出土，人们对“易”字本义的理解有了更深入的认识。甲骨文的卜辞中，“易”大多以“易日”“不易日”的文字样式出现。清代经学家孙诒让解释道：“易日犹言更日也……盖皆吉则不易日，不吉则易日也。”[②] 这里提到的“易日”，就是改日期，“不易日”，就是不改日期。对于预先卜卦算定的日期，如果遭遇各种不利因素，便需要顺势改期，另择“吉日”实施，这就是“变”的观念。

雷思齐讲“日月为易”是沿袭了道家的说法，但是很多人不知其所以然，他便以设问的方式引出话题，即为什么讲“日月为易”，而不讲“天地为易”，天地之象不能说不大，甚至易道也是以天地为准。

雷氏首先从《系辞传》中寻找理论依据，“法象莫大乎天地，变通莫大乎四时，悬象著明莫大乎日月。”[③] “广大配天地，

---

① 高怀民：《先秦易学史》，桂林：广西师范大学出版社，2007 年，第 4 页。

② 程千帆：《程千帆全集》第 2 卷《校雠广义·校勘编》，石家庄：河北教育出版社，2000 年，第 236 页。

③ 余敦康：《周易现代解读》，北京：华夏出版社，2006 年，第 346 页。

变通配四时，阴阳之义配日月。”[①] 这些都是以日月象征阴阳的例子。同时，雷氏又列举乾坤与易的关系：“乾坤，其《易》之缊邪？乾、坤成列，而《易》立乎其中矣。乾坤毁，则无以见《易》。《易》不可见，则乾坤或几乎息矣。”[②] “乾坤，其《易》之门耶！乾，阳物也；坤，阴物也。阴阳合德，而刚柔有体，以体天地之撰，以通神明之德。”[③] 雷思齐讲天地为体，乾坤为用，乾坤为《易》之门、蕴，“《易》之为物有体可见”，[④] “《易》之为体者又见其用”，[⑤] 而日月兼体与用，且为人们所熟知，即“惟日月之体用兼故，故特著其义，以配阴阳尔”，故以日月为征。此外，雷氏从五行与数的角度看，结合河图四十分析，认为八卦中以“离卦”象日，数以为九，八卦中的“坎卦”象月，数为一。谈及易数九，必然对应地想到易数六。为何坎数为一不为六？这是由于坎一与五结合为数六，为乾卦，为水生成，故象征月。这是从数的角度理解“日月为易”。

《易》与天地准，能弥纶天地之道，雷思齐取乾、坤之象说明天地的运行，他讲：

> 辟户谓乾，近则日之出旦，月之上旋，远则春之日夜分而谓启也。阖户为坤，近则日之入夕，月之下旋，远则秋之日夜分而谓闭也，仰观其成象，则日之昼，月之望，夏之景长，而至俯察其效法，则夜之分，月之朔，冬之景短而至也……天下之动，贞夫一者也。贞夫一也者，四时分至之中皆一也。而此特谓天下之动贞夫

---

① 余敦康：《周易现代解读》，北京：华夏出版社，2006 年，第 332 页。
② 余敦康：《周易现代解读》，北京：华夏出版社，2006 年，第 349 页。
③ 余敦康：《周易现代解读》，北京：华夏出版社，2006 年，第 362 页。
④ 雷思齐：《易图通变》卷三，上海：上海古籍出版社，1989 年，第 18 页。
⑤ 雷思齐：《易图通变》卷三，上海：上海古籍出版社，1989 年，第 18 页。

一，则正由坎之一也。一日之阳气，初动于夜分之际，固谓贞夫一也，一年之阳气，复动于冬朔之始，尤见夫一者也。①

乾之象，以辟户为喻，即一种打开、产生的状态。如日出，月之上弦，春之日夜分；坤之象，以阖户为喻，即一种闭合、消亡的状态。如日落，月之下弦，秋之日夜分，“一阖一辟为之变，往来不穷谓之通”（《系辞》）。乾、坤的变化象征着“日月相推而明生焉，寒暑相推而岁成焉”（《系辞》）的天地运行现象。

《系辞》讲，“天地变化，贞夫一者也”。② 在对天地运行的模拟中，雷思齐创造性地将参天两地中的“坎一”与“贞一”相联系。雷思齐认为，此“动贞夫一”从近处来看，一日的阳气初动于夜分之际；远处来讲，一年的阳气复动于冬朔的开始，而“坎一”也就是“贞一”是阴阳两气循环转变的关键点。他说：

特以坎中之一阳，不在参两之用者，因其始生自然之一，介然特立于阴阳终始之际，起岁之朔，月之朔，以体生生之谓易。③

综而观之，易兼体用，天地为体，阴阳二气为用，他讲：

体者，形所以用其气，用者，气所以体其形，天以气体为形，故其形下包乎地，地以形用其气，故其气上行乎天，是天之气全取乎地之形，而地之形全取乎天之气④

---

① 雷思齐：《易图通变》卷三，上海：上海古籍出版社，1989年，第19页。
② 余敦康：《周易现代解读》，北京：华夏出版社，2006年，第351页。
③ 雷思齐：《易图通变》卷三，上海：上海古籍出版社，1989年，第20页。
④ 雷思齐：《易图通变》卷三，上海：上海古籍出版社，1989年，第20页。

在“参天两地倚数图”中，有地上地下之分，参天之一与参天之三皆在地下，两地之一与两地之二皆在地上，这种天地阴阳二气的运行便与“参天两地”的模式相合。雷思齐以“一之始参到三之终参”为天，并以乾、艮两卦为例；以“一始之两，二终之两”为地，以巽、坤两卦为例，来论述天地体用与阴阳进退的运行。他说：

> 乾者，老阳也，乃附于成数之六阴，位乎阴地西北，偏极乎退数之终。艮者，少阳也，乃附于成数之八阴，位乎阳地东北，偏立乎进数之始……斯足以明地之体全用乎天矣……巽者少阴也，虽以附地生数之四阴，位乃在东南，偏阳气升已过中之进数，坤老阴也，虽以附地生数之二阴，位犹在西南，偏阳气降未及中之退数……斯足以明天之用全体乎地。①

河图八卦中的数之运行体现了阴阳二气的进退，也彰显了天地的体用。这一描摹天地的过程也是数之运行的过程，雷思齐在这里又谈及“参天两地”与“参伍以变”，以彰显河图四十之妙用。“参伍”之变：

> 一交五，而以其一相配而成六于乾；二交五，而以其；二相配，而成七于兑；三交五，而以其；三相配，而成八于艮；四交五，而以其；四相配，而成九于离，然后始谓之成象。成象则谓之乾，而效法则谓之坤矣，乃得谓之天地定位也。其实一自合一，二自合二，三自合三，四自合四，特以交五而变尔。于是坎一之阳合而成乾六之阴，坤二之阴合而成兑七之阳，震三之阳合而成艮八之阴，巽四之阴合而成离九之阳，其始正者合而

① 雷思齐：《易图通变》卷三，上海：上海古籍出版社，1989 年，第 20 页。

> 辅于偏，始偏者合而归之正，于是八卦成列，而象在其中矣。亦惟一之自中，坎独自若而不入于数，而河图参天两地，参伍错综之变，得以行乎其中也。[①]

“参伍”者，以中数五参与数字变化当中，天数一与五相加为六，后天八卦中乾之数为六，故“成六于乾”；二与五相加为七，后天八卦中兑之数为七，故“成七于兑”；三与五相加为八，后天八卦中艮之数为八，故“成八于艮”；四与五相加为九，后天八卦中离之数为九，故“成九于离”。数之变化实际上是生数一二三四与中数五相加而变为成数六七八九，构成八卦之数。奇数为阳，偶数为阴，奇数坎一与五相加为偶数乾六，奇数震三与五相加为偶数艮八，数字变化都是阳变阴；偶数坤二与五相加为奇数兑七，偶数巽四与五相加为奇数离九，数字变化都是阴变阳。并且坎一、震三、兑七离九为四正卦，坤二、巽四、乾六、离九为四偏卦。正是由于数五的存在，生数和成数实现了互变，正卦和偏卦实现了互变，奇数和偶数实现了互变。接着，雷思齐又谈到“参天两地”：

> 故由参天之制皆用九，而知九为乾之用，由两地之制皆用六，而知六为坤之用。盖乾之始参于艮八，而不足于数，则取震之一而九之中参，当阳极而体数之全；无余不足，则自九之终参，则取兑过中有余之三，以奉乾六之终。而九之两之始起数于震中之二，以合巽四之不足。而六之两之终超数于坤之本二，以合兑中有余之四而六之，是明参两九六所用之概也。或有谓坤二与兑七而九，乾位自得六数亦自成九、六也，曾不识两之制皆终地上，参之制皆终地下，又焉得而易之哉？况乾本

① 雷思齐：《易图通变》卷三，上海：上海古籍出版社，1989 年，第 21 页。

> 九也，今数乃损而六；坤本六也，今数乃增之而九者，尤足以明老阴之六变而之九，老阳之九变而之六，而卦爻之所以成九、六也。由参天之用必九，两地之体必六，下系之首曰：八卦成列，象在其中矣。因而重之，爻在其中矣。而后世乃谓易画之重，非由羲始，吾不信也。①

雷氏强调，“参天”皆用九，九为乾之用；“两地”皆用六，六为坤之用。“参天之一”为艮卦数之八加震卦数之三中的一，合而为九；“参天之二”为离数之九；“参天之三”为乾卦数之六加兑卦数之七中的三，合而为九。“两地之一”为巽卦数之四加震卦数之三中的二，合而为六；“两地之二”为坤卦数之二加兑卦数之七中的四，合而为六。阳动爻之数为九，阴动爻之数为六，老阴之之数六变为九，老阳之数九变六，故象征卦爻变动的数为九与六。九六之变，正如《系辞传》中所讲：“八卦成列，象在其中矣。”② 经过上面的论述，雷氏重申汉代孔安国的观点，即伏羲创制河图八卦，其本义是立足虚实、生成之数、“参两”、“参伍”、“错综”等角度，论证河图四十出乎自然，非为附会。

### （二）出震齐巽

雷思齐通过《说卦》“帝出乎震”一章来描述河图参两参伍之制下的天地运行，认为“‘帝出乎震’一章，尤河图之大讲明也”③。由震开始，至艮而终，雷思齐以夏朝岁首在寅月，位在艮，故《说卦》言“终万物始万物者莫盛乎艮”④，“万物之所

---

① 雷思齐：《易图通变》卷三，上海：上海古籍出版社，1989 年，第 21 页。
② 余敦康：《周易现代解读》，北京：华夏出版社，2006 年，第 351 页。
③ 雷思齐：《易图通变》卷三，上海：上海古籍出版社，1989 年，第 22 页。
④ 余敦康：《周易现代解读》，北京：华夏出版社，2006 年，第 374 页。

成终而所成始”,[①] 由震开始而说明变通四时与昼夜之道，他讲：

> 夫两之制，并起于平地，以奉中参者，自春而秋以分，必极于夏之至者，亦昼之象也。始终之参，皆在地中者，自秋而春以分，必极于冬之至者，亦夜之象也。[②]

雷思齐以日常所见为用，早晨日出为旦，震即旦，齐乎巽则阳气动而转盛，离则为盛衰之际，坤则由动变为静，至兑便为日暮。这是昼之体用，与上述的昼之象对应。战乎乾为阴阳相薄且闭塞的状态，然而终则有始，至坎而“夜分之气复动”，而在河图中由震到坎按顺时针经过巽离坤兑乾，数为七，故名“七日来复”，在艮则与兑余数之三相接（乾六与兑余之三相合为参天之三，而乾为闭塞不用之时，坎为夜分之气复动，故艮与兑余三相接），有山泽通气之象，当止而止，当行而行，自此又开始了新一轮的循环。这便是夜之体用，与夜之象对应。故雷思齐称：

> 吾见自羲、文以来，河图之一阴一阳，进退升降，往复循环，周流不息，开古迄今，远之一岁之冬夏，迩之一日之昼夜，莫不由斯道也。[③]

可见，不论是河图之数的阴阳进退、循环往复，还是天地间的昼夜寒暑变化皆依易道而行，故可依河图八卦的位与数而对天地变化进行模拟。

历代易学家对《说卦传》中的“帝出乎震一篇”解释不一，雷思齐以河图四十为基础，阐明此篇是对天地万物变化的描摹。现摘录部分易学家的注解以供参考，加深对“帝出乎震”篇的

① 余敦康：《周易现代解读》，北京：华夏出版社，2006年，第373页。
② 雷思齐：《易图通变》卷三，上海：上海古籍出版社，1989年，第22页。
③ 雷思齐：《易图通变》卷三，上海：上海古籍出版社，1989年，第22页。

理解。

> 帝出乎震，齐乎巽，相见乎离，致役乎坤，说言乎兑，战乎乾，劳乎坎，成言乎艮。万物出乎震，震，东方也。齐乎巽，巽，东南也，齐也者，言万物之洁齐也。离也者，明也，万物皆相见，南方之卦也，圣人南面而听天下，向明而治，盖取诸此也。坤也者，地也，万物皆致养焉，故曰致役乎坤。兑，正秋也，万物之所说也，故曰说言乎兑。战乎乾，乾，西北之卦也，言阴阳相薄也。坎者，水也，正北方之卦也，劳卦也，万物之所归也，故曰劳乎坎。艮，东北之卦也，万物之所成终而所成始也，故曰成言乎艮。①

"帝出乎震"，《周易正义》引王弼注《益》卦语："帝者，生物之主，兴益之宗，出震而齐巽者也。"②《周易集解》引崔憬曰："帝者，天之王气也。至春分，则震王而万物出生。"③

"齐乎巽"，《周易集解》引崔憬曰："立夏，则巽王而万物絜齐。"④

"相见乎离"，《周易集解》引崔憬曰："夏至，则离王而万物皆相见也。"⑤

"致役乎坤"，《周易集解》引崔憬曰："立秋，则坤王而万物致养也。"⑥

"说言乎兑"，《周易集解》引崔憬曰："秋分，则兑王而万

---

① 余敦康：《周易现代解读》，北京：华夏出版社，2006 年，第 372-373 页。
② 孔颖达：《周易正义》，北京：中国致公出版社，2009 年，第 176 页。
③ 孙星衍：《周易集解》卷 10，上海：商务印书馆，1936 年，第 694 页。
④ 孙星衍：《周易集解》卷 10，上海：商务印书馆，1936 年，第 694 页。
⑤ 孙星衍：《周易集解》卷 10，上海：商务印书馆，1936 年，第 694 页。
⑥ 孙星衍：《周易集解》卷 10，上海：商务印书馆，1936 年，第 695 页。

物所说。”①

“战乎乾”，《周易集解》引崔憬曰：“立冬，则乾王而阴阳相薄。”②

“劳乎坎”，《周易集解》引崔憬曰：“冬立，则坎王而万物之所归也。”③

“成言乎艮”，《周易集解》引崔憬曰：“立春，则艮王而万物之所成终成始也。以其周王天下，故谓之‘帝’。”④

“震，东方也”，《周易正义》云：“以震是东方之卦，斗柄指东为春，春时万物出生也。”⑤

“齐乎巽，巽，东南也，齐也者，言万物之洁齐也。”《周易正义》云：“以巽是东南之卦，斗柄指东南之时，万物皆洁齐也。”⑥

“离也者，明也，万物皆相见，南方之卦也，圣人南面而听天下，向明而治，盖取诸此也。”《周易正义》云：“以离为象日之卦，故为明也，日出而万物皆相见也；又位在南方，故圣人法南面而听天下，向明而治也。”⑦

“坤也者，地也，万物皆致养焉，故曰致役乎坤。”《周易正义》云：“以坤是象地之卦，地能生养万物，是有其劳役，故云‘致役乎坤’”。⑧

“兑，正秋也，万物之所说也，故曰说言乎兑。”《周易正

---

① 孙星衍：《周易集解》卷10，上海：商务印书馆，1936年，第695页。
② 孙星衍：《周易集解》卷10，上海：商务印书馆，1936年，第695页。
③ 孙星衍：《周易集解》卷10，上海：商务印书馆，1936年，第695页。
④ 孙星衍：《周易集解》卷10，上海：商务印书馆，1936年，第696页。
⑤ 孔颖达：《周易正义》，北京：中国致公出版社，2009年，第308页。
⑥ 孔颖达：《周易正义》，北京：中国致公出版社，2009年，第308页。
⑦ 孔颖达：《周易正义》，北京：中国致公出版社，2009年，第308页。
⑧ 孔颖达：《周易正义》，北京：中国致公出版社，2009年，第308页。

义》云：“以兑是象泽之卦，说万物者莫说乎泽，又位是西方之卦，斗柄指西，是正秋八月也。立秋而万物皆说成也。”①

“战乎乾，乾，西北之卦也，言阴阳相薄也。”《周易正义》云：“以乾是西北方之卦，西北是阴地，乾是纯阳而居之，是阴阳相薄之象也。”②

“坎者，水也，正北方之卦也，劳卦也，万物之所归也，故曰劳乎坎。”《周易正义》云：“以坎是象水之卦，水行不舍昼夜，所以为劳卦。又是正北方之卦，斗柄指北，于时为冬，冬时万物闭藏，纳受为劳，是坎为劳卦也。”③

“艮，东北之卦也，万物之所成终而所成始也，故曰成言乎艮。”《周易正义》云：“以艮是东北方之卦也。东北在寅丑之间，丑为前岁之末，寅为后岁之初，则是万物之所成终而所成始也。”④

同时，雷思齐以《咸卦》《恒卦》注解《说卦传》：

> 且说卦谓说言乎兑，成言乎艮。凡再言其山泽通气者，即咸卦也。咸之彖曰：二气感应以相与。止而说。天地感而万物化生，圣人感人心而天下和平：观其所感，而天地万物之情可见矣。其雷风相薄者，即恒卦也。恒之彖曰：雷风相与，巽而动。天地之道，恒久而不已也。日月得天而能久照，四时变化而能久成，圣人久于其道而天下化成：观其所恒，而天地万物之情可见矣。溯求于下经之人道攸始，则说卦重卦其旨一毫不悖也。故愚谓重《易》断自羲始。不然，《礼》谓三

① 孔颖达：《周易正义》，北京：中国致公出版社，2009年，第308页。
② 孔颖达：《周易正义》，北京：中国致公出版社，2009年，第308页。
③ 孔颖达：《周易正义》，北京：中国致公出版社，2009年，第308页。
④ 孔颖达：《周易正义》，北京：中国致公出版社，2009年，第308页。

> 《易》其经卦皆八，其别皆六十四，其欺我哉？求易之道，试以是进之。[①]

《说卦传》中提到“说言乎兑，成言乎艮”，[②]兑卦，正秋时节，万物丰收而喜悦，故称“说兑”；艮卦，终而复始之位，万物于此成就于终而更新其始，故称“成艮”。

“山泽通气”可以借助泽山咸卦（䷞）理解，《咸·彖》曰：“咸，感也。柔上而刚下，二气感应以相与，止而说，男下女，是以‘亨，利贞，取女吉’也。天地感而万物化生，圣人感人心而天下和平。观其所感，而天地万物之情可见矣！”[③]兑泽阴柔在上位而往下；艮山阳刚在下位而往上，阴阳交感而倍感亲和，能自静而不随欲望妄动方得欣悦。观察“交感”之象，就能明白天地万物的性情了。

“雷风相薄”可以借助雷风恒卦（䷟）理解，《恒·彖》曰：“恒，久也。刚上而柔下，雷风相与，巽而动，刚柔皆应，恒。‘恒，亨，无咎，利贞’，久于其道也。天地之道，恒久而不已也。‘利有攸往’，终则有始也。日月得天而能久照，四时变化而能久成，圣人久于其道而天下化成。观其所恒，而天地万物之情可见矣。”[④]阳刚居上，阴柔处下，雷震风行相互助益，先柔顺而后动。天地运行的规律是恒久不停的运动，日月顺应天道而能长久地照耀天下，四季交替更新能永久生成万物，圣人遵从天道而行就能行教化而成美俗，观察恒久的现象，天地万物的性情就能明白了。最后，雷氏认为重卦并不是从文王开始，而是

---

① 雷思齐：《易图通变》卷三，上海：上海古籍出版社，1989年，第21-22页。

② 余敦康：《周易现代解读》，北京：华夏出版社，2006年，第373页。

③ 余敦康：《周易现代解读》，北京：华夏出版社，2006年，第161页。

④ 余敦康：《周易现代解读》，北京：华夏出版社，2006年，第167页。

从伏羲开始，理由是《周礼》记载的三《易》都是八经卦和六十四重卦。

在阐述雷氏河图理论的基础上，我们有必要总结一下雷思齐河图易学的整体特色，主要有以下两点：一是引证材料丰富，二是注重文脉传承。

一方面，引证材料丰富。

雷思齐除了自创的虚五、虚十之数行河图四十以及“参伍”“参两”的观点外，他还始终致力于整合前人观点进而丰富自己的理论体系。在治学态度方面，他提出：“学者既其名，未既其实，终身由之，而不知因疑生解，乃以为独有所见，自著其说，盖可悲已。”[①] 也就是说，治学要注重融会贯通，不能执一己之私意来解《易》。雷思齐引证的图书较多，重要经典多次引用，现分类如下：

| | |
|---|---|
| 《周易》、《周易》注解及象数易学经典 | 《周易》《周易注》《周易正义》《太玄》《皇极》《周易新注》《书传》《易数钩隐图》《六论》《潜虚》 |
| 儒家六经 | 《周礼》《尚书》《诗经》《礼记》《左传》 |
| 纬书 | 《易纬》《春秋纬》《孔子家语》 |
| 史书 | 《国语》《汉书》《史记》 |
| 道家经典 | 《老子》《庄子》《列子》 |

雷思齐的易学思想不仅引证丰富，而且考据功夫扎实，从他的《河图遗论》可见一斑。河图洛书的真伪及其流传，在宋元之际的学术界是热议话题。为了澄清这一争议，雷氏深入研究了河图洛书的起源和发展，旨在证实朱、蔡二人所传的河图数十与

① 雷思齐：《易筮通变》卷中，上海：上海古籍出版社，1989 年，第 13 页。

洛书数九实际上是颠倒的，而刘牧所传的河图数九才真正符合古传的顺序，这一研究对于河图洛书这一古老学问的准确传承具有重要意义。

另一方面，注重文脉传承。

雷思齐的易学以数的推演变化为核心，其图书思想凭借着深厚的学术造诣和精细的考据论证独树一帜，成为元代图书易学的代表性观点。雷氏易学思想虽多有创新，但不离易学的基本精神和理路。特别是它契合“简易”“变易”“不易”的“易有三义”精神和道家“虚实有无”的思想。

一是雷氏易学契合“易有三义”精神。

“易有三义”最早出自《易纬·乾凿度》，见于孔颖达《周易正义》卷一：

> 《易纬·乾凿度》云：易一名而含三义，所谓易也，变易也，不易也。①

《周易正义》引郑玄之说，对此有解释，易有一个名字，却有三重内涵，分别是：易简、变易、不易。

易简的含义源自《系辞传》第一章：

> 乾知大始，坤作成物。乾以易知，坤以简能。易则易知，简则易从。易知则有亲，易从则有功。有亲则可久，有功则可大。可久则贤人之德，可大则贤人之业。易简，而天下之理得矣，天下之理得，而成位乎其中矣。②

这段文字明确以乾坤两卦为基础，阐述的简易思想核心是：“乾知大始，坤作成物。乾以易知，坤以简能。”“易简”并非通

---

① 孔颖达：《周易正义》，北京：中国致公出版社，2009年，第4页。

② 余敦康：《周易现代解读》，北京：华夏出版社，2006年，第325-326页。

常所理解的“简单”或“简易”之意。要真正理解“易简”，需以乾坤为参照。乾象征万物的起始，具有创造之力，引领变革之始；而坤则代表万物的生成，它承接乾的创造力，赋予万物生命，使它们得以成形。

我们看一下历代易学家是如何注解“易简”的。《易纬·乾凿度》记载：

> 易者，以言其德也，通情无门，藏神无内也。光明四通，简易立节。天地烂明，日月星辰布设……不烦不挠，淡泊不失，此其易也。[1]

《易纬》的作者通过“光明四通”的表述来阐释天的德性，即天的光辉照耀四方，无所不至；而用“通精无门”的句子来描绘地的德性，意味着地之精气流通无阻，没有固定的门户。天地作为存在的本体，乾坤则是它们发挥作用的方式。由此可见，《易纬》的作者是在乾坤的框架下讨论“易简”的，强调了乾坤的相互作用与天地之德性的展现。

李鼎祚在《周易集解》中引虞翻注：

> 阳见称易，阴藏为简。简，阅也，乾息昭物，天下文明，故以易知；坤阅藏物，故以简能矣。[2]

虞翻以“阳见”释易，以“阴藏”释简。也就是说，乾以显现的方式昭示万物，使人们易于理解；而坤则以隐藏的方式简化万物，使其更加精妙。乾（天）以其光明照耀万物，使得天下事物都显得清晰明了，因此我们可以通过观察万物的变化来认识“易”的道理；坤（地）则包容并审视着万物，使事物得以在隐藏中得到保护和成长，所以我们可以通过体悟地的包容与简

① 郑玄注：《易纬》，乌鲁木齐：新疆人民出版社，2000年，第1-2页。
② 孙星衍：《周易集解》卷10，上海：商务印书馆，1936年，第536页。

化来领悟“简”的精髓。可见，虞翻的注解依旧以乾（天）坤（地）解释“易简”。

韩康伯注：

> 天地之道，不为而善始，不劳而善成，故曰易简。①

韩康伯以“不为”和“不劳”解释“易简”。天地之间的自然法则，无须刻意作为而万物自然得到良好的开端，不必费力劳作而万物自然得以完美成就。

朱熹在《周易本义》中解释：

> 乾健而动，即其所知，便能使物，而无有所难，故为以易而知大始。坤顺而静，凡其所能，皆从乎阳而不自作，故为以简而能成物。②

乾（天）强健而运动不息，凭借其智慧，能够轻易地驱使万物，而无所阻碍，因此被形容为以“易”的方式知晓万物的起始。坤（地）柔顺而宁静，她所能做到的一切，都是顺应阳（乾）的引导而不自行其是，因此被描述为以“简”的方式成就万物。显然，朱熹是以乾健坤顺解释“易简”的。

最有新意的解释者当属李道平，他在《周易集解纂疏》中引《乐记》之文注解：

> 《乐记》曰：大乐必易，大礼必简。文曰：乐著大始，而礼居成物。又曰：乐由天作，礼以地制。盖乐出乎自然，故象乾之易知，而曰必易；礼起于微渺，故象坤之简能，而曰必简。易，故著乎乾知大始之初；简，故居乎坤化成物之位。《记》又曰：圣人作乐以应天，

---

① 孙星衍：《周易集解》卷10，上海：商务印书馆，1936年，第25页。

② 朱熹撰，廖名春点校：《周易本义》，北京：中华书局，2009年，第223页。

制礼以配地，礼乐明备，天地官矣。故观乎礼乐，而乾坤之易简思过半矣。①

《乐记》通过“易”和“简”来描述乐与礼的本质，这一观点显然受到《系辞传》的启发。李氏认为，“乐出乎自然，故象乾之易知”，即音乐的产生是自然而然的，就像乾卦所象征的天那样，其起始的动力是自然而然的，既不依赖外部力量，也不刻意用力；“礼起于微渺，故象坤之简能”，即礼仪的形成源于微小谦逊的事物，就如同坤卦所代表的地那样，它顺应并承接乾卦的力量，自愿处于卑微渺小的位置，却能成就乾卦的功绩。由此可以理解“易”和“简”的含义，它们分别体现了乾与坤的固有属性，也就是“易道成乎自然”所要表达的意思。换句话说，乐的自然流淌与乾卦的自然无为相通，礼的谦逊细致则与坤卦的顺应承载相呼应。

综上所述，各位易学家对于“易简”的注解都存在着共通之处。《乾凿度》中提出的“不烦不扰，淡泊不失”的理念，与韩康伯的“不为”“不劳”观点相呼应。朱熹所阐述的“无有所难”与“不自作”的思想，以及李道平所解释的“自然”与“微渺”的含义，都体现了对“易简”概念共同的理解和探索。这些注解共同揭示了“易简”所蕴含的深刻哲理，即以乾坤为基础，展示乾天坤地之德中不作为、不造作的“易简”之理。

雷思齐的易图思想深入体现了对“易简”精神的传承与发展。他特别看重乾坤二卦以及阴阳动爻中的九与六，乾卦运用九，坤卦运用六，九六作为卦中的变爻，是《周易》强调从变化中探求易理的关键所在。基于此，雷思齐以河图四十为理论框

① 李道平撰，潘雨廷点校：《周易集解纂疏》，北京：中华书局，1994 年，第 545 页。

架，通过数的演绎方式来详细阐述乾坤二卦的功能，揭示出万物生成与变化的规律无不体现出乾坤所代表的“不为善始”与“不劳善成”的“易简”原则。他的这一思想不仅继承了传统易学的精髓，同时也为后世易学的发展提供了新的视角和思路。

“变易”的思想同样出现于《系辞传》：

> 《易》之为书也不可远，为道也屡迁，变动不居，周流六虚，上下无常，刚柔相易，不可为典要，唯变所适。①
>
> 是故刚柔相摩，八卦相荡。鼓之以雷霆，润之以风雨，日月运行，一寒一暑。乾道成男，坤道成女。②

显然，“变易”的原理依然以乾坤为基础，体现为乾坤之间的不断交互与更替。若乾坤之间缺乏这种相互的往复运动，天地无法相交，那么就不会有任何变化产生，万物也就无法滋生。这正是所谓“孤阴不生，独阳不长”的道理。换言之，万物的生成与变化都依赖于乾坤之间的相互作用和不断变换。

《乾凿度》的作者是如何理解“变易”呢？

> “变易”者，其气也。天地不变，不能通气，五行迭终，四时更废，君臣取象，变节相移，能消者息，必专者败，此其“变易”也。③

这是以气的变化解释“变易”。如果天地之间没有变化，就无法实现通气交流，五行迭代会相继终止，四季更替也将废止。

从《周易》古经来看，卦与爻之间通过乘、承、比、应、反对、消长、往来等各种关系的相互作用，实现了易道的流转与变化。因此，易之卦爻绝非僵化刻板的符号，而是显示生命流转

---

① 余敦康：《周易现代解读》，北京：华夏出版社，2006年，第364页。
② 余敦康：《周易现代解读》，北京：华夏出版社，2006年，第325页。
③ 孔颖达：《周易正义》，北京：中国致公出版社，2009年，第4页。

变化的“至精”“至变”“至神”之物。

雷思齐河图思想就是对“变易”精神直接继承，只不过雷氏是通过河图之数的变化彰显“变易”之道的：生数变为成数，奇数转变为偶数，数之正转换为数之偏；七到九为阳之进数，八到六为阴之退数；“参天”之数九，“两地”之数六；“参之以伍”的数字组合变化等等。显然，雷氏以数行“变易”之道，以数合道，这就是《周易》讲的君子“时中”，“与时偕行”。

“不易”与“变易”相对，“变易”之道是乾坤阴阳往复交错的变化。那“不易”呢?《乾凿度》云：

> “不易”者，其位也。天在上，地在下，君南面，臣北面，父坐子伏，此其“不易”也。①

《乾凿度》作者以天地定位的常态阐释“不易”，并从自然界的“不易”延伸到人伦社会中君臣父子的“不易”。这在系辞中也有体现：

> 天尊地卑，乾坤定矣。卑高以陈，贵贱位矣。动静有常，刚柔断矣。方以类聚，物以群分，吉凶生矣。在天成象，在地成形，变化见矣。②

相比《乾凿度》的“不易”，《系辞传》中的“不易”之道更加全面，除了谈及易道之“位”，即“天尊地卑”，还讲到易道之“德”，即“动静刚柔”。通过“变易”来理解“不易”，我们就会发现，所谓“不易”，就是在纷繁复杂、不断交替的变化中，始终保持乾坤之常位、常性。常位和常性表现在自然界上是天地、刚柔、消长、往复，表现在社会上是男女、夫妇、父子、尊卑，自然界和人类社会不失常性，自然界才会有序，人类

---

① 孔颖达：《周易正义》，北京：中国致公出版社，2009 年，第 4 页。
② 余敦康：《周易现代解读》，北京：华夏出版社，2006 年，第 324 页。

社会才会致和。

雷思齐的易学思想契合“不易”之道。雷氏以河图为载体，以生数、成数以及“参伍”“参两”的方法展示数之运行，实现天地定位和八卦成列。天地之常性、常位通过“河图四十”体现了出来，故变中有常性，万变不离其宗。

二是雷思齐的易图思想继承了道家的虚实观和无用为大用的思想。

道家虚实观。雷思齐的虚实观与老子的有无思想密切相关，是对有无思想的进一步发展。《道德经·第十一章》：

> 三十辐共一毂，当其无，有车之用。埏埴以为器，当其无，有器之用。凿户牖以为室，当其无，有室之用。故有之以为利，无之以为用。①

老子在此处谈到有无之用：车毂中空，才有车的作用；陶土器皿有中空的地方，才会有器皿的作用；房子中空，才能发挥房子的作用。有能给人以便利，正是无让它发挥了作用。这种思想在雷思齐的河图思想中转换为虚实相用，表现为实数一二三四和六七八九的运动变化，需借助虚数五与十才能够实现。

> 是一、二、三、四之十成六、七、八、九之三十，故河图之数止于四十，而虚用天五与地十，而为天地之数五十有五也。……立者，寄于虚以体其实；行者，布其实以用其虚也。②

河图之数之所以为四十，是因为河图只显示实数一二三四和六七八九。虚数五与十不显却有立中和行中的效果，所以雷氏才会提出：“立者，寄于虚以体其实；行者，布其实以用其虚也。”

---

① 陈鼓应：《老子今注今译》北京：商务印书馆，2003 年，第 115 页。

② 雷思齐：《易图通变》卷一，上海：上海古籍出版社，1989 年，第 8 页。

无用为大用的思想。雷思齐的易图思想融入了《庄子》的无用之用的思想。《庄子·逍遥游》云：

今子有五石之瓠，何不虑以为大樽而浮乎江湖？而忧其瓠落无所容？则夫子犹有蓬之心也夫！[①]

今子有大树，患其无用，何不树之于无何有之乡，广莫之野，彷徨乎无为其侧，逍遥乎寝卧其下。不夭斤斧，物无害者，无所可用，安所困苦哉！[②]

大葫芦和大树按世俗的标准好像没有什么用处，推崇逍遥游的庄子却提出，大葫芦可以系在腰上，浮游于江海，大树种在虚寄的乡土上，自由地躺在树下，看似无用，其实有大用。雷思齐在《易图通变》中谈及无用之用：

惟坎之一，独无所可用，特立于中而以无用之用而用，有用之用则中之用，不既大矣哉。故坎之一，虽不在参两参五之用，而用之以制参天两地参伍之制焉。[③]

在参天两地倚数图中，雷思齐对河图四十之数进行了重新组合以解释“参天”和“两地”，参天之数为九，共三组，总数为二十七；两地之数为六，共两组，总数为十二，“参两”之数相加为三十九，独留坎一之数不用，此一便是不用之一，虽然坎一不参与“参两”的功用，但与“参两”共同构成河图之数，进而展现天地浑然一体之象，这是不用之一的大用。同样的，在《易筮通变》中谈及大衍之数的不用之一，以象征太极。

综上所述，雷思齐易图学的特点有：数为基础，以数驭图，以图释易，以易演道。

---

① 陈鼓应：《庄子今注今译》，北京：商务印书馆，2007 年，第 34 页。

② 陈鼓应：《庄子今注今译》，北京：商务印书馆，2007 年，第 37-38 页。

③ 雷思齐：《易图通变》卷二，上海：上海古籍出版社，1989 年，第 17-18 页。

数为天地之数五十有五，大衍数为天地之数“损其五”的结果，“河图四十”数为天地之数虚实相用的结果，二者皆以天地之数为基础。之所以存数而不存图是因为由数可以得图。雷思齐说：

> 孔子著《大传》不存河图而特存天地之数者，示其有得于数则图在其中矣。①

由数至图，“河图四十”是后天八卦与九宫数相结合。河图由数的生成、推衍和运行得以发挥。河图以实数四十且虚用十与五来阐释，这是“河图四十”的基本结构。同时，雷思齐借助“用参”之法，以数的重新组合使新的易数运行得以产生，以此来解释“参两错综”。

河图的创制是为了探寻作《易》之原，雷思齐以“日月为易”，兼顾易的体与用，通过易数在河图中的运行来解释天地运行。他从“画前易”角度创立“河图四十”学说，挑战宋元诸多易学家所创立的易图学说，其精神是难能可贵的。特别是，我们可以看到雷思齐的图书之学是建立在宋代以来兴起的图书学传统之上的，他不仅批判性地反思了前人对于图书问题的误解，而且重新诠释了图书之学的内涵，构建了一个更加完善、周密的图书系统。对于雷思齐来说，重要的是通过图书之学，即图形和数字所揭示的规律，来探寻其中蕴含的圣人之道。不过，值得注意的是，他所理解的圣人之道已经被注入了全新的思想内涵，这使得他的图书之学具有了独特的数理色彩和哲学深度。虽然雷思齐在易图说上能够自圆其说，但依然能够从文中看出雷思齐多有附会之处。

---

① 雷思齐：《易图通变》卷二，上海：上海古籍出版社，1989 年，第 13 页。

# 第四章　以数诠筮：占筮之理的构建

《周易》本为卜筮之书，不仅有易理，还有占筮之用，就《周易》的占筮而言，其背后是有占筮的机制和数理的，那么，应当如何理解占筮的机理呢？雷思齐作《易筮通变》来构建《易》的占筮之理。在这里有必要说明一下，雷思齐易数主要讲的是大衍筮数，同时也论及与大衍数相关的天地之数和九六之数。雷思齐在《易筮通变》中，强调数在筮法变化中的作用，而筮法本身就需要数来推演和显现，可以说数倚筮法而生。雷思齐很重视筮数，专门作《易筮通变》三卷来论述，而《易图通变》五卷中，也不离筮数的影子，如最基础的“河图四十”之数，由生数一二三四，经虚五得成数六七八九，合而为四十，这正是筮法中太极不用之一，分二，挂一象三，揲四，归奇于扐，而得出六七八九的过程。变数六九在参天两地中的运用等都说明了筮法中的筮数与河图之数及数之运行有密切关系。雷思齐在汲取前人学术成果上，分卜筮，之卦，九六，衍数，命蓍五个专题，对占筮之理进行了探讨和论述，突出数在占筮中的重要作用。

## 一、卜、筮之辨

雷思齐一方面辨析龟卜与蓍筮的区别，另一方面通过《左传》《国语》的占例来说明卜与筮的几种情况。

在先秦以前的占术中，影响最深远，最广泛的是龟卜和蓍筮。《礼记·曲礼上》云："龟为卜，蓍为筮。卜筮者，先圣王之所以使民信时日、敬鬼神、畏法令，所以使民决嫌疑、定犹与也。"①

后来，卜与筮常并行和混用。雷思齐依据《周礼》关于太卜掌三兆之法和三易之法的记载，认为卜用龟，筮用蓍，二者使用的方法不同，并且使用卜与筮也有先后之别，故雷思齐提出："卜自卜，筮自筮，未始相为用也。"②

雷思齐于"《左传》之类究其成验，乃判然识卜筮之道"得出"卜者未尝引《易》之筮，筮者未尝引龟之卜也"③。雷思齐以《左传》《国语》的占筮例子为基础，对其中的占与卜进行逐条分析，并将卜与筮的情况分为五种：

第一，有专卜而不筮者。

《左传·僖公十七年》：晋惠公之在梁，梁伯妻之。梁嬴孕，过期，卜招父与其子卜之。其子曰："将生一男一女。"招曰："然。男为人臣，女为人妾。"故名男曰圉，女曰妾。及子圉西质于秦，妾为宦女焉。④

《左传·文公十三年》：邾文公卜迁于绎。史曰："利于民而不利于君。"邾子曰："苟利于民，孤之利也。天生民而树之君，以利之也；民既利矣，孤必与焉。"左右曰："命可长也，君何弗为?"邾子曰："命在养民。死之短长，时也。民苟利矣，迁也，吉莫如之!"遂迁于绎。五月，邾文公卒。⑤

---

① 杨天宇：《礼记译注》上册，上海：上海古籍出版社，2004 年，第 31 页。
② 雷思齐：《易筮通变》卷上，上海：上海古籍出版社，1989 年，第 2 页。
③ 雷思齐：《易筮通变》卷上，上海：上海古籍出版社，1989 年，第 2 页。
④ 李梦生：《左传译注》，上海：上海古籍出版社，2004 年，第 249 页。
⑤ 李梦生：《左传译注》，上海：上海古籍出版社，2004 年，第 391 页。

《左传·文公十八年》：十八年春齐侯戒师期，而有疾，医曰：“不及秋将死。”公闻之，卜曰：“尚无及期。”惠伯令龟，卜楚丘占之曰：“齐侯不及期，非疾也。君亦不闻，令龟有咎。”二月丁丑，公薨。①

《左传·哀公十七年》：王与叶公枚卜子良以为令尹，沈尹朱曰：“吉，过于其志。”叶公曰：“王子而相国，过将何为?”他日改卜子国而使为令尹。②

这就是“见卜之，未尝及筮卦”的一类。雷思齐引《左传》之四例阐述专论卜者。卜被称为筮之前身，与筮紧密相关。卜字为象形字，象占卜时甲骨上出现的兆纹形状。至于卜法，简要言之，在龟腹甲、背甲或者兽之肩胛骨上凿出穴点，然后用烧红的铜棒灼烧穴点，甲骨受热出现裂纹，根据裂纹形态推测吉凶。

第二，有筮而不卜者。

《左传·闵公元年》：初，毕万筮任于晋，遇《屯》之《比》。辛廖占之，曰：“吉。屯固比人，吉孰大焉？其必蕃昌。震为主，车从马，足居之，兄长之，母覆之，众归之，六体不易，合而能固，安而能杀，公侯之卦也。公侯之子孙，必复其始。”③

《左传·僖公十五年》：故秦伯伐晋。卜徒父筮之，吉。“涉河，侯军败。”诘之，对曰：“乃大吉也，三败必获晋君。其卦遇《蛊》，曰：‘千乘三去，三去之余，获其雄狐。’夫狐蛊，必其君也。《蛊》之贞，风也；其悔，山也。岁云秋矣，我落其实，而取其材，所以克也。实落材亡，不败何待?”三败及韩。④

① 李梦生：《左传译注》，上海：上海古籍出版社，2004年，第416页。
② 李梦生：《左传译注》，上海：上海古籍出版社，2004年，第1373页。
③ 李梦生：《左传译注》，上海：上海古籍出版社，2004年，第175页。
④ 李梦生：《左传译注》，上海：上海古籍出版社，2004年，第235页。

《左传·成公十六年》：晋侯伐郑……楚子救郑。……相遇于鄢陵……公筮之，史曰："吉。其卦遇《复》，曰：'南国蹙，射其元王，中厥目。'国蹙王伤，不败何待?"……及战，射共王，中目。……王曰："天败楚也夫！余不可以待。"乃宵遁。①

《左传·僖公十五年》：初，晋献公筮嫁伯姬于秦，遇《归妹》之《睽》。史苏占之曰："不吉。其繇曰：'士刲羊，亦无衁也；女承筐，亦无贶也。西邻责言，不可偿也。《归妹》之《睽》，犹无相也。'《震》之《离》，亦《离》之《震》。为雷为火，为嬴败姬。车说其輹，火焚其旗，不利行师，败于宗丘。《归妹》《睽》孤，寇张之弧。侄其从姑，六年其逋，逃归其国，而弃其家，明年其死于高梁之虚。"②

这就是"筮则有卦而无复卜兆辞"的一类。此种情况下有毕万筮于晋，遇《屯》之《比》；秦伯伐晋，得《蛊》卦；晋侯伐郑，楚子救郑，得《复》卦；晋献公筮嫁伯姬于秦，得《归妹》之《睽》，这四个占例中，《归妹》的爻辞与《周易》接近，而其他三例爻辞不同，故雷氏推想《连山》《归藏》《周易》筮法相同而爻辞不同。《连山》《归藏》在《周礼·大卜》篇中有记载：

> 掌三易之法，一曰连山，二曰归藏，三曰周易。其经卦皆八，其别皆六十有四。③

第三，有兼用卜筮而卜有辞、筮有辞者。

《左传·闵公二年》：成季之将生也，桓公使卜楚丘之父卜之。曰："男也。其名曰友，在公之右。间于两社，为公室辅。

---

① 李梦生：《左传译注》，上海：上海古籍出版社，2004 年，第 596-601 页。

② 李梦生：《左传译注》，上海：上海古籍出版社，2004 年，第 238 页。

③ 徐正英、常佩雨译注：《周礼》上册，北京：中华书局，2014 年，第 514 页。

季氏亡，则鲁不昌。”又筮之，遇《大有》之《乾》，曰：“同复于父，敬如君所。”及生，有文在其手曰“友”，遂以命之。[①]

第四，有先卜后筮者。

《左传·僖公四年》：初，晋献公欲以骊姬为夫人，卜之，不吉；筮之，吉。公曰：“从筮。”卜人曰：“筮短龟长，不如从长。且其繇曰：‘专之渝，攘公之羭，一薰一莸，十年尚犹有臭。’必不可。”弗听。立之，生奚齐。其娣生卓子。及将立奚齐，既与中大夫成谋。[②]

文中提到了“筮短龟长”，是说筮术产生晚，推行时间短；龟卜兴起早，推行时间长，为古法，不如按照龟卜之法来断。自甲骨文出土后，“筮短龟长”的说法得以验证。甲骨文中不见筮术的痕迹和说法，亦不见筮、蓍、卦等字眼，而卜字却经常出现在甲骨当中。因此，筮为周人及其后人所作，殷商习惯用甲骨，这也印证了《易·系辞传》中讲的：“易之兴也，当殷之末世，周之盛德邪？当文王与纣王之事耶！”[③]

第五，有先筮而后卜者。

《左传·哀公十七年》：卫侯梦于北宫，见人登昆吾之观，被发而噪曰：“登此昆吾之虚，绵绵生之瓜。余为浑良夫，叫天无辜。”公亲筮之，胥弥赦占之，曰：“不害。”与之邑，置之，而逃奔宋。卫侯贞卜，其繇曰：“如鱼竀尾，衡流而方羊。裔焉大国，灭之将亡。阖门塞窦，乃自后逾。”冬十月，晋复伐卫，人其郛。将入城，简子曰：“止。叔向有言曰，怙乱灭国者无后。”卫出庄公而与晋平，晋立襄公之孙般师而还。[④]

---

① 李梦生：《左传译注》，上海：上海古籍出版社，2004 年，第 178 页。
② 李梦生：《左传译注》，上海：上海古籍出版社，2004 年，第 196 页。
③ 余敦康：《周易现代解读》，北京：华夏出版社，2006 年，第 367 页。
④ 李梦生：《左传译注》，上海：上海古籍出版社，2004 年，1373-1374 页。

雷思齐通过对卜与筮的案例分析，不论是先卜后筮，还是先筮后卜，在筮无卦辞而卜有繇辞方面是相同的。在“卜独有繇辞而不及筮”上，雷氏又引用《国语》中的筮例。

《国语·晋语一》记载，献公卜伐骊戎，史苏占之，曰：“胜而不吉。”公曰：“何谓也?”对曰：“遇兆，挟以衔骨，齿牙为猾，戎、夏交捽，是交胜也，臣故云。且惧有口，携民，国私心焉。”公曰：“何口之有！口在寡人，寡人弗受，谁其兴之?”对曰：“苟可以携，其入也必甘受，逞而不知，胡可壅也?”公弗听，遂伐骊戎，克之。①

此外，雷思齐还对《孔子家语》中的一则筮例进行分析：

> 孔子尝自筮得《贲》（䷕）卦，愀然有不平之色。子张进曰：“卜者得《贲》卦，吉也，而夫子之不平何也?”孔子曰：“以其离邪。在《周易》，山下有火，贲，非正色之卦也。夫质也者，黑白宜正焉。今得《贲》，非吾兆也。吾闻丹漆不文，白玉不雕，何也?质有余，不受饰故也。”②

刘向《说苑·反质篇》和《吕氏春秋·慎行论》当中也有相似的内容，雷思齐对这一筮例持怀疑态度，原因有二：一是从人物称呼看，既然称“孔子自筮”，为何子张却说“卜者得《贲》卦”？二是孔子解说方面，“其辞与《易》不类”，《贲·彖》曰：“贲，柔来而文刚，故亨。分刚上而文柔，故‘小利有攸往’。天文也。文明以止，人文也。观乎天文，以察时变。观乎人文，以化成天下。”③ 雷氏认为，筮例中的孔子“于彖取其

---

① 徐元诰：《国语集解》，北京：中华书局，2002 年，第 249 页。

② 王国轩、王秀梅译注：《孔子家语》，北京：中华书局，2022 年，第 140-141 页。

③ 余敦康：《周易现代解读》，北京：华夏出版社，2006 年，第 122 页。

文”，而“于筮取其质”，显然在解说方面自相矛盾。

此外，雷氏对混淆蓍筮和卜卦的原因进行分析。他认为，占卜用龟兆，占筮用蓍卦，本身是清晰的，未尝纷乱，这种情况也见于《连山》《归藏》《周易》这三种不同筮法的古书中，它们的经卦都是八，别卦都是六十有四。造成这种混乱的原因可能是秦火，但这不是主要原因，因为《周礼》中明确记载“太卜所掌经兆之体皆百二十，其颂皆千二百”，但都没有发现，难道说可以免遭秦火的占兆却仍然无法脱离？曾经汉文帝卜得大横，其繇辞为：“大横庚庚，余为天王，夏启以光。”[①] 所谓“大横”，便是龟卜用的兆名，因龟文呈横形得名。汉文帝有土之象，卜兆的结果是“初似尚存，而后世不传”。北齐皇帝高洋想要篡权于东魏，让李密占卜，也是大横，所以讲“这是汉文帝曾卜得的兆象”。雷思齐对李密之事持谨慎的态度，认为这是李密讨好高洋，为高洋篡位铺路而已。

对于后世卜兆之书的遭遇，雷氏感慨道：“后世卜兆之书，没没不闻，多中何哉？嗟乎，合其体既三百六十，分其颂乃三千六百之富，宜乎其不存也。诚使其存，谁其及之哉？何以明之？”[②] 而揲蓍之书，由于《连山》《归藏》的消失，也仅剩《周易》。尽管如此，雷氏仍然坚守“论卜筮之不可概同”。

可见，后世卜筮常常并行而用，但是学者不加以详察，以讹传讹，导致两种不同的占法混淆，而雷氏明确卜为卜，筮为筮。

我们知道，卜中有兆，筮中有象，卜与筮虽然都是用来沟通天人的工具或手段，但二者还是有区别的：一方面，二者出现及盛行的时间不一样，依据近代出土的甲骨文为证，龟卜之法早在

① 司马迁：《史记·孝文本纪第十》，北京：线装书局，2007 年，第 188 页。
② 雷思齐：《易筮通变》卷上，上海：上海古籍出版社，1989 年，第 5 页。

商代就已经很盛行，而蓍筮之法到商周之际才出现；另一方面，方法不同，《周礼·大卜》记载：

太卜掌三兆之法，一曰玉兆，二曰瓦兆，三曰原兆。其经兆之体皆百有二十，其颂皆千有二百。①

可见，古人将兆划分得极为细致，每兆有颂，颂指的是指示吉凶的文字，据其兆与颂，断事之吉凶。

雷思齐延续了卜与筮分别的传统，亦将二者分别而论，“卜之用龟兆，筮之用蓍卦，断断乎未尝自为纷乱也”②，明晓了龟卜和蓍筮的不同，继而就可以谈论“由筮命蓍而蓍筮之用著于大衍之数”③ 了。故雷思齐认为“因论卜筮之不可概同”④。

## 二、大衍筮数

明确了卜与筮的区别，雷思齐着重阐释《周易》的筮法，论述“大衍之数”。

在《系辞》中专门有关于大衍筮法的相关论述：

大衍之数五十，其用四十有九。分而为二以象两，挂一以象三，揲之以四以象四时，归奇于扐以象闰。五岁再闰，故再扐而后挂。

乾之策，二百一十有六，坤之策，百四十有四，凡三百有六十，当期之日。二篇之策，万有一千五百二十，当万物之数也。

是故四营而成易，十有八变而成卦，八卦而小成，

---

① 徐正英，常佩雨译注：《周礼》上册，北京：中华书局，2014 年，第 513 页。

② 雷思齐：《易筮通变》卷上，上海：上海古籍出版社，1989 年，第 4 页。

③ 雷思齐：《易筮通变》卷上，上海：上海古籍出版社，1989 年，第 1 页。

④ 雷思齐：《易筮通变》卷上，上海：上海古籍出版社，1989 年，第 5 页。

引而伸之，触类而长之，天下之能事毕矣。[①]

雷思齐依据大衍筮法的论述，解释了筮法的相关问题。第一，讨论大衍之数与天地之数的关系，进而确定大衍之数为五十，为进一步展开大衍筮法做理论基础。第二，雷思齐依据四象八卦理论论述大衍筮法的过程，这一过程的筮数推演与“河图的四十”之数推演相合，并且着重讨论了“虚五”与“虚十”对“河图四十”生成的作用以及会通河图之数、天地数、大衍数的作用。第三，讨论九六之数与之卦，雷思齐依大衍筮法的揲余策数得出六、七、八、九，以七八为卦爻之体，以六九为卦爻之用，并以卦爻之体用来解释“艮之八”等《左传》《国语》的筮例，同时九六为变数，涉及爻变，故论及“之卦”。第四，主要论述雷思齐在揲策过程中对于“挂一”的处理。

### （一）天地之数与大衍筮数

历来易学家多认为大衍之数与天地之数有关，如尚秉和在解释“天数五，地数五”时提到，天地之数为大衍之数的根本：

> 此以天地数明大衍数之本也。一三五七九，天数。二十六八十，地数。五位， 谓奇偶之位。一与六和为北方水，二与七合为南方火，三与八合为东方木，四与九合为西方金，五与十合为中央土。故五位相得而各有合。此全以数位言。天地数为大衍数之本，而大衍数却不用天地数。变之化之，其妙通于鬼神。[②]

雷思齐以《列子》《易纬·乾凿度》为依据，讨论大衍数和

---

① 余敦康：《周易现代解读》，北京：华夏出版社，2006 年，第 339 页。

② 尚秉和著，常秉义批点：《周易尚氏学》，北京：中央编译出版社，2012 年，第 233 页。

天地之数的内在联系，进行了更为深入的探讨，他说：

> 天地之数五十有五，以天数之一三五七九而二十有二五，地数之二四六八十而三十，宜乎断断乎不得有所损益，而大衍之数遽损其五而特谓之五十。①

雷思齐认为天地之数与大衍之数相差为五，“损其五”有一定的原因，他根据《列子》中“圣人以阴阳统天地，夫有形生于无形”的说法，指出“其五”为宇宙有形之前的五种状态，也就是太易，太初，太始，太素，太极。

太易、太初、太始、太素的说法，本来自《易纬·乾凿度》：

> 夫有形生于无形，乾坤安从生？故曰有太易，有太初，有太始，有太素也。太易者未见气也，太初者气之始也，太始者形之始也，太素者质之始也。气、形、质具而未离，故曰浑沦。浑沦者言万物相浑成而未相离，视之不见，听之不闻，循之不得，故曰易也。②

汉代思想家多关注宇宙生成问题，《易纬》借助《周易》的理论，提出太易、太初、太始、太素的范畴，力图架构自身的宇宙生成模式，探寻宇宙的根源，尽管这种宇宙生成论有其理论的局限，遭到了后世思想家的批评，但是这四大范畴的提出仍具有一定的启发意义。雷思齐在《易纬》的基础上，提出《易》有太极，太极为浑沦的寄称，浑沦之上有易，初，始，素四种状态，加上浑沦便为五，故以浑沦为太极，合而称为“五太”，这是天地未形之前，也是“损其五”的缘由。在天地之数基础上“损其五”而得大衍之数五十，这便是雷思齐所讲的“天地之数

① 雷思齐：《易筮通变》卷下，上海：上海古籍出版社，1989 年，第 14 页。

② 郑玄注：《易纬》，乌鲁木齐：新疆人民出版社，2000 年，第 14 页。

五十有五而大衍之数五十者，既虚其太极以上之五而取用五十之妙也”①。

### （二）大衍之数

在确定大衍五十的基础上，雷思齐对大衍数的生成变化作了细致的论述。他从易道的本质和内在精神出发，论述大衍之数。何谓易道本质？易道成就表现为恢宏富有之大业，包罗万象，既有时间方面的绵绵不断，日新月异，又有空间上的广袤无垠，进而构成一幅生生不已的宇宙全景。《周易》之书就是通过象数对易道进行真实反映的。“成象之谓乾，效法之谓坤。”即以乾卦象征天空，为阳，以坤卦象征大地，为阴。天地阴阳生化功能造就万物繁衍滋息，反映到《周易》中，就是借助天地之数和大衍之数，通过推演数的变化，揲蓍占卦，预知未来发展趋势，称为“极数知来之谓占”。将变化之理用于指导自己的人生实践，以“通变”成就事业，即“通变之谓事”。而变化的基础源自阴阳的对立统一，阴阳变化是一个永不停息、无止境的动态进程。大衍筮数只是尽可能地模拟阴阳之化的神妙，故称“阴阳不测之谓神”。

雷思齐依据筮法演化的步骤，借助太极、两仪、四象、八卦的理论进行解释，以此来寻找筮数所对应的象征，从而为会通其他象征及河图之数提供理论基础。并且雷思齐论述了“虚五”与“虚十”的作用。

一方面，雷思齐论述易与太极之间的关系，《周易》中“生生之谓易”，后面没提到太极，而是直接讲“成象之谓乾”，原因在于易为阴阳之总和，太极为阴阳变化的综合。所以易变化而

① 雷思齐：《易筮通变》卷下，上海：上海古籍出版社，1989 年，第 14 页。

成为一，一是形变的开始。

另一方面，雷思齐阐述大衍之数的生成及象征，他说：

> 易由太极以标其一，所以为成象之谓乾，即所谓形变之始，而乃所以为一也。由乾分其一，一以为二，而始谓之坤，是大衍五十不用之一象之为“易有太极”之一。而一之分为，所以象两。夫两不谓二，而谓之象两，正以之分也。故大衍之五十，先尊其太极不用之一，以为生生之本。而谓其用四十有九者，盖由一之二，其一以生两仪，是分而为二以象两，一又参其一以为三才之道☰，是挂一以象三，一复二二其一为四象，则北、南、东、西之判，冬、夏、春、秋之序，水、火、木、金之位，莫不由是以著，则所以揲之以四以象四时者也。而河图之数所以四十者也。①

即是说，宇宙由无形的“五太”，进入有形的万物生化过程中，而有形的生化源于“一”，此“一”为“易有太极”之一，雷思齐称之为“形变之始”。易与太极又是什么关系呢？雷思齐认为：“易者，盖阴阳之总，而太极者，特阴阳变化之宗会焉尔。”② 易变而为一，太极也为一，为其生生之本，这也是形变的开始，被称为“成象谓之乾”。从揲蓍过程角度讲：“大衍之数，盖五十其蓍，而其用乃四十有九者，盖已尊其一于不用，以为太极之全体，是所谓《易》有太极者也。”③ 雷氏着重解释了五十支蓍策之数，为何去一且用四十九的意蕴所在。

其他易学家如何看待“去一，只用四十九”的意蕴呢？孔颖达在《周易正义》中提到：“五十之数，义有多家，各有其

① 雷思齐：《易筮通变》卷下，上海：上海古籍出版社，1989 年，第 14 页。
② 雷思齐：《易筮通变》卷下，上海：上海古籍出版社，1989 年，第 14 页。
③ 雷思齐：《易筮通变》卷下，上海：上海古籍出版社，1989 年，第 17 页。

说，未知孰是。”具体有以下说法：

京房云：“五十者，谓十日、十二辰、二十八宿也，凡五十。其一不用者，天之生气，将欲以虚来实，故用四十九焉。”马季长云：“易有太极，谓北辰也。太极生两仪，两仪生日月，日月生四时，四时生五行，五行生十二月，十二月生二十四气。北辰居位不动，其余四十九转运而用也。”荀爽云：“卦各有六爻，六八四十八，加乾、坤二用，凡有五十。《易》初九‘潜龙勿用’，故用四十九也。”郑康成云：“天地之数五十有五，以五行气通。凡五行减五，大衍又减一，故四十九也。”姚信、董遇云：“天地之数五十有五者，其六以象六画之数，故减之而用四十九。”①

可见，在诸家之说，大多是数字的堆砌和附会联系，京房和马融的依据是天象数字的加减。荀爽的依据是卦爻数的加减，郑玄的依据是《易传》中的天地之数减去五行之数，再减去不用之一。姚信和董遇的说法是天地之数减去六爻，为四十九。无怪乎高怀民说道：“《系辞传》大衍之数五十，为筮数中五十蓍策无疑，筮术兴于周初，故应以周初的时代思想为背景推其原意，五行之气、河洛图书之说思想为后世之思想，可以以之比附，而不可以以之强劫古人之意。”② 接下来，继续分析筮法的过程及其具体象征。

乾分其一，一变为二，变一为二以象两，被称为“效法谓之坤”。“由乾分其一（—）以为二（--），而始谓之坤，是‘大衍五十’不用之一象，之为‘《易》有太极’之一，而一之

① 孔颖达：《周易正义》卷下，北京：九州出版社，1970 年，第 376-377 页。

② 高怀民：《先秦易学史》，桂林：广西师范大学出版社，2007 年，第 95 页。

分为（--）所以象两，夫两不谓二，而谓之象，两正以（--）之分也。故大衍之五十，先尊其太极不用之一，以为生生之本，而谓其用四十有九者，盖由一之二，其一以生两仪（--）是分而为二以象两。”① 由此可见，雷思齐认为，“分二象两”已蕴含“两仪”“四象”，即“阴阳相仪匹而有老少，则两仪已含四象矣”。②

乾坤立则天地定，人立于天地之间为三才，即“一又参其一以为三才之道”，象征挂一以象三，一覆二，二其一，则为四象，进而方位有“东南西北之判”，四季有“春夏秋冬之序”，五行有“水火木金之位”（土居中为虚）。在这里，雷氏突破了《系辞传》中“揲之以四以象四时”的解释，丰富了“四”的内涵，增强了占筮过程的解释力度。

总而言之，大衍筮法模拟天地运行，大衍之数五十，其用四十有九，“尊其太极不用之一，以为生生之本”，此一便是效法易有太极之一。由一分为--，便是筮法中的“分而为二以象两”，二为阴爻的两部分。一分为二，二中又参其一以为三才之道，筮法便是“挂一以象三”。一分为二，二中的两个一继续分为二，总合为四，揲四以象四时。再经过归奇于扐，三变而成一爻，揲余策数为六七八九，十八变而成一卦。

1. 立中与行中

由四象而生八卦，“河图四十”的方位和数才得以基本确定。天地之数五十有五，河图之数四十，两者差别的原因在于数五与数十。五与十在《周易》筮法当中并不突出，在天地之数中也没有特别的地位，但经过雷思齐的巧妙处理，数五与数十不

① 雷思齐：《易筮通变》卷下，上海：上海古籍出版社，1989 年，第 14-15 页。

② 雷思齐：《易筮通变》卷下，上海：上海古籍出版社，1989 年，第 17 页。

仅有了“立中”和“行中”的作用，也使得会通天地之数、大衍数、“河图四十”具有了可能性，雷思齐正是在此基础上完成了他的三数演易。

一方面，雷思齐认为数五、数十有数而无位，故天地之数虽五十有五，五与十却不显于河图四象八卦中。另一方面，从文字角度看，五与十是阴阳交互或交变的结果，同时土之文×本身便有一、五、十的含义。土为中，故雷思齐以×为五，为十，为一，将数一、五、十进行中道循环，即“始于一，中于五，终于十”。他说：

> 天五无位于四象，地十又无位于八卦，何其不合若是之甚也？天五之有数而无位者，五之文，古之体为×，象-==交互以为五，今之体为，见阴阳之==交变于二之中以为五，而十之体亦兆见于此。五固为土，而土之文为×为十为一，其始于一，而中于五，而终于十，而复归于一乎？土亦无正位，故四象无五，八卦无十也。①

天五与地十的作用不仅连接了天地之数与河图之数，同时天五与地十相乘便是大衍之数五十。正如雷思齐所讲：这是天五与地十的特别用处。而五、十之用与“揲四”也有关系，他说：

> 故衍之于揲必以四以象四时，五、十之用正在于是，其揲之以四者盖由五其一二三四于上，而十其六七八九于下。②

雷思齐通过揲四来说明老少阴阳之策，老阴数二十四，天一与五合而六，四与六相乘为二十四，为老阴坤之策；少阳数二十

① 雷思齐：《易筮通变》卷下，上海：上海古籍出版社，1989 年，第 15 页。
② 雷思齐：《易筮通变》卷下，上海：上海古籍出版社，1989 年，第 16 页。

八，地二与五合而七，四与七相乘为二十八，为震坎艮之策；少阴数三十二，天三与五合而八，四与八相乘为三十二，为巽离兑之策；老阳数三十六，地四与五合而为九，四与九相乘为三十六，为乾之策。不变的少阴少阳之七八合而为十五，为重卦之画；变动的老阴老阳之九六合而为十五，为重卦之动爻。《易传》讲变通配四时，在雷思齐看来就是通过天一、地二、天三、地四与五相加并乘以四，“四四而揲”，以象征“四营成易”。

河图的实数为四十，虚数天五翻倍便是地十，实数四十与虚数十相合为五十，象征大衍之数五十。进而通过归奇于扐之数印证河图四十而成八卦的理论。雷思齐进而谈到“奇四偶八”“非四即八”的问题。这一问题我们在第四部分“揲蓍之法”中详谈。

2. 位与数

雷思齐还通过五与十的作用为河图八卦衡定位与数。

第一，关于五之妙用。在河图中因为虚五之用，北坎之一与五合而为六，六位于西北；东震之三与五合而为八，艮八位于东北。西南坤二与五合而为七，兑七位于正西；东南巽四与五合而为九，离九位于正南。一与三为阳而位正，六与八为阴而位偏。二与四为阴而位偏，七与九为阳而位正。故阳奇得五而为阴偶，阴偶得五而为阳奇，所以分阴分阳，八卦以之成列。①

第二，关于十之妙用。在河图中南离之九与北坎之一合而为十；西兑之七与东震之三合而为十；东北艮之八与西南坤之二合而为十；西北乾之六与东南巽之四合而为十。是阳数自交于阳，而各立其方之正；是阴数自交于阴，而均就其维之偏。②

① 雷思齐：《易筮通变》卷下，上海：上海古籍出版社，1989 年，第 15 页。
② 雷思齐：《易筮通变》卷下，上海：上海古籍出版社，1989 年，第 15 页。

可见，通过五与十，河图的位与数便确定了。通过五与十的作用，变而通之，推而行之，“河图四十”之数得以生成妙用。而五与十也为河图数、大衍数和天地数三者会通创造了条件。

《系辞》讲“君子居则观其象而玩其辞，动则观其变而玩其占”，在揲蓍衍《易》的动态过程中，因蓍策之数求爻定卦，进而观象玩辞。蓍策之数分为六七八九，老少阴阳，关乎卦中之爻的变化，而六十四卦是个有机统一的整体，爻的变化进而关联到卦与卦之间的关系，故雷思齐进一步讨论变爻九六与之卦。

### （三）九六与之卦

1. 九六

雷思齐在《九六》篇中开篇便提到了《易》起始于阴阳之卦画，包括阳之画（—）和阴之画（--）。阳之三画卦为乾，阴之三画卦为坤，由乾之画分出震（☳）、坎（☵）、艮（☶），为三卦之奇；由坤之画分出巽（☴）、离（☲）、兑（☱），为三卦之偶。阳卦（卦之奇）多阴，阴卦（卦之偶）多阳，虽有奇偶有数，但未尝讲（—）为九，（--）为六。那为何我们看到的周易爻辞中会出现初九、二九、三九、四九、五九和上九之“九”以及初六、二六、三六、四六、五六和上六之“六”？雷思齐援引《说卦传》的内容提到《易》之画、位即所谓卦爻。

> 圣人之作《易》，观变于阴阳而立卦，则天之道曰阴曰阳；发挥于刚柔而生爻，则地之道曰柔与刚，故《易》六画而成卦，分阴分阳，迭用柔刚，六位而成章，其曰画曰位者，是所谓卦爻也，岂尝有九六之分哉？①

① 雷思齐：《易筮通变》卷中，上海：上海古籍出版社，1989 年，第 8 页。

一般来讲，《周易》卦爻画有阴（--）阳（—）之分，用数九来表示阳（—），用数六来表示阴（--），并且在乾坤两卦中有用九、用六的例子。凡是卦爻者，非九即六。这正是雷思齐批判的地方，他认为一些学者由于旧有的所见所闻而不假思索地接受阳爻（—）用九、阴爻用六（--），却没有思考背后的原因。雷思齐结合《易传》的内容“极数知来之谓占，通变之谓事”提出“九”“六”之数与占变有关。“盖九六也者，占变之事也。”“九”“六”之数始于“参伍以变，错综其数”。

雷思齐依《系辞》所讲的“极数知来之谓占，通变之谓事”，认为九六不仅涉及爻位，也是“极数”且关乎占变之事，雷思齐通过对“参天两地”“参伍以变”的解读来显九六之用，他说：

> 天数五，地数五，天数二十有五，地数三十，凡天地之数五十有五，所以成变化行鬼神者，未尝即谓其九六也。①

> 由天数谓一三五七九而后，知其积为二十有五；地数谓二四六八十而后知其积为三十。由五位相得而各有合，乃以五以前为生数，五以后为成数……五位以前其体数，五位以后其用数也。体之生数以天一天三天五参之而九，地二地四两之为六，参天两地而倚数，参参而九，参两而六，于是九六特启用也。②

《系辞》中讲，天数二十五，地数三十，天地之数五十五，这些数有“成变化行鬼神”的功用，不过没有提到九与六。由天数一三五七九得二十五，地数二四六八十得三十，且将这十个

① 雷思齐：《易筮通变》卷中，上海：上海古籍出版社，1989 年，第 9 页。
② 雷思齐：《易筮通变》卷中，上海：上海古籍出版社，1989 年，第 9 页。

数按照“参伍错综”的方式相合，以一六合为水，二七合为金，三八合为木，四九合为火，五十合为土。这便提到九与六，但没有显示九六之用。在这十个数中，五以前为生数，为体数，五以后为成数，为用数。生数天一、天三、天五、合而为九，生数地二、地四合而为六，“参天两地而倚数，参参而九，参两而六”，这便是九与六的“启用”。这里，雷氏提到了天地之数、五行之数以及生数、成数之体用，用以说明“九”“六”。

紧接着，雷氏由从“参伍”角度阐述“九”“六”“七”“八”与“老阴”“老阳”“少阴”“少阳”的关系。

体之生数一四合为五，二三合为五，加上虚五为参伍之始变，一五合为六，二五合为七，三五合为八，四五合为九，五五合而为十。参有三倍之义，参伍者，即为十五，五与十为十五，七兼八而十五，九兼六而十五，“九”“六”“七”“八”便在参两错综中得以显现。

> 凡九六七八之数均得以地数之成，而成其天数之生也者，是所谓“成象”也，是一五而六为老阴，二五而七为少阳，三五而八为少阴，四五而九为老阳，是九六七八实相变为用也。[①]

从《周易》的角度看，六为老阴，九为老阳，七为少阳，八为少阴，少阴阳不变，老阴阳变，卦中阳爻（—）系之以九，阴爻（--）系之以六，但雷思齐认为卦中阳爻（—）实为七，阴爻（--）实为八，而《周易》全书卦爻皆讲九六而不讲七八是因为九六七八相变以为用，“以七八为卦画之体，以九六为卦爻之用”[②]，《周易》本为卜筮之书，以占变为用，故显九六而不

① 雷思齐：《易筮通变》卷中，上海：上海古籍出版社，1989年，第9页。
② 雷思齐：《易筮通变》卷中，上海：上海古籍出版社，1989年，第10页。

显七八。

接下来，雷思齐又从揲蓍法角度谈“九”“六”“七”“八”。《系辞传》讲“四营而成易，十有八变而成卦”。在揲蓍衍《易》中，三变而有一爻，十有八变而成卦。每三变各得一四二八，象震坎艮少阳之七，卦画为—；每三变各得一八二四，象巽离兑少阴之八，卦画为--；三变皆得四，象乾老阳之九，卦画为□；三变皆得八，象坤老阴之六，卦画为×。需要补充的是，雷思齐在揲蓍过程中，不认同“非五即九”之说，认为“挂一”之一不能算入揲四所剩的策数中，故主张“非四即八”，即“一四二八”“一八二四”“皆四”“皆八”。但这两种揲蓍过程并无本质区别。

在一卦当中，卦画是—、--，而不用□、×，是显其刚柔之体，而每个爻位系之以九六而不是七八是用来说明阴阳之用。以此来说明易道相变为用，体用不离。他说：

> 凡—奇--偶之定画所以悉列于各卦之首者，不取其动而专以标刚柔之体，不变而画为定卦至□九×六之变爻杂然交寓于各卦之内者，不列于画，而专以寄阴阳之用，适变以动而为之卦，而乃所以著其用九用六者也。①

雷思齐先引用《易纬·乾凿度》和晁以道的话论证其说。《乾凿度》曰：“阳动而进，阴动而退，故阳以七、阴以八为象，阳变七之九，阴变八之六。”晁以道曰：“古者画卦之奇偶为阴阳，而卦爻但有六位而未有七八之名，因揲蓍衍《易》以老阳之变九，老阴之变六，少阳之变七，少阴之变八，《周易》之即古之奇偶也。《易》筮之九六见于卦爻则变焉，如六位皆九，即

① 雷思齐：《易筮通变》卷中，上海：上海古籍出版社，1989 年，第 10 页。

《乾》之《坤》；六位皆六，即《坤》之《乾》也。”

为此，雷思齐特举《左传》《国语》各一例来说明九六七八相变为用、体用不离的思想，并着重讨论了《国语·晋语》的“贞《屯》悔《豫》，皆八也”和《左传》的“艮之八”，“是谓《艮》之《随》”。此处仅介绍雷思齐对“艮之八”的理解。

> 鲁穆姜薨于东宫，始往而筮之，遇《艮》之八䷳，史曰：“是谓《艮》之《随》䷐。随其出也，君必速出。”姜曰：亡。是于《周易》曰：“《随》，元亨利贞，无咎。”元，体之长也；亨，嘉之会也；利，义之和也，贞，事之干也。体仁足以长人，嘉会足以合礼，利物足以和义，贞固足以干事。然固不可诬也，是以虽《随》无咎。今我妇人而与于乱，不可谓元；不靖国家，不可谓亨；作而害身，不可谓利；弃位而姣，不可谓贞。有四德者，《随》而无咎。我皆无之，岂《随》也哉？我则取恶，能无咎乎？必死于此，弗得出矣！①

雷思齐认为“艮之八”不是《连山》《归藏》的筮法。三《易》虽有三名，但筮法是相同的，都是以七八为卦画之体，九六为卦爻之用。艮之初爻变即艮之贲，艮之三爻变即艮之剥，艮之四爻变即艮之旅，艮之五爻变即艮之渐，艮之上爻变即艮之谦。从筮法角度看上述的变卦都是艮之变卦，而且是一个变爻，至于变爻数为五的情况，雷思齐认为“史杂而视之，无所适从于断也”②，史官见卦中变爻太多无所适从，惟见艮之二爻不变，所以断为《艮》之《随》，且艮之二爻为阴爻--，七八为卦画之体，则此阴爻便可称为“艮之八”。同时雷思齐认为穆姜引用

① 雷思齐：《易筮通变》卷中，上海：上海古籍出版社，1989 年，第 10 页。
② 雷思齐：《易筮通变》卷中，上海：上海古籍出版社，1989 年，第 10 页。

《随》卦辞“元亨利贞，无咎”，亦为《周易》卦辞而非《连山》《归藏》卦辞。

不过在解释“艮之八”的时候还是有问题的，《艮》之《随》是二爻不变，那么《艮》之《困》是初爻不变，《艮》之《节》是四爻不变，《艮》之《归妹》是五爻不变，都是艮之一阴爻不变，难道都称之为“艮之八”？同时，一卦五爻变，断以之卦的卦辞，这与朱子在《易学启蒙》中讲五爻变则以之卦不变爻占不同，雷思齐认为：“不用爻辞者，是其爻不动不得以名九六故也。”①

雷思齐又以晋公子重耳筮尚有晋国，占得贞《屯》悔《豫》皆八，董因占筮得《泰》之八为其他例证，通过韦昭注解进行分析：震为《屯》卦的内卦，震的两阴爻不动；震又为《豫》卦的外卦，也不动，因此称为不变之阴爻“八”。《泰》卦没有动爻，外卦三爻为静爻，因此，也为“八”。雷思齐以此说明奇之画（—）不动者皆是七；偶之画（--）不动者皆是八。

以八论占的筮例，在《左传》《国语》中有三例，由于文献资料短缺，八的占法至今仍未有满意的答案。如穆姜之筮，杜预认为八的占法出自《连山》《归藏》，考虑到不吉利，所以，史官便以《周易》之变爻占，说“《艮》之《随》”。这一说法被雷思齐否定了。然而，“《艮》之《随》”为五爻变之筮，不应以之卦的彖辞占，但文献中的记载却以《随》卦彖辞“元亨利贞”为应对，是史官借机安慰穆姜。但穆姜终究认清了当下的局势，便以《随》卦彖辞反对史观之断，如按照朱熹的变占法则，以《随》卦六二不变爻为占，《随》六二爻辞为“系小子，失丈夫”，正合穆姜的实际状况，可是文献中没有《随》六二爻

① 雷思齐：《易筮通变》卷中，上海：上海古籍出版社，1989年，第12页。

辞的断语。

刘大均先生对《艮》之八的筮例也有过评析，他认为，根据筮数变化的原则，这一卦应该是《艮》卦三初爻由“六”变“七”（老阴变少阳），九三爻由“九”变“八”（老阳变少阴），六四爻由“六”变“七”（老阴变少阳），六五爻由“六”变“七”（老阴变少阳），上爻由“九”变“八”（老阳变少阴），只有六二爻为“八”（少阴之数）不变在这五个变爻中，初爻、四爻和五爻都是以“六”变“七”，三爻和上爻是以“九”变“八”，也就是说，此卦共有三爻由“六”变“七”，有两爻是以“九”变“八”。那么，这“《艮》之八”在这里是什么意思呢？是以筮数“八”表示此卦的变爻吗？若以“八”表示变爻，则此卦的五个变爻中，有三爻以“六”变“七”，只有两爻以“九”变“八”，那为什么不称此卦为“《艮》之七”，而偏曰“《艮》之八”？有人说，“《艮》之八”是指由《艮》卦变《随》卦时，只有六二爻筮数为“八”而不变，故“《艮》之八”是指六二爻筮数为“八”，其余爻皆为“九”“六”变爻。若按此说，则“八”是专指一卦的六二爻为少阴之数“八”。但是，正如我们在前面讲的，《国语·晋语》筮例中“得《屯》悔《豫》，皆八也”，其由《屯》卦变《豫》卦时，六二爻也是不变爻，其筮数亦为“八”，为什么此卦不称“《屯》之八，是谓《屯》之《豫》”，而称“贞《屯》悔《豫》，皆八也”？可见此说不通。[①]

总之，八的占法易学家各有解说，但由于八之占法不传，文献资料稀少，造成《艮》之八的解释仍有颇多疑问。

《周易》六十四卦，只有乾坤两卦有用九、用六，其余六十

① 刘大均：《周易概论》，济南：齐鲁书社，1986 年，第 131-132 页。

二卦皆无。为什么呢？

首先，雷思齐引用《系辞》中关于占变的爻辞，提出用九用六皆与占变有关。

所谓“唯变所适”也，“以筮者尚其占”，“以动者尚其变”，“爻也者，言乎其变者也”。“圣人有以见天下动而观其会通，以行其典礼，系辞焉以断其吉凶，是故谓之爻。”“言天下之动而不可乱”，故曰“六爻之义易以贡也”。[①]

由此，雷氏认七为静爻进而变九且含阴；八为静爻退而为六且含阳。特举蔡墨之答魏献子问龙的例子阐明其意。《乾》之《姤》（䷫）曰“潜龙勿用”。其《同人》（䷌）曰“见龙在田”。其《大有》曰“飞龙在天”。其《夬》（䷪）曰“亢龙有悔”。其《坤》（䷁）曰“见群龙无首，吉”。《坤》（䷁）之《剥》（䷖）曰“龙战于野”。上面这些例子足以证明（—）七（--）八动而变得九与六，某卦之某卦者，皆是指某爻的变动，如《乾》之《姤》即初爻动而变阴，《坤》之《剥》即上爻动而变阳。

其次，雷思齐借《系辞》和《易纬·乾凿度》来说明用九、用六，他说：

> 《乾凿度》“阳动而进变七之九，象其气之息，阴动而退变八之六，象其气之消也”，“乾三十二世消，坤三十二世息也”。[②]
>
> 《易传》讲“乾坤，其易之门邪”，盖由乾坤之门以入，则凡诸卦必效此以通，每卦之变而始为九六也，故用九用六不见于他卦而特见于乾坤者，盖不止为乾坤

---

① 雷思齐：《易筮通变》卷中，上海：上海古籍出版社，1989年，第11页。

② 雷思齐：《易筮通变》卷中，上海：上海古籍出版社，1989年，第12页。

设，实并他卦例以用之也。[①]

即是说，乾坤为气之消息，为阴阳变动的关键，为《周易》之门户，其余诸卦都是乾坤两卦阴阳变动的结果，因此其余诸卦效仿乾坤两卦用九、用六便可。结合占法规则，六爻都没变动的，通过本卦彖辞来断卦；五爻都变而一爻不变者，通过之卦不动爻来断卦；用之卦彖辞而不用爻辞是因为其爻不动的缘故，不得以名之九六。

最后，雷思齐援引欧阳修和朱熹的内容进一步强调其论点。欧阳修讲："《乾》曰用九，《坤》曰用六，何谓也?"[②] 因为不用七八，用九六，《乾》爻七九，九则变；《坤》爻八六，六则变。《易》的变占 通过变动的爻得以实现。朱熹在赞同欧阳修的基础上解释为何《乾》用九、《坤》用六，他认为："用九、用六者，变卦之凡例也，言凡阳爻皆用九而不用七，阴爻皆用六而不用八。用九，故老阳变为少阴。用六，故老阴变为少阳。不用七、八，故少阳少阴不变。"[③] 《易》以占变为爻，在占筮过程中，七八出现的概率比九六出现的概率大，九六变而七八不变。朱熹认为此观点独具匠心，超越了先贤儒者的见解，具有极其重要的贡献。雷思齐不完全认同欧阳修及朱熹之说。

他认为，"圣人作《易》，幽赞神明而生蓍"便是明蓍用筮，"参天两地而倚数"，参参而九，参两为六，乾元用九，坤元用六，是九六之始用，"观变于阴阳而立卦"，便是天道阴阳，地道刚柔，人道仁义，"兼三才而两之，故《易》六画而成卦"，

---

① 雷思齐：《易筮通变》卷中，上海：上海古籍出版社，1989 年，第 12 页。

② 《唐宋八大家文集》编委会编：《唐宋八大家文集 · 欧阳修文集》，北京：中央民族大学出版社，2002 年，第 185 页。

③ 朱熹：《朱子全书》修订本（卷 1），上海：上海古籍出版社，合肥：安徽教育出版社，2010 年，第 257 页。

便是六爻卦画，“发挥于刚柔而生爻”爻与画不同，“爻之未变而动为画，画之既动而变为爻”。爻画便为一卦之体用。他说：

> 此卦画六位，自初至上，分阴阳定位，而以刚柔迭用于其中，变动不居，周流六虚，上下无常，刚柔相易，惟变所适，或参天而九，或两地而六，用九用六，九六所以变动于各爻因以生之卦者也。①

雷思齐通过参两错综论述九六之说，并将九六之爻与七八之画来构建其卦爻画理论，重视体用相结合，在阴阳静动中显现《易》之大道。

2. 之卦

九六是变动之爻，又与之卦相联系，雷思齐以《系辞》“辞也者，各指其所之”为出发点，论述“所之”的“之”是“变动之所之适也”，这与“变动不居”“惟变所适”“化而裁之”“推而行之”的变易大道甚为契合。

雷思齐引用《系辞传》中的大量材料论述之卦与变占之间的关系：

> 圣人有以见天下之赜，而拟诸其形容，象其物宜，是故谓之象。圣人有以见天下之动，而观其会通，以行其典礼，系辞焉以断其吉凶，是故谓之爻。极天下之赜者存乎卦，鼓天下之动者存乎辞，化而裁之存乎变，推而行之存乎通……②

> 八卦成列，而象在中；因而重之，而爻在中；刚柔相推，而变在中；系辞命之，而动在其中矣……③

---

① 雷思齐：《易筮通变》卷中，上海：上海古籍出版社，1989 年，第 13 页。
② 雷思齐：《易筮通变》卷上，上海：上海古籍出版社，1989 年，第 5 页。
③ 雷思齐：《易筮通变》卷中，上海：上海古籍出版社，1989 年，第 5 页。

八卦以象告，爻彖以情言。[1]

爻象动乎内，凶吉见乎外，功业见乎变，圣人之情见乎辞。[2]

《易》之为书，其道屡迁，变动不居，周流六虚，上下无常，刚柔相易，不可为典要，唯变所适。[3]

卦有小大，辞有险易；辞也者，各指其所之。[4]

总之，卦爻之动静及其象爻辞，其总的精神就是指导人们在实践中少犯错误，实现推天道以明人事的目标。

雷思齐说：

《易》，变易也，所以见天下之动而鼓天下之动者，莫不于是乎观，故易之筮，谓其爻变而动而有所之适者，为某卦之某卦，今之谓辞指所之者，为之卦发也。[5]

雷思齐将“之”理解为某卦之某卦，与卦爻变动有关，同时雷思齐又援引唐孔颖达对“之”的训诂：

孔颖达疏曰：“各指所之，谓爻卦之辞，各斥其爻卦之‘之适’也。若‘之适’于善，则其辞善，‘之适’于恶，则其辞恶而已。”夫以“之”之一字以训适，非不然也。谓卦之变，爻之动，则未足以明其辞之所之也。[6]

雷思齐认为孔颖达训“之”为“适”有一定道理，但对于

---

① 雷思齐：《易筮通变》卷中，上海：上海古籍出版社，1989年，第5页。
② 雷思齐：《易筮通变》卷中，上海：上海古籍出版社，1989年，第5页。
③ 雷思齐：《易筮通变》卷中，上海：上海古籍出版社，1989年，第5页。
④ 雷思齐：《易筮通变》卷中，上海：上海古籍出版社，1989年，第5页。
⑤ 雷思齐：《易筮通变》卷上，上海：上海古籍出版社，1989年，第5–6页。
⑥ 雷思齐：《易筮通变》卷上，上海：上海古籍出版社，1989年，第6页。

说明卦的爻变和卦与卦之间的联系则不够彻底，并借《左传》的筮例来说明卦中一变之爻，均取变爻爻辞来解卦。

如《左传》第一个《易》筮例子，周史筮陈敬仲的筮例。鲁庄公二十二年，陈国内乱，陈公子完（子敬仲）避难逃到了齐国，后回忆了年幼时成周的太史应陈厉公之请，为陈敬仲的未来占筮，遇《观》（䷓）之《否》（䷋），以《观》之六四爻辞“观国之光，利用宾于王”来解释。成周太史依据该爻辞占断陈敬仲未来会成为大国君王的座上宾，并将享有国家，所享国家不在陈国，在他国（风行而著于土，故曰其在异国），享国的也不是他本人，而是他的后人（犹有观焉，故曰其在后乎），后代所享的国家必定是姜姓的齐国（若在异国，必姜姓也，姜，大岳之后也）。后陈完的七世孙陈成子恒（田常）杀齐简公，自任为相，最终实现了田氏代齐。

还有其他以卦之变爻断卦的，如晋文公筮勤王的筮例。在鲁僖公二十五年，周王室发生政变，王子带谋反并驱逐了周襄王，周王暂避于郑国汜水。此时，秦国已经出兵勤王，晋国狐偃建言晋文公赶在秦国之前勤王，刚取得国君之位的晋文公命卜筮官卜偃先卜后筮，遇《大有》（䷍）之《睽》（䷥），即《大有》卦九三爻变为六三爻而成《睽》卦，卜偃断卦用的是《大有》卦九三爻的爻辞“公用享于天子”，寓意出兵勤王必能大胜，晋文公也必将因勤王受到周王的嘉奖。后验之。

如崔杼筮棠姜。襄公二十五年，崔杼因垂涎齐国棠公寡妻棠姜美色而娶之，棠姜之弟，同时也是崔杼家臣的东郭偃，以同姓不婚的理由劝谏崔杼罢手（男女辨姓，今君出自丁，臣出自桓，不可）。崔杼不肯，对此事占筮，遇《困》（䷮）之《大过》（䷛），即《困》卦六三爻变为九三爻而成《大过》卦。齐国的太史们附和崔杼的意思，都说“可”，但齐国大夫陈文子则说不可娶，原因是“夫从风，风陨妻，不可娶也”，并用《困》卦六三爻辞进一步解释，执意娶棠姜的结果是有所伤害、无家可归的凶相。崔杼仍然迎娶棠姜，并讲：“一个寡妇能有什么妨害，即便有，前夫也已经担过凶害了。”于是，崔杼违筮娶了棠姜。后来齐庄公也迷恋棠姜美色而与之私通，崔杼发觉后设计杀之，并另立新君。最终，崔杼家族因前后妻的儿子内斗逐渐衰败。

如庄叔筮叔孙穆子生。昭公五年，在叙述完竖牛祸乱叔孙氏后，追忆了叔孙穆子出生时其父为他未来命运占筮的事，遇《明夷》（䷣）之《谦》（䷎）。即《明夷》卦之初六爻变动初九而变为《谦》卦。叔孙穆子的父亲穆庄叔将所占筮的结果展示给鲁国卜筮官卜楚丘，请他占断。卜楚丘再综合断卦中用到了《明夷》卦初九爻的爻辞，“明夷于飞，垂其翼；君子于行，三日不食。有攸往，主人有言”，占解说，叔孙穆子会有先离开鲁国，后面又将回国为卿的命运。

如孔成子筮立卫君。昭公七年，卫襄公卒，其嫡夫人姜氏无子，宠妾婤为他生了两个儿子，孟絷和元，孟絷是长子，但有跛脚的病，因此立谁为国君就成为卫国朝臣难以决定的事。在这之前，孔成子与史朝两位大臣做了相同的梦，梦见卫国始祖康叔对他们讲要立“元”为卫国国君，但对梦中康叔之语的解释出现了分歧，故孔成子以占筮决定。第一次占筮以“元尚享卫国，主其社稷”为祝祷遇《屯》（䷂），第二次占筮以“余尚立絷，尚克嘉之”祝祷，遇《屯》（䷂）之《比》（䷇），即《屯》卦初九爻变动为初六爻而成《比》卦。此过程中，出现了《屯》卦初九爻辞“盘桓，利居贞，利建侯”，特别是“利建侯”，史朝认为，建侯就是“建非嗣也”，即不按照立长立嫡的周礼立嗣。再结合孟絷有跛脚之病，也不适于当卫君，最后卫国大臣们拥立次子元为国君。

如南蒯将叛之筮。南蒯是鲁国大夫季平子的家臣，也是费邑的主官，昭公十二年，他想要发动叛乱，占据费邑，投靠齐国。为此，南蒯特意占筮，遇《坤》（䷁）之《比》（䷇），即《坤》卦六五爻变动为九五爻而成为《比》卦，依据筮法，用《坤》卦六五爻卦辞“黄裳，元吉”占断，是大吉。南蒯将占筮结果告诉子服惠伯，子服惠伯却对《坤》卦六五辞做新的解释，想要得到大吉的结果，要基于忠、和、信三种品质，否则就不会是吉象。“《易》不可以占险”，所以，如果做的是忠信之事则吉，用于叛乱将败。

雷思齐认为，在《左传》中有诸多卦例讲“之卦”，与《系辞》所讲的“动则玩其变而观其占”的占变之事是相通的。他说：

> 皆以所之之卦、所动之爻言之。夫“之卦”也者，占变之事也。《易》有圣人之道，则谓以动者尚其变，以筮者尚其占，以通变之谓事，极数知来之谓占，占事则有“之卦”也。①

雷思齐将“之卦”与“变占”相联系，侧重阐释卦与卦之间的联系，认为《周易》六十四卦、三百八十四爻的变化皆与“之卦”相关，足以说明《系辞》中的“辞也者，各指其所之”，便是为“之卦”而设立的。

雷思齐又讲：

> 古之学《易》者，不惟占也。君子所居而安者。《易》之序也，所乐而玩者，爻之辞也。居则观其象而玩其辞，动则观其变而玩其占。不惟占则有之卦也，凡说诸心、研诸虑，事会所适，言意所致，引伸触类亦未

① 雷思齐：《易筮通变》卷上，上海：上海古籍出版社，1989年，第7页。

始不用之卦也。①

雷氏列举《左传》中的例子进一步说明，如知庄子预言晋师败绩。宣公十二年，晋国应郑国请求，出兵援救被楚国进攻的郑国。谁知，晋军到达黄河边上时，郑国已经与楚国媾和。晋军首领荀林父见此情形，准备班师回国，但偏将彘子却认为，这样撤军回国会极大地削弱晋国的霸主地位，主张与楚军交战，并率所属部队渡过了黄河，追击楚军去了。晋将知庄子说，这支军队危险了。在《周易》中，遇《师》（䷆）之《临》（䷒），即《师》卦初六爻变动为初九爻而成《临》卦，而《师》卦初六爻辞说“师出以律；否臧，凶”，该爻辞强调军队作战纪律的重要性，彘子的强行追击，迫使荀林父带晋军全部渡河追击楚军，结果晋军大败。

如游吉预言楚康王将死。郑国大夫游吉（子大叔）出使楚国，他归国后便对子展说“楚康王快要死了”，原因是不修德政，反而贪图诸侯的进奉，以满足其个人私欲，这样无法长久。《周易》中遇《复》（䷗）之《颐》（䷚），即《复》卦上六爻变动为上九爻而成《颐》卦，按照占变原则，依据《复》卦上六爻辞占断，“迷复，凶，有灾眚。用行师，终有大败，以其国，君凶。至于十年不克征”。后楚康王于当年十二月死亡。

如王子伯廖评郑公子曼满。郑公子曼满对王子伯廖说，他想要当卿。王子伯廖对别人说，像郑公子曼满这种无德而贪的人，在《周易》中就是遇《丰》（䷶）之《离》（䷝），即《丰》卦上六爻变动成为上九爻而成《离》卦，依据占变规则，断卦用《丰》卦上六爻卦辞，“丰其屋，蔀其家，窥其户，阒其无人，三岁不见，凶”。第二年，郑公子曼满被杀。

---

① 雷思齐：《易筮通变》卷上，上海：上海古籍出版社，1989年，第7页。

以上三例，是卦中一爻变动之“所之”，而蔡墨对魏献子问龙见绛郊的筮例则是“某卦之某卦”的补充。

如果我们参考雷思齐认同的朱熹制定的变占法则，可以看出《左传》《国语》中的筮例吉凶之判断不局限于卦爻辞的说法。变占法则如下：

无爻变，则以本卦卦辞占。

一爻变，以本卦变爻辞占。

二爻变，以本卦二变爻辞占，但以上爻为主。

三爻变，占本卦及之卦之彖辞，以本卦为贞，之卦为悔。

四爻变，以之卦二不变爻占，但以下爻为主。

五爻变，以之卦不变爻占。

六爻变，乾坤占二用，余卦占之卦彖辞。

六爻均不变，占本卦彖辞。

如周史筮陈敬仲的筮例，根据变占法则，应当以随卦六四爻辞占断，但在断卦过程中还要考虑内外卦以及本卦与之卦的互体。在其他筮例中还要考虑卦象、爻象等诸多方面的联系，甚至吉利的卦辞或爻辞仍被断卦人解读为凶。可见，上述的变占法则只是变占的方向，断吉凶除了卦爻辞的解读之外，仍需依赖占问者的情况和遭遇，以及主筮人对面临的实际情况的研判。这也恰恰符合《易传》讲的“神而明之存乎其人”。

总之，雷思齐把“之卦”当作《周易》变占的枢要。

> 学者因之，以是审于观变，以立卦倚数以生爻，极深乎至精，研几乎至变，以至于神，和顺道德而理于义，穷理尽性以至于命，胸中包有全《易》之体用，斯其至矣。①

---

① 雷思齐：《易筮通变》卷上，上海：上海古籍出版社，1989年，第8页。

爻之数取决于揲筮的结果，雷思齐在《命蓍》里详细论述了大衍筮法中的揲筮过程，故下面论述揲蓍之法。

### （四）揲蓍之法

《易》筮之法，在《系辞上传》中有记载："大衍之数五十，其用四十有九。分而为二以象两，挂一以象三，揲之以四以象四时，归奇于扐以象闰，故再扐而后挂。"① 朱熹在《周易本义》卷首收有《筮仪》一文，是他参验古籍，斟酌古法，形成大家较为熟悉的《易》筮之法。今具录其文如下。

> 择地洁处为蓍室，南户，置床于室中央。（床大约长五尺，广三尺，毋太近壁。）
>
> 蓍五十茎，韬以纁帛，贮以皂囊，纳之椟中，置于床北。（椟以竹筒，或坚木，或布漆为之，圆径三寸，如蓍之长，半为底，半为盖，下别为台函之，使不偃仆。）
>
> 设木格于椟南，居床二分之北。（格以横木板为之。高一尺，长竟床，当中为两大刻，相距一尺，大刻之西为三小刻，相距各五寸许，下施横足，侧立案上。）
>
> 置香炉一于格南，香合一于炉南，日炷香致敬。将筮，则洒扫拂拭，涤砚一，注水，及笔一、墨一、黄漆板一，于炉东，东上。筮者齐洁衣冠北面，盥手焚香致敬（齐，侧皆反）。（筮者北面，见《仪礼》。若使人筮，则主人焚香毕，少退，北面立，筮者进，立于床前少西，南向受命。主人直述所占之事，筮者许诺。主人

① 余敦康《周易现代解读》，北京：华夏出版社，2006年，第339页。

右还西向立；筮者右还，北向立。）

两手奉椟盖，置于格南炉北，出蓍于椟，去囊解韬，置于椟东。合五十策，两手执之，熏于炉上。（此后所用蓍策之数，其说并见《启蒙》。）

命之曰：假尔泰筮有常，假尔泰筮有常，某官姓名，今以某事云云，未知可否。爰质所疑于神于灵，吉凶得失，悔吝忧虞，惟尔有神，尚明告之。

乃以右手取一策，反于椟中，而以左右手中分四十九策，置格之左右两大刻。（此第一营，所谓“分而为二以象两”者也。）

次以左手取左大刻之策执之，而以右手取右大刻之一策，挂于左手之小指间。（此第二营，所谓“挂一以象三”者也。）

次以右手四揲左手之策（揲，食列反）。（此第三营之半，所谓“揲之以四以象四时”者也。）

次归其所余之策，或一，或二，或三，或四，而扐之左手无名指间。（此第四营之半，所谓“归奇于扐以象闰”者也。）

次以右手反过揲之策于左大刻，遂取右大刻之策执之，而以左手四揲之。（此第三营之半。）

次归其所余之策如前，而扐之左手中指之间。（此第四营之半，所谓“再扐”以象“再闰”者也。一变所余之策，左一则右必三，左二则右亦二，左三则右必一，左四则右亦四。通挂一之策，不五则九。五以一其四而为奇，九以两其四而为偶，奇者三而偶者一也。）

次以右手反过揲之策于右大刻，而合左手一挂二扐之策，置于格上第一小刻。（以东为上，后放此。）

是为一变。再以两手取左右大刻之蓍合之。（或四十四策，或四十策。）

复四营，如第一变之仪，而置其挂扐之策于格上第二小刻，是为二变（复，扶又反；营，于平反；下同）。（二变所余之策，左一则在必二，左二则右必一，左三则右必四，左四则右必三。通挂一之策，不四则八。四以一其四而为奇，八以两其四而为偶，奇偶各得四之二焉。）

又再取左右大刻之蓍合之。（或四十策，或三十六策，或三十二策。）

复四营如第二变之仪，而置其挂扐之策于格上第三小刻，是为三变。（三变余策与二变同。）

三变既毕，乃视其三变所得挂扐过揲之策，而画其爻于版。（挂扐之数，五四为奇，九八为偶，挂扐三奇，合十三策，则过揲三十六策而为老阳，其书为“□”，所谓重也，挂扐两奇一偶合十七策，则过揲三十二策而为少阴，其画为“- -”，所谓拆也，挂扐两偶一奇合二十一策，则过揲二十八策而为少阳，其画为“—”，所谓单也。挂扐三偶合二十五策，则过揲二十四策而为老阴，其书为“×”，所谓交也。）

如是每三变而成爻。（第一、第四、第七、第十、第十三、第十六，凡六变并同，但第三变以下不命，而但用四十九蓍耳。第二、第五、第八、第十一、第十四、第十七，凡六变亦同。第三、第六、第九、第十二、第十五、第十八，凡六变亦同。）

凡十有八变而成卦，乃考其卦之变，而占其事之吉凶。（卦变别有图，说见《启蒙》。）

> 礼毕，韬蓍袭之以囊，入椟加盖，敛笔砚墨版，再焚香致敬而退。（如使人筮则主人焚香，揖筮者而退。）①

就大衍筮法而言，具体操作主要有两种，一种是“挂扐法”，一种是“过揲法”，前者注重蓍法演算完成后的结果，即通过扐手指间的蓍草策数，判定少阳、少阴、老阳、老阴。后者注重蓍法演算的过程，通过所揲之余策数，即五、九、四、八，判定少阳、少阴、老阳、老阴。二者在本质上是一样的，只是侧重点不同而已，出于对义理的解释，不同易学家选择不同的演蓍方法。雷思齐注重挂扐法，原因在于挂扐法符合他对揲余策数“非四即八”的处理，亦符合其以数解《易》的理路。具体而言，雷思齐并不是特别重视挂扐法和过揲法的区别，他较为关注的是蓍法过程中的“挂一”问题。

雷思齐引《说卦传》和《系辞传》等内容阐明大衍之数之筮的重要性：

> 昔者圣人之作《易》也，幽赞于神明而生蓍，参天两地而倚数，观变于阴阳而立卦，发挥于刚柔而生爻，若是则蓍岂徒生？数岂虚倚？卦岂苟立？而爻岂谩为哉？因爻画卦，因卦兆数，固数用蓍以极天下之赜，以鼓天下之动。②

针对“挂一”问题，前文提到揲蓍过程及其象征，与《易传》之文“《易》有太极，是生两仪，两仪生四象，四象生八卦”相关。蓍策数为五十，取其一不用，将剩下的蓍草任意分为两部分，象征两仪，这便是太极生两仪，两仪是阴阳之对立统一，阴阳也有老少之别，因此，两仪内在地包含四象，从左手中

---

① 朱熹撰，廖名春点校：《周易本义》，北京：中华书局，2009 年，第 3-6 页。

② 雷思齐：《易筮通变》卷下，上海：上海古籍出版社，1989 年，第 17 页。

取出一支蓍策，挂在左手小拇指间，以象征三才，八卦恰恰是三画卦，并且“挂一”亦象征人极立于天地之间。不用之一，象两之二，挂一之三。总之，揲蓍的过程总体表征“参天两地而倚数”“观变于阴阳而立卦”。

> 所谓太极不用之一，虽不以为用，而乾阳之始一，实兆乎此，则其用未始不由此以出也。因此，乾用之一以分而为坤体之二，则所谓象两而为两仪，以两仪而一阴一阳以老、少于其位，是两仪已含四象矣。是以继之以象三之一，而分阴分阳，迭柔刚而用之，而象三以画，则四象遂生八卦，而八卦者已成列矣。八卦各三位，八卦而小成，三极之道于是乎见矣。①

雷思齐将大衍筮法与河图四十及八卦相会通，提出：“以五十而始用其二，则未用之蓍正存四十有八，是用河图之数四十以行八卦也。”雷氏又说，八卦每卦六个爻位，六八相乘为四十八，正应河图四十以行八卦。八卦者，八八六十四，但是除去游魂、归魂卦②，共计十六卦，这十六卦不列于正八卦之位，剩余卦数共计四十八卦，即虚十六卦，为四四揲四之用，数字也应合河图之数四十以行八卦。接着雷思齐引用《说卦传》的通变思想，借助数之推演进行论述：

> 于是乎观变于阴阳而立卦，则遂发挥于刚柔而生爻。爻也者，效天下之动者也。立天之道日阴与阳，立地之道日柔与刚，立人之道曰仁与义，兼三才而两之，

---

① 雷思齐：《易筮通变》卷下，上海：上海古籍出版社，1989 年，第 18 页。

② 游魂、归魂为京房易学之“四易”的产物，《京氏易传·卷下》云：“有四易，一世二世为地易，三世四世为人易，五世六世为天易，游魂归魂为鬼易。”京氏在此借鉴了《易传》的三才说和游魂说，“精气为物，游魂为变，是故知鬼神之情状”。见《孟、焦、京易学新探》，齐鲁书社，2013 年，第 351 页。

故《易》六画而成卦也。[①]

前文提到了太极不用之一，象两之二、挂一之三，由三而四，分左右蓍策，揲四以象四，四时而八，象征四象生八卦。以四行八，足见十六卦（四四相乘），实用六十四卦（八八相乘），“四四之奇，所以寄乾八八之奇，所以寄坤八八之奇”。奇偶相伴相成，归奇在于除四之余数，故所揲策之余数不是一、二就是三、四，归奇以象征闰月（把蓍草余数夹在手之间，象征闰月）。四四而揲，余数非四即八，如果余策数先得一，那么另一只手的余策数必为三。这是因为可用策数为四十八，为四的倍数。同样的道理，如果得三，那么另一只手的余策数必为一。如果得二，那么另一只手的余策数必为二。如果得四，那么另一只手的余策数必为四。换言之，左手先一，右手后三；左手先三，右手后一；左手先二，右手后二，总数合之为四为奇。左手先四，右手后四，总数合之为八为偶。偶虽为八，也是奇四分配而成，就像坤数之一，由乾数之一所分，所以统称为奇。雷思齐进而详细论述了揲蓍过程：

> 随后右所合之奇，所奇之蓍，再扐于左，而兼取左右所奇者，挂之以待第二、第三变，是谓再扐而后挂也。然而前挂一之挂，则谓于四十有九中，先取一蓍以独挂此扐，而后挂之挂，则特谓挂其所奇之蓍也。乃又总前已分二，已挂一，与所已过揲之蓍，悉合之以还于大衍之初，是之谓四营而成《易》，而通为第一爻也。
>
> 所谓四营者，分二者，其一也；挂一者，其二也；揲四，其三也；归奇终营，之四也。其营既毕，所奇既挂，是为第一变之周也。

① 雷思齐：《易筮通变》卷下，上海：上海古籍出版社，1989 年，第 18 页。

一变之后，存其前所奇之外，以所合前衍过揲之著，如第一变之分二之挂一之揲四之归奇再扐。而后挂其所奇，以合前变之奇，以待第三变也。

其第三变则又如第一、第二变之分二挂一、揲四归奇再功。而合此三变所奇之著以数之，以四为少，八为多。[1]

经过揲蓍的三变，仅生成《易》之卦画之一爻，需九变成三画卦，经过十八变方能形成六爻一卦。

可以看出，雷思齐对揲蓍过程的理解与之前的揲蓍之法并无本质区别，在此占卜过程中，取其不动之一象太极，分而为二以象两、挂一以象三，揲之以四以象四时、四进而八，八八六十有四。虚实相用，体用相资，使得所用之数四十八得其明、显其用。

雷思齐对揲余蓍数的理解与孔颖达不同，没有将“挂一”算入揲余蓍数之中，并且提出了策数用四十八的观点。雷思齐首先引述孔颖达的观点：

河图四十而成八卦也，然其所揲之四，未尝五与九也，今揲著者，必谓初揲不五则九，始由《易疏》谓：“第一变之奇不五则九；第二揲，第三揲之奇，始皆不四则八。”[2]

按照孔颖达的说法，“四营而成《易》，十有八变而成卦”，经过（分二，挂一，揲四，归奇）四营三变而成一爻，第一变揲余之数，非五即九，第二变和第三变的揲余之数非四即八，揲余之数分别为四，五，八，九，因四，五包含一个四而为奇为

① 雷思齐：《易筮通变》卷下，上海：上海古籍出版社，1989年，第19页。
② 雷思齐：《易筮通变》卷下，上海：上海古籍出版社，1989年，第16页。

阳，因八，九包含两个四而为偶为阴，则经过三变，揲余蓍数有四种情况：

第一，三变为五、四、四，为三奇三阳，对应过揲数三十六，为老阳之九。

第二，三变为九、八、八，为三偶三阴，对应过揲数二十四，为老阴之六。

第三，三变为（五、八、八）（九、四、八）（九、八、四），为一奇二偶，一阳二阴，对应过揲数二十八，为少阳之七。

第四，三变为（九、四、四）（五、八、四）（五、四、八），为一偶二奇，一阴二阳，对应过揲数三十二，为少阴之八。

雷思齐认为，第一揲之所以为非五则九是因为孔颖达将“挂一”之数加进了揲余之数的计算中，即所揲策之余数或在四、或在八的基础上加一，形成五与九，这在雷思齐看来是“自乱”之误。一方面，雷思齐认为“挂一”之法在“分两”之后，“揲四”之前，应不计入三变的揲余蓍数；另一方面，雷思齐认为《系辞》讲的“十有八变而成卦”中的十八变应是一种变法，若将“挂一”之数算到揲余蓍数中，则每三变中的第一变非五则九，在十八变中有六变是非五则九，十二变是四奇偶八，这与十八变是一种变法不相符。

> 四四而揲，每爻之揲凡三。每揲其蓍以合左右之奇，或一三而四，或三一而四，或二二而四，其或左奇既先四，则右奇后亦必四，因二其四偶之成八，以纪其数者。奇必有偶也，奇四而偶八，亦见数之四十增八

者，河图四十而成八卦也。然其所揲之四未尝五与九也。[1]

雷思齐认为，每次揲四余数“非四即八”，现今很多学者认为揲蓍者，初揲不是五就是九，造成这种局面的原因，是因为孔颖达的《易疏》强调，第一变余策数不是五就是九，第二变和第三变才都是“非四即八”，这是因循古人的想法，后来的学者不察，以至于未能“正其误”，令人慨叹。雷思齐论及，如果“挂一”之数真的算入余策之数中，那“扐而后挂者”又当如何看待呢？

那造成这种自乱的根源又是什么呢？泥古大衍之数五十，而真正使用的是四十九，“挂一”之一，实实在在是在四十九策当中，真正揲四的策数是剩下的四十八，即“所以揲每变四十有八之用，而计其十有八变之数。”[2]

雷思齐反对以“挂一”之数，自乱于四十八的策算中，揲四的四十八，加上“挂一”，则有四十九，合太极不动之一，便是大衍之数五十。为进一步阐释大衍五十之数的神妙变动，引证《易传》内容：何谓“蓍之德，圆而神”？“其圆以七，七七而四十有九。”何谓“卦之德，方以知”？“其方以八，八八而六十有四”，蓍之德之七和卦之德之八相合为十五，呈现出蓍卦之数。何谓“六爻之义，易以贡”？散见于《乾》之用九和《坤》之用六，九与六相合为十五，而五以下的数字七八九六，无不用于占筮者。五与十相乘为大衍之数五十，从天之与地，自一到十，五十有五之数，为大衍之数（天一、地二至天九、地十）。但天地之数五十五并不真见其着落，大衍之数五十，只用其四十

① 雷思齐：《易筮通变》卷下，上海：上海古籍出版社，1989年，第16页。

② 雷思齐：《易筮通变》卷下，上海：上海古籍出版社，1989年，第16-17页。

有九，而真正用于揲四的其实只有四十八，作为《易》之学者，要探明其实，引归正途。

雷思齐反对孔颖达的做法，在十八变中的一、四、七、十、十三、十六变中，“挂一”便不算入揲余蓍数中，如此一来，三变揲余之数皆为四与八，四为阳为奇，八为阴为偶。相对于孔颖达筮法，雷思齐的揲余蓍数也有四种情况：

第一，三变为四、四、四，为三奇三阳，为老阳之九。

第二，三变为八、八、八，为三偶三阴，为老阴之六。

第三，三变为四、八、八，为一奇二偶，一阳二阴，为少阳之七之震（☳）。三变为八、四、八，为一奇二偶，一阳二阴，为少阳之七之坎（☵）。三变为八、八、四，为一奇二偶，一阳二阴，为少阳之七之艮（☶）。

第四，三变为八、四、四，为一偶二奇，一阴二阳，为少阴之八之巽（☴）。三变为四、八、四，为一偶二奇，一阴二阳，为少阴之八之离（☲）。三变为四、四、八，为一偶二奇，一阴二阳，为少阴之八之兑（☱）。

按照雷思齐的说法，揲蓍过程与八卦生成相匹配：

> 三变皆少，则所奇者十二，则其过揲之所存总四九三十有六，为乾之策；三变皆多，则所奇者二十四，则其过揲之所存四六亦二十有四，为坤之策；两多而一少，则所奇者二十，则其过揲之所存总四七二十有八，是为震，为坎，为艮之策；两少而一多，则所奇者十六，则其过揲之所存总四八三十有二，是为巽，为离，为兑之策。①

合此三变者，而为一爻，以四为少，为奇，为阳，以八为

① 雷思齐：《易筮通变》卷下，上海：上海古籍出版社，1989年，第19页。

多，为偶，为阴，三变皆少，即为四，则揲余蓍数总为十二，过揲蓍数为三十六，为乾之策。三变皆多，即为八，揲余蓍数总为二十四，过揲蓍数为二十四，为坤之策。两多一少，即一四二八，一阳二阴，揲余蓍数总为二十，过揲蓍数为二十八，为震、坎、艮之策。两少一多，即一八二四，一阴二阳，揲余蓍数总为十六，过揲蓍数为三十二，为巽、离、兑之策。

以爻画表示，一、--为少阳少阴，变至老阴阳还有余地，故“未遽变也”。□、×为老阳老阴，“乾为老阳□者本九奇，而变含六偶之阴，坤为老阴×者本六偶，而变含九奇之阳”。老阴老阳主变，“以老故变也”。

同时，雷思齐强调揲蓍余数三变皆为非四即八，也呼应了“所用之蓍四十有八”的观点。他说：

> 大衍之数之用，虽各见于分两挂之始，而未大成也，且太极不用之一，象两之二，挂一之三，虽等列而三位，而其正用之蓍特不用一与挂一之一，其实数特二耳，且以五十而始用其二，则未用之蓍正存四十有八。①

四十有八，在雷思齐看来是河图之数四十以行八卦，又是八卦与每卦六位的相乘之数，这是以大衍筮数与河图八卦相会通。同时，雷思齐认为，在京房的八宫卦理论中，游魂、归魂不列于正八卦之位，总卦数六十四减去游魂、归魂十六卦，数亦止于四十八。

紧接着，雷思齐依揲蓍余数构建卦爻画，三变一爻，九变而为三爻画，三爻备而八卦成，此为“八卦成列”，此三爻卦画又称为“下卦”“三微”“内贞”，《周礼》所讲的“经卦皆八”。

① 雷思齐：《易筮通变》卷下，上海：上海古籍出版社，1989年，第18页。

再九变而为三爻画，彼三爻画称为“上卦”“三蓍”“外侮”，合前九变之三画，而成六爻卦画，为“六画而成卦”，《周礼》所讲的“其别皆六十有四”。

雷思齐将揲蓍过程中的“十八变”，与八卦爻画数相联系，欲得出“十八变”的依据，并将—称为一画，--称为两画。首先经卦震、坎、艮每卦五画，合为十五画，三卦皆由乾卦所生，加上乾卦三画，共十八画。其次经卦巽、离、兑每卦四画，合而为十二画，加上坤卦六画，亦为十八画。同时论述了“四营”与“十八卦”，八卦爻画数总为三十六，为乾之策。前九变成三爻，每爻有四营而得，九四相乘亦为三十六。三十六的倍数为七十二，而每变四营，共十八变，相乘为七十二。揲蓍中数之变化，皆是“用四十有九蓍也”。

为进一步厘清“非五即九”和“非四即八”的区别，需要阐释大衍筮法的精巧数学模式，解析如下：

蓍策总数为五十，取其一置于椟中不用，实用策数为四十九。

第一变用四十九策，至二营挂一，余数为四十八，为四的倍数，这也就决定了揲蓍余数左一右必三，左三右必一，左二右必二，左四右必四，非四即八，加上挂一之数，非五则九。第一变余数出现五的概率为四分之三，出现九的概率为四分之一。

第二变所用策数为有两种情况，一是四十九策减五策为四十四策数，二是四十九策减九策为四十策数。第二营挂一后，剩下四十三策数或三十九策数，为四的倍数减一。故四营揲策余数左一右必二，左二右必一，左三右必四，左四右必三，揲策余数非三则七，加上第二营的挂一，揲策余数非四即八。第二变出现四的概率为二分之一，出现八的概率也是二分之一。

第三变所用策数分三种情况，一是四十策数，即减去第二变揲策余数，如果是四十四，减四为四十。第二种情况为三十六策数，即减去第二变揲策余数，如果是四十四，减八为三十六；如果是四十，减四为亦为三十六。第三种情况为三十二策数，即减去第二变揲策余数，如果是四十，减八为三十二。四十、三十六、三十二，这三种情况皆为四的倍数。除去第二营挂一之数，过揲余数为四的倍数减一，揲策余数与第二变一样，非四即八，出现的概率皆为二分之一。

经过三变之后，过揲余数分为以下四种情况，如果是四十策数，减四与八为三十六和三十二；如果是三十六策数，减四与八为三十二与二十八；如果是三十二策数，减四与八为二十八与二十四。三十六、三十二、二十八、二十四，这四种情况除以四后，便是九、八、七、六。六为阴之动爻，九为阴之动爻，八为阴之静爻，七为阳之静爻。那么，这四个数字出现的概率分别是多少呢？

易数为九，按上文的揲蓍过程可知，三变的揲策余数分别为五、四、四，出现的概率依次为四分之三、二分之一、二分之一，所以九出现的概率为十六分之三。同理，易数六，三变的揲策余数分别为九、八、八，出现的概率依次是四分之一、二分之一、二分之一，所以六出现的概率为十六分之一。易数八，三变的揲策余数有三种情况，第一种情况为九、四、四；第二种情况为五、八、四；第三种情况为五、四、八，故易数八，出现的概率为十六分之七。易数七，三变的揲策余数有三种情况，第一种情况为九、八、四，第二种情况为五、八、八，第三种情况为五、四、八，故易数七出现的概率为十六分之五。

可见，易数之九、八、七、六出现的概率并非均等，老阴之六出现的概率最小，其次老阳之九，再次是少阳之七，少阴之八出现的概率最大。为什么会有这种概率设计呢？原因是在占筮过程中，易数九与六意味着爻之变动，变动越多，则情况越复杂，不便于裁断吉凶，所以，易数九与六出现得最少。这从《左传》和《国语》中存留的大量筮例可以得到佐证，一爻变动的卦例居多。简言之，这种筮法的设计静爻出现的机会远多于动爻出现的机会。

经过揲蓍过程的具体论述，雷思齐将以往第一变的揲余蓍数由“非五即九”变为“非四即八”，本质上讲与以往的揲蓍法没有大的差别。反而是这套设计精密的占筮法却蕴含深远智慧的创制。这种筮法表面看起来只不过是一种术，目的是裁断吉凶，但这种术紧扣易道之自然法则而筹划，融易之“道”与“术”之中，所以使人有思之不穷、研之愈精之妙。[①]

此外，为了证明其筮法过程中的“四营”“十八变”的必然性，强行与卦爻画数相结合，这不免给人以附会之感。

综上所述，雷思齐将《易》视为占筮之书，对占筮之理进行了重点阐释。在参考前人学术成果基础上，对《易》筮法中的易数问题进行论述。首先，雷思齐借助《左传》《国语》对之前卜、筮的混淆进行了梳理。以四象八卦论述筮法过程，接着，详论九六之说，提出“盖九六也者，占变之事也”[②]，对以往的易学难题如“皆八”“艮之八”进行了颇具启发性的分析，在揲蓍上也不同于孔颖达的揲蓍方法。雷思齐关于易数的思考和论述，颇有特色。正如四库馆臣评价说“多自出新意，不主旧法”[③]。

---

① 高怀民：《先秦易学史》，桂林：广西师范大学出版社，2007 年，第 88 页。

② 雷思齐：《易筮通变》卷中，上海：上海古籍出版社，1989 年，第 8 页。

③ 雷思齐：《易图通变》卷上，上海：上海古籍出版社，1989 年，第 2 页。

# 第五章　雷思齐易学的贡献

作为宋元时期的易学家，雷思齐以“河图四十”理论为其易图学特色，且对《易》占筮之理也有独到的见解。在“河图四十”中，雷思齐以数为基础，沟通天地之数，并以数的阴阳，奇偶，生成，虚实，进退进行河图之数的演绎。同时，雷思齐通过“用参”之法，对数进行重新组合，来阐释“参天两地”“参伍错综”“参两错综”的思想，这种阐释能够在《系辞》《说卦》构建的《易》体系中找到依据，这也是雷思齐敢自称独得先圣“指归”的缘故。对于筮法，雷思齐借助数之变化，会通天地之数和大衍数，着重探讨了《易》筮中的诸多问题，如九六与之卦，揲蓍衍《易》等。

也就是说，不管是易图还是筮法，雷思齐都是围绕数展开的，二者也是在数的基础上有了会通的可能性。通过揲蓍演说大衍数，便可以看出揲蓍过程中的筮数与河图之数相符合，揲蓍的过程就是由一二三四推出六七八九，这些数便和“河图四十”相合，只不过河图中以“虚五”的妙用来说明生数一二三四到成数六七八九的过程。在《衍数》章中雷思齐重新论述了“虚五”“虚十”的作用。他说：

未尝有天五地十之定位者，正以天五与地十以五乘十而为此大衍之数五十也，何以明之，五之妙用……阳奇得五而为阴偶，阴偶得五而为阳奇，所以分阴分阳，八卦以之成列，至于十之用……见天五地十独专五十之用也。①

雷思齐以数之变化对“河图四十”进行独创性的阐释，将后天八卦与九宫数相结合，在中道原则下，分“八实二虚”，彰显虚实之用。在虚五与虚十的作用下，数始于一，中于五，终于十，复归于一，不断地依中道循环。同时在“河图四十”基础上，依《易传》论述的参天两地和参伍错综的解释也是由数的重新组合而产生的新的数之运行。雷思齐以数在河图中的变化运行来揭示河图所蕴含的易理，并以河图中的数的变行来模拟万物化生及天地运行，以探寻圣人作《易》本原，彰显生生不息的易道。

雷思齐认为，不论是河图之数还是筮法中的数，皆由太极而生。他说：

易为太极，极中也，一也，中自一也，是生两仪，仪匹也……②

天数始于一，则太极之全也，阳之正也一析而二，则太极之分也……③

《衍数》中讲：

易由太极以标其一，所以为成象之谓乾，即所谓形变之始，而乃所以为一也，由乾分其一，一以为二……④

从上面的论述中，我们也能看到，雷思齐依太极、两仪、四象、八卦的顺序对占筮的过程进行论述，与“河图四十”按照

① 雷思齐：《易筮通变》卷下，上海：上海古籍出版社，1989年，第15页。
② 雷思齐：《易图通变》卷一，上海：上海古籍出版社，1989年，第6页。
③ 雷思齐：《易图通变》卷一，上海：上海古籍出版社，1989年，第8页。
④ 雷思齐：《易筮通变》卷下，上海：上海古籍出版社，1989年，第14页。

太极至八卦的生成顺序而形成的基本架构是一致的。同时，揲蓍出来的九与六在“河图四十”及“参天两地”也有显现，而“参天两地”的不用之一与大衍筮法中的不用之一也有共通之处。数的联系使得大衍数与“河图四十”有了密不可分的关系。

此外，在大衍数中，雷思齐从数的角度对筮法及筮法的相关问题进行了论述，以太极到八卦的生成过程为象征，论述生数一二三四到成数六七八九的推衍过程。他也论说了九六与之卦问题，将九六之说作为极数与占变之事相联系，且把数七八与九六作为卦爻画的体与用，借此阐释《易》筮法上的相关难题。在揲蓍过程中也对孔颖达关于“挂一”之策算入揲余策数而提出批评。不管是对于河图还是筮法，雷思齐都从数的角度予以分析和阐释。可以看出雷思齐易学以数为基础，以数驭图，以图释《易》，以《易》演道的解《易》理路。

雷思齐力图用一幅“河图四十”来解决自宋以来图书之学多而杂的问题，同时尽可能地以“河图四十”来会通或解读诸多易学观点。从“河图四十”内部看，在河图基础上的“参天两地”和“参伍错综”二者是会通的，从“河图四十”外部讲，河图之数与天地之数、大衍数也是会通的。可以看出，河图本身是个极具涵摄力且开放变化的系统。不论其自身内部还是外部都能够产生联系，这就为雷思齐解释其易学观点大大拓展空间。不过从另一个角度讲，雷思齐将河图与其他易学内容过多地联系，就不可避免地会有附会成分夹杂其中。

可见，雷思齐易学具有以数释《易》和以简驭繁的显著特点，这也是他能够成为著名易学家的关键所在。

总之，从数在《易图通变》和《易筮通变》论述中的重要性来看，雷思齐希望通过数的推衍和运行将天地之数、大衍数、河图数相会通，且“从数的角度，寻找世界的普遍联系以及其变化的规律，丰富和发展了数学派的易学哲学”。[①] 虽说雷思齐关于河图之说的解读和参两错综的论述都有牵强之处，不过也应该看到，他独特的解《易》思路，拓宽了解《易》路径，丰富了易学思想。正如林忠军先生所言：“他提出的河图四十的观点虽然属附会之学，但他能围绕此旁征博引，反复推演，尤其能以《易传》之《系辞》《说卦》所言‘参伍以变错综其数’，‘参天两地而倚数’为根据论证其观点，并阐述河图与筮法的关系，作为一家之说，开拓了图书学的思路。”[②]

在后世，雷思齐易学仍有影响。尤其在清代，一些学者引述了雷思齐易学中的观点，如胡渭在《易图明辨》中十余次提及雷思齐的论述，朱彝尊《经义考》中引用雷思齐《易》筮法的观点，清人王宏在《周易筮述》里部分引用了雷思齐九六之说的观点。

从易图学的发展角度看，雷思齐的河图之说仍然值得关注和研究。易学中象是很重要的一部分，《系辞》讲“八卦以象告”“易者，象也”，说明了象在易学体系中的地位。从伏羲氏创立八卦，至演变为六十四卦，便有以象说《易》乃至解《易》的方式。到汉代，汉易学家在天文、历法，五行、音律的基础上继续演绎易道，并创造了阐释易道的易图，如京房的八宫图，虞翻的卦变图，魏伯阳的纳甲月象图。至宋代，易学有了一片广阔而璀璨的新天地，一个以制作易图为特色的易学时代展现在人们眼前。这种以图释《易》的方式是对天地规律乃至万物的生成运行进行模拟、总结、提炼的结果。宋代易图在兴起和繁荣的过程中，不可避免地会有多而杂的问题产生。鉴于此，他系统地对河

① 朱伯崑：《易学哲学史》第三卷，北京：昆仑出版社 2005 年，第 36 页。
② 林忠军：《象数易学发展史》第二卷，济南：齐鲁书社 1998 年，第 471 页。

洛产生和演变以及宋以来的各种易图的问题进行了论述和评析，发现了自宋以来各家易图的问题，故正本清源，对以后图书学的整理和发展脉络有重要的借鉴作用。

同时，雷思齐创制河图之说，意图承接两汉象数易学，直探古圣先贤制《易》之理，领会天地运行之道，挺立生命的主体价值。其价值如林忠军先生所讲：

> 图书之学的价值在融合汉以来象数之学基础上，创建一种新的象数解《易》方法和一种内涵数理的宇宙图式，虽然其主要观点、论据和符号的推演及其论证过程存有种种不合理的因素，但反映了宋人对于易学的一种独到理解和具有创新意义的易学观。这种以象数为核心的易学观，既可承孔子和《易传》象数思想，又可续两汉象数易学。图书之学在易学发展过程中，在与其他文化交融过程中，及对于宋代和以后社会诸多方面所产生的作用和影响，不可简单地用“是”与“非”评价之，更不可轻易诋毁之。①

雷思齐易图学虽多有附会之处，但是雷思齐按照《系辞》《说卦》对河图进行阐释，并加以汉代象数易学内容，力证其河图的合理性，对当时乃至后世均有不同的影响。显然，雷思齐易学的独到理解和创新意义是不能轻易诋毁的。

---

① 林忠军，赵中国等：《清代易学研究》（上），教育部人文社会科学重点研究基地重大项目“明清易学研究”结项成果，2014 年打印稿，第 14 页。

# 参考文献

## 一、古籍

1.班固著,颜师古注:《汉书》,北京:中华书局,1962年。

2.魏伯阳著,章伟文译注:《周易参同契》,北京:中华书局,2014年。

3.宋濂等:《元史》,北京:中华书局,1976年。

4.胡渭撰,郑万耕点校:《易图明辨》,北京:中华书局,2008年。

5.黄宗羲、全祖望:《宋元学案》,北京:中华书局,1986年。

6.黄宗羲撰,郑万耕点校:《易学象数论》,北京:中华书局,2010年。

7.惠栋撰:《周易述》(上下册),北京:九州出版社,2005年。

8.李道平撰,潘雨廷点校:《周易集解纂疏》,北京:中华书局,1994年。

9.李光地编纂,刘大钧整理:《周易折中》,四川:巴蜀书社,1998年。

10.程颢、程颐著,王孝鱼点校:《二程集》,北京:中华书局,2004年。

11.程迥:《周易古占法》,台北:成文出版社,1976年。

12.雷思齐:《易图通变》,上海:上海古籍出版社,1989年。

13.黎靖德编:《朱子语类》,北京:中华书局,1986年。

14.刘牧:《易数钩隐图》,上海:上海古籍出版社,1990年。

15.邵雍著,郭彧、于天宝点校:《邵雍全集》,上海:上海古籍出版社,2015年。

16.朱熹撰,朱杰人等编:《朱子全书》,合肥:安徽教育出版社,2002年。

17.朱震:《汉上易传》,台北:台湾商务印书馆,景印文渊阁《四库全书》,1986年。

18.孔颖达:《周易正义》北京:北京大学出版社,1999年。

19.王弼撰,楼宇烈校释:《周易注校释》,北京:中华书局,2012年。

20.胡方平撰,李秋丽校点:《易学启蒙通释》,见《儒藏·精华编》第5册,北京:北京大学出版社,2014年。

21.吴澄:《吴文正集》卷22,集部1197册,台北:台湾商务印书馆,景印文渊阁《四库全书》,1983年。

22.虞集:《道园学古录》卷25,集部1207册,台北:台湾商务印书馆,景印文渊阁《四库全书》,1983年。

23.袁桷:《清容居士集》卷31,集部1203册,台北:台湾商务印书馆,景印文渊阁《四库全书》,1983年。

## 二.今人专著

1.陈鼓应:《庄子今注今译》,北京:商务印书馆,2007年。

2.陈鹏、宋卿编译:《朱熹讲周易 白话〈周易本义〉》,长春:长春出版社,2010年。

3.高怀民:《宋元明易学史》,桂林:广西师范大学出版社,2007年。

4.高怀民:《先秦易学史》,桂林:广西师范大学出版社,

2007 年。

5.顾荩臣:《经史子集概要》,上海:华东师范大学出版社,2016 年。

6.黄黎星:《先秦易筮研究》,北京:人民出版社,2015 年。

7.黄寿祺、张善文:《周易译注》,上海:上海古籍出版社,2013 年。

8.江慎修:《河洛精蕴》,北京:学苑出版社,1989 年。

9.黎红雷:《儒家管理哲学》,广州:中山大学出版社,2020 年。

10.李秋丽:《元代易学史》,济南:齐鲁书社,2020 年。

11.李申:《易图考》,北京:北京大学出版社,2001 年。

12.林忠军:《〈易纬〉导读》,济南:齐鲁书社,2002 年。

13.林忠军:《象数易学发展史》第二卷,济南:齐鲁书社,1998 年。

14.林忠军:《象数易学发展史》第一卷,济南:齐鲁书社,1994 年。

15.刘保贞:《易图明辨导读》,济南:齐鲁书社,2004 年。

16.刘大钧:《周易概论》,济南:齐鲁书社,1986 年。

17.刘光本:《周易古筮考通解》,太原:山西古籍出版社,1994 年。

18.刘玉建:《中国古代龟卜文化》,桂林:广西师范大学出版社,1992 年。

19.马恒君校注:《周易》(全文注释本),北京:华夏出版社,2017 年。

20.潘雨廷:《读易提要》,上海:上海古籍出版社,2003 年。

21.钱基博:《周易解题及其读法》,上海:商务印书馆,1931 年。

22.屈万里:《读易三种》,上海:上海辞书出版社,2017 年。

23.尚力,张苇航:《变易思想 生生之道》上海:上海科学技术出版社,2020 年。

24.王新春:《神妙的周易智慧》,北京:中国书店,2001 年。

25.王振复:《周易精读》,上海:复旦大学出版社,2016 年。

26.萧汉明:《〈周易本义〉导读》,济南:齐鲁书社,2003 年。

27.徐芹庭:《易图源流》,北京:中国书店,2008 年。

28.余敦康:《周易现代解读》,北京:华夏出版社,2006 年。

29.张克宾:《朱熹易学思想研究》,北京:人民出版社,2015 年。

30.张其成:《易图探秘》,北京:中国书店,1999 年。

31.张善文:《周易辞典 》(修订版),上海:上海古籍出版社,2021 年。

32.章秋农:《周易占筮学》,杭州:浙江古籍出版社,1990 年。

33.章伟文:《宋元道教易学初探》,成都:巴蜀书社,2005 年。

34.朱伯崑:《易学基础教程》,北京:九州出版社,2002 年。

35.朱伯崑:《易学哲学史》,北京:昆仑出版社,2005 年。

## 三、期刊文章

1.梁韦弦:《宋易在元代的发展》,《周易研究》,1992 年第 3 期。

2.王怀:《河图洛书试析》,《周易研究》,1995 年第 3 期。

3.王卡:《河图洛书探源》,《世界宗教研究》,1994 年第 2 期。

4.温海明:《朱熹河图洛书说的演变》,《周易研究》,2000 年第 4 期。

5.谢辉:《雷思齐易数之学初探》,《历史文献研究》,总第 31 辑,2012 年。

6.谢辉:《元代象数易学的成就》,《历史文献研究》,总第 29

辑,2010 年。

7.詹石窗,李利:《雷思齐〈易图通变〉对老子思想的运用》,《老子学刊》,2021 年第 2 期。

8.张永衡:《〈宋元明清易学史视野下的先天学研究〉简介》,《周易研究》,2022 年第 4 期。

9.章伟文:《道教易学综论》,《中国哲学史》,2004 年第 4 期。

10.章伟文:《试论雷思齐的道教易思想》,《中国道教》,1990 年第 3 期。

11.郑万耕:《空山先生的太极观》,《中国道教》,2002 年第 1 期。

# 附录一 《易图通变》涉及的易图和《易筮通变》涉及的筮例、易数

## 1. 雷思齐引用的《左传》《国语》中的卜筮案例

【案例1】夏，晋大子圉为质于秦，秦归河东而妻之。惠公之在梁也，梁伯妻之。梁嬴孕过期，卜招父与其子卜之。其子曰："将生一男一女。"招曰："然。男为人臣，女为人妾。"故名男曰圉，女曰妾。及子圉西质，妾为宦女焉。《左传·僖公十七年》

【案例2】邾文公卜迁于绎。史曰："利于民而不利于君。"邾子曰："苟利于民，孤之利也。天生民而树之君，以利之也。民既利矣，孤必与焉。"左右曰："命可长也，君何弗为?"邾子曰："命在养民。死之短长，时也。民苟利矣，迁也，吉莫如之!"遂迁于绎。五月，邾文公卒。君子曰："知命。"《左传·文公十三年》

【案例3】十八年春，齐侯戒师期，而有疾，医曰："不及秋，将死。"公闻之，卜曰："尚无及期。"惠伯令龟，卜楚丘占之曰："齐侯不及期，非疾也。君亦不闻。令龟有咎。"二月丁丑，公薨。《左传·文公十八年》

【案例4】王与叶公枚卜子良以为令尹。沈尹朱曰："吉，过于其志。"叶公曰："王子而相国，过将何为?"他日，改卜子国而使为令尹。《左传·哀公十七年》

【案例5】初，毕万筮仕于晋，遇《屯》䷂之《比》䷇。辛廖占之，曰："吉。屯固比入，吉孰大焉？其必蕃昌。震为土，车从马，足居之，兄长之，母覆之，众归之，六体不易，合而能固，安而能杀，公侯之卦也。公侯之子孙，必复其始。"《左传·闵公元年》

【案例6】故秦伯伐晋。卜徒父筮之，吉，"涉河，侯车败。"诘之。对曰："乃大吉也，三败必获晋君。其卦遇《蛊》䷑，曰：'千乘三去，三去之余，获其雄狐。'夫狐蛊，必其君也。《蛊》之贞，风也；其悔，山也。岁云秋矣，我落其实而取其材，所以克也。实落材亡，不败何待？"三败及韩。《左传·僖公十五年》

【案例7】苗贲皇在晋侯之侧，亦以王卒告。皆曰："国士在，且厚，不可当也。"苗贲皇言于晋侯曰："楚之良，在其中军王族而已。请分良以击其左右，而三军萃于王卒，必大败之。"公筮之，史曰："吉。其卦遇《复》䷗，曰：'南国蹙，射其元王，中厥目。'国蹙王伤，不败何待？"公从之。《左传·成公十六年》

【案例8】初，晋献公筮嫁伯姬于秦，遇《归妹》䷵之《睽》䷥。史苏占之曰："不吉。其繇曰：'士刲羊，亦无亡也。女承筐，亦无贶也。西邻责言，不可偿也。《归妹》之《睽》，犹无相也。'《震》之《离》，亦《离》之《震》，为雷为火，为嬴败姬，车说其輹，火焚其旗，不利行师，败于宗丘。《归妹》《睽》孤，寇张之弧，侄其从姑，六年其逋，逃归其国，而弃其家，明年其死于高梁之虚。"《左传·僖公十五年》

【案例9】成季之将生也，桓公使卜楚丘之父卜之。曰："男也。其名曰友，在公之右。间于两社，为公室辅。季氏亡，则鲁不昌。”又筮之，遇《大有》䷍之《乾》䷀，曰：“同复于父，敬如君所。”及生，有文在其手曰“友”，遂以命之。《左传·闵公二年》

【案例10】初，晋献公欲以骊姬为夫人，卜之，不吉；筮之，吉。公曰：“从筮。”卜人曰：“筮短龟长，不如从长。且其繇曰：‘专之渝，攘公之羭。一薰一莸，十年尚犹有臭。’必不可。”弗听。立之，生奚齐。《左传·僖公四年》

【案例11】卫侯梦于北宫，见人登昆吾之观，被发北面而噪曰：“登此昆吾之虚，绵绵生之瓜。余为浑良夫，叫天无辜。”公亲筮之，胥弥赦占之，曰：“不害。”与之邑，置之，而逃奔宋。卫侯贞卜，其繇曰：“如鱼竀尾，衡流而方羊。裔焉大国，灭之将亡。阖门塞窦，乃自后逾。”《左传·哀公十七年》

【案例12】献公卜伐骊戎，史苏占之，曰：“胜而不吉。”公曰：“何谓也?”对曰：“遇兆，挟以衔骨，齿牙为猾，戎、夏交捽。交捽，是交胜也，臣故云。且惧有口，携民，国移心焉。”公曰：“何口之有！口在寡人，寡人弗受，谁敢兴之?”对曰：“苟可以携，其入也必甘受，逞而不知，胡可壅也?”公弗听，遂伐骊戎，克之。《国语·晋语一》

【案例13】穆姜薨于东宫。始往而筮之，遇《艮》之八䷳。史曰：“是谓《艮》之《随》䷐。随其出也。君必速出。”姜曰：“亡。是于《周易》曰：‘《随》，元亨利贞无咎。’元，体之长也。亨，嘉之会也。利，义之和也。贞，事之干也。体仁足以长人，嘉德足以合礼，利物足以和义，贞固足以干事。然，故不可诬也，是以虽《随》无咎。今我妇人而与于乱。固在下位而有不仁，不可谓元。不靖国家，不可谓亨。作而害身，不可谓利。弃位而姣，不可谓贞。有四德者，《随》而无咎。我皆无

之，岂《随》也哉？我则取恶，能无咎乎？必死于此，弗得出矣。”《左传·襄公九年》

【案例14】公子亲筮之，曰：“尚有晋国。”得贞《屯》悔《豫》，皆八也。筮史占之，皆曰：“不吉。闭而不通，爻无为也。”司空季子曰：“吉。是在《周易》，皆利建侯。不有晋国，以辅王室，安能建侯？我命筮曰‘尚有晋国’，筮告我曰‘利建侯’，得国之务也，吉孰大焉！《震》，车也。《坎》，水也。《坤》，土也。《屯》，厚也。《豫》，乐也。车班外内，顺以训之，泉原以资之，土厚而乐其实。不有晋国，何以当之？《震》，雷也，车也。《坎》，劳也，水也，众也。主雷与车，而尚水与众。车有震，武也。众而顺，文也。文武具，厚之至也。故曰《屯》。其繇曰：‘元亨利贞，勿用，有攸往，利建侯。’主震雷，长也，故曰元。众而顺，嘉也，故曰亨。内有震雷，故曰利贞。车上水下，必伯。小事不济，壅也。故曰“勿用，有攸往”，一夫之行也，众顺而有武威，故曰‘利建侯’。《坤》，母也。《震》，长男也。母老子强，故曰《豫》。其繇曰：‘利建侯行师。’居乐出威之谓也。是二者，得国之卦也。”《国语·晋语四》

【案例15】董因迎公于河，公问焉，曰：“吾其济乎？”对曰：“岁在大梁，将集天行。元年始授，实沈之星也。实沈之墟，晋人是居，所以兴也。今君当之，无不济矣。君之行也，岁在大火。大火，阏伯之星也，是谓大辰。辰以成善，后稷是相，唐叔以封。瞽史记曰：“嗣续其祖，如榖之滋。”必有晋国。臣筮之，得《泰》之八。曰：“是谓天地配亨，小往大来。今及之矣，何不济之有？且以辰出而以参入，皆晋祥也，而天之大纪也。济且秉成，必霸诸侯。子孙赖之，君无惧矣。”《国语·晋语四》

【案例16】秋，龙见于绛郊。魏献子问于蔡墨曰：“吾闻之，虫莫知于龙，以其不生得也。谓之知，信乎?”……龙，水物也。水官弃矣，故龙不生得。不然，《周易》有之，在《乾》䷀之《姤》䷫，曰：‘潜龙勿用。’其《同人》䷌曰：‘见龙在田。’其《大有》䷍曰：‘飞龙在天。’其《夬》䷪曰：‘亢龙有悔。’其《坤》䷁曰：‘见群龙无首，吉。’《坤》之《剥》䷖曰：‘龙战于野。’若不朝夕见，谁能物之?”献子曰：“社稷五祀，谁氏之五官也?”对曰：“少皞氏有四叔，曰重，曰该，曰修，曰熙，实能金木及水。使重为句芒，该为蓐收，修及熙为玄冥，世不失职，遂济穷桑，此其三祀也。颛顼氏有子曰犁，为祝融，共工氏有子曰句龙，为后土，此其二祀也。后土为社，稷，田正也。有烈山氏之子曰柱为稷，自夏以上祀之。周弃亦为稷，自商以来祀之。”《左传·昭公二十九年》

【案例 17】（陈敬仲）其少也，周史有以《周易》见陈侯者，陈侯使筮之，遇《观》䷓之《否》䷋。曰：“是谓‘观国之光，利用宾于王’。此其代陈有国乎？不在此，其在异国；非此其身，在其子孙。光远而自他有耀者也。《坤》，土也。《巽》，风也。《乾》，天也。风为天于土上，山也。有山之材而照之以天光，于是乎居土上。故曰：‘观国之光，利用宾于王。’庭实旅百，奉之以玉帛，天地之美具焉，故曰：‘利用宾于王。’犹有观焉，故曰：‘其在后乎。’风行而著于土，故曰：‘其在异国乎。’若在异国，必姜姓也。姜，大岳之后也。山岳则配天，物莫能两大。陈衰，此其昌乎!”及陈之初亡也，陈桓子始大于齐。其后亡也，成子得政。《左传·庄公二十二年》

【案例 18】秦伯师于河上，将纳王。狐偃言于晋侯曰：“求诸侯，莫如勤王。诸侯信之，且大义也。继文之业而信宣于诸侯，今为可矣。”使卜偃卜之，曰：“吉。遇黄帝战于阪泉之兆。”公曰：“吾不堪也。”对曰：“周礼未改。今之王，古之帝也。”公曰：“筮之。”筮之，遇《大有》䷍之《睽》䷥，曰：“吉。遇‘公用享于天子’之卦。战克而王享，吉孰大焉。且是卦也，天为泽以当日，天子降心以逆公，不亦可乎？《大有》去《睽》而复，亦其所也。”晋侯辞秦师而下。三月甲辰，次于阳樊。右师围温，左师逆王。《左传·僖公二十五年》

【案例19】齐棠公之妻，东郭偃之姊也。东郭偃臣崔武子。棠公死，偃御武子以吊焉。见棠姜而美之，使偃取之。偃曰：“男女辨姓，今君出自丁，臣出自桓，不可。”武子筮之，遇《困》䷮之《大过》䷛。史皆曰：“吉。”示陈文子，文子曰：“夫从风，风陨妻，不可娶也。且其繇曰：‘困于石，据于蒺藜，入于其宫，不见其妻，凶。’困于石，往不济也。据于蒺藜，所恃伤也。入于其宫，不见其妻，凶，无所归也。”崔子曰：“嫠也何害？先夫当之矣。”遂取之。《左传·襄公二十五年》

【案例20】初，穆子之生也，庄叔以《周易》筮之，遇《明夷》䷣之《谦》䷎，以示卜楚丘。曰：“是将行，而归为子祀。以谗人入，其名曰牛，卒以馁死。《明夷》，日也。日之数十，故有十时，亦当十位。自王已下，其二为公，其三为卿。日上其中，食日为二，旦日为三。《明夷》之《谦》，明而未融，其当旦乎。故曰为子祀。日之《谦》，当鸟，故曰‘明夷于飞’。‘明而未融’，故曰‘垂其翼’。象日之动，故曰‘君子于行’。当三在旦，故曰‘三日不食’。《离》，火也。《艮》，山也。《离》为火，火焚山，山败。于人为言，败言为谗。故曰‘有攸往，主人有言’，言必谗也。纯《离》为牛。世乱谗胜，胜将适《离》，故曰其名曰牛。《谦》不足，飞不翔；垂不峻，翼不广。故曰其为子后乎。吾子，亚卿也，抑少不终。”《左传·昭公五年》

【案例 21】卫襄公夫人姜氏无子，嬖人婤姶生孟絷。孔成子梦康叔谓己："立元，余使羁之孙圉与史苟相之。"史朝亦梦康叔谓己："余将命而子苟与孔烝鉏之曾孙圉相元。"史朝见成子，告之梦，梦协。晋韩宣子为政，聘于诸侯之岁，婤姶生子，名之曰元。孟絷之足不良能行。孔成子以《周易》筮之，曰："元尚享卫国，主其社稷。"遇《屯》䷂。又曰："余尚立絷，尚克嘉之。"遇《屯》䷂之《比》䷇。以示史朝。史朝曰："元亨，又何疑焉？"成子曰："非长之谓乎？"对曰："康叔名之，可谓长矣。孟非人也，将不列于宗，不可谓长。且其繇曰'利建侯'。嗣吉，何建？建非嗣也。二卦皆云，子其建之。康叔命之，二卦告之。筮袭于梦，武王所用也，弗从何为？弱足者居。侯主社稷，临祭祀，奉民人，事鬼神，从会朝，又焉得居？各以所利，不亦可乎？"故孔成子立灵公。《左传·昭公七年》

【案例 22】南蒯之将叛也，其乡人或知之，过之而叹，且言曰："恤恤乎，湫乎，攸乎！深思而浅谋，迩身而远志，家臣而君图，有人矣哉！"南蒯枚筮之，遇《坤》䷁之《比》䷇，曰："黄裳元吉。"以为大吉也，示子服惠伯，曰："即欲有事，何如？"惠伯曰："吾尝学此矣，忠信之事则可，不然必败。外强内温，忠也。和以率贞，信也。故曰'黄裳元吉'。黄，中之色也。裳，下之饰也。元，善之长也。中不忠，不得其色。下不共，不得其饰。事不善，不得其极。外内倡和为忠，率事以信为共，供养三德为善，非此三者弗当。且夫《易》，不可以占险，将何事也？且可饰乎？中美能黄，上美为元，下美则裳，参成可筮。犹有阙也，筮虽吉，未也。"《左传·昭公十二年》

【案例 23】知庄子曰："此师殆哉。《周易》有之，在《师》之《临》，曰：'师出以律，否臧凶。'执事顺成为臧，逆为否，众散为弱，川壅为泽，有律以如己也，故曰律。否臧，且律竭也。盈而以竭，夭且不整，所以凶也。不行之谓临，有帅而不从，临孰甚焉！此之谓矣。果遇，必败，彘子尸之。虽免而归，必有大咎。”《左传·宣公十二年》

【案例 24】子大叔归，复命，告子展曰：“楚子将死矣！不修其政德，而贪昧于诸侯，以逞其愿，欲久，得乎？《周易》有之，在《复》䷗之《颐》䷚，曰：‘迷复，凶。’其楚子之谓乎？欲复其愿，而弃其本，复归无所，是谓迷复，能无凶乎？君其往也！送葬而归，以快楚心。《左传·襄公二十八年》

【案例 25】郑公子曼满与王子伯廖语，欲为卿。伯廖告人曰：“无德而贪，其在《周易》《丰》之《离》，弗过之矣。”间一岁，郑人杀之。《左传·宣公六年》

2. **朱熹《易学启蒙》有关河图、洛书的记载**

下文主要叙及《易学启蒙》中河图、洛书的数序、方位、阴阳消长之理，七八九六成数之旨，以备参考。

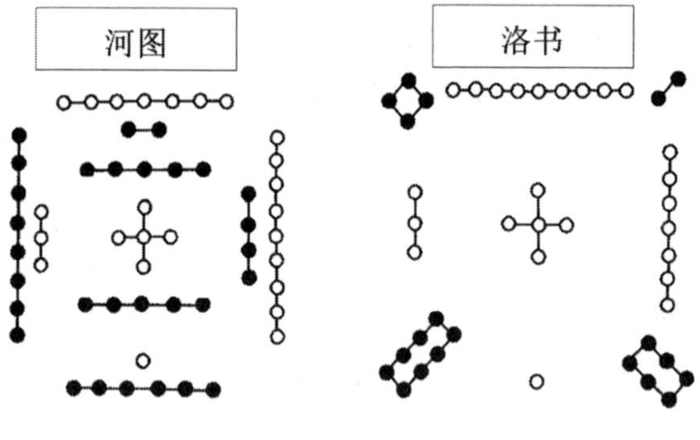


附录一图 1

故河图之位，一与六共宗而居乎北，二与七为朋而居乎南，三与八同道而居乎东，四与九为友而居乎西，五与十相守而居乎中。盖其所以为数者，不过一阴一阳，一奇一偶以两其五行而已。所谓天者，阳之轻清而位乎上者也。所谓地者，阴之重浊而位乎下者也。阳数奇，故一、三、五、七、九皆属乎天，所谓“天数五”也。阴数偶，故二、四、六、八、十皆属乎地，所谓“地数五”也。天数地数各以类而相求，所谓“五位之相得”者然也。天以一生水，而地以六成之；地以二生火，而天以七成之；天以三生木，而地以八成之；地以四生金，而天以九成之；天以五生土，而地以十成之。此又其所谓“各有合”焉者也。积五奇而为二十五，积五偶而为三十，合是二者，而为五十有五，此河图之全数。皆夫子之意，而诸儒之说也。

河图以五生数统五成数，而同处其方，盖揭其全以示人，而道其常，数之体也。洛书以五奇数统四偶数，而各居其所，盖主于阳以统阴，而肇其变，数之用也。

然河图之一、二、三、四，各居其五象本方之外，而六、七、八、九、十者，又各因五而得数，以附于其生数之外。洛书之一、三、七、九，亦各居其五象本方之外，而二、四、六、八者，又各因其类以附于奇数之侧。盖中者为主而外者为客，正者为君而侧者为臣，亦各有条而不紊也。

河图以生出之次言之，则始下，次上，次左，次右以复于中，而又始于下也。以运行之次言之，则始东、次南，次中，次西，次北，左旋一周，而又始于东也。其生数之在内者，则阳居下左，而阴居上右也。其成数之在外者，则阴居下左而阳居上右也。洛书之次，其阳数则首北，次东，次中，次西，次南；其阴数则首西南，次东南，次西北，次东北也。合而言之，则首北，次西南，次东，次东南，次中，次西北，次西，次东北，而究于南也。其运行则水克火，火克金，金克木，木克土，右旋一周，而土复克水也。是亦各有说矣。

河图六、七、八、九既附于生数之外矣，此阴阳老少、进退饶乏之正也。其九者，生数一、三、五之积也，故自北而东，自东而西，以成于四之外。其六者，生数二、四之积也，故自南而西，自西而北，以成于一之外。七则九之自西而南者也。八则六之自北而东者也。此又阴阳老少，互藏其宅之变也。洛书之纵横十五而七、八、九、六迭为消长，虚五分十而一含九，二含八，三含七，四含六，则参伍错综无适而不遇其合焉。此变化无穷之所以为妙也。

然则圣人之则之也奈何？曰：则河图者虚其中，则洛书者总其实也。河图之虚五与十者，太极也。奇数二十偶数二十者，两仪也。以一、二、三、四为六、七、八、九者，四象也。析四方之合以为乾、坤、离、坎，补四隅之空以为兑、震、巽、艮者，八卦也。洛书之实，其一为五行，其二为五事，其三为八政，其四为五纪，其五为皇极，其六为三德，其七为稽疑，其八为庶征，其九为福极：其位与数尤晓然矣。

3. **先天八卦方位图和后天八卦方位图**

下文引自黄寿祺、张善文的《读易要例》，以备参考。

**附录一图 2**

先天八卦图是宋人取自邵雍所传，旨在解释《说卦传》“天地定位，山泽通气，雷风相薄，水火不相射；八卦相错，数往者顺，知来者逆”诸语，并明其中所含的八种方位。《本义》卷首云："邵子曰：乾南、坤北，离东、坎西，震东北、兑东南，巽西南、艮西北。自震至乾为顺，自巽至坤为逆。"

此图方位，宋人以为创自伏羲，故又称"伏羲八卦方位"。因《易传》未有明文阐述此类方位，汉学家遂多不信。但其渊源亦甚古，盖出于道家。

图中东西南北的标示，与常例相反，朱熹认为这说明"天"是运转的（《朱子语类》），似即认识到大自然万物的方位总是处在运动、交易的状态中。此可作为《易》图方位标志体例的较可取的解说。

尚先生云："先天方位，乾南坤北，离东坎西，一阴一阳，相偶相对，乃天地自然之法象。"又云此方位"在两汉皆未失传，至魏管辂，谓乾必宜在南生，以乾位西北而不合，而疑圣人矣，则以先天位已失传，辂但见其尾，不见其首也。历魏晋迄唐，无有知者。至宋邵子揭出，《易》本始大明。而黄梨洲、毛西河等，以邵氏所传，本于道士，肆力掊击"。并引据《左传》所载《易》占，指出："艮与乾同位西北，巽与坤同位西南，坎兑同位西，震离同位东（谨案，即言先后天方位并用），左氏已备言之。故荀爽、郑玄资以注经。他若《乾凿度》，言先天义尤多也。"（《周易尚氏学》）今虽不敢质言先天方位必出自左氏，要非宋人杜撰则可知。

后天八卦图是宋取自邵雍所传，旨在解释《说卦传》"帝出乎震"一节，并指示文中所表明的八卦方位。《本义》卷首云："邵子曰：此文王八卦，乃入用之位，后天之学也。"故又谓之"文王八卦方位"。

汉学家采用此图，但不取"后天""文王"之名，称为"帝出乎震图"，似更切当。

图中震、兑、离、坎分别表示正东、正西、正南、正北，又称“四正卦”；余四卦称“四隅卦”。

尚先生认为“后天方位”是由“先天方位”变来，指出：“八卦圆布四方，各有其位，而先后不同，盖《易》之道一动一静，互为其根。”“静而无为，惟阴阳相对必相交。坤南交乾，则南方成离；乾北交坤，则北方成坎：先天方位，遂变为后天，由静而动矣。《周易》所用者是也。然《周易》虽用后天，后天实由先天禅代而来，不能相离。故《说卦》首以‘天地定位，山泽通气’演先天卦位之义，再明指后天。”（《周易尚氏学》）

4. 十二辟卦方位图

下文引自黄寿祺、张善文的《读易要例》。

附录一图 3　十二辟卦图

十二辟卦是取六十四卦中的十二个特殊卦形，配合一年十二月的月候，指示自然界万物“阴阳消息”的意义，故又名“月卦”“候卦”“消息卦”。

十二辟卦的来源甚古，其说首见于《归藏》云：“子复，丑临，寅泰，卯大壮，辰夬，巳乾，午姤，未遁，申否，酉观，戌剥，亥坤。”（马国翰《玉函山房辑佚书》）“辟”字之义，犹言“君”、言“主”，谓此十二卦为十二月之主。

图中阳盈为息，阴虚为消。自《复》至《乾》为息卦，如《复》一阳生，《临》二阳生，《泰》三阳生，《大壮》四阳生，《夬》五阳生，至《乾》则六阳生；自《姤》至《坤》为消卦，如《姤》一阴消，《遁》二阴消，《否》三阴消，《观》四阴消，《剥》五阴消，至《坤》则六阴消。而《乾》《坤》两卦又为消息之母。

十二辟卦之义，自西汉孟喜、京房，东汉马融、郑玄、荀爽、虞翻，以迄清代汉学家，莫不采用，影响较大。尚先生指出：“后汉人注《易》，往往用‘月卦’而不明言，以月卦人人皆知，不必揭出。其重要可知矣。”（《周易尚氏学》）

**5. 八宫卦图**

下文引自黄寿祺、张善文的《读易要例》。

| 八卦归宫 | 八纯卦 | 一世卦 | 二世卦 | 三世卦 | 四世卦 | 五世卦 | 游魂卦 | 归魂卦 |
|---|---|---|---|---|---|---|---|---|
| 乾宫金 | 乾为天 | 天风姤 | 天山遁 | 天地否 | 风地观 | 山地剥 | 火地晋 | 火天大有 |
| 兑宫金 | 兑为泽 | 泽水困 | 泽地萃 | 泽山咸 | 水山蹇 | 地山谦 | 雷山小过 | 雷泽归妹 |
| 离宫火 | 离为火 | 火山旅 | 火风鼎 | 火水未济 | 山水蒙 | 风水涣 | 天水讼 | 天火同人 |
| 震宫木 | 震为雷 | 雷地豫 | 雷水解 | 雷风恒 | 地风升 | 水风井 | 泽风大过 | 泽雷随 |
| 巽宫木 | 巽为风 | 风天小畜 | 风火家人 | 风雷益 | 天雷无妄 | 火雷噬嗑 | 山雷颐 | 山风蛊 |
| 坎宫水 | 坎为水 | 水泽节 | 水雷屯 | 水火既济 | 泽火革 | 雷火丰 | 地火明夷 | 地水师 |
| 艮宫土 | 艮为山 | 山火贲 | 山天大畜 | 山泽损 | 火泽睽 | 天泽履 | 风泽中孚 | 风山渐 |
| 坤宫土 | 坤为地 | 地雷复 | 地泽临 | 地天泰 | 雷天大壮 | 泽天夬 | 水天需 | 水地比 |

附录一图4 八宫卦图

“八宫卦”是按照特定的规律编排六十四卦次序。其要例是取《乾》《坎》《艮》《震》《巽》《离》《坤》《兑》八纯卦为纲，每卦沿初爻至五爻依“一世”至“五世”及“游魂”“归魂”的变化原则演成八卦，为一“宫”；八纯卦各主一宫，合“八宫”则六十四卦俱备，故称“八宫卦”。《本义》卷首曰：“《乾》《坎》《艮》《震》为阳四宫，《巽》《离》《坤》《兑》为阴四宫，每宫阴阳八卦。”举“乾宫”为例，先是本宫卦《乾》，初九变阴成“一世”卦“天风”《姤》，九二变阴成“二世”卦“天山”《遁》，九三变阴成“三世”卦“天地”《否》，九四变阴成“四世”卦“风地”《观》，九五变阴成“五世”卦“山地”《剥》，再退下一爻六四变阳成“游魂”卦“火地”《晋》，最后将下三爻全变成“归魂”卦“火天”《大有》，是为首宫八卦。余七宫以此类推。

“八宫卦”之序，于西汉京房（君明）《易》学即已采用（惠栋《易汉学》辨之颇详）。足见“八宫”之说，起源甚早。杭辛斋以为此序非京氏所始创，指出“三《易》之卦，爻象皆同，不同者其序耳。八宫之序，或谓出于《连山》，非无所见也”（《易楔》）。此说似可参考。

李道平引旧说称一世、二世卦为“地《易》”，三世、四世卦为“人《易》”，五世、八纯卦为“天《易》”，游魂、归魂卦为“鬼《易》”（《纂疏》）。天、地、人之称，当主于六爻应合“三才”之例（见前所叙）；游魂、归魂称“鬼《易》”，似以第四爻游变于外卦、内三爻归复于本宫为说。

《周易本义》卷首以上下象标于诸卦名之前，编成《分宫卦象次序》歌诀，不录“一世”至“五世”及“游”“归”之称，大意似取其便于记诵六十四卦卦象。

**6. 大衍之数和天地之数**

下文引自《周易·系辞传》。

天地之数即奇偶之数。以奇数配天，偶数配地，《系辞传》云："天一、地二、天三、地四、天五、地六、天七、地八、天九、地十。""天数五，地数五，五位相得而各有合。天数二十有五，地数三十，凡天地之数五十有五，此所以成变化而行鬼神也。"

大衍之数即演蓍之数。当演蓍求卦时，蓍策分合计算之数，《系辞传》云："大衍之数五十，其用四十有九，分为二以象两，挂一以象三，揲之以四以象四时，归奇于扐以象闰，五岁再闰，故再扐而后挂。""乾之策二百一十有六，坤之策百四十有四，凡三百有六十，当期之日。二篇之策，万有一千五百二十，当万物之数也。是故四营而成易，十有八变而成卦，八卦而小成，引而信（伸）之，触类而长之，天下之能事毕矣。"

# 附录二 《通书》九卦论

**摘 要：**周敦颐善于借助易学阐发他的诚学思想，在其著作《通书》中多有《易经》和《易传》的内容。文章注重对《通书》九卦的阐释，意在说明九卦之间存在一致性，同时寻找易学和诚学的契合点，进而将九卦意蕴与诚学思想相关联，并对周敦颐的解卦特色进行说明。

**关键词：**通书；九卦；诚；改过；窒欲

《周易》分《易经》和《易传》两部分，《易经》为卜筮之书，约成书于商周之际，《易传》是对《易经》的一部解释性著作。儒家以《易经》为六经之首，《汉书·艺文志》曾云：《诗》《书》《礼》《乐》《春秋》五者，五常之道，而《易》为之原。[1] 这是以《易经》为儒家的思想源泉之意。历史上诸多学者不断地为《易经》作注，如郑玄、王弼等人，也有许多儒者援引《周易》来阐发自己的思想，如程颐。北宋五子之一的周敦颐，作为宋明理学的开山鼻祖亦十分重视《周易》思想。在《通书》中周敦颐援引《乾》《损》《益》《家人》《睽》《复》《无妄》《蒙》《艮》九卦来阐发他的诚学内容。本文拟以这九卦为研究对象，欲探讨周敦颐如何在《周易》九卦基础上，发

① 班固著，颜师古注：《汉书》，北京：中华书局，1962 年，第 1723 页。

挥《周易》思想以期实现诚学体系的构建，把握九卦与《通书》思想的共通之处，进而更好地把握周敦颐的为学理路。

## 一、《周易》九卦的基本内涵

周敦颐对易学有很深的研究，将它作为阐发自己思想的理论基础。《周敦颐墓志铭》中记载“尤善谈名理，深于易学。作《太极图》、《易说》、《易通》数十篇……”[①] 从《周易》中取卦说明道理，《易传》已有先例，如“三陈九卦”。在《通书》中，许多地方都与易学相关联，如《理性命》一章，便是对《说卦》中“穷理尽性以致于命”的理解。《刑》一章中有《讼》《噬嗑》的内容。而书中明确以《乾》《损》《益》《家人》《睽》《复》《无妄》《蒙》《艮》九卦作为第三十一章、三十二章、四十章的题目，足见这九卦在其文本中的重要性。

在通行本《周易》中，九卦的卦排序依次为一、四十一、四十二、三十七、三十八、二十四、二十五、四、五十二。在《周易》中，乾卦与坤卦为纯阳卦和纯阴卦，并被置于卦首。儒家学者常将二者放在一起来讲，以乾坤对应阴阳，宇宙万物莫不分为阴与阳，阴阳变化是易道的变化，离开阴阳变化谈天地万物的变化是无法把握易道的，故儒者认为乾坤两卦蕴含着易学的精华，是理解《易》的关键。乾卦卦义为健，《乾·大象》讲：“天行健，君子以自强不息。”《损》《益》两卦互综，卦序相连，其卦义依次为减损、增益。《家人》《睽》两卦互综，其卦义为家人、背离之意[②]。《复》《无妄》两卦卦义为复返、真实

① 周敦颐著，陈克明点校：《周敦颐集》，北京：中华书局，1990 年，第 91 页。

② 余敦康：《周易现代解读》，北京：华夏出版社，2006 年，第 194 页。

之意①。《蒙》《艮》有蒙昧、止之意。

## 二、《通书》中的九卦释义

### （一）《通书·乾损益动第三十一》：乾乾不息，窒欲迁善

君子乾乾，不息于诚，然必惩忿窒欲、迁善改过而后至。乾之用其善是，损益之大莫是过，圣人之旨深哉！“吉凶悔吝生乎动。”噫！吉一而已，动可不慎乎！②

“君子乾乾，不息于诚”来源于乾卦象文“天行健，君子以自强不息”和乾卦九三爻辞“君子终日乾乾”。在这里，周敦颐并没有将《乾》《坤》两卦连在一起讲，而是取其乾卦“刚健进取”之意，意在强调君子为诚的重要性，重点放在了人道上。根据余敦康先生的解释，君子无论面临何种处境都应该要始终坚持天道自强不息的精神，并且还要将此精神“贯彻落实到具体的行动上，才能合乎阳刚的正道”。③《通书·务实》篇中说：“故君子进德修业，孳孳不息。”同样是借助《易》之“文言”来表达相同的思想。

九三曰：“君子终日乾乾，夕惕若厉，无咎。”何谓也？子曰：“君子进德修业，忠信所以进德也。修辞立其诚，所以居业也……”④

周敦颐强调诚是一种最高的境界，认为君子应该努力奋进、

---

① 余敦康：《周易现代解读》，北京：华夏出版社，2006 年，第 135 页。

② 周敦颐著，陈克明点校：《周敦颐集》，北京：中华书局，1990 年，第 38 页。

③ 余敦康：《周易现代解读》，北京：华夏出版社，2006 年，第 35 页。

④ 余敦康：《周易现代解读》，北京：华夏出版社，2006 年，第 8 页。

时时坚持，做到至善之诚。关于达到诚的方法，周敦颐提出了“窒欲”“迁善”的观点，这个观点源于《损》《益》两卦的大象：山下有泽，损。君子以惩忿窒欲。[1] 风雷，益。君子以见善则迁，有过则改。[2]

惩忿窒欲，即制止愤怒和窒塞情欲。愤怒与情欲是人在修养过程中损之又损的内容，善是成圣过程中不断增加的内容。窒欲和迁善是相互联系、相互补充的。在周敦颐看来，对于生命的个体而言，窒欲和迁善的目的是达到圣人境界，复归于诚。那么圣人便不再是一个高不可及的只能仰望的存在，而是普通人通过自己的努力便可达到的一个存在，也就是说圣人是可以学而致之的。

### （二）《通书·家人睽复无妄第三十二》：诚心端本，正家治天下

> 治天下有本，身之谓也；治天下有则，家之谓也。本必端，端本诚心而已矣，则必善，善则，和亲而已矣。家难而天下易，家亲而天下疏也。家人离，必起于妇人。故睽次家人，以二女同居而志不同行也。尧所以厘降二女于妫汭，舜可禅乎？吾兹试矣。是治天下观于家，治家观身而已矣。身端，心诚之谓也。诚心复其不善之动而已矣。不善之动，妄也；妄复则无妄矣；无妄则诚矣。故无妄次复，而曰先王以茂对时育万物，

---

① 刘大均，林忠军：《周易经传白话解》，上海：上海古籍出版社，2006 年，第 253 页。

② 刘大均，林忠军：《周易经传白话解》，上海：上海古籍出版社，2006 年，第 254 页。

深哉!①

在这段引文中，周敦颐结合家人卦象文“正家而天下定矣”、睽卦象文“二女同居，其志不同行”以及《大学》的修身、齐家、治国、平天下的思想得出了治心治身治家治天下的理论路径。在这个由内而外的扩充过程中，修身是治天下之根本，治家蕴含着治天下的法则。端本在于诚心，治家在于观身，治天下在于观家。其中治心是最根本的，治心的过程就是使自己的心合乎诚而不妄动。心若能诚，自然能治国平天下。周敦颐认为，诚是至善的本性，是五常百行的基础。如果人心能自然地与诚相合，那么由心而发动的行为自然也能符合诚，也就能做到“无事矣”。由此，治天下之事也就变得易如反掌了。

另外，周敦颐在《周易》基础上发挥了无妄与诚的关系，提出“无妄，则诚矣”的观点。他将“不善之动”解释为“妄”。黄百家云：“妄字从亡，从女；女，古汝字也。言人之不诚者，是丧失其本心，亡乎汝矣。”② 最高的诚体是寂然不动的，诚一发动便有了善恶之分，以性命之诚为根基的动叫作道，诚之用符合节度叫作德，一切的偏离诚的活动都是有危害的邪动，因此，人要恢复自己的本心只需“复其不善之动而已矣”，“妄复”后自然就“无妄”了。

周敦颐以《无妄》卦的大象结尾，体现了他继承传统儒家圣人化育万物的观点，天道运行而万物顺化，圣人教化而百姓明诚，而每个人都有成圣的可能，故周敦颐通过易学的发挥以突显个体生命的意义，自觉承担起家国天下的重任。

---

① 周敦颐著，陈克明点校：《周敦颐集》，北京：中华书局，1990 年，第 38-39 页。

② 周敦颐撰，徐洪兴导读：《周子通书》，上海：上海古籍出版社，2000 年，第 41 页。

### （三）《通书·蒙艮第四十》：蒙以养正，艮止非为

童蒙求我，我正果行，如筮焉。筮，叩神也，再三则渎矣，渎则不告也。山下出泉，静而清也。汩则乱，乱不决也，慎哉，其惟时中乎！艮其背，背非见也；静则止，止非为也，为不止矣。其道也深乎！[①]

此章前半节引自《蒙》卦彖、象文。《蒙》卦辞："蒙，亨，匪我求童蒙，童蒙求我；初筮告，再三渎，渎则不告。利贞。"《蒙》彖文："蒙，亨。以亨行，时中也。"《蒙》象文："山下出泉，蒙。君子以果行育德。"朱熹释曰："童，稚也。蒙，暗也，我，谓师也……言童蒙之人来求于我以发其蒙，而我以正道，果决彼之所行……"[②] 蒙为蒙昧无知之意，童蒙之人向我请教，我应该引之以正道，如果童蒙之人"再三渎"，那么说明此人没有求教之诚意，因此"渎则不告"。"山下出泉，静而清也"象征人潜在的蕴涵一种向善的品质，但需要师友去启发，并且要秉持"其惟时中"的原则。这段引文主要阐释了周敦颐的师教思想。

一方面，教化注重"时中"原则。朱熹解释说："时中者，彖传文，教当其可之谓也。"[③] 杨柱才先生对"其惟时中乎"的解释是：教与不教，只能因时而取中。[④] 时中，随时选择中道。

---

① 周敦颐著，陈克明点校：《周敦颐集》，北京：中华书局，1990 年，第 42-43 页。

② 周敦颐著，陈克明点校：《周敦颐集》，北京：中华书局，1990 年，第 42 页。

③ 周敦颐著，陈克明点校：《周敦颐集》，北京：中华书局，1990 年，第 43 页。

④ 杨柱才：《道学宗主——周敦颐哲学思想研究》，北京：人民出版社，2004 年，第 284 页。

在周敦颐之前，“中”已经是儒家哲学的基本观念，又称中庸。“中庸之为德也，其至矣乎！民鲜久矣。”（《论语·雍也》）《易传》中多处提到“中”，并高度赞扬“中正”“中道”“正中”，并将中与吉相连，能够做到中的人就能够获得吉祥。另外，趣时也是《易传》所阐发的重要内容，多出现于彖文中，如“遁时”“险时”。当行动的时候没有行动与不该行动的时候妄动都是失时，失时便会悔吝乃至凶险。周敦颐继承了儒家传统的时中观，运用到师教过程中，即启发童蒙关键在于抓住教与不教的时机。正如朱熹注曰：“静而清则决之，汩而乱则不决，皆时中也。”[①] 另一方面，重视师教启蒙。在周敦颐看来，“人生而蒙，长无师友则愚，是道义由师友有之”[②]，没有师友的发蒙开导，则不会获得道义，自身没有道义的扩充则难免不足，难以体会身怀道义为贵、身心安顿为富的人生境界。

后半章引自艮卦彖文，卦辞：“艮其背，不获其身，行其庭，不见其人。”艮其背，不获其身，林忠军先生解释说：艮，止也，背不能动，整个身体就不能动。[③] 周敦颐在艮象基础上进行发挥，提出：“艮其背，背非见也。”朱熹解释说：“背，非有见之地也。‘艮其背’者，止于不见之地也。止于不见之地则静，静则止而无为，一有为之之心，则非止之道矣。”[④] 止于其背，背面的东西是看不见的，看不见了心就会静，静则止而无

① 周敦颐著，陈克明点校：《周敦颐集》，北京：中华书局，1990 年，第 43 页。

② 周敦颐著，陈克明点校：《周敦颐集》，北京：中华书局，1990 年，第 34 页。

③ 刘大均，林忠军：《周易经传白话解》，上海：上海古籍出版社，2006 年，第 131 页。

④ 周敦颐著，陈克明点校：《周敦颐集》，北京：中华书局，1990 年，第 43 页。

为。通过艮卦的发挥，周敦颐将艮止与主静的思想相结合，重新回归了他提出的修养方法上："圣人定之以中正仁义而主静（自注：无欲故静），立人极焉。"[①] 人极是做人的最高标准，以中正仁义为内容，以主静为修养方法。"无欲故静"正好与《通书》中所讲的"窒欲"观点一致，心没有任何欲望才不会被外在的事物干扰，心才能保持自己的本然状态，那么自己的一切行为才能自然地彰显"诚"，因此动与静虽然看似地位相同，但是静比动更加根本。此外，"静"与最高的"诚"体是同质的，"诚无为，几善恶"[②]，"寂然不动者，诚也"[③]，"君子慎动"[④]。首先，"无为""寂然不动"都是静的含义，又都是用来形容"诚"体的，可见"诚"可以理解为静。其次，"诚"一发动便很容易流于"邪动"，周敦颐所说"慎动"的实质就是主静。道家也讲主静，但二者从本质上来说是不同的。道家的主静是摒弃一切的道德、知识、欲望以达到与宇宙的合一，对象是指向个人的，而周敦颐所说主静的最终目的是要落实到现实的社会中，以实现儒家所讲的仁义礼智信，他面对的是整个家国天下。

周敦颐借助《通书》九卦阐述了他内圣外王，修己安人的治学思路。《乾》《损》《益》三卦意在说明君子日日精进，以达诚之境界，其为诚之法在于损益，即窒欲迁善而慎动。君子内修身而外扩于平治天下，故周敦颐继之以《家人》《睽》《复》《无妄》四卦，旨在说明治天下之法在于治其家，治家之法在于

---

① 周敦颐著，陈克明点校：《周敦颐集》，北京：中华书局，1990年，第6页。

② 周敦颐著，陈克明点校：《周敦颐集》，北京：中华书局，1990年，第16页。

③ 周敦颐著，陈克明点校：《周敦颐集》，北京：中华书局，1990年，第17页。

④ 周敦颐著，陈克明点校：《周敦颐集》，北京：中华书局，1990年，第18页。

修其身，修身在于诚心而已。心若妄动，为不善之动，若想无妄，便需恢复本心，以达诚之境界。平治天下以礼法教化为重，周敦颐借《蒙》卦来说明师教的重要性，师者启发童蒙如引山之清泉，要慎动且秉持“时中”原则。《艮》彖文讲：“时止则止，时行则行，动静不失其时，其道光明。”① 这种与时行止的观点正是“时中”原则的体现。另外，周敦颐将止与静相结合，重新回到了他提出的主静之说。

## 三、周敦颐阐发九卦的特色

周敦颐对九卦的运用和发挥有其自身特色，这种特色对宋明理学的发展有着深远的影响。其特色如下：

### （一）以《易》解诚

周敦颐借助《周易》阐发自己的思想，在他本人看来是发挥“圣人之蕴”。《通书》九卦排在《通书·精蕴》之后，正是说明，周敦颐对九卦的发挥就是在阐发圣人精蕴。

> 圣人之精，画卦以示；圣人之蕴，因卦以发。卦不画，圣人之精不可得而见；微卦，圣人之蕴殆不可悉得而闻。《易》，何止五经之源？其天地鬼神之奥乎！②

朱熹注释说：“精者，精微之意……蕴，谓凡卦中之所有，如吉凶消长之理，进退存亡之道，至广之业也。”③ 周敦颐的学说不是随意述说，而是建立在儒家传统思想基础之上的发挥，比

---

① 余敦康：《周易现代解读》，北京：华夏出版社，2006 年，第 262 页。

② 周敦颐著，陈克明点校：《周敦颐集》，北京：中华书局，1990 年，第 37–38 页。

③ 周敦颐著，陈克明点校：《周敦颐集》，北京：中华书局，1990 年，第 37 页。

如“时中”“诚”等范畴。在《通书》九卦论中周敦颐借助《周易》经传内容（包括卦辞，彖文，象文等）引申发挥，构建了一个贯通天道与人道的诚学体系。圣人精蕴需借助易卦展示，看轻易卦则圣人之旨难以被人发觉。圣人精蕴涵盖天地鬼神，天地之广、鬼神之幽，尽显于《易》中。

### （二）天人贯通

《通书》开篇即讲诚，并将诚与乾卦相联系。《通书》中“诚”字出现20余次，前三章更是以“诚”字为篇名，总论以“诚”贯通天道、人道的思想。

> 诚者，圣人之本。“大哉乾元，万物资始”，诚之源也。“乾道变化，各正性命”，诚斯立焉，纯粹至善者也。故曰：“一阴一阳之谓道，继之者善也，成之者性也。”元、亨，诚之通；利、贞，诚之复。大哉《易》也，性命之源乎！①

万物资始的“乾元”亦是诚之源，诚是至善的本性，是圣人之本。乾道的流行变化使万物各得其生、其命之正，周敦颐将此称为诚在万物中的确立，这一“立”字体现了“天道在人道中的确立”，此过程可以看成由天达人。关于由人达天，周敦颐借用易学话语“一阴一阳之谓道，继之者善也，成之者性也”表达了人要自觉地接续天道之“诚”就是善的，成就天道之“诚”就是人的本性的思想。在这里，“继”字就表达了天人之间沟通的思想。天地阴阳二气创生万物是一个自然生化的过程，本无善恶之分，但因为人“得其秀而最灵”（《太极图说》），

---

① 周敦颐著，陈克明点校：《周敦颐集》，北京：中华书局，1990年，第13页。

因此人要自觉地继承天道的这种性质，使万物生生不息，这样才能使人道符合天道。此外，周敦颐进一步说："元、亨，诚之通也；利、贞，诚之复。"元亨利贞本为乾卦卦辞，此处元亨解为诚之通可看作是天道向人道的下贯，利贞解为诚之复可看作是人道向天道的回归，由此，诚之一字贯通了天人之道。

"诚者非自成己而已也，所以成物也。"[①] 个人的修养不能离开他人，在成己的同时也要成物。周敦颐采用儒家传统思路，注重个人的伦理完善，并通过个人的伦理完善达到国家的政治完善，这就是我们经常讲的内圣外王。周敦颐将天道落实到人道之上，又将人道复归于天道。人不再是仅作为个体的生命，而是与天道相关，与整个宇宙相关联的伟大存在。

### （三）重人重文

重人，即重视人的价值。周敦颐在《通书》中提到了普通人如何成为圣人的问题："'圣可学乎？'曰：'可'。"[②] 周敦颐肯定了人人通过自己的努力皆可成圣的观点，并且将圣与诚放在一起论述，提出"诚者，圣人之本"[③]、"圣，诚而已矣"[④] 的观点。在周敦颐看来，圣凡的区别不是天生的，圣人只不过是将"诚"自然而然地展现出来并能全于己的人，如果每个人都能做到这一点，那么人人都是圣人。正如蔡仁厚先生所言："就'因地'而言，人人虽有此成圣之因，但就'果地'而言，则人人

① 朱熹：《四书章句集注》，北京：中华书局，2011 年，第 35 页。

② 周敦颐著，陈克明点校：《周敦颐集》，北京：中华书局，1990 年，第 31 页。

③ 周敦颐著，陈克明点校：《周敦颐集》，北京：中华书局，1990 年，第 13 页。

④ 周敦颐著，陈克明点校：《周敦颐集》，北京：中华书局，1990 年，第 15 页。

不必皆能得圣之果。”① 周敦颐的圣人观打破了以往儒家圣人天生的观点，这是对人的价值的莫大肯定，是重人的具体表现，以后的宋明理学家更是继承了此观点。重文，重视人文精神的彰显，人文精神的彰显离不开人文教化。儒家向来重视人文教化，《通书》中也提到了礼、乐、刑、师友等内容，这些内容对人的教化及人文精神的彰显尤为重要。

## 结语

周敦颐以《易》解诚，他通过对易学的发挥，具体阐发了为诚之法、诚之体用等诚学内容，也通过诚将天道与人道进行沟通，以期实现天人一贯的至善境界。基于此，周敦颐将人的价值视域扩展到天道层面，以最大限度地彰显人的生命光彩。人向天道复归的过程中，周敦颐借助易卦的发挥提出主静窒欲的修养方法论，将落脚点放在了人上，认为人应当以中正仁义为内容，涵养自己的人文情怀，以实现自我生命境界的层层超越而成为一个与天地合其德、日月合其明、四时合其序、鬼神合其吉凶的圣人。

（原载于《长治学院学报》2019 年第 6 期）

① 蔡仁厚：《宋明理学·北宋篇》，长春：吉林出版集团有限责任公司，2009 年，第 23 页。